GONGMIN QUANLI DE
ZHENGDANGXING YANJIU

# 公民权利的正当性研究

张 崀／著

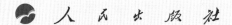 人民出版社

# 目　录

# 导　论

眼下，理论和现实告诉我们，无论在哪个国家、怎样的国度，"再也没有哪一个词汇比'公民权'（civil rights or citizenship）这个概念在政治上更为核心，在历史上更加多变，在理论上更具争议的了。"① 这不止是因为公民权完全决定着广大公民的生活状态、生活质量、文明状态、人格力量和人性的完美程度；还因为现实中不论是法律上的文本规定还是公民内在心理对自由、民主、平等和权利的渴望，尤其是公民政治上的选举权、平等权、话语权、行动权、经济上的收入权和财产权，乃至生存权和教育权等，几乎总是与现实有着一定的差距。特别是在政治经济比较落后的国家，许多人对权利的概念非常模糊。

关于"权利"（rights），就其社会属性和法律属性而言，它所蕴含的对象、意味、作用和权益，与现实社会中的每个人的生存命运都

---

① ［美］茱迪·史珂拉：《美国公民权寻求接纳》，刘满贵译，上海人民出版社2006年版，第3页。

息息相关、密不可分。具体而论，从一位公民的国籍、身份到代表资格、投票权利以及应对失业、疾病、生育、养老等各种社会保障行为，全都清楚地说明："权利始终追随着该公民从选举到福利的全部生存状态。只是规定这些权利的细节在不同的国家间、甚至在一个国家之内都是有差别的。"① 既然如此，一个具有权利意识的人就不仅要经常地维护自身权利，更要经常自觉地行使自身权利。权利就是每个人的生存保障乃至每个人的全部。它贯穿于每个人的一生，甚至是由名声符号所延伸到的时空。也就是说，人一生下来就享有他应该享有的诸多权利。即便死后，他也享有许多不可磨灭和损毁的权利。所以，人的权利天生就具有某种不可侵犯、不可剥夺和不可玷污的神圣性。

那么究竟何谓权利呢？一般人或广大公民又究竟享有怎样的权利呢？对此，自古以来就莫衷一是，其中既有自然论、实在论、社会论、政治论，也有理念论、契约论、存在论、人性论和阶级论。至于究竟是何种权利观占据主导地位，则是因不同的历史时代和社会制度而有不同的规定和内容。这不止因为现实总是高于理论，还因为一切理论自身都包含着制造者的兴趣、意向、理想和愿望，因此其真理性总是体现在实践性上。

所以，权利固然对于每个人都具有至上性、神圣性和永恒性，是"人的自然的和不可动摇的权利"，一如人的自由总是"被看作一种生物学上的必然"或"为生命的保护和改良所必需"②。但遗憾的

---

① Richard Bellamy, *Citizenship：A Very Short Introduction*, Oxford University Press, 2008, p.78.

② Herbert Marcuse, *An Essay on Liberation*, Boston, 1969, p.28.

是，现实中并非每个人都能够意识到自己应该拥有的权利，除非其切身利益受到侵害，才会本能地作出反应。这是因为权利虽然是一种存在，而人类对它的认知却经历了漫长的历史。

在西方文明中，也是直到 1789 年法国《人权宣言》问世，人类才真正将实在的权利上升到概念和理论，真正觉识权利的属性、本质、内容和实际意义；才知晓在权利方面，人们生来是自由平等的。至于人民拥有的"整个主权的本原则主要是寄托于国民。任何团体、任何个人都不得行使主权所未明白授予的权力"。在人们普遍地认识到"无视、遗忘或蔑视人权是公众不幸和政府腐败的唯一原因之后，才决定于庄严的宣言之中阐明天赋的、不可剥夺的和神圣的人权；以便可以经常呈现在社会所有成员面前，可以使他们不断地想到他们的权利和义务；以便立法权的决议和行政权的决定能随时和整个政治机构的目标两相比较，从而能更加受到他们的尊重；以便公民们今后以简单而无可争辩的原则为根据的那些要求能确保宪法与全体幸福之维护"①。

由于《人权宣言》是第一次破天荒地宣布"在权利方面，人是生而自由和平等的，并始终保持不变"②，这也就激发起长期受到封建专制制度剥削压迫的广大民众和无产阶级掀起一股摧枯拉朽的反封建的革命运动。他们不仅将斗争矛头直接指向暴君、独裁者和篡位者，而且坚决要求砸碎旧的国家机器；借助《人权宣言》吹响了

---

① ［美］林·亨特：《人权的发明：一部历史》，沈占春译，商务印书馆 2011 年版，第 168 页。

② ［美］林·亨特：《人权的发明：一部历史》，沈占春译，商务印书馆 2011 年版，第 168 页。

进攻巴士底狱的革命号角，从此使得资产阶级民主政治所主张的普遍的人权开始替代封建帝王以个人的权力意志为根基的封建特权。它不仅将启蒙思想发扬光大，并用法律的形式固定下来，对欧美的资产阶级革命，产生了广泛而深远的影响，而且推动了全世界的民主化进程。然而对于许多无知《人权宣言》或《世界人权宣言》的人来说，既没有认识到平等和权利"乃是世界自由、正义与和平的基础"，也没有觉识"一个人人享有言论和信仰自由并脱离恐惧和匮乏的世界的降临，已被宣布为普通民众的最高愿望。"① 使其依然只能任凭统治者的肆意践踏和随意扩展自身的特权。其中最重要的三种特权就是在漫长的封建社会形成的世俗权利、世袭权利和权力权利。

所谓"世俗权利"，这是由一定的国家意识、氏族传统和地方习俗长期渗透、灌输以及采取的强制性行为积年累月堆羽沉舟形成的一种习惯，使得原有外在性的东西在人们的心目中变成一些似乎与生俱有的"合天理、顺民意"的自然性存在。比如中国几千年流行的"三纲五常、君重民轻、男尊女卑、门当户对、母以子为贵"等都是一种世俗权利在作祟。实际上，在人人生来平等的社会，根本不存在这类"君臣父子"之权利，也没有"重男轻女或子贵女贱"的根据，这些都是特权阶层人为编造的"理由或权利"。只是久而久之人们习以为常，认为人世间的高低贵贱、贫富差异都命中注定，没有认识到这是阶级社会权力集团制造的特权；是少数权力者利用权力获得的不

---

① *Universal Declaration of Human Rights*, *Preamble*, Hundred and eighty-third plenary meeting. 10 December 1948.

当权利，也即异化了的权利。在那里，权利失去普遍性、自然性和人性，只服从于统治者的主观意志和虚假意识。

所谓"世袭权利"，作为奴隶社会、封建社会或当代资本主义社会中的一些君主立宪制国家世袭制度的产物，就是指某些特权或专权在某个血缘家庭中父子相承、世代相传的一种社会概念。其中可分为政治世袭和经济世袭两类。世界各地的人类社会都曾经出现过官职、爵位世袭传承的统治政权，中国自然也不例外。可以说，在中国自先秦时代开始的封建社会，历朝历代实行的世卿世禄制度，上至天子封君，下至公卿大夫，其王位、官职、封邑、名号等都是代代接替相承，直到改朝换代、江山易姓或世袭家族衰败为止，就是典型的世袭制度和世袭权利。

这种世袭权力制度和世袭权利的最大危害就是国家和公民的一切都沦落为世袭权力的附庸。具体表现：一是世袭导致凌驾于法律之上的特权，使世袭者总是无法无天而不受法律的约束或制裁。特别是当世袭权力作为私有化国家的军队、警察、司法等暴力机关的指挥权和裁决权，或是独立于政府之外的暴力组织，毫无疑问就具备为所欲为的所有条件。二是世袭导致事态反复无常，国随人变。特别是那些超越法律的特权常常导致政局飘忽不定，完全由当权者的嗜好所决定。三是以权为本、大开杀戒。世袭权力总是把自己打造成天理、天命与正义的化身，使得他们可以随心所欲地杀人，依靠不断消灭对立面来延续其权力和特权。四是动用国库豢养卫队和吹鼓手。只是随着世袭权力的消亡，他们才走向消亡。对此种世袭权力，马克思曾深恶痛绝地指出，"它用昔日的破旧面具掩盖今天贪污腐化之盛行"，导致各种腐败成分泛滥成灾，使得最腐朽的寄生集团的骗术到处得逞；

"它放纵过去的一切反动势力，形成一个万恶之渊薮"。①

　　所谓"权力权利"，既是权力异化的产物，也是权力统治的工具。在这里，谁拥有权力，谁就拥有与权力相关的权利，而且权力愈大拥有的权利就愈多。当然就权力和权利、责任与义务的统一性而言，权力者在一定的权力范围内拥有应该享用的权利也无可非议。比如一位军队元帅当然拥有指挥军队作战的权力和享有使用军事地图、车辆、自卫武器以及诸多特殊待遇与福利的权利。这些权利都是与其权力相适应的权利。而权力权利则主要指由权力派生的不合法权利以及由权力滋生的特权。权力权利的本质是恶，是不公平、不民主和权力意志、权力独裁的产物，是当权者以权谋私、假公济私、利用公权对他人权利的剥夺和对自己权利的扩张。这种权力权利不仅改变了权利的性质，走向权利反面，也使权力本身发生质变，变成超越自身权限的恶权。因此，权力权利既表明权力是官本位制度的恶劣表现，也表明权力作为一种外在能力总是以权力意志为前提。也就是说，只要人们拥有权力就必然会超越权限，占有相关特权和侵害他人权利，从而在权力运行中体现为强制和自我扩张，倾向于实现更大范围的支配。由此也验证了阿克顿爵士的说法，"权力使人腐化，绝对的权力导致绝对的腐化"。

　　当然，上述三种权利也反映了权利演化的历史和现实，包含着权利自身演变的合理性与必然性。正因如此，这三种权利中都存在许多反映权利本质的要素和根据。但毕竟这些权利是人类一定历史阶段的产物，具有社会现实所决定的具体性，因此这三类权利将不断地被

---

① 《马克思恩格斯选集》第3卷，人民出版社1995年版，第93页。

其对立面否定。眼下，人们对权利产生的多元论认识，就是现阶段人类对权利本质的新的预设和规定。这些新规定要求人类权利更具普遍性、整体性、社会性和人性化。不仅在哲学的高度上主张"人人生而自由，在尊严和权利上一律平等"，而且强调普遍的人权原则：不歧视原则。人人有权享有自由，也都应对社会负有义务。在行使权利自由时，只受法律限制。公民不仅享有政治权利，更应该公平地享有经济、社会和文化权利。

现代权利不仅突出其社会性、整体性和客观性，也突出其个体性、多样性和公平性，即突出权利的多元性和相对性，主张没有一成不变、普遍适用的权利。自由是实现个人权利的前提。即如沙夫所言："当我们论及个人自由的时候，也就是在谈论社会中个人的权利。"① 任何个人都不能外在于社会，因此"自由决不是绝对的，然而即便如此，它的活动范围也是巨大的。这也是我们为什么能够把人既看作历史的创造者，也看作历史产物的原因。"② 也正基于此，我们才说没有自由就没有人权。人类只有解决人的自由问题，才能够从实践上解决人权问题。正是基于这一理念，20 世纪以来，一系列新的人权宣言，特别是 1948 年联合国颁布的《世界人权宣言》最广泛地宣布"人人有资格享受宣言所载的一切权利和自由，不分种族、肤色、性别、语言、宗教、政治或其他见解、国籍或社会出身、财产、出生或其他身份等任何区别"；而且"绝大多数的自由主义者都一直坚持一种逃逸高压政治而获得自由的个人权利的概念"；要求在人权公约

---

① Adam Schaff, *A Philosophy of Man*, London, 1963, p. 112.

② Adam Schaff, *Marxism and the Human Individual*, New York, 1970, p.148.

中增加公正报酬权、工会自由、企业民主、罢工权以及国民健康、人身完整与尊严、体智德发展权，母婴、孕妇和妇女受保护等诸多新内容；并突出地强调政治权、经济权和文化教育权对于广大公民的重要性。

当然，权利是因人而异的，不同的人常常享有不同权利。但有关权利的具体规定决不能违背人人享有权利的平等原则。权利上的差异性只能表现在因个别性和具体性而形成的差异上，而不能表现在人为制造的不平等上。正基于此，我们才说"自由、平等、公正、个性和多元化"是现代平等概念的内涵和本质。只有如此，才能不断否定旧的权利观，推动公民权利得以自觉地认识、扩展和完善。

遗憾的是，在社会现实中，许多人，特别是普通民众不仅难以将获得、维护和捍卫自身的权利上升到自觉，由权利的自在性进达于自为性，甚至还完全无知自己应该享有的诸多权利。为了能够使更多的人意识到自身的权利，以及权利的本质、属性、内容和范围，使其能够不断地想到自己的权利、义务和责任，避免和杜绝公民权利被肆意践踏，消除权力和权利的双重异化。本书选择了这一有着重大理论和实践意义的论题，使人们充分认识自己应该享有的权利及其正当性与合理性；认识到权利对于人的生存和生活都是本质性的存在。正因如此，自古希腊时代人类将权利的认识上升为理念之后，权利便一直是学者讨论的对象和人类争杀的目标。尤其在一些人权状况恶劣的国家，更是一个亟待解决的政治问题。因为权利绝不是一个空洞概念，而是一个决定于一定的社会制度和政治法律保障的正当性要求和有效性存在。权利紧密地与社会制度、国家权力及至权力者的主观意志相关，因此迄今不论何种国家都需要继续研究有关权利的理论和实践。

在理论方面，眼下权利涉及的最重要问题就是权利的自然性、社会性、合人性、文化性、法律性、普遍性、合理性、公平公正性、有效性和正当性的正确判断问题。在这里，有关权利的至上性，德沃金的"作为王牌的权利观"，公民权利的开放性、多元性、至善性和目的性，公民权利和社会权力，个体权利和集体权利的辩证关系以及权利和道德与法律的关系等问题，依然需要在理论上继续探究。在实践上，有关公民权利的实现和维护问题，如何建立健全维护公民权利正当性的制度和法律保障，如何建立和完善民主政治，树立公民的主体精神和意识，改变现代社会的权力形式和功能，缩小人际间的权力和利益差别；加强法制建设，树立个人权利正当性的法律意识；建立维护个人权利正当性的立法和执法的常规制度；确立法制型公正；法治国家保证个人权利正当性的责任、义务和使命；强化自由公民意识，拓展公民的权利和个性等，也都亟待付诸行动。

也正因在人类历史上，人权始终是一个亟待解决的重要问题，所以至少自近代开始无数的革命家都把争取人的自由权利看作自身的崇高责任。他们不仅公开地向把劳动者变成魔鬼、剥夺其一切自由权利的世界挑战；而且把斗争矛头直指那个已经向全人类展示其腐朽不堪和毫不中用的君主制度，认为"这种制度虽然低于历史水平，低于任何批判，但依然是批判的对象，正像一个低于做人的水平的罪犯，依然是刽子手的对象一样。"① 为此，他们再也不是书斋里的学者，而是终生都在为谋求全人类的公正、平等、权利而战的斗士；身体力行地试图砸碎被压迫阶级身上的镣铐，实现人类真正自由的本性。由

---

① 《马克思恩格斯选集》第 1 卷，人民出版社 1995 年版，第 4 页。

此，许多学者从概念理论和社会实践等方面，赋予"权利"以真正人性的内涵。

今天，尽管许多国家的公民权利已经得到很大改善，但只要看看依然处在动乱不堪或战火之中的现实世界，就不难得出结论：人权或公民权依然是一个重大问题。它需要全人类从理论和实践上投入精力、时间、财力、物力和人力去研究和解决。要深入认识人类应该拥有的自由权利确实是人固有的东西。权利不仅包括"我靠什么生活、我怎样生活，也包括我做应该做的事，以及我自由地做这些事"。因此现实中几乎"没有一个人反对权利，如果有的话，最多也只是反对别人的权利。可见各种权利向来就是存在的，只是有时表现为特权，有时表现为普遍权利"①。比如，在当今的市场经济中，所谓权利就是不受任何政治权力或暴力手段干预的自由贸易权、商品买卖权、自由组织生产和生产品的自由流通权，或者是在政治经济制度制约下的资源分配和产品分配权。因此，问题的关键并不在于权利是否向来存在，或是否应当存在，或者是权利究竟应该为哪些人拥有，而在于权利究竟是"个别人物的特权呢？还是人类精神的特权。问题在于一方面的有权是否应当成为另一方面的无权"②。如果那些能够代表和体现人类普遍的权利应当被拒斥和摒弃的话，那么个人所拥有的任何特权就更应当被拒斥和摒弃。因为权利如果不具有普遍性只具有个别性，它就失去自身的本质。而失去本质的权利不仅不能叫做权利，而且也一定不会合乎人性，更不会反映人的本质。

---

① 《马克思恩格斯全集》第 1 卷，人民出版社 1995 年版，第 167 页。
② 《马克思恩格斯全集》第 1 卷，人民出版社 1995 年版，第 167 页。

就像在私有制度或官僚所有制度下产生的劳动异化，在那里，劳动者、劳动对象和劳动成果因异化而发生分离。此时，不仅是"劳动所生产的对象，即劳动产品，作为异己的东西，作为不依赖生产者的独立力量，同劳动相对立，……而且劳动的现实化竟如此表现为非现实化，以致工人非现实化到饿死的地步。对象化竟如此表现为对象的丧失，以致工人被剥夺了最必要的对象——不仅是生活的必要对象，而且是劳动的必要对象。"① 也就是说，在劳动异化的时代，因为劳动者的活动及作为人的本质的丧失，也即"把类从人那里被完全异化出去"，从而因离开权利的普遍性而不再拥有任何权利。而此时的资本家或剥削者也因异化背离类的本质和普遍权利，使得自己拥有的权利只具有非本质的特权性质。

原因就是，一切权利都如同真理，其根本特征就是客观性和普遍性。而特权就像非洲殖民者的妙论"鞭打可以唤起黑奴的人性"一样，它只能证明权力和暴力比法律条文更具有权威性，作恶比行善更容易也更有利于个人，却不可奢谈这是普遍的人权。权利是罪犯的内在属性，罪犯犯罪就是对他人权利的侵害。在这个意义上，任何人践踏或侵害了权利也就是践踏或侵害了自己，而且最终要受到剥夺自身权利的惩罚。这种作恶多端和肆意践踏权利的人，可以说他根本就没有认识到权利拥有的自为性和普遍性本质。一切特权实质上只是人类"文明"产下的怪物，或者说它只是寄生虫、阿谀逢迎之徒、别有用心者或特权者从事的一种违背公理的活动。如果把高贵者霸占的特权等同于权利，那么一般民众就只能永远地依赖和从属他人，而且永远

---

① 《马克思恩格斯选集》第 1 卷，人民出版社 1995 年版，第 41 页。

不会享有名副其实的权利。

因此，真正属人的权利应当根据其固有规律自由地繁衍和发展；"应该争取实现一种同更深刻、更完善和更自由的人民意识相适应的崭新的国家形式。"① 这种国家形式为了兑现权利，不仅应该赋予公民以最充分的自由和民主，也要使广大公民认识到"民主和自由的原则是相互依赖的：不仅自由的态度取决于社会生活的民主程度，反过来，由一个社会所实现的民主程度在某种可能性上也取决于社会成员的自由态度的活力与深度。"② 否则无论一个政府怎样粉饰权利，都必将堕入独裁。人们需要的不是各种束缚他们的枷锁，而是使他们摆脱愚昧、冲破麻木不仁状态的激励。其中体现和反映人类内在精神和思维本质的言论自由和出版权利最为重要。而且只要人们品尝过它的甜头，就会坚决主张"拿起批判的武器为之战斗"。因为权利"对任何人来说主要是在自我表现形式下生存的权利、行动的权利、根据基本性别和主要官能自我发展的权利。"③

要详尽地认识和规定这些权利，既需要规定权利在自我意识中的存在形式以及各类具体权利，也需要规定权利那固有的刚毅、理性和道德的本质。因为权利决不意味着个人可以为所欲为和横行无忌，相反，"它是人们反击那些恶性的唯一共同具有的堡垒。"④ 因此，一切权利都必然受到政治经济、社会道义和文化习俗等诸多因素的扶持和

---

① 《马克思恩格斯全集》第 1 卷，人民出版社 1995 年版，第 306 页。

② Adam Schaff, *Marxism and the Human Individual*, New York, 1970, p.208.

③ [法] 皮埃尔·勒鲁：《论平等》，王允道译，商务印书馆 1991 年版，第 272 页。

④ [美] 林·亨特：《人权的发明：一部历史》，沈占春译，商务印书馆 2011 年版，第 162 页。

制约，而且"权利所包含的内在力量也受自我表达的理性精心选择和捍卫的标准、规范、章程和法律等因素所控制。"① 此外，居于每个人身上的情感倾向、兴趣爱好、世界观、人生观和价值观等因素，也都能够作用于人的权利观念，影响人的主体意识和自主行为。只是这些并不能动摇权利的客观实在性，及其形式的多样性和内容的丰富性。相反，能够很好地证明权利作为自我意识的产物，固有其能动性、自觉性和选择性等特征。其本质就是对多种目的和善的观念的支撑、协调与容忍。在政治场域，主要表现为反映权利和权力本性的民主和平等；在经济场域，主要表现为自由竞争和肯定性的所有制形式和分配制度；在文化艺术和宗教信仰等领域，则主要表现为多元化、多样性和差异性。它给每位公民和每种生存态度都提供了自由选择的平等权利和成功机会。为此，也只有广大公民能够在各个领域充分享有自身固有的权利。那才是真正的人道主义和自然主义；才能真正解决人和自然以及人际间的对立；"那才是存在和本质、对象化和自身确认、自由和必然、个体和种类之间的冲突的真正解决。"②

权利对于任何人都是一种珍贵美妙的东西。这也是从古至今人们都热衷于争权夺利的主要原因。也正因权利对于人类生存如此重要，柏拉图在《理想国》中指出，"任何公民都不能做违法的事，同时，对公民的侵犯也应受到惩罚，或处以死刑，或处以酷刑。"③ 亚里士多德也在《政治学》中从权利公正性角度论证："应该让全体公民

---

① R. E. Flathman, *The Philosophy and Politics of Freedom*, Chicago University Press, 1985, p.20.

② Adam Schaff, *Marxism and the Human Individual*, New York, 1970, p.184.

③ [美] 莫蒂默等：《西方思想宝库》，吉林人民出版社 1988 年版，第 890 页。

参加政治；安排好执政者轮流退休，并使他在退休以后和其他同等的自由人处于同等地位。"①

在对前人学术传统的继承中，中世纪神学家也高举自由权利的旗帜，"宣扬耶稣基督就是一位自由权利的提倡者和创建人类文明的英雄，正是他使人类从迷信、权威和独裁中解放出来"。文艺复兴后，"权利"更是政治家和学者普遍关注的主题。比如斯宾诺莎就在《神学政治论》中从人性的高度指出："人不是生来就会使用公民权的，他必须学会使用。"② 由此，洛克在《政府论》中主要批判了世袭权利和"君权神授说"，提出"天赋人权"说。主张私有财产神圣不可侵犯；提出政治权力的分立和制衡、理性自由主义，以及宗教宽容等观念；认为众人都应平等地遵循理性一起生活在自然法的限度内。"人完全有自由规定自己的行动，处理自己的财物和人身；不请求许可，也不依从任何旁人的意志。……其中一切权力和支配权都是相互的，谁也不比谁多持有。"③ 在这种自然状态下，"人类结合成国家，主要目的就是保全他们的财产不受侵犯"；并依赖自然权利概念，把其作为法律应确保的权利，也即法权。在法权保护下，即便是"最高权力，若不经本人同意，也不得取走其任何财产"。

至于法国启蒙思想家卢梭（Jean-Jacques Rousseau）的最大贡献就是在权利上揭露了社会不平等的根源，提出"社会契约论"、"主权论"和"民主政治"等概念，反对王权神授和专制制度。在《社会契约论》中，他指出，社会秩序作为其他一切权利存在的基础绝不是出

---

① ［美］莫蒂默等：《西方思想宝库》，吉林人民出版社 1988 年版，第 890 页。

② ［美］莫蒂默等：《西方思想宝库》，吉林人民出版社 1988 年版，第 893 页。

③ ［英］罗素：《西方哲学史》下卷，何兆武等译，商务印书馆 1997 年版，第 157 页。

于自然，而是出于约定。"权利既不是生而有之，也不是属于先于社会框架之外的个人。它们产生于社会并在其中有其运作的范围。社会本身是人类的制造物，是契约的产物。"① 正是社会契约建立了权利的结构并决定其性质和作用。在《政治经济学》中，他论证了公民、自由、权利和国家的关系，认为"国家的体制愈良好，则在公民的精神里，公共的事情也就愈重于私人的事情。私人的事情甚至于会大大减少。"② 正是基于启蒙思想对于人权观念的推动，借助法国大革命促成世界上第一部《人权宣言》的产生。它以美国的《独立宣言》为蓝本，采用 18 世纪的自然权利论；肯定言论、信仰和出版自由；阐明司法、行政、立法三权分立、法律面前人人平等、私有财产神圣不可侵犯等原则。

　　哲学家康德的高明之处，就在于在《实践理性批判》等论著中，从"人即是目的"的高度，赋予"人权学说"以一种抽象形式，从而为资产阶级的民主政治提供伦理基础。而黑格尔则在前人对权利本质的探索和认识的基础上，把权利或人权上升到一种普遍精神的高度，并将其作为现存世界、主体意识和自由意志的基本规定；认为人的权利就像"重力是物的根本属性一样"为人类所固有；而且权利只有体现在人的自由意志和主体行为中才拥有现实意义。也正因如此，使得整个人类史都始终贯穿着"争权夺利"以及将观念权利转化为实在权利的斗争。

　　究竟应该如何规定权利，马克思通过对一个充满罪恶、污垢及不合理的社会制度的明察洞鉴，发现私有制导致的人性的异化普遍

---

① ［美］贝思·J.辛格：《实用主义、权利和民主》，王守昌等译，上海译文出版社 2001 年版，第 50 页。

② ［美］莫蒂默等：《西方思想宝库》，吉林人民出版社 1988 年版，第 894 页。

地使劳动者失去人的本质，"结果是，人（工人）只有在运用自己的动物机能——吃、喝、生殖，至多还有居住、修饰等等——的时候，才觉得自己在自由活动，而在运用人的机能时，觉得自己只不过是动物。动物的东西成为人的东西，而人的东西成为动物的东西。"① 最终使得每个人的真实本性都发生异化。而要想消解和推翻由私有制度造成的这种将人变成非人的社会异化，在马克思看来，只能通过阶级斗争和无产阶级革命。于是，马克思通过黑格尔的抽象哲学很快就认识到："真理的彼岸世界消失以后，历史的任务就是确立此岸世界的真理。人的自我异化的神圣形象被揭穿以后，揭露具有非神圣形象的自我异化，就成了为历史服务的哲学的迫切任务。于是对天国的批判变成对尘世的批判，对宗教的批判变成对法的批判，对神学的批判变成对政治的批判。"② 也正是针对这种远离社会现实和人权本性的异化，马克思高举批判的武器，利用最尖锐的语言来揭露剥削制度的非人统治。站在祛除人性异化、实现人性复归的人道主义高度，反对统治阶级的虚假意识、空洞说教、集权制度、寡头政治、经济垄断和劳动异化；主张通过暴力革命消灭旧的生产关系，建立新的联合体"代替那存在着阶级和阶级对立的资产阶级旧社会"。他不希望看到一个在新政权卵翼下的物欲横流、权欲膨胀、贪贿成风、道德沦丧、进步意识消退、革命激情泯灭的社会形态；希望革命的最终目标是消灭剥削压迫、金融权贵、私有制度、异化劳动和贫富差距，实现"一切人的自由发展"。

---

① 《马克思恩格斯全集》第 3 卷，人民出版社 2002 年版，第 271 页。
② 《马克思恩格斯选集》第 1 卷，人民出版社 1995 年版，第 2 页。

　　与马克思同时代的学者则主要确立一种功利主义和自由主义的权力观，强调自由竞争、趋利避害、民主平等、互助博爱和国家福利等权利理念。比如19世纪英国新自由主义者约翰·密尔就提出一条极简原则：任何外在强力都不能剥夺人类固有的主权。这是自我意识和人类行为的固有本性。尤其是言论出版自由是人之为人的标志。正是自由对于人的生存和发展如此重要，体现着人类理智的本质，所以整个人类史和文化史都是围绕人身和精神自由撰写的。它的悲惨壮烈、辉煌荣耀、阴沉晦暗、豁达光明的历史，完全证明人和自然、必然和自由之间不可避免的冲突与斗争。至于约翰·斯图尔特·穆勒在《功用主义》一书中则主要立足功利主义论证了权利本质，指出，权利就是一个人"可以合法要求社会使用法律，或是教育与舆论力量使他保有这个权利。假如，无论根据什么理由，他有我们所谓充分的要求：叫社会担保他有什么东西，那么我们就说他有这个东西的权利"①。因此，权利并不是源于人的本性，而是决定于人的判断，因而它也不必然是法定的。那么如何判断一种权利要求是充分合理的呢？这就需要一种社会公益能够保护人的权益。因此，权利乃是经验上可发现的心理趋势的产物，它包括受社会保障的所有人的利益。因此个人脱离社会，就不可能拥有权利。权利是在经验中被发现的，它是社会生活的前提。正是在这里，人们确立了某些"彼此互不侵害或在法律明文中或在默喻中应当认作权利的某些相当确定的权益"②。

---

① ［英］约翰·斯图尔特·穆勒：《功用主义》，唐钺译，商务印书馆1962年版，第57页。
② ［美］贝思·J.辛格：《实用主义、权利和民主》，王守昌等译，上海译文出版社2001年版，第59页。

　　英国思想家托马斯·希尔·格林（Thomas Hill Green）也强烈反对自然权利说，认为"自然权利与社会权利，本身就是一个矛盾"。没有先于社会的权利。必要的权利乃是履行一种道德的能力，不履行它，人就不能作为人。这样，要使权利存在，就必须使它得到承认，因此权利是通过承认而形成的。尽管权利比任何东西都更真实，而它的存在却纯粹是观念上的。它不依赖于任何事物，只存在于意识之内。要使权利存在，人们不仅要认识它，还要理解它是为一种共同利益服务的，因而"如果在社会成员方面没有对共同利益的意识，就不可能有权利。没有共同利益的意识就只可能存在个人的某种权力，但这种权力，别人不会承认它是他们所允许履行的权力，也不会对这种承认有任何要求，而没有这种承认或承认的要求，权利就不可能存在"①。所以，权利是且必须是有自我觉识能力的人类社会的特有作品。正是在这里，人们不仅能够认识到他们的共同权益，也能够并乐于通过约定俗成的规则或文本来规定和协调每个人的观念和行为。

　　自马克思之后，开辟的现代权利理论，主要有自然法的基督教传统、天赋人权的启蒙主义传统以及美国法学家韦斯利·霍菲尔德（Wesley N. Hohfeld）创立的法权传统。这三种理论都预设了判定公民权利的四种相互关联的原则，即个人主义、先验主义、本质主义和对抗主义的权利原则。

　　至于当代学者，虽然强调共同体权利的重要性和实在性，但并不否认文化多元论的权利观。特别是在讨论现代民族国家中的那些土

---

① ［美］贝思·J.辛格：《实用主义、权利和民主》，王守昌等译，上海译文出版社 2001年版，第 61—62 页。

著民族、少数民族和其他亚文化群的集体权利时，许多作者都把通过对个体自主的适度尊敬来协调相关权利的问题作为己任。比如威尔·吉姆利卡（Will Kymlicka）就把这个主题描述为对一种独特的多元文化权利进行自由探索的努力，并在《自由主义、共同体与文化》一书中，提出一种旨在保护少数民族及文化特殊权利的概念。认为一个国家不论是多民族、多种族还是多移民的国家，其中各民族都有坚守自己的母语、宗教和习俗的权利，国家也有权保护它们的合理存在。因为如果没有民族文化的存在，就不可能有个体人的存在。因此任何民族都有存在的权利，都有维护本身完整性和文化自制的权利；有被接受为国家政治生活的合法参与者的权利。他们独特的态度和价值观，甚至应该受到那些未能享有文化自治权人的尊重。同时要确立如下宗旨："对集体权利的认识不仅要兼容对个体自主性的自由承诺，也需要对个体自主性的自由给予承诺。"① 因为个体自主既需要人们从某种强制和操纵中获得自由，也需要拥有一个足够的选择范围，并要求国家能够扮演一个确保他们获得足够选择权的角色。在此基础上，加拿大的查尔斯·泰勒（Charles Taylor）围绕权利提出一种联邦主义的政治学，旨在探讨权利的差异性、多样性、分散性、选择性和自治性。认为正是这类差异性和多样性"要求政府制度要具有一定程度的灵活性，而且这种灵活性要超越人们目前已经达到的灵活程度"②。

　　20 世纪，美国哲学家杜威对传统权利观进行了深入批判。他否

---

① Steven Wall, *Collective Rights and Individual Autonomy*, Chicago University Press, 2007, p.234.

② ［美］贝思·J. 辛格：《实用主义、权利和民主》，王守昌等译，上海译文出版社 2001 年版，第 134 页。

定自然权利论的个人主义，维护群体权利。认为权利乃社会制度的重
要特征，倘若我们采用将个体从社会和国家相分离的办法来谈论权利
和权力，两者就变得毫无意义。个体只有是社会和国家的一员时，才
拥有权利。个人权利只有社会通过法律的确认、支持和维护，才得以
存在。所以，那种在理论上为良心、信仰、言论、集会以及出版自由
进行辩护的自然权利说，实质上"代表着对政治行动所设置的一些固
定的和外在的限制"①。其实，集体权利与个人权利可以同时存在。每
一种制度都拥有它的主权或权威性以及它的法律和权利。只有错误的
抽象才会认为主权、权利和法律仅是国家等高级组织的固有特性。权
利从来就不是不加区别的、不确定的活动要求，而是在一定条件下人
们开展活动的要求。"这一限定构成了每一种权利的义务的方面……
权利和义务密切相关。"②此外，政治民主和公民权利也紧密相关。因
为人的自由是民主社会确保个人权利的中心内容。民主是个体获得安
全和人格发展机会的目的，及其实现的手段。这些手段主要是指个体
的自愿行为和民主方式，而非暴力方式和强制；"是通过智力组织的
内部力量，而不是通过外部和凌驾于其上的强加给智力组织的力量。
民主的根本原则是：其目的是实现公众的自由和个性，这只有当其手
段和目的相一致时才能成功"③。

　　民主政治的内涵就是反对封建君主和专制独裁，主张民主制、

---

① ［美］约翰·杜威：《人的问题》，傅统先等译，上海人民出版社 2006 年版，第 99 页。
② ［美］贝思·J. 辛格：《实用主义、权利和民主》，王守昌等译，上海译文出版社 2001
　　年版，第 143 页。
③ ［美］贝思·J. 辛格：《实用主义、权利和民主》，王守昌等译，上海译文出版社 2001
　　年版，第 145 页。

普选制、代议制、人民主权、社会契约、天赋人权、自然法制、公众意愿和自由意志。其意义就是只有在民主政体下，才能防止任何个人和团体专权腐败，避免法西斯主义，保障社会成员的政治自由、经济利益、人身安全、世界和平、人类进步；才能激发人民对国家和法律的爱，培养爱俭朴和爱平等的人格和美德；才能真正选举出宽和的政府促进政治的法律化、制度化、科学化和民主化，并造就出明智和努力进取的民众。当然民主政治不必然导致自由主义和利己主义膨胀。相反，没有相应的自我表现形式，就谈不上任何权利和自由。

　　既然自由的本质是权利，没有权利就没有自由，因此人们要想拥有自由就必须享有各项权利。欲达此目的，就必须建立一种迄今为止最好的社会制度：民主政治。现实中，没有政治民主，就绝不会有广大公民的个人自由。固然自由是人的固有存在，体现人的内在本质，即有人就有自由。但是一个人要想真正拥有不被外力限制、约束和打压的自由，就非得建立一种民主制度不可。因为只有实行广泛的民主，才谈得上人的自由。没有人民自身的当家作主，就会丧失一切权利自由。反过来，没有自由也不会有民主。法国大革命之所以高举"无自由毋宁死"的口号，原因就在于他们看到自由和民主政治的本质关系。自由的本质就在于人的自主性、独立性，就在于免除束缚，解脱压制，而所有这些都是民主政治的标志。因此在民主构成自由的政治保障的同时，自由也同样构成民主的前提。

　　然而一切自由和权利都不是绝对的。对此，哈里·波利豪斯（Harry Brighouse）和阿达姆·斯维夫特（Adam Swift）在《父母的权利和家庭的价值》一书中论述道：尽管许多自由主义学派都是立足于如下理念，即个人有权利来控制自己的生活，而且这些权利不得被践踏，但也都认为：在他们的权利与其他人的权利发生冲突时，或者在为了避免某种巨大灾难事件时，一些权利和自由是可以被剥夺或予以拒绝的。尤其是有关孩子们的自由和权利，绝大多数自由主义者都认为对他们不能放任自流。"特别是当他们非常年幼的时候，他们没有权利去支配自己的生活。此时，一些成年人或一些成年人组合，就可以适当地控制他们的生活。"① 或者说有权对他们施加控制力，充当他们的主要监护人或责任承担者。

至于美国政治社会学家米德（George Herbert Mead）则主要从社会心理学、交往互动理论和社会控制论的角度论述了权利和公众心理、普遍态度和社会维护等要素之间的关系，认为任何权利都必须得到人们的普遍支持和承认。因为当一个人在要求某项权利时，也必然会同时赋予他人以同样的权利。或者说，当我享有某种权利时，也意味着每一个人或至少是生活在我周围的每个人都享有同样的权利和拥有共同的义务。而且"只要有权利存在的地方，对这些权利的侵犯就会受到惩罚，而将这些制度界定作规范的解释就是为了防止权利再次受到侵害。"②

总之，所有人都应该拥有权利。只是这些权利通常还只是一种理想，不是事实。当然这种理想也许是强有力的，而且的确存在着对生存、自由和幸福的追求，但它们对大部分人来说却是无法生效的。因为人们能够真正拥有权利也是非常困难的。为此辛格说，每当我谈

---

① Harry Brighouse and Adam Swift, *Parents' Rights and the Value of the Family*, Chicago, 2006, p. 80.

② [美] 贝思·J. 辛格：《实用主义、权利和民主》，王守昌等译，上海译文出版社 2001 年版，第 151 页。

及权利时，总是指那些有效的权利，尤指那些"基本的普遍权利"。那么谁能够拥有权利呢？首先，实际拥有某一种权利，至少是某人成为某一具有有效权利范围的共同体成员的最起码条件。其次，每一项权利都需具备相互不可分割的成分：一种特殊的资格和尊重这种资格的义务。因此要拥有权利，就需要参与社会活动。权利是社会制度的产物，而非源于自然主义传统。只有在社会制度的保证下，才会实现权利的有效性，而且无论什么时候，"我们都有必要对权利冲突进行判断，一项特定权利的重要性也将视情况而定。"①

正基于此，当代英国政治学家哈耶克在《经济、科学与政治》等论著中，论述了实现自由权利的基础问题。在否定早期"经济论"的基础上，主张只有利用法制的强制手段及其合乎法理的必然性规则，才能保障每位社会成员享有的权利和自由，从而达成一个真正自由的社会。当然，一切法律要想达此目的，必须具有普遍性、平等性和确定性特质。因为普遍性可以保障权利自由的广泛性；平等性可以保障权利自由的公正性；而确定性则可以保障权利自由的合理性。

伴随20世纪末苏联及东欧等社会主义国家政权的解体，使得匈牙利哲学家雅塞（A. D. Jasay，1925—　）认为，社会主义应当甩掉一些令其不堪重负的教条和包袱，应当从市场自由主义的角度改革社会主义国家的政治纲领；从个人选择、社会契约、集体协议、法制建设以及制约权力的角度来精雕细琢自由主义理想的大厦。

进入21世纪，许多学者则直接把权利与公民身份的认定统一起

---

① ［美］贝思·J. 辛格：《实用主义、权利和民主》，王守昌等译，上海译文出版社2001年版，第209页。

来，也就是说一个国家的公民身份完全决定于他享有的权利。这种情况诚如英国学者理查德·贝拉米所言："公民身份的认同往往决定于权利，而且一般说来，这种认定总是存在的。因为一个既定的国家无论实施怎样的公民政策，都会授予公民以同等的权利。这种权利通常被称为积极权利或制度性权利。"这样，不仅不同国家的公民身份不同，而且他们享有的权利也大不相同。"比如英国公民的权利在任何方面都不同于苏格兰公民的权利，至于与美国或法国公民的权利相比甚至是更为不同。此外，他们也不需要有完全相同或完全公平的权利"，因为"当他们利用权利作为认定公民身份的基础的时候，通常也都倾向于要有些不同的内容。"①

而德博拉·詹姆斯则围绕权利、职责、公民身份和新自由主义展开论述。在他看来，有关公民身份或公民权的人类学研究能使我们了解人类有关政治经济变革的情形和远景。通过对过去公民境遇和诸多国家制度模式的研究，可以发现："没有一个民主愿景可以轻易地涵盖那些属于一个新社会的所有成员"，而现代，"利用市场导向的形式，通过强调企业话语权、责任心和获得权利的需要，公民才变得更具个体性。"为此，有关"新自由主义的管制术"一词，已被用于描述从国家控制转换到以市场为导向的治理。当然，这样做还有缺陷，因为它忽略了国家和市场相互齿合的范围与程度以及两者相互交织的紧密关系。很显然，市场化要依赖于国家对设计和实施的广泛干预。特别是在社会经济急速转变的时期，即使新的政策和社会力量已经进

---

① Richard Bellamy, *Citizenship：A Very Short Introduction*, Oxford University Press, 2008, p.78.

入角色并发挥作用，人们也以新的方式来回应这些变革，然而这种新奇性依然要通过老的社会形式、态度和途径而得到调停。而且这种变革已经留下自己的印记，包括对正式的机构以及对那些受到这些机构干预的人们的期待和反映。正基于上述的社会状况，詹姆斯主张一种将国家和市场合而为一的公民观，即"既承认更广泛的权力框架，也认识到普通民众的能力依然是基于对这些问题的回应以及为此而发生的抵制行为"①。

　　至于和维护公民权利紧密相关的民主问题，比利时的后马克思主义理论家尚塔尔·墨菲在《民主的悖论》、《政治的回归》、《激进民主的纬度：多元主义、民主权和社群政治》等论著中，针对民主的分歧、对立和不和谐等问题进行了简明的论证。特别是针对现代自由主义民主展开的辩论，墨菲瞄准约翰·罗尔斯、尤尔根·哈贝马斯及其共建的"第三条道路"政治学，证明他们的民主概念已经沦落为使人麻痹的矛盾的牺牲品。由此，他提出一种富有"争论的多元主义"概念。"正是这个概念导致维特根斯坦、德里达和卡尔·施密特的那些具有挑战性的论文，试图把激进民主的对抗和冲突，重新断言为它的最具活力和最持久的特性。"② 也正是通过这个概念表达了她的"在反对权力的不同斗争中，必然存在诸多不同形式的对抗"的"激进民主多元主义"（radical democratic pluralism）以及反本质主义的公民权利和公民认同。在她看来，每一个特权群体都对权利负有深刻的责任。他们只有通过对抗性冲突才能赢得权利，因为许多现存的权利都是在

---

① Deborah James, *Citizenship and land in South Africa：From rights to responsibilities*, London, 2013, p.26.

② Chantal Mouffe, *The Democratic Paradox*, Verso Books, 2009, p. 143.

排斥或支配其他权利的基础上建构起来的。由此，墨菲把公民权提到身份认同的高度，把它视作推进激进民主多元论的中心问题。认为"在这个意义上，平等和自由的民主原则是一种特殊类型的公共利益：它们构建了既可以奉行又并不与个人自由权和多元主义自决权相冲突的唯一的公共利益"。①

强调公民的个人权益，当然不能排除与之相关的义务和责任。这不止因为任何个人都是社会历史的产品，都是群体智慧和人类全部文明造就的结果，更重要的是离开社会的整体性教化和本质性作用，任何人都不能够得以生存和成其为个人，也即具有人的本性。对此，迪安尼·柏格森从组织团体和个体成员之间的关系层面论述了个人在一个团体机构中应该承担的义务和责任。她说："每个机构团体都有一个目的，而且都是以其存在作为自身使命。这个使命不仅根据产品、服务或市场来规定其经营范围，而且决定其员工所执行的旨在帮助公司实现其目标的具体任务。由于个人目标并不一定要和所在团体或公司的目标相一致，以至控制系统就经常被用来检查和奖励个人，以使其去追求集体利益。理想情况下，一个人获得的任何工作业绩，只要是为该机构团体的使命做出贡献，他就应该得到回报。"② 因为正是在这里，他的行为集中地体现了个人应该拥有的权利以及不可分割的义务和责任。为此，布鲁姆（Blume）等人还提出有关群体中的义务、职责和公民个人行为之间存在的"正相关的绩效评价体系"。只是要特别注意，个人和团体之间的义务、职责和权利的关系并不是

---

① ［美］安娜·玛丽：《拉克劳与墨菲》，付琼译，江苏人民出版社 2011 年版，第 182 页。
② Diane M. Bergeron，*Organizational Citizenship Behavior and Career Outcomes：The Cost of Being a Good Citizen*，Journal of Management Vol. 39 No. 4，May 2013，p. 958.

一种简单的线性关系。比如"一个团体层面上的各种复杂的关系变量，就可能会影响其他层面或个体层面上的关系"①。致使个体承担的义务、责任以及所拥有的权利发生质的变化。

至此，米切莱特和斯图尔（Michele Micheletti and Dietlind Stolle）在《可持续公民权和新的消费政治学》一文中，不仅提出"可持续公民权"概念，还将其与更具常规形式的公民权区别开来。明确表达在社会现实中实现可持续公民权的指标，并在自己的实证研究中运用了这些指标。在针对那些实践政治消费主义和素食主义者的研究中证明："公民权在三个重要方面得到拓展：一是通过处理过去和当下存在的而且会影响到未来的不公正问题（扩大时间维度）；二是通过解决全球性的责任，而不是仅仅解决某个国家的责任（扩大空间维度）；三是通过增加那强调对自然和动物负责的物质纬度。通过研究发现：可持续公民权的发展道路是曲折的。特别是自我利益往往主宰着它的非互惠性或其他相关问题。"②

关于国内对人权、公民权利问题的研究，至少自"文化大革命"结束之后，就取得了令世人瞩目的长足的进展和进步。尽管在理论形态上，其创造性的突出研究成果还不是很多，特别是改革开放以来的主要贡献就是翻译、介绍了大量国外的法学、政治学和政治哲学方面的理论著作，但毕竟在此基础上撰写了一些较有分量的论文和著作，类似石元康的《当代西方自由主义理论》、陈舜的《权利及其维护》、

---

①　Diane M. Bergeron, *Organizational Citizenship Behavior and Career Outcomes：The Cost of Being a Good Citizen*，Journal of Management Vol. 39 No. 4，May 2013，p. 958.

②　Michele Micheletti and Dietlind Stolle, *Sustainable Citizenship and the New Politics of Consumption*，http：//ann.sagepub.com/content/644/1/88，p.88.

杨宁冠的《人权法》、辛世俊的《公民权利意识研究》、钱宁的《社会正义、公民权和集体主义》、顾经仪的《公民社会权利点津》、马峻峰的《中国公民权利手册》、杨春福的《自由、权利与法制》、夏勇的《走向权利的时代》、赵进中的《世界公民之路》、张伟的《公民的权利表达及机制建构》、周永坤的《公民权利》、鲍宗豪的《权利论》、罗洁的《少数人权利的正当性研究》等都对有关权利的某些方面进行了深入的探讨，当然也提出了诸多创见。

总的来说，本书从理论和实践角度，立足于历史、现实和国内外的公民权利和人权现状，综合概括已有的权利理论；从自然性、人性、合理性、普遍性、公正性和正当性等多方面论证了权利的本质和内容，目的是让广大公民对权利的内容、范围、作用及其获得和维护的认识上升到自觉，以便在实践上，促动国家政权和政治制度从政治经济、法律、意识形态等多个层面为公民争取更多权利，同时保护和捍卫公民权利，使其真正成为一个拥有自觉意识和各方面权利的人，使其能够真正有尊严地活着；也同时有利于在实践上杜绝对老百姓权利的任意践踏；杜绝当权者的特权和防止利用职权进行政治和经济上的腐败。

为此，本书首先通过对公民概念以及公民权利概念演绎历史的系统考察，来深入分析公民与权利概念的内涵和外延；论证公民权利或个人权利与集体权利或社会权利之间的辩证关系。在综合前人对公民权利的多元界定的基础上，多角度地反思和陈述已有的权利概念、权利理论。指出，在任何情况下，一个社会制度都应该保证广大公民必须享有自然权利、政治权利、经济权利、文化权利、社会权利和法律权利等最基本的权利形式。也正基于这种权利理念，本书对数千年来，权力异化对公民权利的侵害、权力强势下的权利蜕变、符号化法权对权利的消解作用、权力对法权的支配地位以及由此造成的官民之间权利的巨大差异等问题，展开全面批判。特别是针对公民权利的正当性与合理性问题，经过全面详尽的论证和辩护，主张作为超越于政治权力之上的公民权利至少具有自然性、客观性、社会性、至上性、开放性、多元性和自在自为性等基本特征。其中，公民权利的人性化和个性化应是全部人权的最高本质，而且只有践行它，将理念权利变为现实权利，广大公民才算是真正拥有人权。

至于如何判断公民权利的正当性，综合以前各种理论，认为至少应该遵循四种相互关联的原则，即个人主义原则、先验主义原则、本质主义原则和对抗主义原则。至于评判公民权利正当性的途径和方法，当然非社会实践而莫属。因为只有社会实践才能有效地构成理论和现实相互转化的中介，进而通过广大公民的意志与行为，真正将自然的、肉体的人和精神的、道德的和法律的人有机地结合起来；并在这个结合点上，从客观性、合理性与正当性的高度，充分肯定人的自然权利、社会权利、个人权利以及一切应该得到尊重和肯定的法定权利。

公民权利的正当性当然不是一种孤立的存在，由于它内在地包含着微观权力的作用，因此要想确立权利与权力的正当关系，就需要强化微观权力，遏止滥用公权，增强斗争意识，捍卫公民的正当权利。至于如何捍卫和维护公民权利的正当性，这需要遵循如下基本法则，即平等正义法则、自由快乐法则、责任义务法则以及至真至善法则，并在遵循上述法则的基础上，健全维护公民权利正当性的制度和法律保障；建立和完善民主政治，改变现代社会的权力形式，加强法制建设，树立法律理念，强化公民的主体人格和权利意识；认清公民权利及其应该承担的义务和责任之间的辩证法，既要认清从个体权利到集体权利，从权利到责任的转变以及权利与义务的疏离性及统一性，也要认清无论何时广大公民都不能使自己承担的责任和义务无条件地服从于权力。要确识：一切义务和责任行为都需要合乎某种道德要求、法律文本和权利规定，而且要与"可持续公民权"具有统一性。"个人应该在多种多样的利益领域自由地追求其个人利益，但是至少也应该通过参与以共同政治规范和原则为结构的公共辩论培养最小限度的公共政治认同。"① 只有如此，广大公民才能真正做到：解放和主宰自身，不仅拥有自由的公民意识，也会日益在公众领域拓展和凸显自身的权利与个性。

主要创新点有：一是利用知识考古学和概念分析法阐释了人、市民、公民以及人民四个概念的区别与联系；陈述了"公民"及"公民权利"的内涵及历史延异。二是揭示了政治霸权和权力异化对公民权利的侵害及权力异化导致的"权利异化"；论证了公民权利的正当性主要在于公民权利的自然性、自在自为性、合人性、至上性及神圣性。三是揭露了由于公民权利内在地包含微观权力，因此通过强化公民权利，集微观权力为宏观权力，可以遏止滥用公权。四是立足法权现象学论述了法律文本的符号化、权力化和非本质化；揭示了现实中的法权在政治权力、话语霸权、强力意志、主观意识、情感要素以及各种复杂的人际关系的控制下，发生严重异化，经常蜕变为特权阶层的特殊权利，造成这种异化的原因很多，而法权的符号化无疑是颠覆

① ［美］安娜·玛丽：《拉克劳与墨菲》，付琼译，江苏人民出版社2011年版，第182页。

人们惯常享有的自然权利、生命权利、生存权利、社会权利、文化权利以及整个"天赋人权"的关键因素。要想回归公民权利的自然本性，最重要的就是要立足社会实践，遵循法权演变规律来思考和表达法权，使其能够切实反映生命本能、生存欲望、人性需求及公民权益；使其充满丰富性、充实性、民主性和公正性。五是揭示了自由的本质、自由和人之存在、人的权利、人的个体性和群体性以及人之思维和思想之间的紧密关系；论证了只有实现人的真正自由、平等、公正和快乐的生活才是人性的真正解放，才能真正体现人的天赋权利和本性。六是主张通过坚持平等、正义等基本原则可以维护公民权利的正当性；通过改变现代社会的权力形式和完善维护公民权利的法律保障，可以实现"可持续公民权"的历史与现实的统一。

# 第 一 章

# 公民权利释义

人生而平等，造物主赋予了他们若干不可让渡的权利，其中包括生命权、自由权和追求幸福的权利。为了保障这些权利，所以在人民中间建立了政府，而政府的正当职权，则系得自被统治者的同意。

——1776 年《独立宣言》①

---

① [美] 林·亨特：《人权的发明：一部历史》，沈占春译，商务印书馆 2011 年版，第 164 页。

　　作为一个公民要了解自己应该拥有的权利，当然需要首先理解何谓公民、何谓权利，自古以来公民概念经历了怎样的演变历程，公民（citizen）与市民（townspeople）、国民（national）以及人（person）和人民（people）究竟有何区别与关系，继而了解何谓公民应该享有的权利以及公民如何才能够获得和维护自身的权利。对于诸如此类的问题，以往的学者无疑都有不同的理解和认识。因此，我们只有在厘清前人的相关理论学说的基础上，才有可能通过继承、综合、创新和发展的途径，将公民权利所涉及的主要问题给予深入地说明和论证。

# 一、公民概念的历史延异

　　公民和权利，是一对相互关联和不可分割的概念，特别是在一定的历史时代和国家地区，几乎有怎样的公民身份才可能拥有怎样的公民权利。不过，这样一来，也就在公民身份和权利之间形成一种潜在的张力。"首先，如果权利是普遍的，适用于所有人类，那么在属于不同的特定的政治共同体的公民及其拥有的权利之间就可能存在一种冲突。而正义则要求对所有人都要给予平等的关怀和尊重，只要其地位和身份属实，即便有差异，也要像对待自己的同胞一样对其他每一个人给予更多关注。当然，'世界公民或全球公民'的概念可能会提供一种解决方案，然而它本身，如同我们所见，也拥有一些实践上和规范上的问题。其次，尽管围绕人权，越来越多的人已经形成共识，然而在一个很大范围内，在有关权利的最大价值的实现上和它们所遵循的政策内涵上却仍然存在很大差异。"① 因此，不厘清公民和权利之间的关系，就很难真正理解公民权利概念包含的深刻含义。

也正基于此，关于公民概念及其内涵，当代英国政治哲学家理查德·贝拉米（Richard Bellamy）在《公民身份》一书中，给予专门论述，指出，迄今"人们对公民身份的兴趣一直很高。形形色色的政客都强调它的重要性，就像教会领袖、工业头目以及各种竞争群体所做的那样。这些群体中，有的是起因于全球性事件，例如旨在解决世界贫困；有的是侧重于解决地方问题，比如打击社区犯罪。各国政府都在推动中学和大学中的国民身份的教育工作，而且为了帮助移民者寻求归化为某国公民，还介绍了公民身份测试。现代公民身份的类型也在不断增生，从双重公民身份和跨国公民身份到企业公民身份和全球公民身份都有。"② 所及问题多而复杂，它们都与公民权利（civil rights）有着不可分割的关系。

事实上，公民及公民权利的概念，自古以来一直都在经历着内涵与外延上的延伸与扩展。比如在实施贵族制和僭主制的古希腊时代，公民就只指谓居住在某个城邦或国家里的贵族阶级。这里，连工商阶级都不能算作公民，因为他们没有政治权力和政治权利。至于奴隶阶级就只能打入另册。因为在希腊人的观念中，公民只能是贵族，只有贵族才具备参与公共活动和国家治理的美德、素质、教养及能力。至于生产者尽管供给贵族许多物质，但"这些生产者，因为职

---

① Richard Bellamy, *Citizenship: A Very Short Introduction*, Oxford University Press, 2008, pp. 78-79.

② Richard Bellamy, *Citizenship: A Very Short Introduction*, Oxford University Press, 2008, p.1.

业的缘故，不论他们是奴隶或自由人，都被拒绝于完全公民的生活以外"①。在执政的贵族眼里，应在公民与机械工人和商人之间划一道鸿沟；只有地主才配享公民称号；生产阶级不应享有任何政治权利。这样，与希腊公民相对的就是低贱的工人、农民等生产阶级和职员、保姆等勤杂人员。"他们自食其力，不参加政治活动，没有多少财产。在民主社会中这是大多数。要是集合起来，力量是最大的。"② 然而由于他们仅是实现生存的手段，且不具有主人翁的意识和能力，因此平民只能起到供养僭主和贵族的作用。此时僭主犹若神明，平民百姓只能俯首称臣，甘做其奴。对此，有人统计，在公元前 4 世纪末的雅典，约有 10 万公民和 40 万奴隶。在这种制度中，"公民都有同等的公民权及做官的机会——官职通常由抽签决定"③。且只有作为国家制度的中流砥柱的公民才享有自由民主的权利。

当然，雅典算是古希腊社会中最平民化的国家，为此，那里的生产者往往被承认有公民资格，并享受相当的政治权利，但他们仍然没有失去最低贱的痕迹，与正当的公民之间仍有严格界限。理由是他们被职业限制，不具有人的美德，常常是社会动乱的根源。尽管亚里士多德也曾提出"同邦公民"，即居住或隶属于同一城邦的民众的概念，然而他的"公民"概念也依然不包括那些不被当作"人"来看待的奴隶。在他看来，希腊的"自由公民社会"一般可划分为两个阶层："上层少数"主要为富庶阶层，包括贤良人士或整个贵族阶级；

---

① ［英］狄金斯：《希腊的生活观》，彭基相译，华东师范大学出版社 2006 年版，第 60 页。
② ［古希腊］柏拉图：《理想国》，郭斌和、张竹明译，商务印书馆 1996 年版，第 344 页。
③ ［古希腊］柏拉图：《理想国》，郭斌和、张竹明译，商务印书馆 1996 年版，第 331 页。

"下层多数"主要为平民百姓，即主要为失产失业的穷人和群氓。至于社会中的高尚人士，即具有美德和才识者，常常位于这两层公民之间，他们作为持平公正的人，能够弥补法律的遗漏，排解社会纠纷。正因如此，他赞成梭伦等立法者把平民群众作为一个集体，并赋予一定政治权利的主张；反对那种所谓"无论是选举之争或审察行政功过都不适宜于平民，对于群众就不该使他们执掌最高统治权"的谬见。并公开申明：让公民大会执掌最高权力，建立平民政体是可取的；"把公民大会、议事会和法庭所由组成的平民群众的权力置于那些显亮所任的职司之上是适当的，也是合乎正义的、合法的"①。对于担任议事和审判的公民大会会员不应该有财产多寡的限制和年龄规定。贵在看其具备执政的美德、智慧和才能。在这样的公民中"无一人能设想他属于他的自身，而统统都是属于国家"②。因此古希腊的贵族公民并不都是寄生虫。当然，他们也不都是为国家而真的牺牲个人生命，宗旨"是实现自己于全体之中"；通过为国家服务获得人生价值和应有的声誉。

　　古希腊的这种将公民主要限于贵族阶级、地主、业主、工场主、僭主和一切统治阶级的做法，到了中世纪则有所改观。这就是残酷的政治压迫和经济剥削引发没有任何政治权利的平民阶级发起精神自救。他们盼望通过一种想象的巨大无比的力量——上帝的干预来摆脱世俗王权的统治；期待随着自我的独立和解放，能够出现一个"正义、和平和繁荣昌盛的黄金时代"。尽管这种期待在中世纪没有变成

---

① ［古希腊］亚里士多德：《政治学》，吴寿彭译，商务印书馆1983年版，第147页。
② ［英］狄金森：《希腊的生活观》，彭基相译，华东师范大学出版社2006年版，第56页。

现实，但当时在许多国家却已经形成"教皇乃最高的神权，上帝乃最高的主宰。任何人对抗这项权力，就是对抗上帝命令"的理念。不论是谁违反上帝的旨意，都要受到严惩。这样一来，在上帝面前，他所创造的臣民就具有了完全平等的地位。在此历史时期，除了罪恶之人外，只要他的品格符合上帝的旨意和作为人的性质，只要他是善良和敬神之人，就享有做人的权利。尽管，其后"日耳曼人在西欧的横行，逐渐建立了空前复杂的社会的和政治的等级制度，从而在几个世纪内消除了一切平等观念"①。但在上帝面前，一切人都是上帝的子民和国家公民，却在整个基督教社会毋庸置疑。此时，在"基督教看来，个人自身具有无限的价值，因为个人是上帝爱的对象和目的，从而注定与作为精神上的上帝有其绝对的关系，使这一精神内在于自身"②。这正像《农夫皮尔斯》中所言："我们都是基督的创造物，他的资产富足。教友们都同出一脉，乞丐与贵族也相同。在基督血染的受难地上，基督教世界开始萌生。我们在那里成了血亲教友，赢得了一个身体。像 quasimodo gentiti（婴儿坠地的第一声哭），我们每个人都是绅士。绝无乞丐或仆人，除非他陷入了罪恶。"③ 因此在中世纪，上帝代表的神权宣扬和标榜的"上帝面前人人平等"及其原罪说，实际上是极大地打击了奴隶主贵族和封建地主阶级的等级制度，扩展了公民的概念及应该享有的权利。

然而物极必反、盛极而衰，由于宗教徒虚构的上帝和神权必须

---

① 《马克思恩格斯文集》第 9 卷，人民出版社 2009 年版，第 109 页。
② ［德］卡尔·洛维特：《从黑格尔到尼采》，李秋零译，三联书店 2006 年版，第 330 页。
③ ［英］克里斯托弗·道森：《宗教与西方文化的兴起》，长川某译，四川人民出版社 1989 年版，第 257 页。

由世俗的人类来执行，结果，拥有无限权力的教皇、教会和各种神职人员开始走向教义的反面，发生异化，腐化变质，甚至穷奢极欲也就在所难免。而如此引发的教会的巧取豪夺便引起信教者的普遍不满。于是再一次决定人类命运的文艺复兴运动终于在广大民众和教徒的愤懑情绪中爆发，使得西方率先兴起的为权利而战的资产阶级的自由民主运动。因此近代以来，资产阶级革命的最大收获就是将基督教宣扬的"上帝面前人人平等"，通过科学革命和轰轰烈烈的人权运动将其变为现实。这场革命不仅在世界范围内消灭将人视为牲畜和工具的奴隶制度，也努力在全世界颠覆具有极权、独裁和专制性质的封建制度。结果，整个资本主义社会既极大地扩展了"公民"概念，也赋予更多的人以"自由平等"的权利。

也正基于此种现实和理念，近代学者在"人、市民、公民、人权、市民权和公民权"等方面，进行了深入研究。比如在卢梭看来，每个人生下来就是自由人。他们的自由只属于自己，所以任何人都不能放弃自己的自由和拥有自由的权利，去做他人的奴隶，否则"就是放弃自己做人的资格，就是放弃人类的权利，甚至就是放弃自己的义务"①。然而正是权利和义务构成人的社会本质和本分，在这里，"绝没有各种错综复杂、互相矛盾的利益，公共福利到处都明白确切地表现出来，只要有理智就能看到它们"②。在这个整体中，在全体国民共同的意愿作用下，不是屈服某种强权政治，而是充满协作、友爱、团结与平等。利用人类固有的群体主义和利他主义维系着一种敦实厚道

---

① 〔法〕卢梭：《社会契约论》，何兆武译，商务印书馆1982年版，第16页。
② 〔法〕卢梭：《社会契约论》，何兆武译，商务印书馆1982年版，第135页。

的风俗，以使所有公民都能过上一种无忧无虑的生活。由此，卢梭把公民概念最大化地扩展到"世界公民"范围。在他那里，只要是地球人，只要归属于某个群体，他就是公民，且没有等级之分，人人都享有自由、平等和人权。在如此的公民社会，宪法将明确规定："主权在民，在人民中的每一成员那里。因之，每一个个人都有权在统治他的那些法律中发出呼声，在选择从属于他的政府时表达意见。否则的话，说什么所有人在权利方面都是平等的，说什么所有人都是公民，这都是谎言。"①

公民身份到了 19 世纪，便开始上升到"市民社会"的层面。对此，黑格尔针对"公民"和"市民"两个概念进行了辩证的分析。他说："同一个人既为自己和他的家庭操心，也同样为普遍者工作。……就前一方面而言他叫作 bourgeois［市民］，就后一方面而言他是 citoyen［公民］。"② 在这里，市民与公民只是身份和工作职能上的差异。同一个人完全可以有两种身份。如果突出一个人的市民身份，他就是一个普通人。此时，市民即人，人即市民。只是从辩证法的高度看，一个市民也是一个作为公民的如此形式上的市民。因为任何人或市民都必然是社会的、种族的和国家的一员，他不可能离开社会而独立生存。在这个意义上，市民主义只强调市民的个体性、非同一性、非整体性、个人主义和利己主义，无疑是错误的。因为每一个市民作为一个特殊的人在本质上都是同另一些特殊性相关的，都是通过他人的中介而起作用的，所以遵循普遍形式也是市民社会的一个重要原

---

① ［美］约翰·邓恩：《让人民自由》，尹钛译，新星出版社 2010 年版，第 127—128 页。

② ［德］卡尔·洛维特：《从黑格尔到尼采》，李秋零译，三联书店 2006 年版，第 319 页。

则。在这里，对于国家市民来说，"只能按普遍方式来规定自己的知识、意志与活动，并使自己成为社会锁链中的一个环节"。在这种情况下，理念的利益，"就存在于把他们的单一性和自然性通过自然必然性和需要的任性提高到知识和意志的形式的自由和形式的普遍性的这一过程中，存在于把特殊性教养成为主观性的这一过程中。"① 通过这种主观性或概念而达及普遍和客观。

也正是由于黑格尔对市民的个人性、具体性和特殊性的偏爱，使他的辩证法反对卢梭在《社会契约论》中要求每位公民都必须将"个人完全转让给集体"的做法，认为这只是卢梭对古希腊城邦制度和古代爱国主义的效仿；夸大了现代市民独有的"人"和"公民"之间的矛盾。实际上，公民展现的普遍意志和市民展现的个人意志并非水火不容。因为现实中的公民总是属人的公民，不是纯粹的政治经济形式，而是有血有肉的真人。反过来，一切人也总是具有一定政治经济形式的公民。即便一位家庭妇女也是构成社会有机体的一部分。正基于此，黑格尔在"市民社会和绝对国家"的理论中，更加重视人权而非公民义务的观念。在他看来，卢梭的公民理论虽然有使理性成为国家原则的伟大功绩，却没有积极地扬弃"全体意志和普遍意志"之间的矛盾。"他仅仅把共同意志理解为各个个别的公民的集体意志，而没有把它理解为真正普遍的意志。"② 因此，他所谓的国家统一就成了一种单纯的社会契约。结果，虽然法国革命合理地摧毁了一个不符合自由意识的国家，却没有给自由意识提供新的基础。它造就了一场

---

① ［德］卡尔·洛维特：《从黑格尔到尼采》，李秋零译，三联书店2006年版，第201页。
② ［德］卡尔·洛维特：《从黑格尔到尼采》，李秋零译，三联书店2006年版，第327页。

巨大变革，却没有组织起新的共同体，从而使国家的最终目的成为单个成员的特殊利益，而非国家的普遍利益。在这种情况下，国家公民就只能顺从市民的意欲。

在这里，市民社会就是一种需求体系，其中的"每个人都是自由的，同时又依赖其他所有人。因为每一个人的祸福都与其他所有人的祸福纠缠在一起，只有在这种经济联系中才能得到保证。对于市民社会来说，国家是一种单纯的应急国家，也就是说，它没有自己的实体性意义。它仅仅是一种形式上的统一和居于单个人的特殊利益之上的普遍性"①。然而正是这种扬弃肯定整体性的古代城邦理念和否定个人性的公民理念的普遍性，使得市民生活与政治生活以及市民与公民之间的对立，在普遍层次上被扬弃为一种被整体性包含的差异；使得市民和公民绝不是质上完全不同的两类人。每一市民拥有的自由都可以成为国家公民的自由。公民作为一种特殊的人和各种需要的整体在现有的国家形态中，成为高于和包含各种具体的人或普遍的人于自身之中的人。

反过来，公民的自由也可以成为国家中的市民权利。因为现实中的市民不仅像公民一样构成人的一种特殊群体，而且预示着将来的人类社会必将超越现实的国家形态达于一种新的市民社会。在这里，"世界市民相互之间，应该拥有大家都是同胞这样的意识，形成一个超越国界、超越国家范畴的关系"②。只是眼下"作为差别的阶段，它必须以国家为前提；而为了巩固其存在，它也必须有一个国家作为独

---

① ［德］卡尔·洛维特：《从黑格尔到尼采》，李秋零译，三联书店2006年版，第328页。
② ［日］高桥哲哉：《反·哲学入门》，何慈毅等译，南京大学出版社2011年版，第122页。

立的东西在它面前"①。因为如果市民不通过国家形式，就不能有效地与别人发生关系，实现其全部目的。此时，其他人不仅成为这类特殊人达到目的的手段，而且这类人的特殊目的通过其他人的联系也取得普遍形式。结果，这类特殊的市民在相互联系中既满足了自己也满足了他人。原本是市民式的"利己目的"，就在它受到普遍性制约的实现中建立起在一切方面相互依赖的制度。在这里，"个人的生活和福利以及他的权利的定在，都同众人的生活、福利和权利交织在一起"②。继而导致市民的特殊目的与国家的普遍形式相分离，向真正独立的市民社会迈进。因此，市民社会才是真正超越国家形态的属人的社会，也只有在那里市民权才真正大于公民权。那时，国家作为绝对自在自为的理性存在，承担的使命才可能真正做到保护每位市民的所有权和个人自由。也只有在这个历史阶段，个人的财产、所有制、家庭和婚姻才能够得到保证，真正体现市民社会拥有保护其成员权利的惊人权力。同样，"个人也应尊重市民社会的权利，而受其约束。"只有在这样的绝对国家，市民才能过上一种普遍的政治生活，使自身真正具有实体性和道德性，而不是异化的现代社会导致的虚假人格或纯粹概念。

与黑格尔的市民概念不同，马克思立足阶级分析，反对市民社会的国家。他认为迄今有文字记载的一切社会的历史都是阶级斗争的历史。在那里"自由民和奴隶、贵族和平民、领主和农奴、行会师傅和帮工，一句话，压迫者和被压迫者，始终处于相互对立的地位，进

---

① ［德］黑格尔：《法哲学原理》，范扬、张企泰译，商务印书馆 1995 年版，第 197 页。
② ［德］黑格尔：《法哲学原理》，范扬、张企泰译，商务印书馆 1995 年版，第 198 页。

行不断的、有时隐蔽有时公开的斗争，而每一次斗争的结局都是整个社会受到革命改造或者斗争的各个阶级同归于尽"[1]。而这一阶级斗争的根源就是万恶的私有制。为此，他赞同集体主义、社会主义和共产主义，反对利己主义。试图扬弃市民和公民之间的差异，建立一个拥有公有经济和共有财产的绝对共同体。马克思认为黑格尔对市民生活与公民政治的调和只是掩盖了资产者的利己主义和公共的国家主义的现存对立。而现实中，普遍的阶层既非市民，也非公民，而是无产者。因此以往流行的"人权"根本不是一般的人权，而是市民特权。这种人权和公民权不同，因为这里的"人"只是指市民社会的成员。

那为什么这些成员的权利会被称作"人权"呢？这只能用政治解放的本质来解释。因为这里的人权是以市民社会的私人作为真正人的资产者为前提的，而享有这些权利的人绝不是类存在物。相反，类生活本身却是个人的外部局限。此时，把人和社会相连接的唯一要件就是个人需要和私人利益。因此法国大革命赢得的《人权宣言》并没有给代表人类多数和本性的普遍民众或无产阶级带来真正的政治解放和人身自由。人的真正解放必然造成个人的类本质的实现。在这种情况下，与抽象掉人的国家一起消失的，还有市民社会抽象掉国家的私人。只有如此，"黑格尔关于'最高的自由'就是'最高的共同性'的定理才有可能成为真理"[2]。而要想实现这一目的，就需要发动无产阶级革命，消灭阶级剥削和压迫，此时，"代替那存在着阶级和阶级对立的资产阶级旧社会的，将是这样一个联合体，在那里，每个人的

---

[1]　《马克思恩格斯选集》第 1 卷，人民出版社 1995 年版，第 272 页。

[2]　[德] 卡尔·洛维特：《从黑格尔到尼采》，李秋零译，三联书店 2006 年版，第 334 页。

自由发展是一切人的自由发展的条件"①。也只有在这种国度，才能够真正实现人、市民和公民的内在统一，使得人权就是市民权或公民权。

第一个社会主义国家苏联悲剧性地解体提供了前车之鉴，它使得人们普遍相信：任何一种国家制度和权力形式，只要它缺乏竞争机制、监督机制、权力制约机制，同时又不能代表先进文化、先进生产力以及广大公民的根本利益，那么它就必然会阻碍民主政治，破坏法治建设，导致制度腐败，久而久之形成的官僚集团在政治上养尊处优、欺压百姓；在经济上贪污腐化，挥霍无度，最终导致一个糜废颓败的国家政权及其卵翼下的官僚集团一起被推上历史的审判台和必然覆灭的下场。

针对这种现实，当代后马克思主义者试图重新解读马克思主义的伟大理想。他们反对暴力革命和极端的政治变革；激励人们解构激进主义政治的理论基础，探索新的政治斗争模式。在积极推进从宏观权力进入微观权力的基础上，通过对马克思主义阶级斗争理论和阶级分析范式的质疑和抛弃，倡导从阶级政治进到非阶级政治。认为近些年有序的社会形态中不断增生的各种斗争形式："新女性主义的兴起，少数种族、族群和同性恋团体的抗议运动，边缘人群发起的反体制的生态保护运动、反核运动，处于资本主义边缘地带的国家中发生的种种不定型的社会斗争等，都意味着社会的冲突性质正在逐步扩大到一个更加宽广的范围。在那里正在形成一种潜势，一种向着更加自由、民主和平等社会前进的潜势。"②

---

① 《马克思恩格斯选集》第 1 卷，人民出版社 1995 年版，第 294 页。

② E. Laclau & Ch. Mouffe, *Hegenomy and Socialist Stratery: towards a Radical Democratic Politics*, Verso, London, 1985, p.1.

　　这些新涌现的"积极现象",一方面,迫使新左派理论家重建激进政治的话语空间;另一方面,也激励后马克思主义者推出新的社会政治理论。因为眼下政治斗争的关注点已经从生产场所转移到微观的、人人皆主体的日常生活领域。这不仅导致人们的政治观念和意识形态的破碎化、个人价值取向和行为选择的个体化,也对马克思主义的阶级政治形成一种强劲的消解趋势,将客观阶级化为乌有。在这里,由于人们不是通过阶级、兵营、行会或性别而彼此连接,因此他们也就非常倾向于把自己限制在一种沉默的利己主义中。在这里,"它剥夺了公民们一切共同的追求、一切彼此的关联、一切共同协商的必要、一切共同行动的机会。他们已经倾向于彼此隔离,而它使他们孤独,把他们圈禁在私人生活之中"①。

　　此时,所谓国家公民完全堕落为自私自利的小市民。恰像科尔特斯和托克维尔所描绘的那样:是一个没有真理和正义、没有热情和牺牲、没有英雄的"论辩阶级"。他们在本质上胸无大志、安贫乐道;习惯于靠辛勤劳动养家糊口。在日常生活中,他们既活泼诡诈,又怯懦软弱,拥有强烈的虚荣心,是典型的中庸之道。因此,他们除了习惯于一个没有多样性的封建帝国外,从未创造出什么有价值的理论和精神。他们关心私人事务更甚于关心国家大事。在这种私人化的同时,不论是私人还是国家都少有光辉、关爱和原创性的知识。在这里,即便是一个侏儒被侥幸地提拔,获得高官厚禄,也能够达到一个巨人永远不能企及的顶峰。

　　这种市民阶级的民主不可能创造出一种真正伟大的历史,只能

---

① [德]卡尔·洛维特:《从黑格尔到尼采》,李秋零译,三联书店2006年版,第345页。

产生一个有益的、勤奋的、听话的畜群。在最高程度上适宜于为最危险的人提供滋生的土壤，为培育暴君创造一种最有利的条件。这种市民主义实际上是集理想主义和贱氓于一身，把本不平等的东西弄成平等，是一种奴隶道德获得的统治权。其有关民主的人道理念歪曲了人的本性。因此，市民阶级向往的民主并不是真正的实体，而是国家没落的历史形式。而与市民社会相反的激进的社会主义则只能促成暴政。这两种社会理想和运动都只能使人变得越来越愚蠢、毫无主见、任人宰割和卑贱低下。由此，论及公民权时，必须考虑人类历史经历的那些有关人性或其社会性发生的变化；必须考虑学者对人性以及不同人群属性的认知。

概括上述各种理论、理念和概念，基本上可以形成如下认识：这就是，"人"作为一般性概念涵盖着人类社会中的全部成员。不管他是坏人好人，只要具备法权上的资质，就是人，就享有《世界人权宣言》中规定的一切权利。与之相对，人、市民和公民的关系就是一般、特殊和个别的关系。其中市民和公民因都是人，因此也都享有人权。除此之外，基于市民和公民的特殊性，理所当然也比其他人享有更多的权利。比如一位国家公民，总是要比那些外国人享有更多的权利，当然也应该对他的国家及其公民承担更多的义务和责任。

与市民相比，公民的含义及身份确定就更具特殊性。原因是公民总是与国家政治或民族国家相包含。即如理查德·贝拉米所言，"公民身份一直与一种特殊的政治共同体成员的特权相关联。在某种共同体中享有一定地位的成员有权利在一种平等的基础上与他们的同胞一起参与和制定规范社会生活的集体决策。换句话说，公民身份始终在以某种民主形式与政治活动携手并进，其中最典型的例子就是投票权"①。由于它的政治性，现代公民愈来愈有消解民族国家或民族血统的力量和功能。尤其是像美国这样的移民国家，对公民身份的确定早已超越传统的血亲类的民族国家，而实现联邦制国家的形式。这种多民族联邦制强大到足以抵消一个多文化公民联盟中诸种族之间的冲突，使得世界上的许多民族国家都只是映现在一个"血缘共同体"的历史中而非现实中。在这里，公民政治、民主政治大于血亲关系。即便现在许多人还乐于使用民族概念，而这里的"民族"也被理解为公民的民族，而非血缘共同体。就像"中华民族"早已不是一个血缘共同体，而是五十六个民族的政治统一体。这里，"公民民族的认同并不在于种族文化的共同性，而在于公民积极地运用其民主的参与权利和交往权利的实践"②。

在这种公民国家，只有一切人共同联合的意志，而且只有在每个人都相互作决定的意义上，普遍联合的人们才能确立一种真正体现公民普遍的自由意志、生活理念和政治观念的法律形式。当然在一个多元主义社会里，一切法律表达的也只是一种形式上的共识。而在现实中，公民之所以愿意用这样一些原则来指导他们的共同生活，就在于这些原则符合每个人的平等利益。因此在这样一种由相互承认的关系构成的"公民国家"或"公民联合体"中，每个人都可以期望被所有人作为自由平等的人而受到尊重，并都可以无例外地受到三种承认："每个人作为不可替代的人、作为一个族裔或文化群体的成员、作为公民，即一个政治共同体的成员都应该能够得到对其完整人格的

---

① Richard Bellamy, *Citizenship*: *A Very Short Introduction*, Oxford University Press, 2008, p.1.

② [德] 哈贝马斯：《在事实与规范之间》，童世骏译，三联书店 2004 年版，第 658 页。

同等保护和同等尊重。"①

在法律语言中，citizenship 长期以来都仅被理解为国家属民身份或民族属民身份。然而现在这个概念显然被扩大为具有通过公民权而体现的国民地位的含义。即今天所谓的"公民"不仅用于表示国家的组织成员，也用来表示通过公民的权利义务从内容上来界定的地位。其中对于一些国家明确承认的"积极公民"来说，政治参与权和交往权往往被看作公民身份的核心。至于今天，公民身份的各种新形式则常常提出用更广泛的内容来替代这种传统的解释，以至它涉及包括人们在所有他们与他人打交道中的公民的权利和义务。然而，"这就有可能掩盖了它作为一种特殊的政治关系起到的重要和独特的作用。因为公民身份既不同于其他类型的政治面貌，如帝王或独裁者的主体地位，也不同于其他类型的社会公民身份，如现有的父母、朋友、伙伴、邻居、同事或客户等身份"②。

在这种情况下，公民不是只以投票和纳税的外在形式来支持国家政治，以获得国家或组织上的部分服务和支持，相反，公民对于政治共同体就如同部分对整体那样构成一体。在这里，参与自我统治是自由的本质，属于必须加以确保的对象。这是公民资格的本质。充分地参与自我统治会在形成某种主导性共识方面发挥重要作用。"治人和治于人意味着至少在某些时候统治者可以是'我们'而不总是'他们'。"③ 尤其是在一种非民主制度下，公民几乎完全沦为统治者的工

---

① ［德］哈贝马斯：《在事实与规范之间》，童世骏译，三联书店 2004 年版，第 660 页。
② Richard Bellamy, *Citizenship：A Very Short Introduction*, Oxford University Press, 2008, p.2.
③ ［德］哈贝马斯：《在事实与规范之间》，童世骏译，三联书店 2004 年版，第 662 页。

具，其政治参与近乎为零。因此今天，多数民主国家都赞同使用"公民与共同体完全融为一体的整体性共同体模式"。认为这种模式有如下优点：即自我目标的实现"只能由大家普遍地通过一种主体间参与的实践才能实现。公民的法律地位是通过互相承认这种平等关系的网络而构成。它要求每一个人采取第一人称的参与者的视角，而不是以各自成就为取向的一个观察者或行动者的那种视角"①。

在这样的公民政治模式里，根本不必依靠所有公民都拥有共同的种族、语言和文化来源。一种自由的政治文化培育的只是一种宪法爱国主义的公分母。它使人们对一个多元文化社会中的各种不同的、彼此却共存的生活形式的多样性和整体性的敏感程度得到加强。因此眼下根本不需要高扬民粹主义或民族复兴，而应高喊"确立民主的公民身份，实现伟大的公民政治"。因为"公民身份"从古希腊城邦制到近代体现的"民族国家"，再到现代"公民国家"和类似"欧洲政治联盟"或"欧洲共同体"式的联邦制国家的公民形式，已经经历了多种形式的演变。虽然跨越各民族国家的"欧洲公民"还没有变成充分完满的现实，但是今天的公民无疑正在具有日益成为世界公民或全球化公民的趋势。此时，任何狭隘的民族主义或国家主义都将远离公民的本质。今天欧洲法院的司法曾以"共同市场的五大自由"为取向，并且将自由的货物流通、劳工的自由流动、企业家的经营权、劳务交换自由以及支付手段交换的自由解释为基本权利，就是公民欧洲化、去民族化、去国家化和日趋世界化和人类化的最好证明。

① [德] 哈贝马斯：《在事实与规范之间》，童世骏译，三联书店2004年版，第663页。

对此，德博拉·詹姆斯（Deborah James）还从公民身份的人类学的高度，阐释了人们的行动和经验是如何达到目前这种对于公民概念的理解和认识的问题。特别是一种从资格和权利到新自由主义的公民身份的责任化和义务化的转变，既反映了文化的公民身份，也反映了国家权力的文化特征。"在这里，常常是几乎察觉不到的文化潜流变成人们的内在化自制的一部分。"① 由此显示出公民身份的文化特质，只是这种公民身份的文化观，在弗格森和谷普拉（Ferguson and Gupta）的新自由主义治理术看来，更多的是源自社会文化而非制度文化。

从上述对于"公民"的界定中，显然可以看出：居住在同一地区的居民或市民未必是该地区的公民。比如某外国人仅在该地区临时居住，他至多只能被称为该地区的居民或市民，而非该国公民。因为公民不止承担着服务社会的职责，而且承担着积极参与国家政治管理和经济建设的任务和责任。为此，公民不仅享有普通市民的权利，还享有其特殊的公民权。当然，他拥有的权利越多，承担的义务和责任也就越大。因此本书着重探讨的是与一般市民权利有区别的公民权利，而不是一般性的人权或市民权。它是一种真正体现人的社会本质的人权。我们不仅要从概念层面来探讨公民权利，还要联系现实的国家制度、政治权利以及与公民权利相关的诸多要素，才能使得公民权利的研究具有理论和实践的双重价值。

---

① Deborah James, *Citizenship and land in South Africa*：*From rights to responsibilities*，London，2013，p.41.

# 二、公民权利内涵分析

搞清楚"公民"概念的历史延异，虽然对于理解公民的权利、义务及其正当性至关重要，但认清公民权利的本质以及公民究竟拥有哪些权利，更是本书的主题。这不仅因为数千年来生活在阶级社会中的大多数普通民众，一向都是逆来顺受、俯首帖耳、安于现状，任凭统治阶级的剥削压迫，就是今天生活在许多政治经济比较发达国家的普通民众，也都习惯于按照传统习俗、法律条文或行政指令去工作与生活，很少深入考虑自己究竟拥有哪些权利、义务和责任。至于诸多国家的政府官员之所以能够明目张胆地知法犯法，甚至是无法无天，也主要是因为他们不清楚自己究竟拥有哪些权利和权力。结果，自然就"会淫凶纵肆，贪婪无度，下流而为最肮脏、最残暴的野兽"①。

那么究竟何谓权利呢？虽然字面上所谓权利就是"权力"和"利益"的组合，而实质上却有着深刻的内涵。那就是：它指谓的是生命的自然要求，生存的本能欲望，生理上的需要，心理上的渴求，精神上的超越以及思维和语言表达上的自由。它作为人类个体的固有存在"只服从于大生命颁布给自身的法则"②。这种法则不仅赋予每个人或每位公民以自由选择行动的权利，也赋予他那具有永恒性的生命权、财产权和自由思想权。只是任何人作为社会的产物，他所遵循的

---

① ［古希腊］亚里士多德：《政治学》，吴寿彭译，商务印书馆1983年版，第9页。
② ［英］古纳尔·贝克：《费希特和康德论自由、权利和法律》，商务印书馆2015年版，第149页。

公民权利的正当性研究

自由法则必须"确保与保障每个人的自由能和其他人的自由相互共存的法则相一致的最大可能的人类自由"①。因此权利，就是人们在日常生活和社会实践中通过自己拥有的权力和通过一定的社会法则所获得的利益的行为和欲求的总称。本质上，它也是人类自我意识觉醒和认知的结果，属于自我意识的认识论范畴。

在这里，没有自我意识，就没有权利。比如对于一个没有自我意识的婴儿来说，就无所谓权利。人们通常认为的自然权利或"天赋人权"，尽管拥有自在性、先在性或客观实在性，然而在本质上无疑都是成年人或国家法律的赋予和规定。也正是在这个意义上，费希特才说："'不存在原初权利的状态，也不存在人的原初权利。实际上，只有在与他人结成的共同体中，人才享有权利。他……也只有在这一同他人的共同体中才能被设想为人。因此，自然权利的观念是纯粹虚构的理念。'人拥有的权利不只是作为道德存在者拥有的，也是作为社会存在者拥有的。"②如果一个成年人对权利概念缺乏认识，那么他的婴儿就不会拥有任何权利。除非经过他人的认可、教诲或律师的说明和解读，才能够使得该婴儿或一切还不具有"权利意识和权利主体性"的人拥有的自在权利变为自为权利，成为真正意义上的权利现实。尽管此时的婴儿依然对自身的权利没有任何觉识。也正因为权利需要如此的显现、觉识和转变过程，致使自古以来人类拥有的权利总是因时、因地、因人、因权力和因人类文明进步的程度而异。

---

① ［英］古纳尔·贝克：《费希特和康德论自由、权利和法律》，商务印书馆2015年版，第150页。

② ［英］古纳尔·贝克：《费希特和康德论自由、权利和法律》，商务印书馆2015年版，第151—152页。

当然，这也说明任何权利都不是纯粹主观的产物，总是与一定的物质对象和社会关系密切相关。没有物质对象，就没有权利，就像一个一无所有的人大声申明"我有权利吃喝玩乐"一样，此时此刻的权利对于他来说只能是一种主观想象。因为为了创造与人的本质和自然本质的全部丰富性相适应的人的感觉，"无论从理论方面还是从实践方面来说，人的本质的对象化都是必要的。"① 权利尽管有其变化性和主观性，但却不是纯粹的想象和虚无。它有支撑其存在的对象和关系。尤其是自我和他人的关系，是权利存在的绝对基础。没有人际关系，就无所谓权利。正像托马斯·希尔·格林所言："如果在社会成员方面没有对共同利益的意识，就不可能有权利。没有共同利益的意识就只可能存在个人的某种权力。"② 正基于此，黑格尔在论述"所有权"时指出，为了取得所有权，单是某物应属于的内部表象或意志是不够的，还须取得对物的占有。不仅如此，这种占有权还须包含他人的承认。当然对于自然存在的无主物，谁都可以拥有。既然如此，你的专有也必须经过他人的认可，否则便既不合理也不合法。因为你的这种对无主物的占有，必然要"涉及早已预想到的跟别人的关系"③。因此今天当有人狂妄地宣布他拥有"月球、火星或整个宇宙"时，他完全没有想到同属地球人的亿万同胞的感受，也没有考虑他是否拥有这种"占有诸星体"的权利。

进一步说，他至少没有认识到权利不能够只属于个人，而应属

---

① 《马克思恩格斯文集》第 1 卷，人民出版社 2009 年版，第 191 页。

② [美] 贝思·J. 辛格：《实用主义、权利和民主》，王守昌等译，上海译文出版社 2001 年版，第 61 页。

③ [德] 黑格尔：《法哲学原理》，范扬、张企泰译，商务印书馆 1995 年版，第 59 页。

于整个人类，或至少要得到多数人认可。因为任何个人都不足以自给自足，必须共同集合于城邦、部族或国家这个整体，才能使大家都满足其需要。凡隔离而自外于城邦、国家或部族的人，或是为世俗鄙弃而无法获得人类社会的便利和益处，或是因自身的高傲而成为孤家寡人，此时，"他如果不是一只野兽，那就是一位神祇"①。因为人类生来就是一种只有相互合作才能够生存和延续的群体。其中每个人享有的权利也都必然属于整个人类。当然，一些独裁者可以利用权力将普遍人权变为自己的特权。但这种特权只是权利的异化。其存在必将是短命的，就像封建帝王在其当政期间享有的一切特权一样，一旦权力不在，他就会很快堕落为最恶劣的动物，而且势必会引致人世间的莫大祸害。此时，他所谓的"普天之下皆曰王土"的特权也将土崩瓦解。所以，权利需要体现于物内及其概念的实在化，而且必须得到他人承认。当我把某物变成我的从而体现了我的所有权时，我就给该物加上了相对于他人而存在的"我的"这一谓语。而为了使得这一谓语对该物以外在的形式表示出来，就需要除去其主观形式，并在得到他人认可的情况下获得客观性。因此，一切权利都内在地固有主观性、客观性和关系性等品性。为此，人类也只有在作为精神的内在普遍性的前提下，其所拥有的各种外在权利才能够被认识和变为现实，并在所积累的经验基础上不断地突破那些毫无内容的抽象概念，将观念上的权利变成具体而生动活泼的现实权利和真正普遍的权利。

由此，黑格尔指出：人作为"对象在法中是人格，从道德的观点说是主体，在家庭中是家庭成员，在一般市民社会中是市民——这

---

① 〔古希腊〕亚里士多德：《政治学》，吴寿彭译，商务印书馆 1983 年版，第 9 页。

里，从需要的观点说是观念的具体物"①。所以人绝不是一种纯粹的抽象。一个真正意义上的人只是公民，是需要的主体，是活生生的、社会的、现实的和具体的人。当然，在日常语言中不乏使用"一般人"的概念，但也只有考虑到具有公民权利的人的情况下，才承认其存在。因为现实中，虽然每一个人不分种族、信仰和职业而首先是人，且这种纯粹的人绝不是一种抽象的质，但这种质的真正内容却在于通过被承认的公民权利，产生出被视为公民社会中的法人的自尊心。因此"每一个人只要一般地被视为'人'，就都与其他人平等"②。这种作为国家和政治形态的公民权拥有极其丰富的内涵。它既为社会和历史规律所决定，也为人的主观性实践所决定。

总的来说，关于权利的本质至少可以从自然权利、主观权利、道德权利和法律权利四个方面给予解析。其中，自然权利或天赋人权（natural rights），既是学者从自然界、物本身和先天性等角度对人权属性持有的一种见解，也是旨在表明人类权利的自然性、物质性、原始性、关系性及其合目的性。具体而论：（1）它们是生而有之，并不是由后天之文明、习惯或社会需要所赋予；（2）在自然权利与人的存在不可分离的意义上，所有人都有资格拥有；（3）自然权利可以被理性发现，却不是由理性创造；（4）自然权利突出的是权利属于自然状态下的个人，而非社会化的成员；（5）个人拥有自然权利是基于人的本性，而非某种政治权力。由此可见，人权并不只是属人的范畴，它也是一种依人而存在的实体，属于人性的一部分，属于人的自然要求

---

① ［德］卡尔·洛维特：《从黑格尔到尼采》，三联书店 2006 年版，第 415—416 页。
② ［德］卡尔·洛维特：《从黑格尔到尼采》，三联书店 2006 年版，第 416 页。

和生命能力。没有人，当然就没有属人的权利。

然而人，在哲学史上，指的就是"我"、"自我"、"主体"以及诸如自我意识或绝对精神等概念之指谓。至于"我"，就是"世界和人生"。此时，"自我"和"我的世界"是一回事。"我就是我的世界，我的宇宙"；就是每天都在"衣食住行和吃喝玩乐"的我的身体。特别是19世纪的尼采，十分激烈地表达了一种"身体一元论"。他指出，对于真正的觉醒者来说，"我"绝不意指一种灵魂或心灵。相反，"我全是身体，其他什么也不是；灵魂不过是指身体方面的某物罢了。"① 其中"最优秀的公众性的身体，乃是世界的尺度"②。"正是在人身上，创造物与创造者统一起来"，"使自我塑造成为人类最高的可能性之所在。"③

既然"我"就是我的身体，"我"就是被抽象化了的"人"，因此通常所谓的人权，至少在其原初性和自然性上，也就是"我"的身体的权利。事实上，不论是人的自由意志或欲望权利只有转化为身体行为，才能够出现在感性和理性的世界。因此在人权概念中，一个自由存在者的身体就可以被看作其规定的最终根据。而人的身体又总是为大自然所生养，这也就自然地决定：今天人们所谓的人权，就"我"、"人"与"我的身体"的统一性而言，就是人人都平等享有的自然权利。

只是要注意这种依据宇宙规律运行的天赋人权，只要人愿意，

---

① ［德］尼采：《查拉斯图拉如是说》，楚图南译，湖南人民出版社1987年版，第33页。
② ［美］彼德·布鲁克斯：《身体活》，朱生坚译，新星出版社2005年版，第21页。
③ ［德］卡尔·雅斯贝尔斯：《尼采其人其说》，鲁路译，社会科学文献出版社2001年版，第141页。

"在他身上可能存在的一切有形的东西，就必定可以在他身上被弄成现实"①。比如只要他的身体想执行其固有的"吃喝玩乐"的权利，他就可以将其变为现实，哪怕是不顾生命危险去进行偷盗抢劫。当然在实施这种权利的过程中不能排除理智的作用，但此时理智只能起到一种助其实现的工具作用，而不能抹煞这种天赋人权。那么理智怎样帮助人类实现其天赋人权呢？这同样需要顺其自然。这就是：任何人都有将其权利变为现实的自由，比如都有将其"七情六欲"变为现实的权利和自由。但是人总不是孤立的人，身体也不是孤立存在的身体。一切"天赋人权"或"自然法权"或"原始法权"都是"一个绝对的、完备的整体"，否则它就不能够存在和发展。因此对它的任何一个部分的伤害，都涉及和影响这个整体。

这也就决定人权的本质就是关系性和整体性。对于孤立的个人而言，无所谓权利或自由。固然，每个人都是具体和特殊的存在，却不能够脱离一个社会共同体而孤立生存，因为只有"这种共同体，才是真正属人的共同体，才是人的本质"②。从辩证法高度上看，这两者都属于类的范畴。因此任何人都不能肆无忌惮地滥用权利。正基于此，哲学家费希特在《自然法权基础》一书中指出："原始法权应包含下列权利：1.延续躯体的绝对自由和不可侵犯性的权利（这就意味着，不允许直接对躯体发生影响）。2.延续我们自由地影响整个感性世界的权利。"③ 自我保存的特殊权利是不存在的，即便是在某一特定场合，把人的躯体当作工具来使用，以保证延续自我的躯体为目

---

① ［德］费希特：《自然法权基础》，谢地坤等译，商务印书馆2004年版，第118页。

② Adam Schaff, *Marxism and the Human Individual*, New York, 1970, p.50.

③ ［德］费希特：《自然法权基础》，谢地坤等译，商务印书馆2004年版，第123页。

的，那也是对他人权利的剥夺和利用。权利的使用与否必须是基于拥有者的自由选择，而不是强制。若是强制，就是"强制法权"，而非自然权利或原始权利。在这里，否定个人拥有的原始权利，就必定会否定具有整体性和契约性的法权的实在性，将其仅仅变成权利的符号或纯粹的主观权利。为此，费希特又将自然权利叫作自然法权或原始法权，而"原始法权就是人在感性世界中只作为原因（而绝不作为结果）拥有的绝对权利"①。

尽管原始法权的绝对性表明了权利的客观性和实在性，然而"单纯的自然物质，只要没有人类劳动物化在其中，……它就没有价值，因为价值不过是物化劳动"。既然自然界是以人为中介和通过人的实践认识的结果，那么自然权利或原始法权在其客观性和绝对性中就必然包含人的认识和实践的主观性。由此，主观权利（subjective rights）也就伴随自然权利、原始法权的客观性应运而生，并日益在权利概念系统中起着核心作用，因为与这个概念对应的是反映人的本质规定的"主观行动自由"概念，它确定了主体对行使意志自由的正当性，反映了人的自由本质。正基于此，人权宣言才这样申明："自由意味着可以做任何不损害他人的事情。所以，运用一个人的自然权利的界限，仅仅是保证社会其他成员享有同等的权利，这个界限只可能用法律来确定。"② 这就是现代社会必须实行的法权原则，否则主观权利就永远只能是主观权利，而不能变为现实中的普遍权利。

不过这也就使得具有法权性质的主观权利陷入自我否定的矛盾：

---

① ［德］费希特：《自然法权基础》，谢地坤等译，商务印书馆 2004 年版，第 117 页。

② ［德］哈贝马斯：《在事实与规范之间》，童世骏译，三联书店 2004 年版，第 104 页。

一方面公民权利作为主观权利具有与一切权利同样的结构，允许个人有自由选择的范围和权利，即使是政治权利也可以说其主观行动是自由的；另一方面，民主的立法程序又使得参与者必须面对以共同福利或行动为取向的一种规范性期待，因为只有从公民就其共同生活之规则达成共识的过程出发，这种程序及表达的权利才能获得合法性力量。这样，也就自然产生主观权利、私人自由和公民自主之间的矛盾。这种矛盾在基本概念的层次上，一方面表现为私人自主性和公共自主性的矛盾，也即法理学内主观法权和公共法权的矛盾；另一方面又表现为理性法传统中人权和人民主权之间的竞争。如何解决这两方面的矛盾呢？这就需要把主观权利和客观权利、自主权利和公共权利、人权和人民主权看作是互为前提的东西。

当然，依据法律的功能，无疑要保护那种为单个人所具有的权能，也即个人所拥有的权利。而在权能中占支配地位的往往是他的意志，这种个人意志又通常是获得公民同意的。在这种情况下，一个人的主观行动自由与法律同伴主体是一种互动互助的关系。在这种关系中，主观权利显然是合法的，因为它从人的不可侵犯性出发确保个人意志自由活动有一个独立支配领域。在这个意义上，法律在本质上就是主观权利，就"是对人们作为意志力之主体而平等地拥有的自由的承认"①。反过来。主观权利作为法律秩序的一些反映，则把客观地体现于法律秩序之中的意志权能转移到个人身上，使得"权利就是一种由法律秩序提供的意志权能或意志支配"②。这样，也就将主观权利确

---

① [德] 哈贝马斯：《在事实与规范之间》，童世骏译，三联书店 2004 年版，第 107 页。

② [德] 哈贝马斯：《在事实与规范之间》，童世骏译，三联书店 2004 年版，第 107 页。

定为受客观法或实证法保护的利益和有客观法保障的选择自由，并由此否定了法律有效性的命令理论；确认主观权利不是通过命令者的主观意志获得的，而是源自具备应然有效性的客观结果。所以主观权利并不是人的主观臆造，它有其产生的客观因素和经验内容。主观权利的主观性更多的是强调权利的能动性、主动性、自觉性和自由选择性。强调主观权利尽管仅是想把道德人和自然人从法律系统中分离出去，为法理学开辟通往功能主义的主观权利观的道路，但在客观上却激活了如下观点："私法和以私法为基础的法律保护最终服务于维护个人在社会中的自由；个人自由是私法为之而存在的基本观念之一。因为主观权利的观点表达了这样的事实：私法是彼此独立的、根据自己决策行动的法律同伴的权利。"①

针对上述的主观权利论，德国学者雷泽（Ludwig Raiser）从道德权利的角度，用社会法来纠正其中的个人主义进路；从福利国家对资产阶级私法之核心领域的实质化出发，把一个未经改变的主观权利概念限制在一些古典的行动自由上。认为，这些基本权利当然应该确保社会中个人的自我维持和自我责任，但是也必须通过社会权利加以补充，即"从伦理的和道德的角度来说，同承认这种私法地位同样重要的是，通过法律将个人也置入其周围的、同他人相连接的、作为秩序结构而受到调节的互动关系之中，也就是说，建立和保卫那些个人在其中拥有成员地位的法律建制"②。因为权利毕竟不是一支枪或一台独角戏，而是一种关系和社会惯例。因此一切主观权利都涉及彼此合

---

① ［德］哈贝马斯：《在事实与规范之间》，童世骏译，三联书店 2004 年版，第 109 页。
② ［德］哈贝马斯：《在事实与规范之间》，童世骏译，三联书店 2004 年版，第 110 页。

作的法律主体的相互承认。从形式上看，它至少标示了一种高度组织化了的社会合作机制；作为法律秩序的成分，"主观权利毋宁说预设了这样一些主体间的协作。这些主体通过互相关涉的权利和义务彼此承认为自由和平等的法律同伴。对于可用法律手段来捍卫的主观权利从中引绎出来的法律秩序来说，这种相互承认是具有构成性意义的东西。从这个意义上说，主观权利和客观法是同源地产生的"①。

为此，这两者也是相互作用的。特别是一个自由民主国家的公民，往往既拥有一种在道德上合理地主张政治权威的权利，也享有一种实施适当的、可控制的公民抗命行动的道德权利。它既关涉一个合法国家的统治权，也关涉一种服从法律的道德义务。因此"与一个自由民主国家的有关政治权威的正当性主张相关联的义务，实际上是一种析取性义务：即要么这个国家的公民必须遵守法律，要么他们必须公开地违抗它"②。也即一切道德权利实质上都是当下权力规定的权利。

既然如此，从社会学角度看，推动主观权利演绎的动力就完全可能是与其相关的道德内容。特别是主观权利强调的确保个人自由的意义，则可被认为是社会为主观权利树立的一种道德权威。当然这种道德权威常常是既受制于民主的立法程序，也为法律理论和法律实践所限制。特别是主观权利包含的主观行动自由的主体间意义以及私人自主和公民自主之间的关系，都只能以道德权威的方式进行表达和支持。这也是权利意志自由地屈服于道德律令的一种自觉意识，是对那

---

① ［德］哈贝马斯：《在事实与规范之间》，童世骏译，三联书店2004年版，第111页。
② David Lefkowitz, *On a Moral Right to Civil Disobedience*, The University of Chicago, 2007, p.202.

脱尽一切私利的道德法则的敬重。正是这种敬重内在地使得主观权利演变成一种客观权利和道德权利，演变成一种实践职责。因此责任与权利的关系绝不是一种外在关系，而是由社会道德拥有的实践强制性与理性自觉性相结合升华的结果。对合乎职责的行为采取这种道德关切不是禀好劝告的结果，"而是理性通过实践法则所绝对地命令的和实际地产生的"①。这样，由主观权利引发的职责和义务，在概念上要求与道德法则客观一致；在实践上，却要求对道德法则的主观敬重。由此将权利、职责、义务和道德结合在一起，奠定了道德权利的客观基础。

　　然而道德权利究竟拥有怎样的价值和实在性，却令人怀疑。比如"私有财产神圣不可侵犯"这一仅仅针对财产来源而确立的权利律令，究竟具有怎样的道德性，显然缺乏客观论据。因为现实中，人们拥有的财产与上述道德权利指谓的"财产的天然性"往往相去甚远，使得人们几乎无法看到一个人拥有的财产与道德权利之间的天然性关联。相反，一旦出现千载难逢的机会，可以让人们避开法律的约束，一举掀掉贫困的包袱，占有那垂涎已久的快乐，他们就务必会冲破现有的国家机器和法律强力对这些毫无天然权利性的"不义之财"的保护，跨越那种虚假的"道德权利"的约束而去造反，推翻私有制和剥削阶级，以获得财产的公平性。由此也会引发他们对所谓"天然权利"或"道德权利"的深刻领悟，认识到，在文明社会里，只不过是由更狡猾者取代更强力者获得更多的权利。现实中，人们通常拥有的道德心，其实"五分之一是对别人的畏惧，五分之一是对神灵的畏

---

① 　[德] 康德：《实践理性批判》，韩水法译，商务印书馆 1999 年版，第 88 页。

惧，五分之一是世俗的定见，五分之一是虚荣，五分之一是习惯的力量"。也正因如此，许多人都认可"良心这东西，对我来说是奢侈之物"①。它只是看上去庄严壮丽，实质上只是人的一种无奈的渴求和妄想。在残酷的社会竞争中，"幸福就是斗争，不幸就是投降"才是道德权利的真正含义。②

既然道德权利在本质上只意指人的主观性和虚假性，限制和约束人类行为者根本不是什么道德权利，而是一种超越于个人的权力，那么由各怀自我之心但又不失理智的众人，在明白所面临的处境以后发明出来的杰作——国家，在面对人们纷纷表现出来的永无餍足的贪婪、可鄙的金钱欲、此前一直隐藏极深的虚伪和欺诈以及阴险和恶毒时，便被迫把保护众人权利的任务接纳过来，通过其强于任何个人力量的国家机器和宏观权力，强制每一个人尊重除己以外的一切其他人的权利。这样，许多人的卑劣、恶毒及残忍，才不至于抬头和得势。

再者，任何权利，特别是那些叫作自然权利或天赋人权的原始法权或原始权利，只是内在地表明权利的自在性、关系性和自由性，并不具有强制性。因此一个人要依据原始法权从事弱肉强食的活动，即"一个自由存在者极大地扩展他的自由行动的范围，以至另一个自由存在者的权利受到损害"，那么原始法权对前者也就无能为力，任凭他去损害已经确立的自然法权或原始法权。但是这个受损害者本质上也是自由的，他也有自由存在的权利，也应当享有任何人都可以享有的原始法权。这种自由运用原始法权的结果，务必就要引发矛盾和

① ［德］叔本华：《叔本华论道德与自由》，韦启昌译，上海人民出版社 2011 年版，第127 页。

② Adam Schaff, *Marxism and the Human Individual*, New York, 1970, p.51.

冲突，使得一方或双方的权利受到损害。这样，就要求原始法权"必须具有一种由法权规律规定的量"，也即对自然法权或原始法权的合法使用必须予以限制。而这种限制的结果就自然导致一种新的权利形式——强制法权，也即法律权利的产生。

这种法律权利显然突出的是权利的强制性、社会性和关系性。可以说自从卢梭确立了那建立在"合理的行动者的利益立场和功利盘算的交错情况基础上的社会契约论"之日起，就奠定了"人们这样的权利，即生活于确定每个人之存在、保护每个人免受其他人侵犯的公共的强制性法律之下的权利"①。这种权利体现了人们已经自觉地"把自身确定为法权原则支配下建立社会联系过程的模式"。而且正是这种模式成为人们获得和维护自身权利的合法性和有效性的保证。从这个角度上看，社会契约的作用是把"对于平等的主观行动自由的权利"以法律化。这种原始的人权，康德认为其基础在于个人的自由意志。正是自由意志导致道德权利的分化，使得人类社会的每个成员的权利自由，或作为臣民的每个人同他人的平等，都具有一种法律形式。而这种法律形式，在法权社会将必然决定"人权，特别是体现于公民的民主自决实践中的人权，必须从一开始就被作为法律意义上的权利而加以把握"。当然，这种表现为"公共法规的"法权只有作为自主联合的公民的公共意志的行动，才可能要求承认其合法性。因为欲达到这一点，唯有通过全体人民的意志才有可能对自己永远不会发生不义之举。这是社会契约论把法权原则置于统治地位的原因，也是法权必须反映人民的意愿和利益具有效用的原因。这样，也就自然引

---

① [德] 哈贝马斯：《在事实与规范之间》，童世骏译，三联书店 2004 年版，第 116 页。

出基于道德自主的人权只有通过政治自主才能获得实证形式的公民
权、人民主权以及制约各种权利的权利系统等概念和关系。

那么，在一个由政治权力支配的法权社会，人权与反映公民意志
的人民主权之间究竟有怎样的关系呢？可以说，在眼下的那些民主政
治国家，人权的规范性内容都已经进入人民主权实施的模式中。在那
里，公民既拥有确定的制度化权利，也遵循并相信这些权利是道德的
和真正的人权。这些人权不仅在宪法条文中被明文规定，而且往往被
视为优于普通法律文本，从而允许公民批评那些现有的未能达到他们
作为个体而应该拥有的合人性的道德权利。或者说，迄今为止的这些
权利至少都是经由相关的宪政法院所规定和保护的公民权。"基于上
述原因，借助于稳定的公民身份政策的推动和发展，权利将为公民身
份提供基础。反过来如果公民身份政策经常停止，那么这些权利就绝
不会以充分的方式得到实现。"① 因为只有坚持政策的稳定性，才能够
排除一切不能普遍化的利益，只允许那些确保所有人平等的主观自由
的规定。在这种情况下，以符合程序的方式在行使人民主权的同时，
也能够确保原初人权的实质。因此，眼下的人权和人民主权的关系是：
已经法律化的权利既不是对人权道路的诠释，也不是对人民主权的伦
理理解。因为公民的私人自主并不完全决定于政治自主，而要注重私
人自主和公共自主的同源性和统一性，尽可能实现道德规范、权利规
范和法律规范、人民主权之间的互补性。建立一种"赋予公民的私人
自主和公共自主以同等分量的有效性的权利体系。这个体系应该包含

---

① Richard Bellamy, *Citizenship*：*A Very Short Introduction*，Oxford University Press，
2008，p. 78.

的恰恰是这样一些基本权利，它们是公民们若要借助于实证法来合法地调节他们的共同生活，就必须相互承认对方所拥有的权利"①。

这样，在权利体系的构建中，就必然导致主观权利在现代权利秩序中具有突出地位，并将法权人的权利仅限于典型的个体化社会行动者的选择自由。当然，这些权利也保障私人自主，但每个人的自由必须根据普遍法则与一切人的同等自由相并存。这种法权虽然合乎康德所言"普遍法则才带有合法分量"，但的确和人权中突出私人自主的权利有极大冲突。这样也就要求，在突出人民的主权时，公民的自我立法观念必须把平等自由的权利理解为同时具有道德理由，不是纯粹的强制性法权。只有这样，那产生于政治自主方式的法权才能够更多地赋予人们以个人自由的基本权利；才能够更多地赋予那些法律同伴的志愿团体以成员身份的基本权利；才能够以政治自主的方式赋予个人受法律保护的那些基本权利；才能够赋予人们以机会均等的参与意见和意志形成过程的那些基本权利；才能够使所有人获得所必需的，在社会、技术和生态上得到确保的生活条件的基本权利。同样，"这些自由行动的权利也只有当他人的权利被完整地确认后，才属于每个人所有。"② 总之，民众的自发性不能只是粗暴地通过政治法律途径而产生。它需要一种能够得以孕育和发生的自由传统，并能够得到民主政治的保护和维持。

---

① 参见 [德] 哈贝马斯：《在事实与规范之间》，童世骏译，三联书店 2004 年版，第 144 页。

② [英] 赫伯特·斯宾塞：《国家权力与个人自由》，谭小琴等译，华夏出版社 2000 年版，第 107 页。

# 三、公民的基本权利

由于对权利的理解和认识是多方面的，加之在漫长的人类历史上，人的基本权利也是不断地发生变化和日益变得丰富多彩，所以就人的具体权利而言，几乎难以列数。仅仅靠用文字表述的"人权宣言"是无法涵盖千变万化的整个人类中的具体成员所能够拥有的具体权利的。所以本书只能从一般和本质的意义上，陈述人类所能够享有的几种最基本权利。目的是要人们认清什么是人和公民的本质权利与非本质权利。为什么数千年来，大凡统治阶级几乎都把政治权利看作人的本质权利，动辄就批判、惩罚或处决，而却无视人的生命权、生存权；将许多"贱民"的生命视为草芥；为了争权夺利，从来都是不惜牺牲普通民众的生命。

这样，要论述人权，就必然要论及人的本质。正是人的本质决定人的权利，也正是人的基本权利体现了人的本质。那么人类究竟具有怎样的本质呢？对此，当然要涉及人性的各个方面。比如，它一方面可以被看作是"理智、情感和意志"的三位一体，由此，也就决定人类是既有思想的权利、爱的权利，也有建立理想国家享受生活的权利；另一方面，对于一心想建立一个理想国家，推进社会民主制度的政治学者来说，它又可以被看作是一种"趋向于城邦生活的政治动物"。既然"人类在本性上，也正是一种政治动物"①，那么它也就理

---

① ［古希腊］亚里士多德：《政治学》，吴寿彭译，商务印书馆1983年版，第7页。

应享有政治权利。

由此，近代以来的西方学者主张：在人类的全部活动中，理性、情感、道德、信念、政治和至善行为都起着本质作用。只是黑格尔在充分肯定人的理性本质的基础上，才将其上升到辩证法高度。坚持只有理性作为一种实现了的绝对精神，才能将人变成一种真正的"自在自为的主体和实体"；只有理性这个自我意识的绝对本质才能确知自身就是"一切实在"和"一切真理这个确定性。"① 从而使人的意欲和情欲在理论和实践的统一中达到真正自由。很遗憾，黑格尔的这种绝对理性论遭到叔本华的激烈反对，在他看来"人只不过是千百种欲望的凝聚体"。

马克思当然不同意将人的本质归结为非理性的生殖意志。他认为"人的本质不是单个人所固有的抽象物，在其现实性上，它是一切社会关系的总和"②。其本质不只是体现在历史和社会的现实中，更是决定于通过社会实践形成的某种政治经济制度。为此，他既突出人性的社会性，也强调在阶级社会人性的阶级性，并主张只有砸碎旧的国家机器，废除私有经济、官僚政治，才能改善劳动人民的生活条件，创造社会主义的自由；克服异化带来的屈从和统治的社会关系，实现类和个体的真正统一，重新修复异化的人性，找回失落的人格。

然而由于马克思的这种理想的最大特征是将人阶级化，而由此就非常容易地否定"人是生而自由的"本质，结果也就自然地否定了"人的本质权利就是自由权、创新权和言论权"，以至有史以来的人类

---

① [德] 黑格尔：《精神现象学》，贺麟、王玖兴译，商务印书馆 1983 年版，第 154 页。
② 《马克思恩格斯选集》第 1 卷，人民出版社 1995 年版，第 56 页。

社会依然是一如既往地发生着人性的异化，被一种无生命的客体控制着人的实际要求。在这样一种异化的社会里，每个人不仅被剥夺了自己生命的可能性、能动性和创造性，也使自己和社会的各个场域都一起坠入一种整体性的变异中，使个人自由因他人的选择和相关事务或事物的牵连而丧失。因此不论是专制制度或民主制度，类似宪法、契约、协约等反映整体关系的文本通常都包含着谎言和欺骗。通过这类契约，那些"孤立无援、忍饥挨饿、一贫如洗的劳动者把自己的劳动力出卖给一个硬性规定他的价格的有势力的雇主。"① 因此对人的本质，只有从自然、生物、社会、文化、宗教以及政治经济等多个层面进行深入分析和探讨，才能形成一种全面、正确的认识。那么，人类个体究竟享有哪些权利？承担着哪些责任和义务呢？就构成人性的总体性质或整体系统的基本要素而言，他至少拥有如下几种最基本的人权。

## （一）生命权

无疑是人作为人的基础权利。没有生命，就没有人的存在和一切。遗憾的是，基于精神的异化，从古至今，多数人还是看重那日益远离人性的伦理道德、权力地位和功名利禄，而把生命降至下贱地位。致使几千年来持续不断的战争暴力、此起彼伏的恐怖活动以及几乎像瘟疫一样蔓延开来的悲观情绪和自杀现象，都是以牺牲人之生命为代价。直到 19 世纪，经过德国艺术家魏格纳的审美乐观主义的渲染以及尼采的权力意志论的批判，那备受凌辱的生命之维才在少数先

---

① ［法］萨特：《辩证理性批判》，林骧华等译，安徽文艺出版社 1998 年版，第 484 页。

知那里觉醒。到了 20 世纪，便在生命哲学家那振聋发聩的"解构主体和解放身体"的呐喊声中日渐获得活力，推动人类进入人和自然辩证统一的新时代。

当然严格意义上的生命哲学（philosophy of life），即有关人的生命的性质、意义、情感、意志，人的存在、实践、认识以及人与周围世界的关系等诸方面的学问，形成于 19 世纪末 20 世纪初。正是狄尔泰、齐美尔和奥伊肯等人试图把人生价值、人类的精神世界、日常生活、身体美学和文化历史等问题当作全部哲学的核心。他们既突出生命特征、人生经历、生存体验、内在感受，也看重生命的自我超越、生存的基本结构、个性法则、社会美学、精神生活以及生死观等问题。特别是在生活观上，主张哲学的使命就是要给日常生活赋予思考和时代气息；赋予生命之灵和生存之美以光彩和神圣；恢复那些被无知和愚蠢当作"原始、粗野、肤浅、丑陋和动物野性"而被蔑视和抛弃的珍贵之物；拒绝那些为包装和虚假所造作和掩饰的虚假的人性；让那些枯燥干瘪、抽象乏味的意识形态和日益远离人的真实本性和生存目的的人生观和价值观被丢进历史的垃圾堆；让人的血肉之躯，也即唯一真实的审美主体和审美对象登上光明正大的道德和正当权利的殿堂；使得人类再也不会在黑夜的遮掩中扭扭捏捏、惺惺作态，把许多原本天经地义的真实之美看作难于启齿和见不得人的丑事。

只要反思这种脱离人的自然本性导致的美丑不分、是非不辨的现状，就会发现其实人类生存的真正目的，并不是旨在一心一意地去追求那束缚和限制自身的所谓"真理、正义、道德或荣誉"，也不是盲目地依据传统的主体论将自身改造成为知识、权力和道德的主体；而是旨在能够主宰自身的命运，追求和实施自己的人生理想，使自己的行为能够享受审美带来的愉悦和快感，使自己的言语能够熟练地运用自如、文风优雅，从而培养出具有创造性和独具自由个性的个人。此时，人生的真正目标并不在于它能够进行穿越无限宇宙、远离社会现实和肉体生命的抽象思维，而在于它能够将吃喝玩乐等生命活动都提升到艺术高度，使其成为人类特有的审美实践和审美属性；"架起沟通现实与未来的桥梁，穿梭于生活世界，引导我们飞腾于人类文化与自然交错构成的自由天地，在生命与死亡相互交接的混沌地带实现来回穿梭和洗心革面，一再获得重生，使短暂的人生重叠成富有伸缩性的多维空间，开拓同各种可能性相对话和相遭遇的新视域"①。

　　所以，生命的权利，无论从理论上还是现实上都是人们必须关注和给予足够重视的权利。特别是在由暴力性权力支撑的现代社会，人类高度膨胀的贪欲和权欲滋生的极权主义、霸权主义、扩张主义和政治野心不仅已经而且还在继续制造各种社会动乱、恐怖活动和频繁发生的各类战争。这就要求人们必须为捍卫个人和整个人类的生命权与各种邪恶势力进行坚决斗争。在这里，杜绝猖狂的屠杀事件，不只是每个人义不容辞的职责，也是维护全人类的生存和利益、珍爱一切生命的绝对权利。保护生命就是保护自然、人类、种族和个人。这是人类思维和精神的最高境界和启示，也是道德权利至真性和至善性的自我觉醒。

（二）生存权

　　不言而喻，活着就是人的权利。但人究竟应该怎样活着才有意

---

①　高宣扬：《福柯的生存美学》，（台北）五南图书出版公司 2004 年版，"序言"，第 1 页。

义呢？人际间是否应该相互残杀、尔虞我诈？或是像现代人那样昼伏夜行、阴阳颠倒？或是恣意妄为、狗苟蝇营？对这些否定性的生存现象的回答，当然是：智慧的人生应该为正义而生，为真理而死；力求明智善良，拒斥贪婪奸诈；同时拥有健康的身体、诚笃的情感和友谊。然而这些智慧的构想常常为五光十色的现实生活所击碎，人类进入 20 世纪后所创造的一个光怪陆离的全新世界里以及各种怪异的生活方式，都反映了当代社会中一些拒斥现代化的人的思想、行为，使当今社会正在经历一次根本性变革。这就是一些人想要撕去人类那高贵神圣的面纱，将其变得和普通动物一样平起平坐的原因。

这种生命中心主义者的欲为尽管是一种痴心妄想，但人类如果能够把自己降低为一个普通物种，不是高高在上、作威作福、随意挥霍资源，而是利用自己的聪明才智维护生态、保护地球，那也的确不失为一个真正智慧的物种。然而要想达此目的，就需要改变现实人的人生观和幸福观。人生的意义和幸福并不在于金钱财富，"也不能强制推行自己的幸福理念，因为这样做只能使人的存在失去人性，只能给人带来不幸"①。幸福的内涵应该合乎人的自然本性；应被理解为身体健康、性情活泼、男欢女爱、家庭和睦、友好亲近、心境平和、自由自在、乐观潇洒，而不是无尽地追求功名利禄，更不能把幸福建立在妒忌仇恨、肆虐疯狂、摧残蹂躏、野心和权欲的实现上。因此眼下的人类最重要的生存权就是：要把人当作人；去除人性的异化，回复人的个性和主体性，消灭不仁、不义和不公；消除人性的堕落、欺骗和罪恶；拒斥人为编造的庞大观念对人性的压抑。要确保现实中许多

---

① Adam Schaff, *Marxism and the Human Individual*，New York，1970，p. 180.

"歌舞升平、河清海晏"一类的华丽辞藻实质上都只是人为编造的一些虚假意识。只要戳穿这些虚饰,"一堆赤裸裸的、可怕的和令人厌恶的怪异物"便暴露无遗。看看 20 世纪整个人类遭受的无数战争和谋杀的重创,就不难下结论:一些独裁者、法西斯主义者和恐怖分子是如何残酷和肆无忌惮地吞噬着近乎全人类的生存权。当然人们希望人世间能够趋向和谐平静,但是当面对世界各地此起彼伏、不断发生的种种反人类的罪恶行径时,就会坚信:人,尤其是普通民众在利欲熏心、权欲恶性膨胀的统治者那里,只不过是可以随手毁灭的物件而已。

其实,人就是人的存在,就是其身体的存在。正是人的身体昭示了人和整个世界。"灵魂和身体的统一绝不是两个完全不同的实体的偶然结合,而是相反,身体必然来自作为身体的自为的本性。"① 在这里,"我们的身体不仅仅是人们长期称作'五种感官的所在地';它也是我们行动的工具和目的"②。既然如此,那些流传至今的权利观和道德观就要摒弃那种从利益出发的心理学和对人类行为的功利性解释;推翻那些超越身体的存在、忽视人的生存权的抽象法权;抛弃那些悬空的道德说教和以摧残人自身为目的的意识形态。人的生存现状表明法权主体和道德主体绝不是一个空洞概念,而是一个承担着各种生命功能和生存目标的活生生的肉身。因此现实中的法律道德必须尊重生命,保护人的生存权。人永远是平等之人。真正的人道和法权就是要让每个人都能够"体现自己真正是人。"③

---

① 〔法〕萨特:《存在与虚无》,陈宣良译,三联书店 1987 年版,第 405 页。

② 〔法〕萨特:《存在与虚无》,陈宣良译,三联书店 1987 年版,第 417 页。

③ 〔法〕萨特:《存在主义是一种人道主义》,周煦良、汤永宽译,上海译文出版社 1988 年版,第 8 页。

### （三）经济权

人是高级复杂的生物体，理所当然服从于生物的新陈代谢作用，因此为了维持其生存、繁衍和发展，从事有关物质的生产劳动和经济活动，无疑是每个人天生拥有的权利。故今天在公民权领域人们十分重视与每个人的生存状态、生活质量息息相关的经济权，并将经济权界定为：经济法主体依经济法律、法规的规定或约定而享有为或不为一定的行为，或者要求他人为或不为一定行为的资格和认定。其基本含义包括：一是经济权主体为实现自己的利益和要求，可以凭借这种资格依法按照自己的意志，为或不为一定的经济行为；二是经济权主体为实现自己的利益和要求，可以凭借这种资格依据经济法律、法规、合同、协议的规定，要求经济义务主体为或不为一定的经济行为；三是为保护和实现自己的利益，当经济义务主体或契约主体不依法或不依约定履行合同或撕毁合同时，经济权主体可以凭借这种资格要求有关国家机关强制其履行或采取相应的补救措施。具体地说，公民的社会经济权主要包括：劳动权、就业权、休假权、分配权、男女同工同酬权、财产权、继承权、退休保障权、生存权以及物质帮助权等。

经济权作为法律文本是一回事，而作为现实性则往往是另一回事，尤其自私有制产生和阶级分化以来，上述的诸多经济权就主要地为权力阶级、统治阶级、富商巨贾或剥削阶级所占有，而普通的劳动阶级的经济权几乎完全被践踏或剥夺。这恰如马克思所言：在私有制的社会制度下，劳动者的劳动产品，作为一种异己的存在物，作为不依赖于生产者的力量同劳动相对立。劳动者不断地创造和增加社会财富，与此相反则是他们自身的日趋贫困。即由劳动异化导致的是"不劳而食，和劳而不食"。然而，劳动异化的根源绝不在劳动者生产的财富的分配上，劳动产品的异化是生产过程中劳动本身异化的必然结果。

那么劳动本身的异化或人的劳动成果被剥夺的异化究竟表现在哪里呢？为此，马克思在《1844年经济学哲学手稿》中，提出异化劳动的三种基本形式："首先，劳动对工人来说是外在的东西，也就是说，不属于他的本质。因此，他在自己的劳动中不是肯定自己，而是否定自己；不是感到幸福，而是感到不幸；不是自由地发挥自己的体力和智力，而是使自己的肉体受折磨、精神遭摧残。"① 这是异化劳动的物的异化。在这里，劳动不是自我活动、内在的需要。它不是满足劳动需要的手段，而是满足其他需要的手段。因此异化劳动的第二个方面是劳动者同自身的活动是一种异己的、不属于他的活动的关系，这里的劳动不依赖也不属于劳动者，反过来反对他自身的活动。这是异化劳动的自我异化。劳动异化的这两种形式的必然结果就是人的社会生活或类的异化。此时，它主要表现为人与外部世界丰富多彩的关系被唯一的劳动手段与劳动对象的关系排斥。可见，马克思对异化劳动形式的分析得出的一系列结论中，最重要的结论就是：劳动的异化，即对抗性的经济关系是全部资本主义社会和任何私有制社会的物质基础。正是在这个经济基础上产生并发展了所有其他形式的异化：社会的、政治的、意识形态的以及宗教的异化，造成资本主义社会剥夺了人为表现自己的社会本性、为发展自己的人的本性、自己的创造才能所必需的条件，而把人的生活归结为仅仅维持个人的存在，

---

① 《马克思恩格斯选集》第1卷，人民出版社1995年版，第43页。

形成人的本质和人的存在的冲突。

当然，随着社会的发展，公民社会的经济权的司法性保护制度被越来越多的国家采用。特别是在民主政治国家，伴随公民权的日益完善，广大公民的经济权也越来越有保障。这里，既涉及国家权力机器运用宪法司法手段维护劳动群体特别是弱势群体的经济权益的问题，也涉及公民能够在日常生活和社会实践中自觉地拿起法律武器，积极能动地捍卫和争取自己应该享有的经济权的问题。

### (四) 政治权

人不论具有何种性质，只要存在国家和阶级，政治权利就是规定人本质的最基本权利。因为人类创立国家政治的目的，制定治理国家的方略，都是旨在创建"有可能实现人们所设想的优良生活的体制，……以及那些声誉素著的思想家们的任何理想模式"①。然而社会的发展却不以政治家或哲学家的治国理念、至善意志或崇高愿望为转移，数千年来起源于人的贪欲和权欲的政治斗争使得"国家无非是一个阶级镇压另一个阶级的机器"②。特别是一些极权制度或极权国家，完全将政治权力变成镇压之权；将广大民众的政治权变成少数统治者的特权；使得整个国家连同物质生产资料和全部生产者都隶属于整个国家官僚集团。此时，权力就是征服、占有、腐败和堕落，而广大公民几乎毫无权利。他们作为国家公民没有任何政治权和军事权，也少有经济权和文化权。一切都被党阀国贼窃为己有。公民的职责和义

---

① [古希腊] 亚里士多德：《政治学》，吴寿彭译，商务印书馆 1983 年版，第 43 页。
② 《马克思恩格斯选集》第 3 卷，人民出版社 1995 年版，第 13 页。

务就是劳动、纳税和出卖自身，供给一个庞大的寄生阶级挥霍滥用。结果，自然导致一个新兴的官僚贵族阶级日益变本加厉地为所欲为。"与此同步，国家政权在性质上也越来越变成了资本借以压迫劳动的全国政权，变成了为社会进行奴役而组织起来的社会力量，变成了阶级专制的机器。"①

那么，究竟应该怎样看待国家公民的政治权利呢？显而易见，在那些极权国家，基于一元化、模式化、专制化、总体性和齐一性的政治特征，那里没有真正的民主和对各种权利的尊重，而是权力异化和对人性的扼杀。这种政治根本无视社会的进步和多元化政治的变革，当然也就更感受不到当代政治将突出表现人的自由选择的意志权利以及多元化的行政管理形式的魅力。实际上，当今世界的政治格局正在从近现代的启蒙模式向后现代的多元模式转移。换句话说，"一个新的后现代的、后殖民主义的、后帝国主义的世界政治体系已开始形成，出现了一个多中心的世界格局。借助现代交通技术的发达，整个世界被编织在一个越来越复杂的网络中。"② 在这个体现全球化的网络中，政治的宗旨就是要实现一种能够真正体现自由和正义的社会民主。在政治权利上，就是旨在通过为妇女争取平等权利的妇女运动，通过改善生态环境的绿色保护运动，以及旨在推动全球性的和平发展运动，确立一种能够拯救全人类的普遍意识和开明政治。

当然在后现代，"血统的混合将成为不可抗拒的进步"③。这就决定人类社会发展的目标将是实现一个多元谐调的社会，消灭种族歧

---

① 《马克思恩格斯选集》第 3 卷，人民出版社 1995 年版，第 53 页。
② ［瑞士］汉斯·昆:《基督教往何处去》，上海三联书店 1991 年版，第 162 页。
③ ［德］马克斯·舍勒:《资本主义的未来》，罗悌伦译，三联书店 1997 年版，第 218 页。

视，避免人的退化，使人性变得丰满全面。届时，男人和女人都会在知识和能力面前获得公平的待遇和权利。因此未来政治必须超越狭隘的国家安全或民族利益，为所有人的生活与来生承担普遍责任。消灭战争，弥合纷争，维护社会安定；培养国民主动承担社会义务的高度自觉性；使公众渴望应该得到的各种权利：生存权、劳动权、同性恋权等，都能够通过迅速有效的政治主张和实践变成现实。

在这一政治蜕变的过程中，毫无疑问全世界都要涉及放弃国籍、移民他国、背离种族和公民身份的认证等问题。为此，本·赫早格（Ben Herzog）在《公民身份注销的悖论》一文中指出：一些公民自愿地放弃本国国籍，这实际上意味着现代公民观念的改变。"从哲学和法律两方面看，退出一个国家而移居他国的权利是一种基本的民主人权。"这也就是说，未来的国家消亡和种族融合还要经历一个漫长的过程。尽管全球性的大移民和跨种族的恋爱、婚姻和建立家庭的总体趋势不可避免，而且是每个地球人的天赋人权。

（五）教育权

就是人人都拥有必须接受教育的权利。这是因为教育，按照康德的说法就是"养育人、规训人、塑造人及至使人成为人的过程"。也就是说，"人只有通过教育才能成为人。除了教育从他身上所造就出的东西外，他什么也不是。"① 按照中国人的说法，教育就是教书育人、兴贤育才；就是传道、授业、解惑；就是成人之长、去人之短；长善救失，胜理行义，使之成为有用之人，成为国家栋梁之才。一句

---

① ［德］康德：《论教育学》，赵鹏等译，上海人民出版社 2005 年版，第 5 页。

话，"人是唯一必须受教育才能够成其为之所是的被造物"。如此一来，教育权当然也就成为最基本的人权之一。所以任何国家都必须重视教育，而任何人要想成为人，都必须从孩提时代起，就要教他们以数学、哲学和各门自然科学，以期"将灵魂向上引到真理，引到哲学的理智"。继而通过实践教育，锻炼培养他们的才智，使他们能够变得才华横溢、智力过人，能够不断地激发新欲望，增添新动力，依靠自己的智慧去认识世界，改造世界，发现规律和建立秩序。因此无论何时教育都不应以教条死板的方式进行。教育应该促进创造性智力的发展，应该为学生在纷繁复杂的社会里有效生活做准备。因为培养创新人才的最重要环节，还是开发受教育者的智慧潜能，培养人的理性思维，训练人的勇于探索和锲而不舍的意志品格。特别是面对创新人才的培养落后于高速发展的政治经济、科学技术以及全球化进程的时候，自然在理论和实践两方面都要求迅速进入一个加速教育变革和创新人才培养的新时代。

除此之外，现代教育还应该给教育者创造宽松、自由和开放的教育环境和丰富的物质文化条件以及"体美智三统一"的教育理念。为他们提供更多的自由，更有利的竞争机会，更富挑战性的选择，更受关注的爱好与兴趣，更加民主的文化校园；使人们普遍具有独立的人格，具有自强不息、厚德载物、与时偕行的品质，既不为社会的实用和功利所驯服，也不为社会的法则、教义和清规戒律所辖制，并能够从中升华出一种更加高尚芳洁的主体意识。因为教育的目的就是唤醒人的悟性，开启人的智慧，培养人的创造力，铸造人的主体性和诸多思想文化素质。

遗憾的是，几千年来，特别是中国的传统教育目标却发生严重异化：这就是认为教育就是"读书做官，升官发财，金榜题名，衣锦还乡，光宗耀祖，至尊至上"。结果，使教育完全变成追求功名利禄等外在人格的工具。然而真正的教育应该是一个内在人格化的过程，就是应该围绕"身体、审美、道德、智慧和知识"施教，以使受教育者能够成为健康之人、美丽之人、道德之人、知识之人和智慧之人。

换句话说，教育作为一个培养人和塑造人的过程，作为一种精神和肉体相统一的生产活动，作为一种创造性的艺术和高级的智力游戏，必须合乎自然规律和人的本性。不能把教育当作政治手段、政治规训，使受教育者成为驯服的工具乃至俯首帖耳、唯命是从。其实无论如何，权力者都"没有职责去限制一个自由社会的成员的生活、思想和教育，在这样一个社会里每一个人都有机会建造他自己的精神，并根据自己认为最可接受的社会信念去生活"。否则，这种教条主义和形式主义的教育，必将抹杀个性，拒绝兴趣。既没有使人变得年轻美丽、智慧聪明，也没有教会学生谋生和赚钱的本领，当然也不会具备健康的体魄、至善的本性和智慧的大脑。特别是伴随 20 世纪以来功利主义和物质至上主义的甚嚣尘上，教育也日益成为远离人的自然本性、肉体本性和精神本性的东西。现实教育的异化，早已使其失去寓教于乐的性质，即教育早已不是受教育者的一件兴趣盎然或赏心悦目的方式，而是成为剥夺人的兴趣、限制人的自由、束缚人的思想、耗费人的智慧、堵塞人的思维、窒息人的创造力的桎梏，使受教育者越来越感到压抑、畏惧和厌恶。其实，无论何时，教育作为人类特有的一种培养丰满人性的手段和途径，其最根本的目标就是锤炼、教授、改造和塑造人，使人具有真善美相统一的完美人格，拥有技术发明和理论创新的智慧与能力。

（六）文化权

作为人性的表征和人类本质的构成要素，无疑在人权领域具有非常实质性的位置。特别是今天，一位公民要想生活在一个多元文化的社会，其中公民的技能、知识以及联结不同族群的公民态度是形成公民权概念的基本要素。通过当代学者进行的相关研究表明，"那些具有更高层次的公民知识和技能的群体，往往拥有一种更明显的全球归属感和调节能力，而且更容易生活在一个多元文化的社会"①。其中最具本质性、影响到公民态度及其归属感的因素，就是通过教育所获得的各类语言，及在语言基础上形成的各种文化形态、知识形态、艺术形式、文明形式以及各种不同民族的风俗习惯和土著传统。

然而自古以来，许多国家都存在损害和剥夺公民文化权的文化专制主义、文化殖民主义或狭隘的国粹主义、民粹主义，使得为数众多的公民文化权遭到肆无忌惮的根除和侵害。遗憾的是，迄今许多人的文化观依然恪守落伍的文化一元论和文化政治观，无视当今人类的文化观和审美观发生的多元化趋势。实际上，只要亲临其境地去品尝一下那些非常时尚的锐歌、摇滚乐、卡通、夜总会、浴场狂欢、网络交友、涂鸦艺术或去游览一下模拟太空、梦幻世界及虚拟现实，就不难得出结论：当代文化确已发生革命性裂变。原先那种以技术自恋、宗教专断、道德说教、人为中心以及普遍的意识形态化为特征的传统文化观，已经被以女权运动、绿色和平运动、后殖民文化、族群

① Andrejs Geske，Ireta Cekse，*The Influence of Civic and Citizenship Education Achievements on the Development of Students' Citizenship Attitudes*，Problems of Education in the 21$^{st}$ Century，Volume 52，2013，p.21.

文化、网络文化和文化相对主义为特征的后现代文化撕扯得支离破碎，"一种非物质性的文化正在出现"①。其中，色情文化、性文化、消费文化、虚拟文化等，都成为后现代文化关注的焦点。当今社会，特别是那些后现代思潮和后现代文化最早流行的国家，几乎到处都弥漫着奇异的思想、怪诞的行为、发散式的理念，并通过对同一性、一致性和齐一性的超越，对个性和差异性的夸大，将当代文化引向一种解构主义、重构主义、反基础主义和反本质主义的新的社会文化运动。

造成这种文化裂变的原因，当然在于工业社会必然形成的机械性的控制系统。它扼杀了文化主体的个性，"把一切都化成千篇一律的和无本质的东西，否决事物所享有的等级，抹杀了任何差别"②。结果，也就使得人们满足于现状和平庸，习惯于波澜不惊和顺从。而由这种传统文化带来的更深层的罪恶是：通过对主体的挟持和自我的钳制，不断地蚕食人的发明创造能力，不断地泯灭人性。这样，也就要求后现代文化必须担负一种旨在恢复世界公民和各个民族自觉行使繁荣文化、传播文化、捍卫文化和发展文化的历史重任；使它日益远离褊狭的政治目的，日益带有超越于阶级、国家、种族、性别乃至宗教信仰之上的多元文化和大文化的性质；或者是直接"指谓一种当代生活状况，或是一种文本的、美学的实践"③。可以说今天，在那些后现代文化特别发达的国家，许多文化学者都已经超脱狭隘的政治争斗；

---

① [法]马克·第亚尼：《非物质社会》，滕守尧译，四川人民出版社1998年版，第37页。
② [德]冈特·绍伊博尔德：《海德格尔分析新时代的技术》，宋祖良译，中国社会科学出版社1993年版，第32页。
③ [英]安吉拉·默克罗比：《后现代主义与大众文化》，田晓菲译，中央编译出版社2001年版，第18页。

抛弃往日那些陈旧的文化研究理念，牢固地确立了全人类或地球村的意识；使得后现代文化以压倒性优势对现代文化垄断构成威胁。这种文化不仅进一步提升了表现力，突出了多样性、开放性，并把教养、教化作为新文化设计的主要内容和目的，而且将其视为推动社会变革、促进人性复归、激励人格完善的关键环节和重要途径。最后，"让'看看这个人'，即人的形象在技术和文化中的显现跟上技术真理去蔽的步伐"①。这也就是说，在解放人性或实现人的终极目的上，文化艺术往往比科学技术更具现实性。

（七）宗教信仰权

宗教作为一种精神哲学无疑是整个人类普遍关注的领域之一。尽管 21 世纪，科学技术取得前所未有的成就，使人们对于周围世界的认识日益获得越来越多的真理，但宗教依然在与日俱增地显示着它的强大威力，迄今世界上的每一地区的人们仍然把大量的时间、精力和金钱都奉献给这项人类最古老的精神活动。比如科学技术最发达的美国，今天依旧是处处洋溢着宗教的情感和氛围。那么究竟应该怎样看待宗教权利与信仰自由呢？我们当然不能完全持有中世纪原教旨主义的立场。那里的确包含着许多落后、愚昧的幻想。为此，马克思批判"一切宗教都不过是支配着人类生活的外部力量在人们头脑中的幻想的反映"，认为只要人类一天不摆脱宗教幻想，能动的主体就一天不能够真正地去"围绕着自身和自己现实的太阳转动"②。但宗教信仰

① ［德］彼得·克斯洛夫斯基：《后现代文化》，中央编译出版社 2011 年版，第 181 页。
② 《马克思恩格斯选集》第 1 卷，人民出版社 1995 年版，第 2 页。

中包含的宗教真理及人生意义也不容小觑。尤其是基督教义很大程度上都是源自社会现实的长期积淀和理性思维的缜密思考。它教人要拥有明确的生存目的和奋斗方向；且一直都试图把自身当作"普遍真理使人心悦诚服地接受"。只是它没有简单地融入理性的光辉，而是与理性保持着清晰可见的共存协作关系。为此，后来的休谟也认为："无论是谁被信仰打动而赞成它，都会意识到他本人身上的不断的奇迹。它推翻了他的理解力的一切原则，并给予他一个决断：去相信与习惯和经验最相悖的东西。"①

至于科学和理性占据统治地位的今天，对信仰真理的阐释和解读更加意义重大。过去诉诸圣经权威树立起来的信仰已经不足为训，因为"人类所有的知识都必定源于感觉印象，而非来自对事物实体的直接领会。由于这个缘故，我们需要推理，推论的推理"②。因此现代的宗教信仰并不拒斥经验和理性。相反，认为这两者的统一既决定信仰有其诚实性品格，也决定信仰的完美预设必将继续引导人们去倾听和践行，并能够在人们的自觉行为中激发出无尽的勇气和无限的爱心。这是人类追求信仰自由的原因，也是人类的宗教信仰通常都是合乎人性和安时处顺、与时俱进的原因。它不仅能使人对人生充满希望、信心、热情和积极上进的精神，也能推动人们始终不渝地向着实现真理的目标前进。

这样，现代宗教实质上已经变成一门人生哲学。它阐释的人生观是民胞物与，积极奋发，鼓舞个人为社会服务，培养人的恻隐之

---

① 〔美〕保罗·戴维斯：《上帝与新物理学》，徐培译，湖南科技出版社1996年版，第239页。

② 〔美〕伊安·巴伯：《科学与宗教》，阮烽等译，四川人民出版社1993年版，第63页。

心。它追求的目标就是使人获得真正的自由平等，实现人生的欢愉幸福。今天教徒进教堂并不是为了消灾避难、升官发财，而是怀抱虔诚之心，寻找人生的真谛和事业成功的力量。因此今天宗教所显露的本质实际上就是德国哲学家费尔巴哈所阐释的："是人神论的本质，是人对自己本身的专一的爱；……尤其是基督教之中，道德完善性胜于上帝之其他一切显要的理智规定或理性规定。"[①] 正因如此，眼下兴起的宗教热必将预示着今后将在全球范围掀起一场宗教兴趣的巨大复兴。既然宗教信仰对于人生和社会具有如此大的意义，任何政治权力都没有理由剥夺公民拥有宗教信仰的自由，而要切实从政治制度和法律权威上保证公民的宗教信仰权。

## （八）思想言论权

毫无疑问是人类所拥有的全部权利场域中最根本和最本质的人权。原因就是，人和他物（包括高级动物）的最本质区别，就是思想和言语。而思想和言语的内在本性就是它的自我超越性、否定性和自由性。也正因如此，人类，自从在几十万年前，他所拥有的最简单的音节和最粗糙的语言"从劳动中并和劳动一起产生出来"之后，时至今日，全世界不仅产生了数千种语言形式，更是创造了无数的语言词汇和概念以及由词和概念所建构起来的无数的理论和体系。而所有这些为其他动物永远都望尘莫及的最辉煌的成就，显然都是几十万年间人类思维、人类思想和人类语言无约无束、自由创造的结果。

这不只是因为"自由对任何人来说主要是在自我表现形式下生

---

① ［德］费尔巴哈：《基督教的本质》，荣震华译，商务印书馆 1995 年版，第 83 页。

存的权利、行动的权利、根据基本性别和主要官能而自我发展的权利"①。还因为自由，在人类这里，最重要的场域，就是表现为反映人的本质的思维、思想、行为和语言。离开构成人性的这个本质扇面，就谈不上自由。因为语言是人类思维的物质外壳，是思想的自我表现形式，是构成人的物质和精神、生理和心理、大脑和发音器官的结合与统一；而且正是这种结合与统一才真正反映人的本质。只是从语言开始，大自然才真正完成从自在之物向唯我之物、从物质向精神的飞跃。因此不论是个人还是国家或民族都不能没有语言。第二次世界大战期间，德国和日本法西斯剥夺一些被占领国使用本国语言的权利，这既说明语言、思想和自由之间的本质联系，也说明了语言与国家自主、民族独立和个人权利之间的紧密关系。

而语言自由说到底就是说话、写字、做文章和传播思想的自由。日常生活中许多人之所以恪守"多言不当，绝学无忧"的古训，不仅说明自古以来人们就已经认识到语言自由的重要性，认识到言论自由是最根本的人权，而且认识到言论自由与思想自由之间的本质关联和内在关系。当然，思想作为人类先天拥有的能力，既难以控制又难以剥夺。即便是一个残暴的帝王也不能完全禁止人们思想。也正因为思想具有这种"绝对自由"的本性，就像自由落体一样，所以一些专制政府总是试图通过限制人的言论自由以限制人的思维和思想。因此一个好的、民主的政府必须给人们自由表达思想的权利，允许人们发表各种不同的观点和意见，提出不同的主张和批评。尤其在人类进入信息时代之后，文字作为一种稳定的符号和信息更具有普遍的实践功

---

① 〔法〕皮埃尔·勒鲁：《论平等》，商务印书馆 1991 年版，第 272 页。

能，更易传播和保存；有更大的影响力、感召力和更长久的认识价值及文化遗传价值。

随着时代的进步，人类权利意识的日益觉醒，人们能够享有的思想言论权是越来越多。这本身也证明：思想言论权不仅体现了人的本质，更是思维本质的内在要求。没有这种自由权就绝不会有科学技术的创造发明和人文社会科学理论的创新。这是因为自由与怀疑、发问、摸索、试探、批判、自我否定以及千方百计地推翻现有的假设和理论具有同样性质。正是这些行为构成理论创新的基本要件。正是自由民主和丰富多彩的文化校园成为科学家获得巨大成功的重要保证。事实也证明：人的创造性主要就是来自百花齐放、百家争鸣的学术氛围。特别是伟大的科学家几乎都是思想解放的先驱，因为只有思想解放，才能够做到长于怀疑，勇于批判。科学知识是向批判开放的领域。批判旧理论是创立新理论的前提。没有批判，就不可能进行创造性的社会实践和科学实验。尤其是想做一个新理论的开辟者，非得具备志高胆大、自强自信等优秀品质不可。人就是由身体、灵魂、思想、语言、知识、修养、美德和自由意志构成的一个不可分割的整体。在这个整体中，毫无疑问思想及其物质的表达形式——语言最能代表人的本质。它不仅凸显了人和动物的本质性区别，也是人与人之间形成巨大差异的根本性要素。

**小结：**尽管公民拥有诸多基本权利，但公民权利并不是一成不变的，而是随着社会的发展、文明的进化、人类认识的深化和实践能力的增强而不断地发生变化和日益变得丰富多彩的。为此，米切莱特在《当代世界公民权挑战》一文中论证说："生活方式政治学、公民消费者、政治消费者、企业社会责任和企业公民权等都是识别具有类似品质的公民权的常见方式，以至今天的世界，在许多人看来，除了消费者就是企业。"而且正是这两者构成塑造和表达公民权概念的核心。由此，我们可以通过展开"可持续公民权"的概念作为起点，来强调个人和机构拥有新的责任和期待，也可以通过研究提出测量可持续公民权期望值的方法。在此基础上，探讨可持续公民权在不同机构里的期望值以及可持续公民权在全球性的可持续话语中和日常实践中扮演的重要角色。依据相关的调查数据来理解可持续公民权的精神和实践。至于可持续公民权如何扩大我们对拥有公民责任的人的理解，怎样做才能成为一个好公民以及把可持续公民权概念扩大到消费者和企业两个领域有可能产生的后果等，都将"为社会科学提供有关这种对公民权寓意的新理解的反思"[1]，进而不断深化和扩大公民权利的内涵与外延。

对此，德国学者德容克在《获得欧洲公民身份的解释》一文中，着重论述了外国移民获得欧洲公民权的诸多因素和政策，认为移民者的语言、年龄和居住年限等都影响移民者国籍。另外，"解释欧洲的入籍率不仅要考虑制度条件，也包括其他的目的地和原住国家，以及移民者的个人素质等"[2]。因此公民权问题绝不是一种孤立的公民属性或社会现象，它涉及政治经济、语言文化、习俗传统、婚姻家庭、族群性质、种族肤色、社会现实以及全部人类的认知和实践等无数因子。所有这些都影响到对公民身份的认定和对权利概念的理解。

---

[1]  Michele Micheletti and Dietlind Stolle, *Sustainable Citizenship and the New Politics of Consumption*, http://ann.sagepub.com/content/644/1/88.

[2]  Jaap Dronkers and Maarten Peter Vink, *Explaining access to citizenship in Europe: How citizenship policies affect*, European Union Politics 2012, p.391.

当然，我们也只有在理论和实践上，通过历史的梳理和对现实的深入研究，才可能加深对公民及其权利本质的理解。确定"公民"在内涵和外延上，既不同于"市民或国民"，也不同于"人或人民"。公民作为一种特殊的人和各种需要的整体在国家形态中，是高于和包含各种具体或普遍的人于自身之中的人。也正因如此，享有特殊权利的公民拥有的权利越多，承担的义务和责任就越大，并由此体现出公民作为一般人的真正的社会本质。进而从社会历史的高度确认公民的基本权利：不止包含公民固有的"自然权利、天赋人权、原始权利或客观权利"，也包含反映最高本质的"社会权利、法律权利、道德权利和主观权利"。尽管权利是人们在日常实践中通过权力获得利益的行为的总称，但它也是人类自我意识的结果。没有自我意识和认知，就没有权利。只是不能说权利只属于个人。相反，无论就意识的抽象性还是实践的普遍性，权利主要是一种社会性和关系性规定。个人只有在社会的辖制与映照下才能拥有权利。这也是公民权利较一般性的人权或市民权，更具本质性和公众性的原因。当然，任何权利都应该保障社会人的个体性或私人自主，然而每个人的自由权利只有根据一种普遍法则而与一切人的自由权利同等地并存，才能够拥有每一个人都应该平等拥有的人权或权利。

那么，公民们究竟拥有哪些被社会承认或为法律所规定的权利呢？当然，不同时代、不同国家乃至不同民族和不同地区的公民都拥有不同的权利。这不只是因为人类历史上从来都不存在一成不变的权利，权利不论是作为一种本质范畴还是历史范畴，都是一个不断被觉识、被发现、被建构、被创造、被规定、被增生由此而不断变化发展的过程，还因为任何权利都要服从一定时代和一定地区中的文化习俗和乡规民约。所以，若就全部人类历史变迁中所发生的具体权利而言，几乎难以列数。在这里，不仅有全部公民所拥有的一般人权或普遍权利，还有各种公民所拥有的形形色色的特殊权利。然而不论公民拥有怎样的权利或怎样多的权利，若就其真正反映人的本质和本性的基本权利而言，显然其中最重要的权利就是公民的生命权、生存权、经济权、政治权、教育权、文化权、言论权、宗教信仰权以及最具本质性的思维、思想和精神自由权。正是这些权利，无论在何种时代或何种国度，都是应该受到认可、保护、捍卫和继续给予完善和充实的权利。而且这些基本人权不能只限于法权层面，重要的是应该体现在现实层面。

# 第 二 章

# 权力异化与权利批判

当一个政府滥用职权、强取豪夺、一贯地奉行着那一个目标，显然是企图将人民置于专制暴政之时，那么推翻这样的政府，并为他们未来的安全提供新的保障，就是人民的权利，就是人民的职责。

——1776 年《独立宣言》①

---

① [美] 林·亨特：《人权的发明：一部历史》，沈占春译，商务印书馆 2011 年版，第 165 页。

论及公民权利，就不能不论及与之密切相关的权力，这不只是因为权利内在地包含着权力和决定着权力，还因为两者之间的相互作用和相互转化，导致权力在迄今为止的人类史上一直是在不断地影响、干预、规定和支配着权利。尤其在阶级社会，权力几乎完全变成统治阶级手中的博弈和权术。他们将获取权力的战争视为玩弄战略策略的动态博弈；将日常统治视为玩弄阴谋诡计的静态博弈，致使人世间的权力，尤其在非民主国家几乎完全异化。这种情况不仅导致"在一个相当短的时间内，博弈论成为政治学研究中一个最强有力的分析工具"，而且"在类似国家政治的选举和立法行为中，在国际安全、民族合作以及民主化进程等不同的领域中，政治权力的博弈理论模型的应用迅速激增"[①]。这样一来，在权力日益脱离现实的抽象化、理论化和符号化的情势下，公民权利无疑会日渐沦为权力的奴隶和附庸，使得今天在一些非民主政治的国家，权力几乎成为权利的代词。致使要论述公民权利的正当性、合理性与现实性，就必须厘清权力和权利之间的辩证法；揭示数千年来，由权力异化引发的对权利的吞噬作用；论证权利在权力作用下的蜕变以及符号化法权对公民权利的消解作用。

# 一、权力异化对公民权利的侵害

Power 不论是被翻译成"权力"还是"强力"，本质上表达的都

---

① Nolan Mc Carty, Adam Meirowitz, *Political Game Theory*, Cambridge University Press, 2006, p.1.

是一种强制和支配的力量。只是在政治学中通常被称作权力而非强力，而且主要指谓人世间人对人的统治，标志着人世间的矛盾冲突。正因如此，权力的产生既是人类社会存在和发展的必然，又是人类社会的一种无奈之举。因为任何人都不希望生活在一种由矛盾冲突带来的折磨和痛苦中，然而作为客观存在的矛盾总是不可避免，这就使得权力的存在有其现实性与合理性，也使得权力从古至今都为人们所热衷和追求。尽管人类历史上，无数的人都深受权力的残杀迫害，导致许多人都在诅咒和憎恶它，但更多的人还是一如既往地迷恋它。权欲的无形作用常常使人像吸食鸦片一样，魂不守舍，难以自拔。当然，这也证明权力有积极肯定的方面。

这种积极肯定的作用通常都表现如下：一是权力作为一种强力能够强化人类的社会性、群体性，变个体为团体；将分散的力集结为一股合力，将个人智慧凝聚成一种社会智慧，以利于在艰辛残酷的生存斗争中立于不败之地；并且能够不断地创造物质和精神财富，为民造福，不断地推动社会进步和文明进程。二是通过权力的约束力和支配力实施有效的人力和物力的协调、配给和管理，进行合理的社会分工，实现人尽其才、物尽其用，挖掘潜力，发挥潜能，使社会制度化、法律化、有序化和科学化；让人类社会变得更加强大，不至于面对人和威力无限的自然之间的尖锐矛盾，而完全无助。三是通过权力威望消除不合理的社会差异，消灭剥削压迫，实现社会正义，弘扬社会公平，提升社会福利，遏制人性异化，阻止人种退化，维持人类在自然界中的优势。四是消除社会暴力、恐怖、邪恶和犯罪，去除导致人性腐败的根源，保证人身安全，完善人性，普度众生，维护人类的整体利益和社会的和平安定。

当然，权力扮演的上述角色都主要体现在被我们称为民主国家的政治系统中，且主要体现为一种广大公民直接参与的民主模式。不仅如此，就是直到今天，这类权力依然在不断增加着许多民主监护的元素。这种显示公民权利和国家权力的民主政权的"主要功能就是提供定期选举。在这些选举中，所有成年人都可以通过某种多数选票的形式在相互竞争的政党代表之间进行选择"①。尽管这些民主元素也会受到持不同民主理念的支持者的批评，他们或是因为未能充分参与公民的民主进程，或是为了鼓励民粹主义和迎合普通人的口味。但是，他们每个人都以适合于当代条件的形式对确保公民之间的政治平等作出重要贡献。尤其是，他们推动了我们曾经看到的三种不可替代的民主权力的品质："其一，是在集体决定的形式化中显示的公平；其二，是对执政的统治者进行问责，激励他们去追求公众利益而不是谋求私利；其三，是解决意见分歧过程中的公正性。"②

遗憾的是，由于权力作为一种专属于人类社会不同社会主体之间的作用力，不可避免地受到来自人类特有的主观意志和各种欲望的污染与渗透，不可能一如既往地体现民主权利的三种品质，这就使得权力在其运作过程中必然发生质变、蜕变和异化。这种异化当然始发于私有制度和奴隶主政权形成之后。因为在这之前的原始社会，主要实施的是具有原始公社性质的民主契约制度，那里没有强权、独裁、专制和酷刑，没有私有财产，因此也没有剥削压迫。随着生产力的发

① Richard Bellamy, *Citizenship：A Very Short Introduction*, Oxford University Press, 2008, p.109.
② Richard Bellamy, *Citizenship：A Very Short Introduction*, Oxford University Press, 2008, p.109.

展，私有财产的产生和贫富两极的分化，便逐渐形成阶级和国家政权。这种权力的产生虽然也是社会发展的必然，但逐渐形成统治阶级和被统治阶级，使得原初具有肯定性的权力因逐步发生异化而具有恶的性质。具体表现：

一是将权力转化为剥削压迫的工具，将人性异化为罪恶和贪婪。原因是进入阶级社会的权力作为国家暴力的象征，随着氏族制度的墓穴的塌陷和文明社会的凸起，逐渐演变成统治阶级实施剥削压迫的工具。从此，这个地球上便开始频繁爆发掠夺物质财富和私有财产的战争，与此同时也逐渐加强了军阀首领的权力，并逐渐转变为世袭制。由此，便逐渐脱离自己的人民、氏族、胞族和部落，将整个氏族制度转化为自己的对立物，转变为掠夺和压迫邻人的组织，而它的各机关也相应地从人民意志的工具转变为旨在反对人民的一个独立的统治和压迫机关。这时不仅形成一个不参与生产却完全占有物质资料的寄生阶级，而且真正进入一个富人压迫穷人、奴隶主占有和压迫奴隶的国家权力时期。所以，权力从它诞生那天起，就是统治阶级用来镇压另一个被征服阶级或集团的机器。构成这种权力的形式和主体，不仅有武装的人，还有监狱和各类强制机关。在国家中掌握各种政治权、经济权和文化权的人作为官吏总是凌驾于社会之上。他们作为日益同社会脱离的权力代表，主要是借用特别的法律来维护其职能和统治。这样，他们就享有神圣不可侵犯的地位；使得"文明国家的一个最微不足道的警察，都拥有比氏族社会的全部机构加在一起还要大的'权威'"①。

---

① 《马克思恩格斯文集》第4卷，人民出版社2009年版，第191页。

因此，权力不只是人剥削人产生的一个怪物，也与人的自由意志直接对立。有权力无自由，有自由无权力；不论是权力主体还是权力对象都是权力的奴隶。一切权力行为只不过是行使权力者的一种本能的强制性行为。正因如此，一切权力都包含三个环节：国家制度和法律的普遍性，作为特殊对普遍关系的谘议以及作为自我规定的最后决断。既然如此，当权者当然可以利用手中权力随意掠夺和欺压无权者。但这绝不是自由意志的必然结果，而是一种非理智的暴力，因为阶级社会，相互对立的阶级之间总是存在你死我活的斗争。只要有阶级和国家存在，权力就是一种剥削压迫、满足部分人的私欲、物欲、淫欲和统治欲的工具。

二是将权力转化成暴力、战争和恐怖。哪里有剥削压迫，哪里就有造反和革命。因为剥削压迫的最严重后果，就是导致劳动和人性的异化。即如马克思在揭露这种异化现象时所做的精辟论述："在我们这个时代，每一种事物好像都包含有自己的反面。机器具有减少人类劳动和使劳动更有效的神奇力量，然而却引起了饥饿和过度的疲劳。财富的新源泉，由于某种奇怪的、不可思议的魔力而变成贫困的源泉。技术的胜利，似乎是以道德的败坏为代价换来的。随着人类愈益控制自然，个人却似乎愈益成为别人的奴隶或自身的卑劣行为的奴隶。甚至科学的纯洁光辉仿佛也只能在愚昧无知的黑暗背景上闪耀。我们的一切发明和进步，似乎结果是使物质力量成为有智慧的生命，而人的生命则化为愚钝的物质力量。"① 这时，通过无生命的机器运转实现的有目的的劳动并不存在于工人的意志中，而是作为异己的

---

① 《马克思恩格斯文集》第 2 卷，人民出版社 2009 年版，第 580 页。

力量对工人发生作用。而当劳动同它物化的机器一起构成资本家的权力时，则失去它往日的全部魅力。这时的劳动对于劳动者来说已经变成非本质的东西，致使劳动者在劳动中不是肯定自己而是否定自己；不是感到幸福而是感到不幸；不是自由地发挥体力智力，而是使自己的肉体受折磨，精神遭摧残。在这种权力高压之下，劳动者的生产实践显然已经变成一种雇佣劳动。其结果必然导致接连不断的奴隶起义、农民战争和无产阶级革命，以及统治阶级采取的大规模的镇压和屠杀。以至几千年来在充满权欲的阶级社会，几乎时时处处都在发生激烈而悲惨的政治斗争。使整个人类史成为一部血腥的战争史、屠杀史。特别是 20 世纪爆发的两次世界大战和其后发生的战争，杀害的人类同胞达到 8000 万人之多，其规模之大，死伤人数之多，造成的社会灾难、环境污染、生态破坏、物资损耗以及对人类心理的伤害之大，罄竹难书。而所有这一切的罪魁祸首就是许多人梦寐以求的权力发生异化结出的苦果。

三是将权力转化为极权、独裁和专制，体现了权力的无限制本性。暴力和镇压的结果只能是导致权力越来越集中在少数胜利者手中；使得国家机器得到不断的巩固；使得权力在人们满足私欲的过程中作用越来越大；统治者利用权力的技术手段也越来越高超精湛。这样一来，统治阶级也就日益把自己统治的社会改造成一个由强权政治统治的社会。在这样的社会里，统治阶级把一切政治经济、文化和意识形态都与权力紧密关联。这种权力集中的结果，就是产生暴君和独裁，使得一极是独裁者的横行霸道，另一极则是庸众的逆来顺受。为此，一切权力占有者都提倡奴隶道德、"良民宗教"或犬儒哲学；要每个人都必须绝对地忠诚于君主帝王；颂扬"无我教，忠诚教"。权力的这种异化和导致的统治阶级的堕落，是历史上一切动乱的根源，也是人心惶惶发展到听见任何发号施令都会吓得跌落尘埃的起因。腐败的统治阶级在败坏了自己的名声之后，就千方百计地借用"国家"名义来行使权力，这实质上意味着统治者的怯懦。

历史上的法西斯主义和国家专制主义就是在统治阶级的政权遇到被统治阶级的挑战时，由一群野心家、阴谋家和惯于装腔作势之辈挖空心思杜撰出的一种权力政治。这些人常常打着国家和民族的招牌，推行专制主义独裁。在野蛮地运用权力上，他们不仅比封建统治者还凶狠残忍，而且将人类的前途变得毫无希望。他们鼓吹"种族主义"或"宗教斗争"，把本来就充满血腥争斗的世界变得更加黑暗；把原本就不和谐的人际关系变得更加绝望；人的一切自然天性都被轧得粉碎。国家政权变成充满灾难的"否定生命的意志"。其当权者几乎无一例外地都蜕化为历史的罪人、人类的败类，成为一种自断其根的暴君或政客。

四是将权力异化为语言、概念和符号。权力原本只表现为社会实体中的一种客观现象和操控力量。然而一经异化，便逐渐演变成一种号令、命令、圣旨、公文、印章及至口头或文字遗嘱。当然这些代表权力的语言符号，最初之所以能够做到令行禁止，本质上还是因为它真实地表达了权力者的能力、意志和信息，代表了真实权力和符号权力之间的统一关系。然而曾几何时，一经异化，就导致真实权力与符号权力之间的脱离与对立。于是迄今为止的人类历史经常出现"儿皇帝"、"世袭皇权"、"假传圣旨"、"挟天子以令诸侯"、"卖官鬻爵"、"草包司令"乃至"宦官政治"等大量的符号化和商品化权力。结果，就自然形成一些只会压迫剥削普通民众的最露骨、最淫贱的权力实体。"这个实体从头到脚污点累累，其集中表现是，在国内腐败透顶，在国外极端无能。"① 那些所谓高不可攀的权力职务，实质上都"只是委托给一些国家寄生虫、高俸厚禄的势利小人、阿谀之徒、闲职大员等高位权贵"。正是他们滥用普通百姓拥有的普选权，僭取了政府的各种权力，使得这些权贵手中的权力都与真理、正义和博爱无关；都是权力者利用某种法律条文或世袭条规对被统治者的约束、强制和诈欺；都显现为某种暴力和罪恶、霸占和拥有；都带有绝对的虚伪性和欺骗性。历代的统治者在夺取政权前，总是妖言惑众，许诺万千，说得天花乱坠、乾坤逆转，而一旦大权在握，就陷害功臣，屠戮良将，凌辱百姓，搜刮民财，作威作福，将人世间的一切美好都变成统治者的独出心裁和语言上的欺哄和编造。结果，越是独裁者就越是说谎者和大骗子；越是当权者越是口是心非和两面三刀。权力使他们飞扬跋扈、心如铁石、孤家寡人、众叛亲离；权力使他们朋比为奸，鸡鸣狗盗，祸国殃民。

上述权力异化的最大坏处就是剥夺了广大民众的生命权、生存权、经济权、政治权、文化权、荣誉权。类似战争、武力镇压、政治肃反、严法酷刑等都侵害到公民的各类权利。尤其是独裁者拥有的无任何约束力的权力经常都是为所欲为和滥杀无辜。第二次世界大战期间德国法西斯屠犹 600 多万人；日本法西斯仅在南京一次就屠杀了 30 万无辜的中国人；至于独裁者墨索里尼，自从组织法西斯政党之后，就到处搞镇压和暗杀；执掌政权之后又四处掠夺、侵略和扩张，先后派兵入侵埃塞俄比亚，武装干涉西班牙，武力吞并阿尔巴尼亚，如此

① 《马克思恩格斯文集》第 3 卷，人民出版社 2009 年版，第 194 页。

等等不一而足。

上述诸如此类的倒行逆施和残酷暴行，都可谓是极权主义者无限制地滥用权力穷兵黩武、独断专行、肆虐百姓造成的惨烈后果。它将人性中最阴暗的贪婪和占有置于认识的自由意愿中，将人的本能欲望变成无休止的盘剥争斗，给人类带来无穷的烦恼与痛苦，并无耻地认为只有权力意志和权力痛苦才是驱使人类前行的唯一原则，才是"高于快乐的一种肯定的精神状态"。①

当然，今天全人类都在试图消除这种异化权力，尤其在一些北欧国家，比如丹麦几乎已经进达于马克思所描绘的共产主义。那里，廉政建设举世公认，政府清廉，贫富差异很小；人人都是生而平等。为此，丹麦曾连续 10 年被评为"世界上最快乐的国家"，幸福指数名列全球第一。然而眼下，更多的国家还是处于权力的放任和肆虐之中，因此在那些国家，欲实现权利和权力的统一，真正地驱逐权力异化还任重道远，需要广大公民及全人类继续努力。

## 二、权力强势下的权利演变

虽然历史上的权力异化极大地侵害了公民权利，但从古至今的权力作用也的确在客观上推动了权利从原有的自然权利演变为法律权利，也即"法权"。推动人类社会进入"法权"时代，这当然给人们对权利的认识和实践带来极大方便。但由于任何事物总是包含正反两

---

① 王岳川编：《尼采文集：权力意志篇》，青海人民出版社 1995 年版，第 3 页。

个方面，法权，作为由国家权力保护，以法律手段调整社会出现的一种社会现象和社会关系，不只是以人们在社会生产活动中应当严格遵守的权利和义务为内容，而且是借助社会制度和政治权力对全部公民权利或人权形式的超越和否定，使得人们惯常应该享有的自然权利、生命权利、生存权利、社会权利、文化权利或整个"天赋人权"，都在法权的挟制中岌岌可危；使得现实中的法权在许多情况下都既不代表由法律承认和保护的社会的全部利益，也不保证由法律承认和保护的利益公正客观。相反，许多法律承认和保护的利益都只是立法者的主观规定。特别是在阶级社会，法权实际上是权力者为自身利益制定的一种法定形式，而且狡诈地举起全社会的整体利益的欺骗招牌。这样，由于法权的无限延伸，使其几乎成为现实中人们唯一拥有的权利形式，致使许多与生俱来的权利被剥夺。这实质上就是法权异化。造成这种异化的原因很多，而法权的符号化却无疑给权力、意识形态、自由意志、社会关系和主观性等诸多因素对权利的干预和渗透创造了很大空间。这就使得我们有必要对法权及法权的符号化展开批判，以使法权能够真正推动公民正义；并将其"引向一种以统一了平等性原则与等价性原则的平衡正义原则为基础的、合题性的公民法权"①。使得权利的内涵在阶级社会和国家存在的历史阶段，与权力的作用具有不可分割的关联。那么究竟何谓"法权"？它是怎样产生的？它是否就是国家权力与公民权利的合体？它究竟体现了权利怎样的性质？这些问题将是陈述的重点。

---

① [法] 法耶夫：《法权现象学纲要》，邱立波译，华东师范大学出版社 2011 年版，第 295 页。

## （一）自然权利向法权的演变

法权概念，作为阶级社会和国家形态的产物，历史久远。以至早在康德时代，就对法权的本质、特征、价值和功能从理论高度进行了深入的剖析和论证。法权概念反映的是人际间的一种实践关系和行动准则。只是这种准则既要能够保证行动双方都拥有自由，又要能够使得双方的自由行动"按照一个普遍的法则保持融洽与一致"，与此同时还能够"与一种不可避免的、虽然只是由自己的理性加于一切禀好之上的约束联结在一起"。① 那么如何才能够在社会现实中保证每一个任性的、自由的人都能够根据一个普遍法则自由共存而不是相互阻碍或相互侵害呢？这就需要依法行动。这样一来，用法律文字、法律符号规定、限制和固定下来的"法权"形式就应运而生。从此，法权便与强制性的手段和权限开始紧密结合。在结合中，由于"强制就是自由所遭遇的一种障碍或者阻抗，因此，如果自由的某种应用本身就是根据普遍法则的自由的一个障碍（亦即不正当的），那么，与这种障碍相对立的强制，作为对一个自由障碍的阻碍，就与根据普遍法则的自由相一致，亦即是正当的。所以，按照矛盾律，与法权相连接的同时，有一种强制损害法权者的权限。"②

根据这个权限，"人们可以把法权的概念直接设定在普遍的交互强制与每个人的自由相联结的可能性中"，结果也就使得"法权和强制的权限是同一个意思"。③ 法权所拥有的这种社会权力和法律性质，

---

① ［德］康德：《实践理性批判》，韩水法译，商务印书馆 1999 年版，第 87 页。

② 李秋零主编：《康德著作全集》第 6 卷，中国人民大学出版社 2007 年版，第 239 页。

③ 李秋零主编：《康德著作全集》第 6 卷，中国人民大学出版社 2007 年版，第 240 页。

当然也就使得"法权"中的主角、天生的"权利"固有的自由本质受到抵制和伤害。由此，人们又想到用广义的法权，即"公道法权和紧急法权"来限制强权。前者假定一种没有强制的法权；后者假定一种没有法权的强制。实施公道法权由公道法庭和良知法庭执行，因此公道法权的格言是"最严格的法权是最大的不法"。而紧急法权的格言是"事急无法"，即在紧急关头，一切都服从本能，即便给对方造成灾害，也将免于惩罚。

　　这两种广义上的法权，实际上是在理论上将法权划分为实证法权和自然法权。前者反映了立法者的主观意志，而当这种法权在现实中遇到麻烦、矛盾和不一致时，判断和审判它的往往是人的良知，因为僵死的条文难以满足复杂多变的现实；后者则完全是建立在全然的先天原则之上。既然如此，在紧急关头人们就只有凭借本能来支配自己的行为，维护自己的权益，因为这是每个人"生而具有的法权"。它"是那种不依赖于一切法权行为而应天生归于每个人的法权"。它有一定的稳定性和持久性。比如一个民主国家，确保那些被推定的永久性移民享受入籍国家公民同样的社会福利和劳动市场，而且不损害其公民身份，这已经成为一种定论。因为这符合任何人，不论是正式公民还是移民所拥有的自然生存的法权。也正基于这一权利，一个人"获得某种国家福利和其他社会利益不应该以其是否为该国公民身份作为条件。若如是，将会放慢而不是加速移民与入籍国的整合，而且这类规定也不会减少作为个体角色的公民参与成为一种名副其实的公民的重要性。那些所谓的非正式公民的永久性移民应该充分享有福利国家可以提供的大多数利益。在推断性的永久性移民中，既不是住宅权或劳动力市场的安全，也不是入籍本身的权利，应该受到公共利益的定期性享用的危害。不安全的居住和工作权利对于长期居民来说，是其归化入籍国的一个明显障碍"①。

而实证法权作为"后天获得的法权"，则是需要一定的法权行为的法权。自然法权作为人生而具有的内在性法权往往不随时间和空间而被淹没和否定，比如按照《世界人权宣言》，只要是人就"有权享有生命、自由和人身安全"；就"人人生而自由，在尊严和权利上一律平等。他们富有理性和良心，并应以兄弟关系的精神相对待"。这种"天赋人权"是不以国家、民族、地区和时代而转移的。然而"实证法权"则不然，它是社会历史和一定时代的产物。它因国家民族而异，也因改朝换代而异。在这里，没有绝对的公正与平等，只呈现出"法与时转，治与世宜"的总体趋势。因为它只服从于权力地位、金钱财富和传统势力。如此一来，法权也就失去普遍效力，所谓的法权就不是对每一个人发生自发的约束作用，而只不过是少数有钱富人或当道权贵用来压迫多数人的武器或用来牟取个人私利的特权。它不仅不具有普遍性，而且常常是当权者用来剥削欺压广大平民百姓，以维护自己的统治和利益的挡箭牌。

这样的法权当然也就不会包含真理和正义，更不会反映广大公民的权利和意志，因此也就不会受到平民百姓的期盼和欢迎。换句话说，这时的法权就再也不令人欢欣鼓舞，而成为压抑人性、抵制进步的邪恶势力。面对这种"法权"，人们感到畏惧和憎恶，而不是期望和接近。特别恶劣的是，它不仅隐藏着阴谋和欺诈，而且一

---

① Michael Fix and Laureen Laglagaron, *Social Rights and Citizenship*: *An International Comparison*, The Urban Institute, 2002, p.20.

且这种只代表统治阶级权力意志的法权的虚假面纱被撕破，就常常会变成强者赤裸裸的迫害、惩罚或镇压，此时的法权既无真理，也无正义，彻底暴露所谓的法权，本质上只是"至高无上的统治权力的一切决定都具有'法律效力'"，是权力至上者的统治行为不受任何法律限制。① 在这种情况下，历史和现实要想真正体现法权的合理性及正当性，恢复法权本质，就自然要求在人性化或历史化的现实中，在对于自然性或动物性的现实的扬弃或否定中，就必须唤醒广大民众在实现法权的普遍性和总体人性的过程中，进行英勇无畏的斗争。

这种战斗将既包括高举批判的武器口诛笔伐，进行意识形态和话语霸权的斗争，也包括高举武器的批判进行政治权力的批判与斗争，推翻腐朽的统治，真正实现民主政治。因为残酷的现实告诉人们：从古至今的一切法权都是基于战争和经济活动。"正是经济活动和战争将人性化现实的实在性，将人类历史性存在的实在性，构建起来。"② 使人们通过政治和经济的双重途径变成真正的法权主体，而不是使法权对于他们来说只是一种纯粹的文字或空洞无物的虚假许诺。换句话说，人类历史发展演变的经验表明：一切法权最终都会终结于公民的、社会的和政治的主性和奴性的辩证法；都会超越阶级，达及"不偏不倚和公正无私"；使得法权主体"在法律活动中，必须从各种非法律性的利益中独立出来，如同他必须从诉讼当事人的非法律性的

---

① ［英］哈耶克：《经济、科学与政治》，冯克利译，江苏人民出版社 2000 年版，第424 页。

② ［法］法耶夫：《法权现象学纲要》，邱立波译，华东师范大学出版社 2011 年版，第266 页。

性格中独立出来一样"①。进而使人通过战斗和劳动的双重途径变成名副其实的法权受益者，而不是使法权条文徒有虚名。

这样，尽管生而具有的法权只有一种自由与平等，而后天获得的法权则是多样又多变。然而一旦两种法权发生冲突，受到质疑的往往首先是获得性法权而非自然法权，因为自然法权无论什么时候总是最贴近人性和人权。比如社会中普遍存在的移民权问题，显然属于个体自由流动的自然法权范围，然而一旦涉及加入籍，就隶属获得性法权领域。为此，法学家提出许多有利于移民入籍的法权建议，指出："类似就业和福利规则等，都应该被构建得有利于促进推定性永久居民的归化。因此，公民身份不应该成为劳动力市场或自谋职业的屏障。实际上，这意味着，公民身份通常不应该是获准营业执照、做学徒、担任公务员或是承担绝大多数公共部门工作的一个条件。当然，一些涉及国家安全或高水平的决策职位可能是例外，但它们也应该被严格限制。再者，也不能把公民身份作为联系同样合格的公民和非公民候选人之间的断路器来使用，因为它可能使得对外国人和本族人的执法复杂化，及至引起歧视。"②而获得性法权作为社会历史、政治经历和文化教育的产物常常具有否定"生而具有的自由法权"的性质和功用。正因为如此，获得性法权就常常排斥和压制自然法权，使得整个人类社会长期以来都在获得性法权的统治下，日益远离人的自然本性和自由本质；使得数千年来人们都在为争取自身应该享有的权利而

---

① [法]法耶夫：《法权现象学纲要》，邱立波译，华东师范大学出版社 2011 年版，第 292 页。

② Michael Fix and Laureen Laglagaron, *Social Rights and Citizenship*: *An International Comparison*, The Urban Institute, 2002, p. 21.

斗争。

　　法权本性的这种蜕变，表明只要国家形态和国家权力存在，就绝不会产生任何不掺杂政治权力作用的纯粹法权。尽管法权在普通百姓的心理愿望上，应该具有日常性、实在性、普遍性和公正性。或者就其本性和公用性而言，"'法权'现象（就其'行为主义的'方面来说），应指一个不偏不倚、公正无私的人的干预"①。换句话说，尽管"法权"在认识或实践欲求上应该具有经验性、科学性、客观性、普遍性和真理性；应该反映人类行为的内部规则和实在利益；应该向广大公民"描述和定义'有权利如何如何'的现象"②。从而反映法权本质的有条件性、现实性以及国家权力与法权对象之间的内在关系。

　　然而，一经将其上升到法理学的高度，就会发现：不只是"法权与所有其他的历史现象（如宗教、道德、政治等）关系密切。换言之，某种特定法权的内容是由这个时代宗教的、道德的、政治的等等理念共同决定的"③。也即是说，不仅法权的具体内容要取决于占据统治地位的意识形态，作为该种意识形态的把控者与控制对象的相互作用，即便就法权文本的构成和赋予的具体意义而言，那主要是利用文字符号表达的"公民权利"，也主要决定于制定者、公布者或实施者的主观解释、补充及至随意的歪曲、篡改和强加。也正因如此，在历史上，学者们对所谓"法权"，从人为法、理想法到自然法、新自

① ［法］法耶夫：《法权现象学纲要》，邱立波译，华东师范大学出版社 2011 年版，第292 页。
② ［法］法耶夫：《法权现象学纲要》，邱立波译，华东师范大学出版社 2011 年版，第14 页。
③ ［法］法耶夫：《法权现象学纲要》，邱立波译，华东师范大学出版社 2011 年版，第251 页。

然法，从现实法、批判的现实法到经验法、分析法、功能法和非功能法，都给予了林林总总的解读和阐释。遗憾的是，迄今有关"法权"的含义或真实意义，普通民众并不知晓，甚至连对这一概念本身都颇为陌生，不知道它代表的究竟是法律和权利的结合，还是法律和权力的统一。但总体上的模糊印象却总是：它不仅与表达的自在内容距离遥远，在现实中很难体现或代表广大公民的权利，而且几乎总是权力者玩弄的一种文字游戏。此时此刻，这些人"所思考和言说的每一件事情几乎都只是他在此时此刻的一种主观性的表达"①，而却很少包含广大公民殷切期待的真理、正义与公平。

也正是由于文本和指谓对象之间具有如此巨大的差异性，以至在庄严肃穆的法庭上，虽然许多法官本意上想进行公正的判决，而且也想依据"铁证如山"的人证和物证，然而从事辩护的律师，尤其是那些私心很重的无良律师在进行辩护时，却往往是无视事实。在这种情势下，通常都没有法律的确定性，判决的真实性，执法的公正性；相反是通权达变和主观议定充斥着法庭，使得判决书只是法官或文书撰写的文本，只意味着是法官的判定或权力者的编造，而且无人能够解决语言本身制造的与现实的疏离问题。除非取消语言，否则，无论怎样将僵死的语言辩证地运动起来，也不会具有一成不变的本质含义。因此，法并不是一把判断或辨别真假善恶、度量是非曲直绝对无误的标尺，也很少具有人们通常所想象或所认为的那种严肃性、严密性和严谨性。法，尤其在一些极权国家，基本上都是统治者用来控制和支配普通"贱民"行为的手段和工具。因为在他们看来，只有通过

---

① Hilary Putnam, *Realism with a Human Face*, Harvard University Press, 1990, p.106.

国家机器，才能够迫使人们"服从共同的规则，个人才可能在社会中与其他个体和平共处"①。

再者，即使法权是人类历史活动中法律实践、权利实践和政治实践的长期积淀结果，且主要代表的是当权者的意志和权益，具有鲜明而强烈的动机和目的，但是我们也不能忘记，法权只要是人类意识的产品，就必须在理性思维的劳作下，超越个别性，规避特殊性，将其上升为普遍和一般，反映和代表大多数人的权力意志和具体利益，即通过"法律把意志的普遍性和事物的普遍性连接起来"，使其关涉广大民众的普遍生活，那些"无意识的"或原先只是归于个别人、个别民族或个别国家的权利才可谓之"法权"。否则"不论他是谁，凭他自己的意志所下的普遍命令都不能成为法律。即使是主权者对于某一事所下的命令，亦不是法律，只不过是长官的命令或行为而已"②。当然，更不能上升为法权。此时，它只代表个别人或少数权势者的意志，而非绝大多数人的意愿。因此法权或"真正的法典是从思维上来把握并表达法的各种原则的普遍性和它们的规定性的"。③也就是说，法权终归是人类思维的升华和创造，是人类意愿和语言文字的结合。由此，也就产生主客观的分裂，造成法权与现实的对立，并使法权逐渐失信于民。如此所产生的法权，也就不可能被广大公民认知和理解，更不会在其实施过程中得到平民百姓的信赖和拥戴，及至在自己的日常生活和社会实践中自觉地遵守和推行。

---

① ［英］冯·哈耶克：《法律、立法与自由》，邓正来等译，中国大百科全书出版社 2000 年版，第 113 页。

② ［法］卢梭：《社会契约论》，何兆武译，商务印书馆 1987 年版，第 51 页。

③ ［德］黑格尔：《法哲学原理》，范扬等译，商务印书馆 1995 年版，第 219 页。

当然，对法权的认识和评价，也有一个接受社会和法律实践检验的过程，而且也只有经历这一实践过程，才能逐步实现概念和对象、观念和现实、法律条文和公民权利以及民主意识与国家政权的统一。正基于此，黑格尔曾一针见血地指出："法的东西要成为法律，不仅首先必须获得它的普遍性的形式，而且必须获得它的真实的规定性。"① 既然如此，衡量法权的价值与效应的标准，就是看构成法权的各对范畴相互统一的程度。符合程度越大、越真实，就越具有普遍性、公众性、权威性和有效性。

具体而论，不论是法律还是法权，只有真实性才是其得以存在和不断发展完善的生命，失真的法权必将是软弱无力和空洞短命的。而要想超越各种复杂的现实，回归法权的真实性和正当性，回归公民权利的自然本性，关键的做法就是要遵循法权演变规律，处处着眼人性，来思考和表达法权；就是要完善社会制度，健全法制机构，尊重法权演变规律，围绕修复人性和维护人权进行法权实践。去除政治权力和话语霸权等外在要素对法权本质的干预，使法权条文能够切实反映广大民众的生存欲望、人性需求及其切身利益；使法权条文充满民主性和公正性。同时需要考虑有关法权、法律文本，或"有关'说'的语义语境的敏感性"，从多元性、相对性和变化性的高度来思考以往的一切法权条文究竟"说了什么和在语义上表述了什么"②。否则再好的权力形式都无法兑现法权的指谓。

事实上，自古以来，之所以几乎不存在普遍有效和一成不变的

① ［德］黑格尔：《法哲学原理》，范扬等译，商务印书馆1995年版，第218页。
② ［挪威］赫尔曼·开普兰：《自足语义学》，周允程译，译林出版社2009年版，第263页。

法律条文，原因就是客观事物或外部世界总是"事随时变，法随人转"。这当然也证明马克思的"社会存在决定社会意识"的理论；证明个人权利、个人自由与社会整体之间的辩证法；证明"一切个人都是社会的产物，在这个意义上，一切个人也都是社会关系的总体"[1]。即便个人有自主性，也都是处于一定社会关系中的自主性，而不是个人主义所主张的单纯个人的自主性。也正因为社会总是高于和大于个人，所以一切有权势或有能力的个人或领袖人物要想满足自己的权欲或实现自己的理想，通常总是借助立法、宪法或法权的名义，通过国家或社会的整体性形式来施行自己的统治，从而出现具有社会性质一类的"团体、组织和旗号"。

特别是在非民主政治的国家，法权实际上都是通过领袖人物或当权者利用他所控制的阶级为获取和维护自身权益制定的一套法律形式；是一种高举国家、社会、阶级、集体利益或宏大形式的欺骗性招牌。当然，法权不能、也没有必要指代社会全体公众的利益，因为人总是有差异和三六九等的，为此任何法权就其具体性和特殊性而言，总是只指代由法律承认和保护的利益。再者，社会中的许多惯常性的行为和利益也不需要都将其转化为法权形式，就像动植物能够自由享用和呼吸空气，人类在日常生活中能够自由地言说和行动一样，这里不需要严法酷刑，只需要遵循自然规律或某种约定俗成的规则，即可万事亨通。

遗憾的是，由于法权无限制地漫延和扩大，使其几乎成为国家公民唯一能够拥有和使用的权利形式。在这里，似乎只有法律条文中

———————————

[1]　Adam Schaff, *Marxism and the Human Individual*, New York, 1970, p. 143.

规定的权利才是"真实、有效"的权利。实际上，这种利用权力违背
自然本性和社会本性的做法，就好像"那种我们想把自己的控制施加
于大自然的荒野之上的欲望"一样，"我们对于自己在大自然中的力
量不能肯定，对于这样做的合法性不能肯定，对于这样做的真实性不
能肯定，而且这种种不能肯定也是对的"①。而现实中人们对于法权合
法性的习以为常和熟视无睹，实质上是对法权在权力干预下发生异化
的无知无识。结果，使得法权名正言顺和冠冕堂皇地走到广大公民权
利的反面，既违背了权力与权利之间的辩证法，也使得法权既不能
真正地推动，也不能够真正地代表"社会现实依照正义的理念走向
进化"②。

## （二）法权的符号化

尽管一切法权都应该反映社会现实，代表公民权益，表达真实
人性等与人类生存状态紧密相关的方面，然而由于人类天生就拥有一
种创造和利用语言的能力，而语言作为一种独特的表达方式和思想工
具，总是具有一种内化外部世界为己内一部分或一构成形式的能力，
结果也就自然地将"天赋人权"或"社会权利"，在思维或语言主体
的作用下，将其抽象化、形式化、文字化、符号化和法律化，从原先
不确定和复杂多变的模糊状态上升到具有确定含义和本质规定符号的
高度，将人类的各种权利都用法律形式固定下来，从而进入一个"依
法治人和依法治国"的法权时代。但基于一切法权都与一个国家的社

---

① ［美］迈克尔·波伦：《植物的欲望》，王毅译，上海人民出版社2004年版，第194页。
② ［法］法耶夫：《法权现象学纲要》，邱立波译，华东师范大学出版社2011年版，第
343页。

会制度、政权性质、宗教信仰、风俗习惯、文化传统、富裕程度、人口数量、生活方式、生存状态、出生、成长和死亡、性的结合与繁衍、父母和子女的身份等各种要素密切相关，因此有关人权的任何"符号形式也都首先要受到相关参与者所构成的社会组织制约，同时还要受到参与者之间相互作用的直接条件制约"①。

为此，作为法律和权利相结合的法权，其最早的符号化当数代表人类原始时代的各种社会关系及相关法定权利的图像、图腾、木雕、泥塑或桃符，进而是代表奴隶社会或封建社会诸多政治权力和法定权利象征的石象、浮屠、台阶、腰带、笏板、朝服、令牌、顶戴、花翎、玉玺、勋章等具有权威性和象征性法权形式的物化符号。谁拥有这些对象符号，谁就拥有某种权利或权力。只是这些图像反映了符号化法权的最初形式和外在形象以及法权之指谓的实在性、普遍性、形式性及由此带来的利于交换、传播、操作等方面的实践价值和特征。

随着文字的出现，人类对法权的符号表达就日益文字化和数字化。在这里，从皇权到以下各级权力通过文字形式给予的官阶、谥号、封号、嘉奖、职称、荣誉、头衔、旗帜、招牌、货币、赠予以及普通民众通过文书表达的民约、公证、票据、证言、门牌、证书、商标、说明书等无一不是法权的符号化。其中，最具影响力的《人权宣言》，由联合国制订的各类公约、协约与合约以及几乎人人都持有的身份证、手机号等都是通过文字或数字使整个人类应该拥有的权利得以数字化、法律化和符号化。在这里，正是一套身份证号码准确地表

① ［英］罗伯特·霍奇：《社会符号学》，张碧译，四川教育出版社2012年版，第19页。

达了个人的身份特征。个人应该享受的权利都被放置其中，使得现代人完全进入"数字化"时代。眼下全球 70 多亿人，几乎人人都通过数字编码成为一个数字集、编码集和信息集。离开数字和符码，就没有该人的存在和应该享有的一切权益。眼下，你若忘记密码或丢失身份证就很可能处处受挫，寸步难行。从符号论上讲，眼下的世界就是一种相互结合的符号系统。在这里，"真实、关系或变化"就是一种转码，即一种代码调换为另一种代码；就是"两个语言层面或两种不同代码之间的关联"①。其中，符号或文本的旨意只不过是从语言的一个层次到另一个层次，或是从一种语言到另一种语言的换位。其作为认识和行为"对象包含了一切事态的可能性"②，也即相关对象的形式和内容。它往往是思想和情感的交往，是生命力的冲动和爆发，是理性、非理性、意识和无意识的综合与升华。

至于法权的符号化发展到今天，更是五花八门、丰富多彩，而且日益朝着更加精致、简单、精确、多样、普遍和实用的方向发展。其中利用信息技术、虚拟技术、网络技术、遗传工程、基因编码、技术智能、意识遥控、意念传递等高新科技发明创造的符码形式，都使得人类应该享有的法权变得更加神秘、神奇和在信息上高度地凝聚。但也正是这些高密度的信息点和符号集使得眼下法权化的典型特征呈现出更多的优越性、实用性和有效性，同时赋予人类以更多的权利、自由和平等。许多在现实世界中不能干的事，而在信息化和虚拟化的

---

① [法] A. J. 格雷乌斯：《论意义：符号学论文集》上册，吴泓缈等译，百花文艺出版社 2005 年版，第 41 页。
② [奥] 路德维希·维特根斯坦：《逻辑哲学论》，王平复译，中国社会科学出版社 2009 年版，第 31 页。

网络世界却可以如鱼得水，尽情地展示自己的才华和本性。就像一个人在网络世界能够以一个虚拟主体的身份随心所欲地"谈情说爱、建立家庭、加入社团"，只要他不下线妄为，就无可厚非。这就是精致符号化的法权形式给人类带来的新人性、新感性、新对象和新空间。这个新世界作为实虚统一体，既没有时空界限，也没有国界和确定不移的地理位置，每个人都可以作为其中一个成员而身临其境。

在这里，"不再有公共的场所或真实的公共空间，只有巨大的流通空间、发布信息的空间和短暂联系的空间"。构成这个新世界的时间和空间都变成一种观念性存在；而且"这存在藉其存在而不存在，藉其不存在而存在"①。此时，主体生命也成为彻头彻尾地通过参与活动而显现的存在。正是这个新世界革命性地转化了人类生存和发展的社会图景；"从根本上改变了我们出生、生活、学习、工作、生产、消费、梦想、奋斗或是死亡的方式"②。今天阴暗和光明的人性都可以在这个新世界中尽情表演。结果，是极大地冲击了现实社会的意识形态、伦理道德和各类法权。特别是在两性、婚姻和家庭关系上，随着人类文明日益鲜明地表现出：从体力→脑力→机械力→电力→计算机→人工智能→网络的一条演变路径，拥有体力优势的男性地位日渐丧失，统治人类数千年的父权制社会也日趋土崩瓦解。女权主义不需要借助亲临其境的革命和组织各种规模浩大的夺权运动，随着信息社会的到来以及语言投资和语言统治日益变成现实，就会使得女性在人

---

① [美] 弗雷德里克·詹姆逊：《语言的牢笼》，钱佼汝等译，百花洲文艺出版社 1995 年版，第 178 页。

② [美] 曼纽尔·卡斯特：《网络社会的崛起》，夏铸九等译，社会科学文献出版社 2001 年版，第 37 页。

类社会的许多领域逐步取代男性，并一步步地获得与男性相平等的权利。

上述法权符号化的阐释，显然证明人类对法权的认识和实践经历了从"具象或形象"到"抽象或概念"到"再抽象或编码"这样三个阶段。每一阶段都是对原物的反映和升华，也都是对原物的超越、扩展、延伸、疏离、否定和背叛。由此，既使得它没有完全离开指谓对象和客观权利；也使得它与原物愈来愈疏远，愈来愈形成一个新的世界和空间，也即一个由文字、数字、信息和符码构建的新的知识世界、信息世界、符号世界和法权世界。在诸如此类的世界里或符号化的法权体系中，"我们不能指望用一种精确的方法和通过作品、观念和历史来确定人的认识的这种变化，沉淀在我们之中并且是我们的实体"①。我们能做到的就是对这些已经符号化的世界、实体或法权给予大量的解释、注释和说明，直至"用一种完全不同的符号或概念体系去表达另一种符号或概念体系"，以尽可能地消除由符号化带来的有关法权中众多的主观、添加、想象、曲解和误解。

正基于此，法国解构主义者德里达提出结构消解论和书写语言学；突出写作的解构性、话语的无序性、认识的矛盾性、概念的相异性等特征。认为一切语言符号都只是一种没有固定指谓的符号，也没有一成不变的意义。语言系统与所指者之间不是一种直接的现实关系。符号就是符号，不代表任何事物和真实世界。符号的指谓和意义不是一个不变的存在物，只是一种痕迹，一种开放、多义和不稳定的结构系统。随着言语的发展和语境的不同，随着使用主体的知识修

---

① ［法］莫里斯·梅洛-庞蒂：《符号》，姜志辉译，商务印书馆 2003 年版，第 282 页。

养、目的动机、上下文关系的不同，其意义永远在变化发展中。旧的意义消失，新的意义产生。本书不断替换，新的意义不断补充。因此言语和文字作为一类符号能指者，不仅与所表征的对象或所指者不同，也与符号本身欲表达的意义不同。在这里，书写语言就是对指谓对象的最基本的阐释。它高于一切的精神、生命和理念。在它之外，别无更基础的存在和判定标准，世界上的一切都是语言文字。不论是外部世界还是内部世界，其显现的都是符号，区别只是"每一门具体科学的指谓对象都是一个特殊的符号系统，而认识的整体目标就是符号系统的总和"①。

因此，人的认知只有通过一系列连续的元语言才能参与世界的形成。每一种元语言就在确定下来的一刹那发生异化；既离开原有的指谓，也激发出一种无止境的知识系统，并在这个系统中形成元语言概念特有的退行结构和文本特征。特别是在现代电信技术和虚拟世界中，整个世界就是通过不同类型的语言所进行的描述以及由各种具体、分级式的描述构成的语言系统。这样，德里达等就通过对语言符号的解构，也就解构了符号化法权可能包含的权利的客观实在性。

既然如此，就不能够把那种具有权力性、主观性、抽象性及至主体间性或跨主体性的符号化法权，当作一种客观存在或应然规定强加给广大民众。除非一些法权指令"能够成为不同人之意识的相同内容，并可被人们在任何时候加以把握，从而构成主体间之行为导向的适当基础"。否则对任何打上文字印迹、语义结构、代码转换和权力

———————————

① ［法］A. J. 格雷乌斯：《论意义：符号学论文集》上册，吴泓缈等译，百花文艺出版社2005年版，第18页。

意志的法权规范都需要进行批判、扬弃和三思而行。因此在认识论和方法论上，要确识一切符号都不过是一种语义对象、一种符号组合体，而非一种完全客观、真实的存在。所谓的符号化法权，充其量表达的只是指谓对象的"深层结构的形式与符号学语法规则之间的关系"①。为此，在确认法权的自然性、真实性与合人性的时候，我们不仅要从符号形式进达于指谓和内容，而且要从语法结构、语法系统的高度去认知符号化法权的意义、价值和实在性。

## 三、符号化法权对权利的消解作用

符号化法权或如此这般的权利符号，作为人类权利形式发展的结果和进步的标志，当然也包含着诸多的现实性、合理性、真理性、客观性、实在性、简单性和有效性，比如《人权宣言》和《世界人权宣言》中的许多文本化的人权规定都是对人的本性、本质、关系、行为、尊严以及现实的生存状态的规定、维护和保证。正因如此，尽管它只是由抽象的符号建构的系统，但在世界范围内却借助符号内在包含的实用性、约定性、真理性及其产生的威力对反人权者起到极大的震慑作用。因为这些符号化法权一旦被全人类所认识，就会变成一种巨大力量，去遏制那些存心不良的权力、意识形态、自由意志和主观意识等因素对权利的破坏和干预；激励人们去为获取自己应该拥有的

---

① [法] A. J. 格雷乌斯：《论意义：符号学论文集》上册，吴泓缈等译，百花文艺出版社2005年版，第161页。

"言论自由、法律面前人人平等以及私有财产神圣不可侵犯"等神圣权利和公正原则而斗争。但是，任何事物自身包含的矛盾性也必然会带来否定性作用。这就是权利的符号化、抽象化、权力化和公文化，常常会带来诸多的负面结果和效应：

其一，不论是哪一个领域，只要法权经历了符号化过程，都会被渗透或被加进政治经济、权力地位、文化教育、社会关系、普度意识、绝对精神、占有本能、永恒心理、情感意志、主观性和善于玩弄机巧的意识形态等多种因素，使得法权受到污染。而且由于最终使语言变成今天这个样子的所有偶然因素都会带来其意义上的巨大转变，结果，也就使得表达法权的语言符号既不能确切地表示事物本身，也使得许多词语和概念的变化令人难以理解。此时，如果人们把语言符号当作既成事实，当作过去的意义的残余，或已经获得的意义的登记，那么他们必然不能理解语言或概念的清晰性以及所表达的对象及意义的丰富性。因为任何语言一经主观化、形式化、普遍化和权力化，"它就不再是独立的语言事实的一个混沌的过去之结果，而是其所有成分都致力于转向现在或将来、因而受到当前的逻辑支配的一种努力的系统"[1]。面对这种系统，特别是面对它与复杂的社会结构和社会功能的相互作用，我们将会相信它是在人类从事的"生产并再生产信仰的场域的结构中得到界定的"[2]。与此同时，我们也会相信在此种社会背景和环境中产生的符号化法权必然具有一种与现实相离散的性质，而且在国家权力存在的任何历史时期都总是反映统治者的强权

---

① [法] 莫里斯·梅洛－庞蒂：《符号》，姜志辉译，商务印书馆 2003 年版，第 105 页。
② [美] 戴维·斯沃茨：《文化与权力》，陶东风译，上海译文出版社 2006 年版，第 102 页。

意志和主观意识，反映权力拥有者的世界观、人生观和价值观，并将其作为统治者的思想理念或权利话语，强加给广大公民的日常生活和社会实践。由此，正如哈贝马斯所言："法官总是像政治家那样，以一种趋向于未来的方式，根据他们认为合理的价值取向而作出自己的判决。"①

结果，在抽象和符号编码的法权运作中，权利符号便逐渐被权威化为神圣权利的载体和替代，最终使得不论是哪种权利本质上都具有去人性化的符号化和工具化特征，即如布尔迪厄所言：那些日益符号化的权利是在实施与接受这种权利的人之间的特定关系中或特定场域结构中得到界定的。在这种场域结构中，符号化法权作为一种法权文本不仅自身固有与现实相离散的性质，即常常不能够和现实相对应，不能很好地解释和说明现实；而且由于任何法权文本都不可能是孤立的和纯粹现实的反映，它总是社会的和历史的，内在地镶嵌着政治目标、理想主义和伦理道德等要素，反映着人性的复杂性，以至即便是"民主政治的领导人也和专制政治的领导人一样都是自私自利的，他们都试图以机会主义的态度获得绝大多数的人支持"②。以至从来的法权不仅不能离开政治权力、政治目的和强烈的意识形态的干预，而且总是代表作为认识和实践主体的统治者的思想意识。因此一切符号化法权都是权力统治的霸权话语。它充当权力的运载工具，构成"权力的主要效应之一"和"权力发号施令的基础"，也使得"权

---

① 〔德〕哈贝马斯：《在事实与规范之间》，童世骏译，三联书店2003年版，第248页。
② 〔美〕曼瑟·奥尔森：《权力与繁荣》，苏长和等译，上海世纪出版集团2011年版，第12页。

力总是呈现出不太合法的特性"①。正因如此，施蒂纳才坚持认为"一把强权胜过一袋公理"②。"强权就是公理，正义就是强者的利益"。一切符号化法权本质上都是权力者为自身服务的工具；都是旨在维护自身的权益。事实也表明，迄今所有的国家法之所以都如过眼烟云般地发生着变化，原因就是在理论和实践上，只要存在阶级和国家，国家权力就总是决定和制约着那些对于广大民众早已沦落为空洞符号的法权。这种法权和权力的分离往往导致的是法权失去普遍性，权利失去民众性。特别是那些凌驾于法权之上的极权和特权，常常表现为独裁者对广大民众的统治、镇压和残酷的肉体惩罚。此时王权就是法权，法权对于广大民众可望而不可即。

其二，权利的日益抽象化、符号化、社会化和普遍化，尽管在权利的实施中变得日益简单、方便和有效，但也同时增大了法权符号显露的虚空性和权力性、由权力意志滋生的主观随意性以及由共相理念滋生的不确定性和解释性。不仅那些当权者可以针对法权符号进行随心所欲地歪曲、篡改、控制和剥夺，使其异化为一种失去主宰价值的死工具；那些无权者为了谋取私利，也可以肆无忌惮地假传圣旨，制造假公章、假公文、假文凭等虚假信息，以假乱真、浑水摸鱼，抢占人们应该享有的权利。结果，使得许多民众应该享有的权利逐一落空。

为此，在伴随法权符号化的同时，那些话语霸权者通过对一系列的权力关系进行编码，使得"霸权、元权力、阶级统治或超权力在

---

① ［法］福柯：《权力的眼睛》，严锋译，上海人民出版社1997年版，第231页。
② ［美］威尔·杜兰特：《哲学的故事》上，金发燊译，三联出版社1997年版，第30页。

国家这个机器内部形成"①。至于法权符号最终能表达某种意义，那是因为一切符号本质上都是历时性的，且具有前后相继的性质。也正因如此，人们理解法权符号的意义，"并不是因为每一个符号传递一种属于该符号的意义，而是因为当人们一个一个地考虑符号时，所有的符号都暗示一种始终延缓的意义，如果符号不包含这种意义，那么我们就超越符号走向这种意义"②。从而在符号、符形与符义之间建立起一种连贯统一的关系。只是我们也必须清楚，在人类历史上真正能够赋予法权符号以实用意义的主体往往是那些拥有话语霸权的人，而且正是这些人在日益膨胀其特权意识和极权主义。即如拉克劳所言："西方社会在变成集体主义的过程中，却同时也在朝着极权主义方向起飞。"③典型案例就是打着"国家社会主义或社会民主"旗号的法西斯主义，它们把法权转变成一种统治人和镇压人的恐怖力量。而不是像一些被组织起来的民主制度，从中，"人们只遇到一个独一无二的权力，一个唯一的力量和成功的要素，在它之外什么也没有"④。它就是民主和权利。

既然如此，任何国家都需要创建名副其实的民主制度以保障公民权利，消灭个人特权和政治极权，特别是霸权中的"自我规定是其余一切东西的归宿，也是其余一切东西的现实性的开端"⑤。正是这种

---

① ［法］莱姆克等：《马克思与福柯》，陈元等译，华东师范大学出版社 2007 年版，第 100 页。

② ［法］莫里斯·梅洛-庞蒂：《符号》，姜志辉译，商务印书馆 2003 年版，第 108 页。

③ E. Laclau，Ch. Mouffe，*Hegenomy and Socialist Stratery*：*Towards a Radical Democratic Politics*，London，1985，p.172.

④ ［法］P. M. 马南：《民主的本性》，崇明等译，华夏出版社 2011 年版，第 94 页。

⑤ ［德］黑格尔：《法哲学原理》，范扬等译，商务印书馆 1995 年版，第 94 页。

自我规定构成霸权的本质，而且不易被符号化法权所消解。面对这种情势，若离开社会民主、集体利益和普通民众拥有的微观权力，这种符号化权利将会演变成一种极具危险的力量。所以近代以来，整个世界的民主政治在推行权利符号化的过程中，极力推行民主制度固有的公民权利。因为只有这种与人性切合的权利才能真正代表广大公民的权利；才能够"通过理想的形式将其利益表现为全体社会成员的共同利益"[1]。继而通过创建一个民主的、好的社会制度以保证公民权利尽可能得到公正合理地实施；确保每个人的自由、平等和独立自主；消灭一切危害集体利益、社会利益和个人利益的特权；让每个人都能够遵循内在的自然法则和社会法则，服从人生真谛和生命运行规律，而非人类社会中具有压迫剥削性质的霸权或暴力。

其三，在人类的统治和惩罚形式进入规训时代之后，由于权力的性质开始发生变化，逐步转化为"适宜于被视为'任意'的行为和任意支持的决定因素"[2]。也即逐步转化为"一组确立人们的地位和行为方式、影响着人们日常生活的力量"[3]。这就使得当今社会在同时通过宏观权力和微观权力两种形式来离散和消解法权。特别是普遍存在于每个人的肉体、精神和思维之中的各种微观权力和存在于宏观权力中的怀柔力量，虽然不同于军队和权杖等宏观权力，但作为一种势力关系、自由意志、强制性话语和渗透力量，同样作用于人类活动与关

---

① ［加］琳达·哈琴：《后现代主义诗学：历史·理论·小说》，李杨译，南京大学出版社 2009 年版，第 187 页。

② ［法］吉尔·德勒兹：《福柯 褶子》，于奇智等译，湖南文艺出版社 2001 年版，第 78 页。

③ ［澳］J. 丹纳赫等：《理解福柯》，刘瑾译，百花文艺出版社 2002 年版，第 56 页。

系的一切方面。这样，那些因被经久灌输、使人们普遍熟悉和习以为常的"符号化法权"，比如中世纪那被符号化和神圣化了的上帝权威、近代以来被权力化和符号化了的各类王权、皇权、领袖人物和独裁者，就会借助这种微观权力对那些真实的、自然权利产生排斥、影响、感染、教化、熏陶、渗透、破坏和消解作用；并将这些作用的普遍形式不断地进行生产和传播，由此建立错综复杂的权力网络和人际关系，使其在专业活动、职业行话、科学范式、行业规则、理论权威、任职资格等无数领域体现微观权力的话语形式和关系作用。

这些微观权力常常像宏观权力一样利用符号化法权来制约和抵制公民的实际权利和权益。比如普遍存在于广大民众中的"个人崇拜"，作为一种符号化法权，常常具有压倒和剥夺一切的神圣性。换句话说，历史上出现的许多独裁者，本质上也都是拥有微观权力的普通民众个人拥戴或个人崇拜的结果。可以说，无论是希特勒还是墨索里尼，都是利用他们那充满诱惑力的许诺和煽动性的语言，赢得了广大民众"心悦诚服的拥护和崇敬"，才一步步刺激了他们的政治野心，使其不断滋生各种罪过和恶性。此时，至高无上的权威不再属于那些精神麻木、权利被随意践踏的人民，而是属于那所谓的"自由集体"的理念；属于那替代了民主和民意的极权主义。这种符号化法权的异化再次使人类丧失主体地位。就像野心勃勃的希特勒，一登上权力的宝座，就将更多人的生存权、言论权、财产权等剥夺殆尽，最后只剩下人人自危、惶恐不安和苟且偷生。侵害人权者最终都会在人民群众激烈的反抗和英勇无畏的斗争中倒台。因为这些独裁者尽管可以得逞一时，通过各种政治手段、宣传舆论、诡计权术、暗杀行为和武力镇压来篡政夺权和强化手中的符号权力及特权，但是他们却不能把权力变成自身一劳永逸的本质，更不能永远地剥夺人们应该享有的天赋人权。再者，任何时代也总是"得道多助，失道寡助"，谁拥有真理，谁就更可能获得最终胜利。

尤其是当今社会，那代表人类最高智慧的科学技术总是预设了一个由实践、用具、社会角色和目的塑造的场景。在这里，权利恰恰是该场景塑造的特征，而不是其中的某种事物或关系。与权利相关的，是处于场景中的解释对场景的重构方式，对行动者及其可能行动的重构或限制方式。为此，当我们说实践包含权利关系、产生权利效果或运用权利时，则意指："实践以某种重要的方式塑造并限制了处于特定社会情境中的人的可能行动领域。"① 这也就是说，在这种场域中的权利既可以是人们用来认识世界、改造世界和塑造世界的有效工具，从而充分体现权力和权利的有机结合，使两者都处于人类的政治经济和社会生活的核心地位，也同时显现出在一个相对自主和自由的竞争场域；既能够有效地促动各个国家及至个体与群体进行相关资源和权利的激烈竞争，也能够在竞争中把人的权利和权力实践发挥得淋漓尽致，达到与社会权力和国家利益或个人利益紧密连接的目的，形成一种"符号权利社会学"或"符号权利政治学"，以解决人们所拥有的各方面的权利与其行为实践之间的矛盾和冲突。

这样一来，随着人类社会由高科技引发的日益展开和普遍化了的信息化与符号化，原本存在于现实场域中各种实地发生的权利和权力竞争也就日益转化为信息化、符号化和网络化的权利争夺和权力竞

---

① ［美］约瑟夫·劳斯：《知识与权力》，盛晓明等译，北京大学出版社2004年版，第225页。

争。由此，也使得现实中那些"真刀真枪、有血有肉"的竞争领域逐渐演变为"争夺实施'符号暴力'的垄断性权力的领域"①。这些领域在今天知识经济和科学技术是第一生产力的时代，毫无疑问也就主要地体现在文化教育和科学技术领域。在这里，"建构性的行动者或行动者系统，可以被描述为众多的力量。这些力量通过其存在、对抗或组合，决定其在特定时代、特性时刻的特定结构"②。这些结构伴随着文化场域逐步从政治经济的权力中解脱出来，也便逐步获得自主性的发展权和越来越多被现存社会合法化了的符号法权。比如自20世纪70年代以来，正是肆虐整个社会科学的全球化问题，从文化观念和理论形态上影响和制约着四十多年来人类所涉及的许多非常广泛的主题，可以说"从新的国际劳动分工、跨国公司、技术变化、产业组织形式、资本的金融化、新自由主义的巩固以及城市区域重建，到国家权力的转换、市民社会、公民意识、民主、公共领域、战争、民族主义、政治文化身份、意识形态、消费模式、环境问题、聚居地和建筑形式"等，几乎无所不及。③ 正是这些话题以及全球化本身的概念、其历史时期划分、潜在的因果决定因素及其社会政治影响等基本问题，证明在世界范围内正在日益形成具有影响力的符号法权。

因此当下最好的做法，就是争取实现一种同更深刻、更完善和更自由的人民意识相适应的崭新的国家形式和社会制度，以使现实中

---

① [美] 戴维·斯沃茨：《文化与权力》，陶东风译，上海译文出版社2006年版，第142页。
② [美] 戴维·斯沃茨：《文化与权力》，陶东风译，上海译文出版社2006年版，第143页。
③ Neil Brenner, *New State Spaces—Urban Governance and the Rescaling of Statehood*, Oxford University Press, 2004, p.27.

的人们能够获得积极、健康的权利；能够真正表征"整个而完整的人格的自发活动"①；能够证明权利作为自我意识固有的本性具有自主性和选择性等功能。在这个意义上，将权利上升到法律层面既是社会进步的体现，也是人们依据生命的韵律、人性的要求来行动的必然要求。只有如此，才能够让人们不至成为"法权"的奴隶，并避免使得一些统治者或权力主义者通过对法律文字的随意歪曲和主观解释，肆无忌惮地篡改法权的本意，打着表达真理和道义而实际上充满权力意志或强权政治的法权的招牌，干着"比自己的恶劣本性还要残酷的事情"。结果，由于社会现实中大量存在有法不依、违法不究和执法必严的现象，使得广大公民日益对法权、法律文本，以及与之直接相关的司法机构和执法机构失去信任和信心。如此一来，不论一种法权具有怎样神圣的性质，也将失去其存在的价值和意义，因为一切权力归根结底都属于广大民众，即便是国家权力也必须以全体公民作支撑。

## 四、权力对法权的支配地位

"一个社会的、现实的法权其内容的多样性和复杂性，一方面取决于社会性的相互作用的内容和丰富性，因为每个现实的或可能的社会性的相互作用都可以产生一条法律规则，每一条法律规则也总是与某种现实的或可能的社会性的相互作用相呼应。但另一方面，法权的内容也取决于法律意义上的立法者的意志。因为我们已经看到，社会

---

① ［德］E. 弗罗姆：《逃避自由》，刘林海译，北方文艺出版社 1987 年版，第 134 页。

性的相互作用不会自动产生法律规则。"① 它要取决于人的自我意识、自由意志或权力意志的"发明创造"或主观臆造，因此大凡属于某一社会阶段的法权也总是暂时的，总是随着权力的不断更替或改朝换代而不断地发生变化。当然，若就法权对权力的反作用而言，任何人违法就要受到制裁。因为法权一旦确立，就会超越特权变成一种普遍权力。自古以来，所谓"法不阿贵，绳不挠曲"表明的就是法权对权力的至上性。不过，这并不能否定法权的普遍性中包含着统治者的无上权力，而且也正是基于法和权的这种相互作用，才导致在具体的社会实践中，法律条文往往被一些权力者当作纯粹的文字符号，从而使法权总是沦为权力的奴隶，随时随地都可能受到权力者的践踏和蹂躏。

当然，在政治民主化和法制化国家，是比较好地解决了法和权的理论关系和实践关系，使得一切人都必须依法行事，使得"法律面前人人平等"基本变成现实，这并不意味着法和权已经实现和谐与统一，并且是一劳永逸。只是说明，人类开始逐渐进入一个平等施法的法治社会或法治阶段，以及在权力的威慑和干预下导致的民众的自觉管辖和自我约束，或者说，"考虑到人权的复杂性，允许特定的社会取向空间朝向那些能够和特定的社会需要有最好对应的人权部分"②。但它仍然会存在许多问题，比如在当代流行的法权理论中，所谓普遍人权的话语就包含着一些有争论的公民权或人权问题，因为它会经常地与专制政权主张的文化相对主义发生矛盾和冲突。在那些主张普

---

① 〔法〕法耶夫：《法权现象学纲要》，邱立波译，华东师范大学出版社 2011 年版，第 128—129 页。

② Manfred O Hinz, *Human rights between universalism and cultural relativism*? ASnA Conference, 2005, p.20.

遍人权的学者看来，把文化相对主义作为一种普遍规范的例外情况来看，显然是错误的。因为这实质上是把文化确定在一个特定时间内，以至从根本上忽视了文化的动态性和流动性，用一种静态的观点来定义文化，把文化看作一群人的一种简单印象以及有关他们在特定时间内的意义系统，而且这个意义系统带有他们一成不变的潜在性假设。它以一种范式引入一种决定论的元素，这种决定论并没有实际或历史的相关性。当然这种静态的文化定义，也导致使用类似于"传统的祖先的民族仇恨"这样的陈述来解释文化上的冲突，并以此清除所有其他的诸如政治经济这类决定性参数。为此，在解决人权的工作中，文化相对主义的根本弱点就是不能很好地解决观点对立者之间的利益冲突。特别是专制政权，之所以热衷于主张文化相对主义，除了因为其政权涉及本土文化特征外，更多的是与权力者的自我保护有关。

所以在他们那里，"人权就像已经出现在各种社会历史语境中的情况一样，只是原则、规则或规范性建议的一种代码，根据那些不同的社会中流行的法律学基础而被翻译进入相关的社会"①。也正因如此，尽管迄今的人类社会在一系列人权领域都发生革命性转变，比如许多国家取消死刑，更尊重肉体权和生命权，提倡和支持安乐死，允许同性恋合法存在等，但这并没有迎来一个真正合理合法或权法一体的社会。相反，一些人总是利用权力的邪恶力量来制约和削弱法权。

特别是宏观权力，作为国家和各级政府通过国家机器与强力拥

---

① Manfred O Hinz, *Human rights between universalism and cultural relativism*? ASnA Conference，2005，p.20.

有和实施的权力，可以说自有国家和阶级以来就一直起着主宰作用。在民主国家它主要是一种治理国家和为民造福的强大力量，而在非民主国家，它作为国家或权力者个人的统治工具，不只是统治者推行其权力意志和政治野心、进行残酷剥削和压迫的暴力，也是统治者对被统治者实施"领导、指挥、支配、控制、管理和约束"的主要手段和形式。这些统治者的权力不仅高于法律，而且可以直接干预、修改或重新制定使他们可以翻手为云、覆手为雨的法权。

至于与宏观权力相对应的"微观权力"，即指一种不可察觉、不被重视、而且往往都没有被人认识、但却客观地存在于人类社会一切领域中的各种"微不足道"甚或是隐性的权力，虽然不同于权杖或国家专政机器，而且主要是分散地存在于每个人的日常行为中或各种场合的闲谈碎语乃至众目睽睽中，但却证明权力绝不只是一种简单的宏大存在，它也可以是一种个别性或群体性的力量和无处不在的复杂实体。它由各种要素组成，也会表现为各种形式。在人类社会中，从知识、话语、性到惩罚、规训与教育，都充斥着各种各样的权力。在这个意义上，可以说任何人都拥有权力。常言说"众人捡柴火焰高"，其主要意味就是说：尽管就单个人的力量而言，可能是微薄弱小的，而一旦能够组织和聚集起来就可以达到积少成多、积沙成塔及至日常的社会实践中经常出现的"法不治众"的效果。就后者而言，这似乎有悖法的精神，但也的确反映了分散于广大民众中的微观权力才真正构成法权的本质。更何况，这类事件的出现往往并非众人在寻衅闹事。相反，它常常证明是法权和社会现实的脱节；是教条式的法律条文经常不能解决纷繁复杂的社会矛盾，更不能涵盖和适用无数个别具体的案件或事变。

这也就是说，一切法律或法权只有反映民心民意、民生民权，代表广大公民的切身利益，它才是合理的、现实的和有生命力的，否则"当法律不得人心的时候，法律也就几乎没有力量了。……因此，作为一种有效的力量，法律依赖社会舆论和人心的程度，甚至超过它依赖警察权力的程度。法律在多大程度上受人拥护，是一个社会的最重要的特征之一"①。这个特征也证明"得人心者得天下，失人心者失天下"这句格言的真理性、现实性及实用性。

既然如此，广大公民就更加需要自觉地去建立和健全一种完美的法律和法权体系，并且要把它委托或交付于那些忠诚善良、公正无私、执法如山、廉洁秉公，对广大公民尤其对那些处于社会底层的弱势群体富有深厚同情心的法官和"公仆"。只有如此，才能真正将观念性的权利和权力变为现实，并在最广泛的社会实践中将法权和微观权力紧密结合，形成一种巨大而无形的力量，既捍卫着自身的权益，也监督着整个国家机器。此时只要广大公民发现有人违背民心、民意和社会公德，或是公然触犯和破坏法律，就可以群起而攻之，对其进行制裁和惩处。否则，"社会规约便会是荒谬的、暴政的，并且会遭到最严重的滥用"②。由此，不只会导致法律的自我否定，也会导致整个国家机器的瘫痪或颠覆。

那么如何才能消除宏观权力导致的这种法权的异化？长期的社会实践证明：真正属人的权利和权力应当遵循其固有规律，"以争取实现一种同更深刻、更完善和更自由的人民意识相适应的崭新的国家

---

① ［英］罗素：《权力论》，吴友三译，商务印书馆2012年版，第28页。
② ［法］卢梭：《社会契约论》，何兆武译，商务印书馆1987年版，第29页。

形式"①。而且只要实现这种权力形式，"它就无须时时刻刻为自身辩护，也无须不断证明任何反对势力都没有力量把它推翻"②。否则，无论一个国家权力怎样为自己涂脂抹粉，都不可避免垮台，就像一条河流无论怎样清新，一经严重污染就会变成一潭臭水一样。

在这种情况下，广大公民也就自然会拿起武器以争取和捍卫那些"对任何人来说主要是在自我表现形式下生存的权利、行动的权利、根据基本性别和主要官能而自我发展的权利"③。也只有如此积极健康的权利，才能够真正表征"整个而完整的人格的自发活动"④。真正体现人格的力量以及人性固有的权利必然显示的自为性和能动性的选择功能。当然，权利本身也要受到制约，不能滥用，因为一切权利就其普遍性和关系性而言，总是社会的或群体的。权利中的社会因素决定人们需要以某一特定方式来实施自身的权利。因此权利从来都是一种有区别的和确定的活动要求，一种在一定条件下人们开展活动的要求。由此，权利也就必然地与义务结合，使社会现实中的"政治自由和责任体现了个人的权利和义务，使人们能够通过确定其权利得以实施的社会条件，从而有效地发挥其所有才能"⑤。由此，将权利和义务上升为一种法定形式，那是人类文明的体现，也是人们依据人性的要求和生命的韵律来行动的必然结果。

所以，为了使法权能够真正推动公民正义，并将其"引向一种

---

① 《马克思恩格斯全集》第 1 卷，人民出版社 1995 年版，第 306 页。

② [英] 罗素：《权力论》，商务印书馆 2012 年版，第 28 页。

③ [法] 皮埃尔·勒鲁：《论平等》，王允道译，商务印书馆 1991 年版，第 272 页。

④ [德] 弗洛姆：《逃避自由》，刘林海译，北方文艺出版社 1987 年版，第 134 页。

⑤ [美] 贝思·J. 辛格：《实用主义、权利和民主》，上海译文出版社 2001 年版，第 143 页。

以统一了平等原则与等价原则的平衡正义原则为基础的、合题性的公民法权"①；尽量缩小认识和实践上的差错；最大可能地避免权力对法权的侵害和践踏；更少出现冤假错案，真正还原各项公民权利的原本含义；我们需要使权力性法权适应社会现实，合乎人的既定行为和自然需求，满足正当性条件以及伦理秩序和道德规范。"在内容上能够为法共同体的绝大多数成员所接受"；"在各种信念自由竞争状态下，所有人都应有同等地参与表决和作出决定之权利，包括在有关法和正义的问题方面。"② 在方法上，要坚持使用择优原则、多元主义、语义诠释学、"无蔽性真理观"和辩证法；反对语言学中的本质主义和逻辑中心主义；去除主观意识的"跨步、跳跃和臆断"；抛弃"权力中心主义"。根据"生存分析论"、"日常生活哲学"和"协同性实用论"来确定语词和法律条文的意义；同时不忘考虑各种偶然因素和主观意识，以准确把握或不断调整"法律、法权、公民权、事实、证据"等概念和文本的真理性、客观性、实在性以及所蕴含的几乎不可穷尽的意义。

**小结：**总之，权力和权利是一对不可分割的矛盾。权力异化既影响权利的性质，也损害公民的权利。具体而论，一是将权力由积极的治理、协调、整合与规划转化为剥削、压迫、掠夺、占有和欺诈，将人性异化为罪恶、贪婪和残忍，刺激了贪欲、物欲、财欲、淫欲、权欲和妒忌之欲。二是将权力转化成暴力、战争、谋杀和恐怖，使得整

---

① [法] 法耶夫：《法权现象学纲要》，邱立波译，华东师范大学出版社 2011 年版，第 295 页。

② [德] 莱茵荷德·齐佩利乌斯：《法哲学》，金振豹译，北京大学出版社 2013 年版，第 89 页。

个人类史就是一部血腥的战争史、屠杀史和血泪史。以至直到今天，整个人类世界还到处都充满着战争的硝烟和恐怖活动的阴云。在那里，只有权力之争，而毫无人权或公民权利的任何保证。三是将权力转化为极权、独裁和专制，体现了权力内在地包含着恶的本性。当然在民主国家由于到处都设置了监管权力作恶和膨胀的牢笼，使得广大公民的权利还能够得到较好的保证，而在一些封建式的极权国家，其暴力和镇压的结果只能是导致权力越来越集中在少数胜利者手中，而广大民众只能是逆来顺受，备受极权的打击、迫害和折磨。四是将权力异化为抽象的语言、概念和符号，使得人类历史是经常出现"儿皇帝、世袭官员、草包司令"等符号化和商品化权力。而这些权贵手中的权力几乎都与真理、正义和博爱无关；都是权力者利用某种法律条文或世袭条规对被统治者的约束、强制和诈欺。致使权力异化的最大坏处就是剥夺和侵害广大民众的生命权、生存权、财产权、经济权、政治权、文化权及至荣誉权。并最终导致人类享有的自然权利、天赋人权向法权和社会权利或获得性权利的演变。

法权的出现，说明在阶级社会，绝不存在任何不掺杂政治伦理因素的纯粹法权。当然，造成背离其真实和普遍本性的因素很多，但往往被忽视的就是基于人类的认识和实践发明出来表达法权的文本自身的性质。其实，一切法权文本，不论表达它的语言文字是怎样的严密、准确，而它与指谓对象之间的关系也至少经历多次跳跃，使其越加远离现实对象的本质。再者，即便法权是人类长期认识和实践积淀的结果，也总是具有主观性和权力性。由此，不仅会产生主观和客观、形式和内容、个人和社会的分裂，而且在此基础上，原有具体而丰富的各种权利，包括天赋人权或社会权利，在政治权力和各种社会文化因素作用下，也会逐渐被抽象化、法律化和符号化。法权的符号化当然有其积极肯定的作用，但它也的确极大地解构了公民权利的多样性、客观性和实在性；给权力、意识形态、自由意志、情感和主观性等因素对权利的干预和变异创造了大量的可能性。

尽管如此，我们仍然渴望法国大革命时期的公民权利的捍卫者罗伯斯比尔，曾以雷霆万钧之势提出的政治主张，能在今天的社会变成现实。而他的这个远大高迈的抱负和主张就是："实现自然的意志，完成人类的使命，持守对哲学许下的诺言，解除罪恶与暴政长期统治的远忧。"让法兰西，这个长久以来的奴隶之邦中的所有先民曾经拥有的"荣光"都黯然失色，"让它成为所有国家的楷模，成为所有压迫者恐惧的理由，所有被压迫者的慰藉，全宇宙的锦上添花！而且，在用我们的鲜血来巩固我们的事业之后，使我们至少可以看到普遍幸福的曙光"①。罗伯斯比尔于二百多年前许下的这个宏愿，尽管今天在许多国家或是已经初见成效，或是已经变成现实，然而它距离诸多国家的公民权利和公民要求似乎还很遥远。这就需要全体公民继续地努力奋斗，不遗余力地去反对政治腐败和官僚制度，以真正地拥有"天赋人权"或卢梭意义上的"契约权利"。

当然，政治民主和自由平等的进程也可以不需要通过急风暴雨式的革命。比如当下流行的英国马克思主义理论家麦克弗森（C.B.Macpherson）的"审慎的民主理论"就主张：在争取公民民主权利的运动中，"一种理想的审慎程序将是，参与者在现存的权力和资源的分配中必须拥有实质性的平等，否则就不会有谨慎商谈的机

---

① ［美］约翰·邓恩：《让人民自由》，尹钛译，新星出版社 2010 年版，第 128 页。

会，而且他们的分配在其商谈中也不会起到权威性作用。另外，值得注意的是，参与者如果能够把现存的权利系统当作他们善谈判断的潜在对象，那么基于平等所提供的自由言论就不会遭致破坏"①。由此，那些真正属于广大公民的民主权利就可能通过公平商谈的形式和严谨慎重的程序而变为现实，从而推动一个国家及其法律的内涵真正地体现或进入"人性的自然状态"。

麦克弗森的民主理论描绘的美好前景尽管是许多公民的期待和展望，但是现实中"占据统治地位的既得利益者与处于被统治地位的挑战者，都首先接受了一个心照不宣的前提：斗争的场域是值得追逐的，这个游戏是值得玩的"②。因为它代表倡导异端的人与维护正统的人、或代表有权者与无权者对斗争利益的相互认可，即他们都在维持斗争场域的存在方面具有相同的利益。这个利益就是通过生存竞争、优胜劣汰，而获得自己"理应"拥有的权力及权益。

---

① Lawrence Wilde, *Marxism's Ethical Thinkers*, Paigrave Publishers Ltd, 2001, p. 152.
② ［美］戴维·斯沃茨：《文化与权力》，陶东风译，上海译文出版社 2006 年版，第145 页。

# 第 三 章

# 公民权利正当性辩护

　　任何政治联盟的目的都在于保护人的天赋的和不可剥夺的权利。这些权利包括自由、安全和反抗压迫权。整个主权的本原，主要是寄托于国民。任何团体和个人都不得行使主权所未明白授予的权力。

——1789 年《人权与公民权利宣言》①

---

① ［美］林·亨特：《人权的发明：一部历史》，商务印书馆 2011 年版，第 168 页。

纵观人类史上公民权利的变化和演绎，当然有日趋变好的趋势和现实。尤其是一些拥有现代民主政治的国家的人权状况总是在日益好转和完善，而且将权利上升到一个能够为更多的人所接受的高度。既然如此，为什么还要为公民权利的正当性进行辩护呢？原因就是当今世界的人权状况在总体上还差强人意。尤其在那些还深陷战争、暴力与恐怖活动蹂躏的国家，还存在严重践踏公民权利的现实。其中的许多人还不懂得自身权利的珍贵和存在根据，没有认识到权利与自由平等的紧密关系以及权利与义务和责任的辩证法。特别是那里的当权者，对公民权利的理解还存在许多误区，往往是把权力等同于权利，或者认为权力就是权利。他们无知权利的普遍性、实在性和至上性，当然，也就更认识不到权利的合人性。然而正是基于对人性的权利化理解，也即没有权利就没有人性，现代人才通常都把权利看作是遵从规则和职权；不损害他人和财物；权利就是公平地交换、分配和协定；就是在与他人的关系中，能够扮演一个好角色，起到一种至善作用；对合作伙伴友好、忠诚和信任。这样，"权利亦意味着在人际间保持相互联系，维护诚信，相互尊重和持有一颗感恩之心。……当然，在一个社会中，权利要做的最重要事情就是责任和义务，维持社会秩序，维护社会和群体的福利"①。

只是需要解释的是：历史上，为什么各类特权者似乎都认为自己的权利是正当的和天经地义的，而那些无权利的下层民众也多半是心甘情愿地忍受剥削压迫，很少有人去为普遍权利揭竿而起，以至数千

---

① J. Habermas, *Moral Consciousness and Communicative Action*, The MIT Press, 1999, pp. 123-124.

年来，许多灾难深重的国家和民族几乎没有发生过一次类似"法国大革命"那样高举"为自由而战"的旗帜，奋勇向前以解放自身呢？这也许与诸多落后国家的国民性相关，但关键还是在于非民主的社会制度。对此，黑格尔早就从哲学高度论证诸如此类的国家的愚昧与落后。指出，这类国家作为国家的原初形态，还是不成熟的国家，还不是一个能够自在自为的伦理实体，更谈不上是自由的现实化，而是立足在任性、偶然事件和错误基础上的一个杂凑出来的统一体。在这个初具形态而不成熟的国家里，国家的概念还被蒙蔽，其特殊规定还没有达到自由的独立性，还没有解除束缚获得自由，没有回复到普遍性和整体的普遍目的。而现代国家的本质则在于，普遍物同特殊性的完全自由和私人福利相结合。"只有在这两个环节都保持着它们的力量时，国家才能够被看作一个肢体健全的和真正有组织的国家。"① 此时，它才能算是一个成熟的国家。其国民才有可能拥有一定的觉悟和权利意识；才有可能除去自身数千年来背负的那种愚昧落后的属性和本质，不至于继续卑躬屈膝地生活在一种野蛮反动的奴隶制度或封建王权的淫威之下；才可能彻底醒悟，不再相信那些长期被作为封建统治者统治臣民根据的所谓"天人相与"、"君权神授"等狡诈之言，及至根除几千年来一直为许多子民所坚信不疑的"天命观、世袭论、血统论"；不再认为自己无权无势、穷困潦倒乃命中注定。并最终确识：在上天面前人人平等，没有高低贵贱，一切命运都把握在自己手中。在这个意义上，只有公民权利才神圣不可侵犯，自有其存在的正当性与合理性。

---

① ［德］黑格尔：《法哲学原理》，商务印书馆 1995 年版，第 261 页。

# 一、公民权利的自在自为性

为公民权利的正当性进行辩护，之所以要研究其自在自为性，原因就在于要判断人世间一切事物的合理性、合法性和公正性，绝不能回避这些被对象化了的存在的自在性与自为性。进一步说，我们赋予权利实体以"自在存在"的根本特征就在于，没有它，权利根本就不可能存在，或者至少是眼下给定的一些权利形式、权利类型无法存在。我们之所以赋予权利实体以"自为存在"的特性，也是因为如果没有它与通过人的自我意识将其上升到类存在之间的自觉关系，任何权利实体也根本不可能存在。特别是今天，人们都已经十分清楚："所有'自为的'对象化都体现了人的自由，并表达了人性在给定时代所达到的自由的程度。"① 所以，在这里谈论权利的自在自为性，也就合逻辑地势在必行。更何况从古至今的学者贤哲也都从未间断过从这一哲学高度来探索人的权利问题。

具体而论，如果中国儒家代表人物董仲舒的"天人相与"和"君权神授"思想是旨在给封建王权的合法性与合理性做辩护，那也的确包含着部分合理性，即他的"天人相与"中确实具有"天赋人权"的自然主义。只是在这里，董仲舒是旨在为封建王权做辩护，而英国洛克等人的"天赋人权"思想则旨在为广大民众的正当权益做

---

① ［匈］阿格妮丝·赫勒：《日常生活》，衣俊卿译，黑龙江大学出版社 2010 年版，第115 页。

辩护，而且主要是对古希腊的自然法理论和自然权利论的继承与发展。认为人们生来就享有自然的一切同样条件，能够运用相同的身心能力，应该人人平等，不存在从属或受制的关系。"人们既然都是平等和独立的，任何人就不得侵害他人的生命、健康或财产。"① 这一理论显然表明：每个人享有的自然权利都是不可剥夺的；是理论和实践上都必然存在的权利，因而也是自在的权利。尽管这种自在性"是在其概念中被给予的直观的杂多被结合起来的东西，但现在，表象的一切结合都要求意识在表象的综合中统一。所以，意识的统一就是唯一构成表象与一个对象的关系，从而构成它们的客观有效性"②。也就是说，不管现实中有多少人坚持人权的阶级性，但其自然性或自在性还是不容否定。一方面，权利是因人而存在，没有人就没有权利。而人的本质，尽管可以看作社会关系的总和，看作历史的产物，但人总之"是自然界生成为人这一过程的一个现实部分"③。再则，从认识论上讲，公民权利的自在性也不能被理解为"它不能成为认识对象"。相反，一切概念总是与其指谓有统一性。因此自在性有着不可被主观性抹杀的实在性。这也正是人的自然权利或"天赋人权"的合理性与正当性之所在。

也正基于天赋人权的客观实在性，以至《人权宣言》和《世界人权宣言》等文本都旗帜鲜明地宣布自由、财产、安全和反抗压迫是不可剥夺的人权。在权利方面，人们生来就是自由平等的；人人都享有造物主赋予的那些不可转让的生命权和追求幸福的权利。就像美

---

① ［英］洛克：《政府论》下篇，叶启芳译，商务印书馆 1997 年版，第 5—6 页。
② 李秋零主编：《康德著作全集》第 3 卷，中国人民大学出版社 2008 年版，第 106 页。
③ 《马克思恩格斯全集》第 3 卷，人民出版社 2002 年版，第 308 页。

国第三任总统托马斯·杰斐逊（Thomas Jefferson）所言："这个世界上没有什么东西是不可改变的，除了人类与生俱有的和不可剥夺的权利。"① 杰斐逊的这个断言虽然有些过于简单、武断，却至少说明：现实中，不论怎样的强权政治都不能撼动人们固有的权利。权利不论是指谓承担和完成某种社会性的职责和义务，还是指谓要对群体或公共事业作出奉献，它都符合于"那些组成和创造一个倾向于公平和利益共享的社会的所有个体所认可的权利、价值和规则"。因为"正义的普遍原则就是：人权的平等和对于人类个体尊严的尊重"②。谁破坏了人的尊严，剥夺了人的权利，谁就必然覆灭。

权利，尽管有其自在性和存在的正当性，但毕竟不同于普通自然物。即便都像达尔文那样坚信"许多动物也有一般的概念、某些推理能力、初级的道德情感和复杂的情绪"③，也不能认可本质上具有自在性的动物应该和人一样享有平等权利。而应确认："由于只有人类才是具有自主性的、理性的、有自我意识的、或能够理解正义的，因而只有人类才拥有、或至少拥有更高的道德地位。"④ 也即拥有真正属人的权利。这种看法实际上表明：只有人的权利才具有自在自为性。动物虽有感觉但因缺乏理性，它们也只具有自在性，不具有自为性，永远只能为人所用。而人类拥有的权利的自为性则主要表现为权利的

---

① Eugene, Kamenka, *Human Rights*, London: Edward Arnold, 1978, p. 36.
② J. Habermas, *Moral Consciousness and Communicative Action*, The MIT Press, 1999, pp. 124-125.
③ David DeGrazia：《动物的权利》，杨通进译，外语教学与研究出版社 2007 年版，第 137—138 页。
④ David DeGrazia：《动物的权利》，杨通进译，外语教学与研究出版社 2007 年版，第 139 页。

主体性、主观性、普遍性、逻辑性，以及形式化、概念化、观念化和自我意识的自为性运动。此时，人类虽然表面上依然像是一颗"生命乃是自身发展着的、消解其发展过程的、并且在这种运动中简单地保持着自身的整体"①。实质上，"当一个人从与自然世界的统一性中脱颖而出，并意识到自身是一个与周围的世界和人相分离的实体时，人类的社会历史便从此开始"②。他开始挣脱其原始纽带，确定新的生活方向，用不同以往的方式寻找安全，并在这一通过自我意识自觉地谋生和发展过程中，日益达到自在自为的高级阶段。在这个意义上，也可以说人类就是一个日趋个体化、意识化和日趋摆脱强制性本能的影响而达及自由的过程。

也只有到达此阶段，自在之存在才能变成为我之存在。因为只有达此阶段，人类才能够领悟和表述存在，才能够将存在对象化为存在者，并显示出拥有自我意识能够领悟存在的存在者的此在性。因此，此在并不是仅仅存在，而是生存着和思维着的存在。所以，此在的本质在于生存性。而人权问题，也只有在人类的日常生存状态中才能够发现其自在自为的真谛。因为在日常生存中，作为此在的人总是寓于世界中；使自身始终是与"他人或常人"共在，并往往被他人占据和支配。但也正是这种生存状态在经常地改变和推动人权的演变和发展。

由此，萨特详细论述了自在和自为的辩证法。指出，出于自在阶段的权利，也即动物式权利，可以呈现于意识中成为现象的存在，

---

① [德] 黑格尔：《精神现象学》上卷，商务印书馆 1983 年版，第 120 页。
② Erich Fromm, *The Fear of Freedom*, London and New York, 1989, p.19.

但却不依赖于意识，所以它不能为意识所创造，只能顺其自然，不具有主观能动性和自觉性。而自为的存在，由于自身拥有自我超越的能力，超越于一般的存在，所以它又叫作非存在。而且正是这种具有自我否定和自我超越能力的存在，才能够经常超越和否定自身，达于新的存在，显示人类天生一种自由的本性，使人类永远都相异于自身。这是人类存在的本质状态，也是人类权利不断变化发展的现实。

只是在萨特看来，虽然自为存在具有至上性，但自在存在的居先性却更具基础性。这也就恰好说明人类权利从古至今的演变历史和经历的各种演变形态，都体现了权利自在自为的演变本性，从而证明一切权利存在的合理性和正当性。这当然包括王权、世袭权、私权、公权、个体权和集体权等一切权利。只要它存在过，就证明它有存在的理由和根据，当然也有被淘汰的必然性。历史上既然人类从未间断过对人权或公民权的斗争，这就证明具有自在自为能力的人类在推动权利进化上的正当性。因此今天，我们在理论和实践上都需要支持那正处在方兴未艾阶段上的公民权利的奋争运动，为全人类的公民权利的合法化、现实化作出贡献。也正基于此种伟大抱负，使得萨特一生都在为人的普遍权利英勇奋战。一方面在理论上，他力主把个人权利、个人奋斗与阶级集团的利益联系起来。指责"马克思主义把人吞没在观念里，而存在主义则在凡是人所在的地方——在他的劳动中，在他的家里，在马路上，到处去寻找人"①。即在萨特看来，凡是此在者都是人，而且是世界上独一无二的、没有"差等"的平等之人。为此，他主张用"人学辩证法"代替唯物辩证法；用生存哲学代替抽象

① ［法］萨特：《方法问题》，纽约英文版 1963 年，第 28 页。

理论；把个人权利放在至上或基础性地位。另一方面在实践上，他一生都在尽心竭力，许多场合都是亲临其境，与法国人民和世界人民一起为了全人类的民主、自由，从事反法西斯主义、反独裁主义的政治斗争。主张只有个人能够全身心地投身到火热的革命运动之中，才能够最终使人从非人的困境中赢得解放，建立起真正人道的世界。

所以，只有权利的自为性才真正显示人类认识和实践的能动性与自觉性，是人类特有的一种欲求和能力。它和自在构成一个有机作用的整体。正是在这时，自我意识才真正实现自身的完满，也即人性的真正实现。也只有到了自为阶段，即自我意识真正发生作用的阶段，人性才在精神的概念里第一次找到它的转折点，"才从感性的此岸世界之五彩缤纷的假象里并且从超感官的彼岸世界之空洞的黑夜里走出来，进入到现在世界的精神的光天化日"①。也只有如此，人类才能够使得权利自成一体进化到权利体系。在这个体系中，权利与其他各种社会领域，包括政治经济、文化教育和各类权力因素等紧密结合，共同推动着权利系统的进化和完善，使得权利逐渐惠及公平社会中的每一位公民，并使得最初作为促进相互承认与合作的恰当的社会前提的权利，最终演变为获得完善形式的权利，也即"以真正的托管精神从而获得实现的权利"②。

---

① ［德］黑格尔：《精神现象学》上卷，商务印书馆 1983 年版，第 122 页。
② ［英］古纳尔·贝克：《费希特和康德论自由、权利和法律》，黄涛译，商务印书馆 2015 年版，第 86 页。

# 二、公民权利的合人性

由于权利原本就是人性的一个构成部分，因此一切权利原本就应该合乎人性，而现在之所以要论证权利的合人性，显而易见是因为几千年来在各种社会因素和政治权力的作用下，公民权利或是被权力化、被剥夺、被符号化，或是发生异化，不再成为公民的福音，而是成为一些特权阶级压迫统治公民的工具，使得权利不再是公民的内在属性，而是经常成为许多公民不可企及的对象。

要论及公民权利的合人性，当然要对人性有所界定。而所谓人性，仅中国的人性论就有四类：一是孟子的性善论，主张人生而性善，生而就有恻隐，羞恶，恭敬，是非之四心；仁、义、礼、智四德人固有之。二是荀子的性恶论，主张人之性恶，其善也伪。因为今人之性，是饥而欲饱，寒而欲暖，劳而欲休；是目好色，耳好声，口好味，心好利，骨体肤理好愉怡。三是老子的自然论，主张万物有道，天地有常，任何人都不可违背天道随心所欲地奢求不可期盼的目标；因此做人不可强生强死，而是要尽可能做到清心寡欲，守静养身，舍弃贪欲，保持清逸之气，远离声色犬马，趋向淳朴自然，顺应造化之理。如此，心中自然会感到幸福美好。四是庄子的无为论，主张人生可乐，人死可葬；只要能够做到居无私，行无虑，恬淡无欲，顺应时命，逍遥物外，遨游四海，自然就会达致极乐世界。

古希腊的贤哲针对人性，也提出各种观念和理论。但总的说来，在希腊人眼里：人是一个自然的存在，一种智慧的动物；正是智慧成为所有人类美德的根基和顶点。因此人作为一种理性动物，应该爱学习，有知识，懂技艺，善节制，应该拥有明智、勇敢和公正无私等美德。只是感性派主张"人作为一种自然物应该真实质朴，应该跟随本能和欲望去生活，活着就要追求幸福，享受快乐"。

这种自然主义的人性观包含的唯物主义，在后来的马克思那里得到升华与发展。马克思既超越基督教的"人性原罪说"、黑格尔的"人是一种拥有自我意识的理性实体论"，也不同意叔本华的"人性生殖意志论"。在他看来，在人类那里，"充分发展了的自然主义就是人道主义，而充分发展了的人道主义也就是自然主义。它是人和自然，以及人和人之间相互对抗的最终解决。也是存在和本质、对象化和自身认定、自由和必然、个体和种类之间的真正和解"①。

那么究竟何谓人性？当然应该放在社会历史中去考察。不能像费尔巴哈那样对人性的探索还"停留于抽象的'人'，并且仅仅限于在感情范围内承认'现实的、单个的、肉体的人'"②。实际上，人性"决不是某种开天辟地以来就直接存在、始终如一的东西，而是工业和社会状况的产物，是历史的产物，是世世代代活动的结果。……并随着需要的改变而改变它的社会制度"③。所以，人性是随着社会文明的发展而逐渐自我完善、自我丰满和自我觉识的。正基于此，弗洛伊德将人描述为一种动态的精神结构，"是本我和自我、自我和超我、快乐原则和现实原则，以及爱神和死神等各种对抗力量之间的生死斗

① Adam Schaff, *Marxism and the Human Individual*, New York, 1970, p. 183.
② 《马克思恩格斯选集》第 1 卷，人民出版社 1995 年版，第 78 页。
③ 《马克思恩格斯选集》第 1 卷，人民出版社 1995 年版，第 76 页。

争"①。正是通过各种力量的不断斗争，推动着人类进化，推动个人征服无意识或潜意识，从本我变成自我，抛弃快乐原则的顽固要求，服从现实原则的指令，维持爱神和死神之间不确定的平衡；学会在社会中能够辛苦经营自己的生计。

只是在这一发展进化过程中，人性的演变也经历了一个复杂曲折的过程，其中最重要的经历，就是伴随私有制的产生，政治权力日益强化，战争频生，恐怖暴力愈演愈烈，使人性不仅没有从必然走向自由，相反是日益变得野蛮。即如弗洛姆所言，这种"社会文明"的根本病源就在于人的基本人格被"占有欲"、"消费欲"和"贪图享受欲"所征服，致使现代社会正处在一个幻想破灭的危急时刻。人类曾经向往科学技术和工业革命将会带来一个新的自由社会，那时"物质丰富、公众幸福、自由无限"就会实现，然而今天随着认识到每个人都不过是一个强大的国家机器上的无足轻重的配件，那苛求独立自主的梦想也就随之化为泡影。

此外，现代社会的最严重异化就是增加了人的强迫感、压力感、忧虑感、不安全感以及在强大无比的国家机器或社会重压下的无能为力感等心理状态，并由此导致人性的异化和对现实的逃避与悲观。这些漫延的悲观情绪当然不利于社会文明的发展，相反，会导致自我的丧失和人格的分裂。只有抛弃这种消极悲观的情绪，将积极乐观作为人类谋求生存的基本动力，人类才能够真正走出愚钝被动的阴影，日益走向光明。而欲达此目的，就要积极能动地挖掘人的情感和理性的潜能。"把积极的自由当作自我的实现，这意味着个体独特性的

---

① Herbert Marcuse, *Five Lectures*, London, 1970, p.45.

实现"，也意味着"积极的自由就在于总体的和丰满的人格的自发性活动"①。

弗洛姆的这种主观动机当然令人钦佩，但是人类社会自有其发展规律。因此，当福柯说"现代人已死"时，不仅是对工业化和现代化导致人性泯灭的哀叹，也的确是一种旨在回归人性的呼喊。他熟知人性演变的历史，也期盼新人性的复归。因为人在他的原始时期，虽然一如恩格斯所言，包含许多"兽性"，其实并不像现在这样作恶多端。他只是更多地带有原始性、自然性，好像人的童年时期，天真无邪、朴实淳厚，既不贪得无厌，也无诡计欺诈，使得这一时期被称作人类最美好的黄金白银时代。此时，他们有福同享，有难同当，只要风调雨顺，就会过上无忧无虑的生活。随着社会进入文明时代，人类就拥有日益成熟的智慧，不仅加速了人类文明的进程，也激烈地改变着人性，及至思维的异化导致人性的分裂，逐渐形成有关美丑善恶、真伪虚实、公私爱恨、老幼尊卑、高低贵贱、胜败强弱等一系列对立的行为、意识和观念。令人欣慰的是，在面对理智受到污染、良知受到亵渎、公正遭受诅咒、真理受到颠覆时，正义压倒邪恶，人性压倒兽性。只是纠枉过正，开始了一个精神统治肉身、神性统治人性的新时代。

在这个时代，一方面是古希腊哲学家构想了一个理想国：在那里哲学家当王，实行财产公有，同吃同住，集体生活，同工同酬，男女平等，公平正义，优生优育，清正廉洁和社会主义；另一方面，是中世纪复活的耶稣制造了一个超自然的神秘世界。这个世界是无边神力

---

① Erich Fromm, *The Fear of Freedom*, London and New York, 1989, p.222.

的总和。它创造万物，主宰人类。它要用一种耀眼的上帝的光明普照无限空间，照射无边黑暗。力求让本性人和自然人死亡，建构一个超感性的、纯粹精神的天使般的人类。认为一切世俗人只有脱胎换骨、获得再生，才可能看到天国。为此，它用各类戒律来限制人的肉欲，抑恶扬善；用传播爱心和理想来颂扬神的高尚；大谈宗教王国的神圣纯洁、真理自由、义务责任以及高洁神圣的崇高境界，以此来对抗现实中的"魔鬼王国"。

虽然人类经历了一个幻想的神性阶段，但人之天性并没有使人类立地成佛，相反是一扫过去的美好愿望，使整个人类到处充满饥饿、疾病、仇恨和罪恶。结果在中世纪神和人、肉和灵的争斗中，强烈的生存欲望终于引发一场震撼人类历史的文艺复兴运动，将人类推进现代文明突飞猛进的新时代。在这个时代，科学、理性和资本共同激起人类各种欲望的无限膨胀以及由此引发的日益残酷的战争。及至20世纪，蓬勃的野心和炽热的欲望引发的两次世界大战，导致近亿人死于非命。人类完全进入一个物化的时代，一个只要领土权力、资本利润、财富和物质争夺的时代，也即一个无止境地创造财富和浪费财富的时代。

正是这个时代，由于私有制和剥削制度导致的劳动异化及人本身的异化，不仅使劳动者沦为机器，也使人失去人的本质；特别是随着大众文化和意识形态的日益商品化、技术化、标准化、均一化、齐一化、模式化及强迫化，其结果不仅牺牲了人的个性，使一切人都被从人的本性中异化出去；也使世界伴随着人的贪欲的无限膨胀，变得日益黑暗、卑鄙和肮脏。所以叔本华曾不无感叹地说：人作为一个千百种欲望的凝聚体，其生就是一种持续的谋害。致使迄今之人性：

一是缺乏主体性：可以说自奴隶社会以来，全部阶级统治都是旨在剥夺人的肉体权利和主体精神，使人完全堕落为权力的奴隶和腥风血雨的战争的牺牲品。二是主体带有虚假性：数千年来大肆鼓噪的主体，只不过是学者煞费苦心虚构出来的空洞概念。他们用总体性、秩序、纪律和逻辑来宰杀生命，摧残肉体，熄灭活生生的欲望，压抑蓬勃的本能，高扬一个观念的木乃伊，使原本"理情意"三统一的肉体日益变得干瘪而丧尽生机。三是导致人格分裂：由于在虚假的主体中，肉体、感性、欲望、疯癫等统统被拥有强权的虚假主体绳之以法，结果也就使人完全处在一种"不在家的异化状态"，也即一种主体支配身体的对立和分裂状态。四是逃避自由：虚假的主体必然是远离社会、真理和人的自由本性。特别是一些腐朽的社会制度，在虚假主体支配下，总是肆无忌惮地将人民变成牛马不如的奴隶，剥夺其一切自由权利，使其失去真正人性的意义。在这里，自由和人权变成少数人的特权；变成寄生虫或当权者从事的一种违背公理的活动。特别是处于异化状态中的劳动者，由于整个地都是处于一种被奴役和被剥夺自由权利的社会地位中，致使他们长期丧失主体性。五是身体已死：主要是指那些深受信仰之毒害而变得迷狂的殉道者自觉地将其美丽珍贵的躯体交付神圣的真主。再就是指深受各种国家机器惩罚、管制和鞭笞的人，他们几乎完全丧失肉体自由和精神独立。

　　上述出自人本主义、悲观主义和历史虚无主义对于人性的描述，虽然有些言过其实，过于贬低人的真实本性，但是迄今为止所谓的社会文明带来的人性异化，包括横行无忌的特权、霸权、专制权，挥霍浪费权或无节制的消耗资源权等都无一不是对人性和人权的亵渎、玷污和蜕化。因此本书强调公民权利的合人性，就是指人权要符合人类经历长期的生存实践磨炼所形成的具有历史性、社会性、自然性，同时又不失肉体性、精神性、个性以及真善美相统一的人性。那么今天究竟怎样做，才能回复人性、真正实现权利的合人性呢？

最重要的途径就是要消除劳动异化，复归人性，去除物化，推翻虚假人格，找到真人。欲达此目的，信仰代表人本性的身体，比信仰其附属品，即人的精神或思维更具根本意义。以身体为规定和评价人的自由权利的准绳，是比依据陈旧的灵魂和意识来法定人的权利更令人惊异的思想。从身体的高度重新审视一切，将历史、艺术、理性和知识都作为身体创造和弃取的动态产物，有着颠覆乾坤的价值。以往蔑视身体的人是将身心关系本末倒置。实际上，强调人的身体就是尊重、保护和营养生命力，就是在医治贫血的灵魂。对于真正的觉醒者来说，"我全是身体，其他什么也不是；灵魂不过是身体方面的某物"。为此，我们要呼吁人们倾听健康身体的声音，那是更纯粹、诚实的声音。健康而方正的身体是人生和世界的全部意义，也是认定和衡量人类全部权利，包括公民权的主要根据。

由此，公民的全部权利都要体现和反映人的真实本性；要能够保证现代人回归自然肉体，打破灵魂的总体性，理性的齐一性；使人真正拥有鲜明、独特的个性；并能真正做到：身体壮实，灵魂刚正，拥有创造性和自主性，具有超群的智慧，坚强的意志，高昂的激情，真正成为社会的立法者，实现本真生命和完整人格。否定以往的权力压迫和权利异化，消灭虚假主体，"将内驱力的掌握变成个人自身的成就：自治权"①。让"对生活世界的本质所做的正确理解和某种适

---

① Herbert Marcuse, *Five Lectures*, London, 1970, p.2.

合于生活世界的'科学的'处理方法",来指导和支配自己的行动与人生。①

# 三、公民权利的社会性

公民权利正当性的另一根据就是大众性和社会性。权利不是个人的特权;其本性就是普遍性和社会性。"因为任何人类个体都需要被迫进入各种互惠互利的关系中。他们应对的不是一个纯粹的'自我',而是在一个特定需要层次上的诸多个人。正是他们的相互作用的行为创造了如同他们身处其中的社会关系。结果,每一个人的发展都为社会所决定。"②这样,也就使其在时空两个维度上相互作用形成一种不可分割的整体性、关系性和广泛性。这种关系性包括政治经济、文化教育、风俗习性和氏族宗亲等各类错综复杂的关系。原因是人类作为受自我意识操控的社会,经历了从一般生物向人类进化和超越的过程,与生物社会不同。因此人类社会中的公民权利是社会政治经济的产物。正基于此,米歇尔·菲克斯等在《社会权利和公民身份》一文中论证了公民权利的社会性和政治性,指出,自由民主国家通常都在一种平等的基础上给公民提供福利津贴;使得一个群体的所有成员都享有基本的人类平等。特别是在当前这个移民时代,有充分证据证明可以把诸多权利都扩展到除了公民之外的其他永久性定居的

---

① 参见〔德〕埃德蒙德·胡塞尔:《生活世界现象学》,倪梁康、张廷国译,上海译文出版社 2005 年版,第 266 页。

② Adam Schaff, *Marxism and the Human Individual*, New York, 1970, p. 185.

移民层面。尤其要考虑那些血统主义国家，几代人都被认为是移民而非公民的人。这种主张实际上是体现了一种公平原则：定居移民是同样的守法，纳税，承担社会义务，共同经受影响到全体公民利益的市场经济的沧桑变迁。当然这种主张也是基于如下事实："代扣福利强加给社会成本，诸多限制可能会造成对移民家庭中的公民成员产生过多影响，从而暴露出移民和其他社会成员在健康和其他相关方面受到的危害。这当然不包括一般居民从卫生保健、教育和其他基本方面得到的社会支持。"[1]

也正是基于公民权利的这种社会性，以至亚里士多德早就将人界定为一种"社会性的政治动物"。认为人结成政治组织不仅不同于以家庭（oikia）为中心的自然联合，且与后者直接对立。城市国家的出现意味着人得到了"在他私人生活之外的第二种生活，他的政治生活。现在每个公民都属于两种存在秩序，而且在他私有的生活和他公有的（koinon）生活之间存在一道鲜明的分界限"[2]。这条分界限在人类社会中主要表现为以言说和行动为基本形式参与的政治活动。正是这种参与政治的能力充分体现了人类在城邦国家中享有充分自由的权利。这种在公众场合享有的政治权利虽然不是以牺牲家庭或家族利益为代价，而是要从物质和权利上防止城邦侵害其公民私人生活，并促使它保卫个人财产的神圣性。但是这种政治上的自由权利却是把家庭对生命必需品的控制当作追求城邦自由的条件。这样，在古希腊时

---

[1] Michael Fix and Laureen Laglagaron, *Social Rights and Citizenship*: *An International Comparison*, The Urban Institute, 2002, p.1.

[2] [美] 汉娜·阿伦特：《人的境况》，王寅丽译，上海世纪出版集团 2009 年版，第 15 页。

代，自由就主要理解为城邦自由和政治自由，而非单纯的生存自由。结果，就使得"一个贫穷的自由人，……宁愿选择更严酷、更痛苦的劳动，也不愿过许多家庭奴隶的轻松日子"①。

如此公民权利的社会性质进入中世纪就发生了质变。原因就是在罗马帝国覆灭后，天主教将所有的人类活动都纳入私人领域，以家庭为模式来塑造所有的人际关系。这种倾向最终发展出中世纪城市特有的职业团体：行会、同业会、工友会，甚至发展出最早的商业公司。在那里，最初的家庭联合似乎恰恰反映在"公司"这个词里。"而这类词的意思是'吃同一块面包的人们'，'拥有同一份面包和酒的人们'。"② 这类行会和公司的出现，意味着家务管理及其活动、问题和组织化设计等逐渐从被遮蔽的家庭内部浮现出来，进入公共领域的光天化日之下。这样，不仅模糊了私人和政治之间的古老界限，也改变了它们对于个人和公民生活的意义。从此，人类社会在政治和权利领域便逐渐完成从家庭空间向社会空间的过渡。伴随社会空间的形成，原先家庭中的不平等也就带入社会政治领域，使得整个社会都变得不自由和不平等。此时，封建帝国的统治演变成残酷的专制统治。封建帝王为了维护自己的政权和特权，通过施加各种规则来规范社会成员；排除一切自发的或特立独行的活动。在政治法律上，社会已征服公共领域；标新立异已经变成个人私事。在公众领域，除了统治者之外，普通公民已经失去任何自由，只有在家庭生活中才能体现作为

---

① ［美］汉娜·阿伦特：《人的境况》，王寅丽译，上海世纪出版集团 2009 年版，第 20 页。

② ［美］汉娜·阿伦特：《人的境况》，王寅丽译，上海世纪出版集团 2009 年版，第 21—22 页。

人的部分权利和个性。

在社会中，现代的自由和平等权利以内在于社会的顺从主义为基础，为此使得现代平等与古希腊时代的平等有着很大不同。在希腊城邦中，拥有平等的少数平等者意味着被允许生活在同侪中间；而公共领域本身，城邦中则弥漫着一种强烈的竞争精神。在那里每个人都要不断地把自己和他人区别开来，以独一无二的业绩来表明自己是所有人中最优秀的。正是为了这个卓越的机会和出于让所有人都有机会显示自己对该政治体的热爱，以至每个人才都乐于实施自己的政治权利，为城邦社会分担审判、辩护和处理公共事务的责任。并由此，推动古希腊的贤哲为人类创造了丰富多彩的文化精神财富。

而现代平等显示的政治权力的胜利，只是某种社会主义或平等主义的虚构和幻影。此时，个人已经不再作为一个真正的人而存在，因为现代社会实质上是被一只"看不见的黑手"把控，被"无人"所统治。这时期的大众社会文化和民主政治几乎淹没国家的所有阶层；合乎规范和法律规定的社会行为变成衡量个体生活领域的标准。这样，真正属于国家公民私人的言行权利所剩无几。相反，社会加速构建的各种政党、社团等公共组织，很快就把所有近代共同体都变成劳动者团体，使其迅速围绕生活之必需进行活动，从而在实质上回到古希腊的私人家庭时代，使广大公民因忙于生存而失去积极参与社会政治的自由和权利。也只是到了这个高度社会化的时代，才出现真正的劳动分工。与之相伴，现代社会中类似古代的那些卓越人物也就难以出现。这是社会大众化和一体化的结果，也是权力意志对个人主义、自由主义和英雄主义打压的结果。平庸的社会只能培养平庸的人才。

然而一个只注重物质生存条件和个人利益的平庸社会，却很容易在物质极大丰富之后，由于强权政治的参与导致财富的两极分化，使得社会变得物欲横流、权欲膨胀、贪贿成风、道德沦丧、革命激情泯灭。使得许多现存的嗜血成性的国家政治利用"肉体的奴役、精神的摧残、温和的征服、疯狂的掠夺、卑鄙龌龊的投机、骄奢淫逸的生活、血腥无耻的镇压和穷凶极恶的阴谋"来维护自己的非人统治。尽管这样的社会也向人们宣讲一些道德信条，也通过玩弄文字游戏来标榜和伪装自己，却无法掩盖雍容华贵、道貌岸然的达官显贵们的日趋腐败堕落。当然更不能改变由自己培养的掘墓人登上斗争的舞台，控诉它导致人世间充满利己主义、物质至上主义和残酷的剥削和压榨；批判它的腐朽政治，指责它的经济垄断，使人堕落为无生命的机器。此外，这种残酷的现实还提升了被压迫阶级的阶级意识，使其认识到私有制作为万恶之源，使人日益脱离类的本质。此时，工人变成活的工具，农民变成牛马不如的奴隶，而不可一世的统治阶级对待劳动者采用的方式几乎都是"征服、奴役、劫掠和杀戮，总之，是暴力起着巨大作用"①。

　　在这种暴力作用下，人际间除了赤裸裸的利害关系，再也没有别的关系。"它把人的尊严变成了交换价值，用一种没有良心的贸易自由代替了无数特许的和自力挣得的自由。总而言之，它用公开的、无耻的、直接的、露骨的剥削代替了由宗教幻想和政治幻想掩盖着的剥削。"② 把人与人的关系变成了纯粹的金钱关系。在这种关系下，当然就谈不上公平、正义和平等，更谈不上公民权利的正当性与合理

---

① 《马克思恩格斯全集》第44卷，人民出版社2001年版，第821页。
② 《马克思恩格斯选集》第1卷，人民出版社1995年版，第275页。

性。要想改变这种关系，或是通过政治革命，改变这个社会，使政治国家返回实在世界，使广大公民获得解放和自由；或是每位有责任心的公民都能够深入社会，关心他人疾苦；探讨引起人世间诸多罪恶的原因，以及如何从根源上消除这些苦难；力图在劈破天空、震撼宇宙和穿越黑夜屏障的过程中，采取能够改善普通民众生存状态的实际行动；抨击罪恶，缩小差异，遏制贪腐；提倡俭朴廉洁，拒绝骄奢淫逸，真正为人类的自由幸福开辟一条光明之路。

这条道路既代表人类文明的正确进程，也合乎人类的终极目的。所以公民权利的正当性就意味着能够给公民带来普遍幸福和惩恶扬善。也只有这类正当的权利带动的正当行为才能够挽救一个去魅无德的世界。证明这种正当的善行完全是源自正当权利的本性，而不只是因为产生快乐后果才成为正当。所以公民权利的正当性也表现为强烈的社会责任心，相互关心的情怀，以行动执着至善，以至善回报社会，让社会从劳动和技术的异化产生的疏离与冷漠中重返亲密好礼、仁慈友爱的善境，让人类由注重财势浮奢到强调生活品质的高洁；让每位公民都摒弃自私狭隘的心态，重建开明豁达、志趣高尚的远见。使得每个人都能够把人生看作一种济世安邦的德业，而不是一个晦暗的罪恶渊薮；让优雅的民风民俗在人性的甘霖沐浴和滋润下大放光华；共同建立一个万民合德、怡然有序的世界。

为此，加拿大学者威尔·基穆里卡在深入研究原住民族和少数民族权利如何国际化的问题之后，指出，迄今"少数民族和原住民族之间至少存在三种基本差异：一是少数民族寻求制度归属，而原住民族则寻求保留一定程度的机构分离；二是少数民族寻求运用个人权利，而原住民族则寻求运用集体权利；三是少数民族寻求非歧视原则，而原住民族则寻求自治。这些陈述通过联合国提供的重要数据证实了有关少数民族权利宣言遵循的是从根本上取消隔离的途径，而有关原住民族权利宣言遵循的是从根本上妥协迁就的路径"①。这两种不同的路径决定这两个群体及享有的权利之间存在很大差异。其中，"一种原住民族的理想类型就是这样一个群体，他们是一个地区土生土长的居民，一直居住到今天，而且选择了在这个地区延续下来的一种截然不同的文化身份和独特的集体的社会政治组织。而一个少数民族的理想类型则是这样一个群体，他们一直经受着排斥和歧视，或是因为它的国家，或是因为人种、民族、种族、宗教、语言特征或血统"②。

如何解决各类人等之间的差异和公平？当然最好的办法就是在坚持民族和文化的多样性的同时，加速实施人权国际化，权利公民化。在实现权利的社会化的同时，又不至于抹煞人的个性、民族性、多种多样的文化传统，以及广泛存在于人类实践中的权利意志。为此，人们在不断地创造丰厚的物质财富的基础上，也要努力锤炼人类健康的心理；在不断地创造新生活、新形式，加强人与自然的和谐性的基础上，也要不断推动政治文化的多元化，提高人类的自由度，使人类精神、生存现状和应该拥有的个人权利不断地得到改善、丰富和提升。

---

① Will Kymlicka, *The Internationalization of Minority Rights*, Oxford University Press, 2007, p. 4.

② Will Kymlicka, *The Internationalization of Minority Rights*, Oxford University Press, 2007, p. 4.

# 四、公民权利的至上性

众所周知，在专制国家，随意剥夺和践踏公民权利已司空见惯，更历史悠久。在那里，不论是当权者还是国家公民都普遍没有"公民权利至上性"的理念和意识。其实人类历史演化到高度社会化、民主化、自由化和法律化的今天，任何国家政权的存在目的都应该维护公民权利的至上性和权威性。各国政府的主要职责和功能就是要保护每位公民的切身利益和全部权利，全心全意为公民服务。权利的多少和大小应该是从最底层的国家公民往上呈逐步递减的趋势。不是像现在的一些专制性国家，其当权者权力愈大，地位越高，拥有的权利就愈多和愈特殊。身居高位当然应该是权力愈大，但在民主国家为了防止广大公民出让的权力被滥用，防范的措施和法律限制也愈多。在这个意义上，即便是一位总统享有的权利也不会比一个普通公民的权利多。相反在理论、法律和实践上他都要失去许多普通公民能够自由享受的权利。所以在那里，不是总统倒是公民拥有权利的至上性。

关于公民权利的至上性问题，许多学者都坚持：人人都拥有一种建基在公正之上的不可侵犯的权利，即使整个社会都被发达的福利事业所覆盖，也不能将它变为无效。不仅如此，基于某种理由，一个集体的目标也不构成足够的理由去否定其成员作为个体的某些希求，或去强加给他们一些损失或伤害。这些学者为什么支持公民权利具有如此不能被集体的目标或效益否定的至上性呢？原因就是现实中，每天都可以发现某些权力机构是如何利用权力及至暴力在损害着广大公民包括土地权、居住权、劳动权、教育权等诸多权利在内的个人权利、私有财产和生命安全。也正是基于这无数的事实，促使学者去深入探讨权利的至上本性，并将其上升到理论和法律高度，以期达到维护公民权利的目的。那么在理论上，公民权利的至上性究竟存在怎样的根据、怎样的正当性与合理性呢？

这首先需要从对权利的规定性上寻找至上性的根据。为此，把权利当作"王牌"的德沃金，从三个方面界定了权利的性质：一是在大部分情况下，当我们说某人有权利去做某事时，其寓意是，干涉他去干那件事情是不对的。二是假如某人有权利去干某事，如果政府不让他做，也是不对的，即使政府的做法合乎普遍利益。三是不论别人的做法是否正确，他都有权利做自己认为正确的事情。比如一个战俘想逃跑，这是他的权利。但对方要防止他逃跑也没有错。德沃金对权利的这三点界定，使得个人权利具有强势意义，而且主要是基于对现代西方社会的基本组织原则：功利主义的反叛。在他看来，社会中流行的功利主义原则总会在私人和全体等各种层面来对抗权利的至上性。这样既会导致人们对个人权利的看重，也会经常利用个人权利的至上来否定一些集体的福利和目标。

当然，公民权利的至上性还在于权利自身具有的更为扎实的根基和特性。这就是权利产生的先在性、自然性和实在性，权利在演变过程中遵循的客观规律体现的合理性与现实性、至善性与目的性，以及权利与个人的生存状况和发展前景密切相关的本性。比如权利的自然性或"天赋人权"，之所以具有至上性和不可剥夺、不可侵犯性，原因就是在不需要承担任何义务和任何法律强加的情况下，一个人仍然具有他的一切自然权利，包括衣食住行、生儿育女和生老病死。这是最基本的人权。因此任何人都没有义务去牺牲自己的生命以换取他人和集体的幸福，除非他是自愿地将自己的生死权奉献给他至爱的群体、国家和人类。而这种奉献表面上看是利他主义和集体主义，实质上是个体和集体乃至整个人类社会的共生关系，说到底也是为了每个人的生存和利益。在这种个体和类辩证统一的关系中，如果体现人类普遍的权利和行动都被摒弃，那么体现特殊的特权就更应当摒弃。因为一般的权利若被抛弃，也就不会存在什么特殊或个体权利。

因此一切个体的献身行为也同时是一种集体性的献身行为。正是在个体和社会相统一的意义上，个人权利既具有至上性也具有普遍性。权利如同正义和真理一样，其根本特性就是普遍性和客观性，它受到的磨炼越厉害，涵盖的个体越普遍，发射的光辉就越灿烂。至于特殊权利或个体权利，比如人贩子的妙论："鞭打可以唤起黑奴的人性。"这只说明暴力比法制更便于运用，作恶比行善更有利于个人，而绝不可奢谈这是人权。权利的宗旨就是"让个人的'生活计划'得以实现，让他们有能力去'创造自由的生活'，去'追求自己的设计'，去'达到他们所认识的善'"①。正是在权利和个人的统一性上，我们才说，权利"就是指人的存在"。它是人的一种积极的生存状态和特征。它有自身合乎整体人性的规定。只要存在人类，就有权利，绝不会由于所属对象的不同而改变其内涵和属性。

既然权利不会因人而异，对于那些仰仗政治制度而生存的人权的反对派来说，不仅会露出自己的一副剥夺他人权利的狰狞面孔，还

---

① 〔匈〕安东尼·雅赛：《重申自由主义》，陈茅等译，中国社会科学出版社 1997 年版，第 35 页。

会千方百计为着某个集团的利益，证明当权者必须限制公权。然而这却是违背权利意志的先天本性的，因为广大公民拥有的权利只有在人类社会高扬的普遍精神的精心呵护下才能存在和昌盛。因此任何时候，公民权利都是与统治阶级的特权势不两立的。比如那代表最普遍的人类本性和利益的言论、出版权利本身就是思想自由的体现，就是肯定的善。与此相反，检查制度则是不自由的体现，是以表面的世界观来反对本质的世界观的斗争。它不只"害怕新闻出版自由"，而且"扼杀着国家精神"①。因此尊重个人权利，把公民权利放在至上位置，实质上是把整个人权放在神圣不可侵犯的地位。因为人权绝不是一个抽象概念，其具体承担者就是每个人。然而一旦它为个人所拥有，就容易为个人通过各种不正当的手段和权力将其转化为个人特权。所以这里说个人权利的至上性，并不是说它可以无约无束和无法无天。个人权利只有与社会权利、集体权利紧密结合，才会发挥作用和拥有至上的地位。

权利的这种个体性和集体性的辩证法，在现实生活中则集中体现为至善性。尤其在古希腊时代，至善或"真实的善是每个人的心灵所追求的，是每一个人作为他一切行为的目的的"②。至善作为人的最高追求也是每一种权利应该承担的责任和义务。人活着就应该向善，而欲达到崇高、尊贵的善，人必须拥有公正、节制、勇敢和智慧等美德。因为善比智慧获得的真理和知识更美。在这里，科学真理可以像善，但还不是善。善比科学真理更高尚和更荣誉。因为"善可以说不

---

① 《马克思恩格斯全集》第 1 卷，人民出版社 1995 年版，第 183 页。
② 周辅成：《西方伦理学名著选辑》，商务印书馆 1996 年版，第 166 页。

仅是一切被知的事物的知识的创作者，并且是这些事物的存在和本质的创作者。但是善并不是本质，因为善的尊贵和力量，都超过本质甚远"①。正因如此，自古以来追求至善一直是人类行为强调的最高理想和最终目的。

直至今日，许多学者不仅把真善美的统一性放在至善性上，而且把善当作衡量权利的正当性与合理性的根据和标准。尤其是一些思想活跃而又时尚的美国新实用主义者，在继承苏格拉底的"活得好与活得高尚"的至善论基础上，主张人们要突破传统的那"为了荣华富贵，毕生都在争权夺利"的人生观。认为人们要静下心来集中解决"人究竟应该怎样生活和究竟怎样的活法才有意义"的问题。为此，在他们看来，新人学更应该是一种积极向上的生活实践和行为方式。其目标就是能够引发人们去思考和确立一种新的生活方式，使其能够在一种淡泊、宁静、安然、沉思和不断地满足好奇心和求知欲、而由此达到自娱自乐的状态中生活。如此，不仅是当今人学的最高使命，也是人权的最高追求。

正基于此，许多新实用主义者都坚持人权理论是一种对简单生活的热爱，对智慧人生的追求；是一种能够睿智地处理个人和社会、生活与生存之间冲突和矛盾的综合性艺术。其"生活旨趣在于更为渴望与欣赏在经验中表现出来的意义"②。并能够在对更加美好的生活的追求中，通过自我认识和自我控制来不断地改变和完善自身。至此，德国哲学家哈贝马斯又将人权上升到审美至善的高度，指出生活

---

① 周辅成：《西方伦理学名著选辑》，商务印书馆 1996 年版，第 172 页。
② ［美］理查德·舒斯特曼：《哲学实践》，彭锋等译，北京大学出版社 2002 年版，第 24 页。

审美"就是一种无限制的享乐主义和极端的越界行为的非理性冲动，一种去中心的主体性的、以身体为中心的经验；旨在用神秘的、狂喜的边界经验制造令人眩晕的震惊的效果，以及没有任何确切对象的激动"①。他赞扬审美对生活世界的有益贡献；主张人学需要从审美高度"给身体实践的多样性以更重要的关注，通过这种实践，人类可以从事对自我认识和自我创造的追求，从事对美貌、力量和欢乐的追求，从事将直接经验重构为改善生命的追求"②。

在这种追求中，当然会涉及利己和利他、个体和集体等诸多矛盾。这就要求面对矛盾，要寻求积极的人生，构建一种"开明的自我"。要确识：人权的发明、法权的问世和国家契约的形成都是旨在实现个人和整个国家或人类的幸福，同时使每个人的生活力求公平合理，既符合集体生活的原则，也合乎普遍的道德律令，自觉培养自律行为和社会责任感。当然，由于个人与生俱有的差异，也往往会使处于"特定社会中的人们过着极其不同的日常生活"③，并由此形成人世间的不平等现象。但我们也必须清醒地认识：这就是生活与现实。个人及人类只能不断地自我超越，尽力而为，并力求按照自己所理解的生存方式，在主体化和对象化、异质化和同质化、欢乐和痛苦的矛盾的不断化解中求生存和发展。

特别是即将到来的新时代，人类总是要求建立一个更加公正、民主、包容、自由、多元和更加突出人的个性与特殊性的社会。在这

① J. Habermas, *The Philosophical Discourses of Modernity*, Cambridge：MIT Press, 1987, p.5.
② [美] 理查德·舒斯特曼：《哲学实践》，北京大学出版社 2002 年版，第 203 页。
③ [匈] A. 赫勒：《日常生活》，衣俊卿译，重庆出版社 1993 年版，第 58 页。

样的社会里，人际间的矛盾依然不可避免，然而只要每个人都能够自觉地依照宪法行使自己的权利和权力，届时，一个和谐的世界便将是"由自由感和对自己行为的责任感所组成。它拒绝无条件地接受任何外在的权威作为真理之源泉"①。此时的自我将有更大的独立自主权和更多的自由选择权。在日常交流的话语方面，会将"新的范畴，如开放性、多义性、无把握性、可能性、不可预见性等等，纳入后现代语言"②。

这些语言所代表或表达的个人权利不仅会和社会权利相契合，而且会真正地通过"话语霸权"体现个人权利的至上性，以及个人权利和社会权利之间的辩证法。在这里，不仅一切个人权利都是社会权利的规定和赋予，而且一切社会权利归根结底也是源自个人权利和服务于个人权利。没有个人权利就没有社会权利。只有正确地处理好个人权利和社会权利之间的辩证关系，确保公民权利不受侵犯，使得人们能够自由地支配和统治这个权利空间，才能够充分调动和发挥每个人的自觉性和能动性，以更好地推动社会的进步发展。否则过多地强调王权、皇权、国家权利、社会权利，而一味地去剥夺臣民权、市民权或公民权，就务必会因"官逼民反"而发生激烈的对抗或是狂热激进的革命，导致一个政权土崩瓦解。由此，它不仅将证明任何当权者如果背离民心、民意、民权、民志，违心地去干违背历史规律的事情，都注定要失败，并且会给广大民众乃至整个国家带来巨大的损失和灾难；同时也会体现公民权利中包含的微观权力拥有巨大威力。从

---

① [美] 比得·伯杰：《面向现代性：社会、政治和宗教浅探》，纽约英文版 1977 年版，第 137 页。

② [法] 让·弗·利奥塔等：《后现代主义》，赵一凡等译，社会科学文献出版社 1999 年版，第 47 页。

而用铁的事实证明作为基础性的公民权利具有不可剥夺的神圣性。它其中蕴含的潜在能量和力量往往是常人难以估量的，而且也是任何力量不可阻止的。

## 五、判断公民权利正当性的原则和方法

公民权利是否具有正当性与合理性，除了付诸社会实践之外，也有一定的评判原则和方法。目前最流行的方法论原则就是美国法学家韦斯利·N. 霍菲尔德（WesleyN.Hohfeld）等人创立的法权传统及其包含的四种相互关联的判断原则：

1. 个人主义原则，即是说只有能够行动的个人才能拥有权利。这不仅因为个人才是类的真正存在，才是社会的真正载体和权利的真正主体，更重要的是，至少自文艺复兴以来，"民主的未来取决于个人主义的实现就已经成为现代思想观念的目标。我们今天的文化和政治危机不是由于个人主义太多，而是由于我们所相信的个人主义已经变成一个空壳。因此只有当民主进入这样一个社会，在那里，个人和他的成长与幸福成为文化的目标和追求时，只有当生命不需要用成功或其他标准进行评判时，只有当个体不再受到任何外在的强力，诸如国家或经济机器的奴役或操纵时，最后，在一个社会里，只有当他的良心和理念不是外在要求的内在化，而是真正属于自己，且表达了出自他自己的独立思考的目标时，他才有可能赢得自由的胜利"①。此

---

① Erich Fromm, *The Fear of Freedom*, London and New York, 1989, p.233.

时，不仅权利的主体应归属个人，就是权利的作用也主要是"规范个人行为所必需的，为个人行为定向的道德的必要条件"①。

为此，即使是某些肯定社团权利的人也否认自身的实在性。认为所谓社团法人无非是法律"拟制的个人"（artificial person）。当然任何社团都既有权利又有义务，然而这只可被称为法律虚构。实质上，任何权利概念都是裁决个人之间相互冲突的终身法庭。为此，许多人都肯定个人利益在决定权利的性质和作用方面才真正拥有首要性。这正如洛伦·洛马斯基（Loren Lomasky）所言：关心基本权利就是关心它表达的个人主义，或者说"就在于承诺个人主义具有至高无上的重要性。其他对于特殊的个人和社会来说有价值的目的，如果侵犯了权利，就不能追求。……因此权利理论家的一个重要任务就是要说明，如何评价个人主义才是合理的，从而可以阻止通过侵犯权利的手段来获取可得到的好处"②。

正基于此，洛马斯基才坚持权利概念比道德更强调个人主义的特殊价值。由此，一些更加激进的个人主义倡导者才"主张权利仅属于独立的个人而不是属于彼此关系之中的个人"。当然，这种原子主义的观点通常都与人的利己主义动机相联系。正如欣奇曼（Lewis P. Hinchman）所言，这一概念在霍布斯和洛克那里"与把社会比作由砖砌成的墙的概念共同存在"。正如砖是墙的载体那样，他们把社会成员当作独立于他的社会政治关系而存在，认为没有人的内在政治关系，就不存在任何内在的社会政治权利，因此"权利仅归个人拥有"。

---

① [法] 让·弗·利奥塔等：《后现代主义》，社会科学文献出版社 1999 年版，第 4 页。
② [法] 让·弗·利奥塔等：《后现代主义》，社会科学文献出版社 1999 年版，第 5 页。

2. 先验主义原则。这一原则既指谓人们拥有不证自明的权利，也指谓权利为人类与生俱有。在后一种"自然权利"中又有两类先验主义：一是源自基督教传统的自然权利观，认为不只是"自然法和自然神法赋予人民独立和平等的地位"，而且"他们的创造者也赋予他们以某些不可剥夺的权利，其中有生存权、自由权和追求幸福的权利"。二是源自洛克自然理论的先验权利观，认为拥有不可侵犯的权利的人，只是在自然法界限内按照自己合适的办法，决定自己的行动和处理自己的财产，而无须他人许可。自然法要求任何人都不应侵犯他人的生命、健康、自由或财产。若有人超越界限，侵犯他人权利，对他人造成伤害，人们就可以揭竿而起反对这种权利侵犯。因为"每个人都有权惩罚违反自然法的人"。

上述先验主义权利观，虽然得到许多学者支持。比如哈特就认为自由平等权"是所有人作为人都具有的，而不只是由于他们是某个社会成员或彼此存在某种特殊关系"。赫克玛（David A. Hoekema）也竭力主张：所有人都拥有并非产生于法律和制度的自然权利。这些权利之所以超越社会，并非是没有得到法律等社会力量的支持，而是即使没有这种支持，它们仍然是每个人拥有的权利。但也有人持反对意见。比如弗拉斯曼（Richard Flathman）在抨击两种先验论的权力观时就指出：权利并不是自然而神圣的事实，也不是以某种方式就可以自我证明为正当或合理的。因为权利的产生主要是符合支配社会实践的法规；是个人依照那有可能满足自身的利益和欲望、目标和目的而行动的结果。这就是通常所谓的"崇高权利"的正当性。这种崇高的权利就是言论、出版、结社、人身保护的政治权利和自由平等的投票权。这些权利是为个人重大利益服务的，而个人履行这些权利也旨在维护各种制度和规范，以保证个人权利的延伸和发展。

3. 本质主义原则，这是自然权利论固有的原则。正基于此，这一理论才肯定权利对共同体成员的优先性和决定性。只是本质主义更关心权利的基础、内在根据以及权利合格性的前提。由此，本质主义者主要是在人的本性或本质特征中去寻找权利的本质和根据。比如雅克·马里丹（Yacques Maritain）在探索权利本质时就指出："人根据他作为人的事实本身就是有权利的人。他是他自己和他的行动的主人。因此之故，他不仅是手段，而且也是目的，也就是说必须把他本身当作目的。"① 由此，马里丹进一步结论，人类享有的一切权利都是根源于人的这一使命和目的；"人作为一种精神的自由力量，注定要成为绝对的价值，并获得超越时间的命运"。而格威尔斯，则引申了这种本质主义权利观，指出，人权是一种合乎道德的权利。原因就是所有人都完全平等地拥有这种权利。另外，"人是一种理性的力量。所有的人都是理性的行动者。所以在面对矛盾的痛苦时，他们必然会认为，他们有权拥有行动、自由和安康等必要的条件，因为没有这些条件，任何人都无法行动"② 。所以理性的思维和行动才真正是权利的本质。

4. 对抗主义原则，即是说，权利就是指权利者有权对他人或社会提出要求。权利所表达的就是一种对手之间的关系。正是这种关系体现每一个要求都是一主体对他者所具有的权利。只是这种要求应当具有正当性，而非无理取闹。当然也有人反对这种观点。麦克洛斯基

---

① ［法］让·弗·利奥塔等：《后现代主义》，社会科学文献出版社 1999 年版，第 13 页。
② ［法］让·弗·利奥塔等：《后现代主义》，社会科学文献出版社 1999 年版，第 15 页。

（H. J. McCloskey）就反驳说：一种权利并不是针对某些可能的障碍者形成或出现的权利。比如"我的生存权并不是针对任何人的权利。它是我的权利，借助于它，通常使我在面对障碍时，得以维持我的生存"[1]。弗拉斯曼也反对这种对抗主义原则，指出，"当 A 有一种权利时，A 和 B 之间的关系是一种相互作用的关系，而非对抗关系"。因为个人在肯定自己权利的同时也肯定了共同体其他成员的权利。再者，权利也只有被他人承认才能得以存在。

然而依照对抗主义原则，通常被看作属于个人的权利总是先于共同体成员的权利。因而当考虑到权利的相关性时，通常都把权利看作是对立的。为此，在《世界人权宣言》把人民和家庭的权利神圣化以前，人们并不太注意共同体及个人能否有权利的问题，只是此后，才对权利的性质展开更加深入的探索。其中"共同体权力观"认为：权利仅存在于共同体中。因为人类社会是由许多种共同体及其相互间的关系构成的。在这里，既存在个人的自主权和权威性，也存在属于全体公民的集体权利。比如"非歧视性对待的权利"作为一种集体权利就适用于个人权利，也是人们基于集体身份对权利自觉认识的结果。因此任何人都需要"毫无例外地尊重所有人的自治权和权力——即尊重他们的整体性和基本权利——如果各种不同的共同体结合成单一的国家的话，这种尊重就更加绝对和必要"[2]。

也正是在这个意义上，杜克说，个体拥有相互关照、相互尊重以及在功利主义和占有性个人主义之间持有折中态度的自然权利。当

---

[1]　[法] 让·弗·利奥塔等：《后现代主义》，社会科学文献出版社 1999 年版，第 18 页。
[2]　[法] 让·弗·利奥塔等：《后现代主义》，社会科学文献出版社 1999 年版，第 89 页。

个体在一些事件中要求相互限制，并把一种政治义务当作权利的理论基础时，也可以进行一种特殊权利协商。特别是在一种社会合作中牵涉利益分配时，公民完全可以采用一种民主形式主张自己的权益，这也是解决公平分配的一种最好形式。为此，杜克特别赞成罗尔斯的有关权利的正义理论，认为他"正是以这种方式，使得任何以自由为基础的权利概念都服从于政治正义的需要"①。

上述原则尽管都各自有其真理性，然而也只有将这四种原则相互结合、相互验证，才能共同确认人权的合理性、合法性与正当性。也就是说，任何权利都要既是个人所固有的天赋人权，同时又要是本质性的和排他性的。特别是在人与人之间的相互关系、相互作用和相互竞争中，任何权利都具有对他人权利的拒斥性，或者说与他人权利总是处在一种对立统一中。因此，人们通过斗争捍卫自己的权利乃是天经地义。但是这种对抗又不是你死我活，很大程度上也是共生共存。在这个意义上，人际间都持有相互促动、共谋发展的态度，也是顺理成章。

有评判公民权利正当性的原则，也有评判其正当性的社会实践及方法。因为真理是不能仅仅用抽象的思想体系来表达的，只有通过实践才能深刻地理解一切真理在人类社会历史的生活过程中拥有的意义。在现实中，一些人为了隐瞒真理和正义，滥用文字已经达到登峰造极，特别是权利、民主、自由和个人主义等名词统统都成为滥用的对象。对此，只有通过社会实践，戳穿滥用者的谎言和目的，"清楚地认识到如此做法的必要性，并相信人民，相信他们有能力照管他们

---

① D. F. B. Tucker, *Marxism and Individualism*, London, 1980, p.145.

作为人而拥有的真正利益，这个问题才能得到解决"①。原因是，实践不仅内在地包含着人类的自由创造活动，具有批判性、反教条主义和反官僚主义等价值和功用，也内在地包含人道主义和人类解放。所以实践既是检验真理的原则，检验人类认识的主体性和能动性的标志，也是人类认识到达彼岸的桥梁和实现成功的工具。

正因如此，哲学史上，康德在《实践理性批判》中突出了实践在主客体间的中介作用，认为"纯粹实践理性的无制约的对象的全体，就是所谓的'至善'"，或者说"实践理性唯一的客体就是善和恶的客体"②。而黑格尔则是第一次把真理看作理论和实践的统一，认为"前者就是认知真理的冲力，亦即认识活动本身——理念的理论活动。后者就是实现善的冲力，亦即意志或理念的实践活动"③。这两种密不可分的活动常常是消灭主观和客观片面性的两种方法和手段。而马克思的实践论则将人的认识从理念世界拉回世俗世界。把感性直观和人类实践导入认识过程。认为"全部社会生活在本质上是实践的。凡是把理论引向神秘主义的神秘东西，都能在人的实践中以及对这个实践的理解中得到合理的解决"④。反之，一切理论离开实践就是纯粹的经院哲学，就是纯粹的空谈。

也就是说，只有通过对现实进行解释转向对它进行变革，才能使人的意识既反映世界也创造世界，舍此，没有任何真实的知识、理论和概念。比如 1946 年法国颁布的《新人权宣言》就明确规定：法

---

① Erich Fromm, *The Fear of Freedom*, London and New York, 1989, p.237.
② [德] 康德：《实践理性批判》，韩水法译，商务印书馆 1999 年版，第 62 页。
③ [德] 黑格尔：《小逻辑》，贺麟译，商务印书馆 1982 年版，第 411 页。
④ 《马克思恩格斯选集》第 1 卷，人民出版社 1995 年版，第 56 页。

兰西共和国之男女公民享有居留与迁徙自由，住宅不可侵犯、通信秘密不受侵犯、信仰、言论和出版自由，集会游行和结社自由，职业自由以及享有诉讼权、请愿权和各种社会经济权利等，然而只有通过实践得以实施，才算是公民真正享有的个人权利。因此公民权利只有通过社会实践才能证明其合理性、正当性，及其发展演变的自为性。为此，德国学者曼弗伊德奥·亨兹（Manfred O Hinz）在 2005 年召开的一次国际会议上说，正是"1848 年的《世界人权宣言》（UDHR）和它的基本法律以及《联合国宪章》（联合国）奠定了人权运动的基础，改变了世界的面貌。使得第二次世界大战之后的人权表现成为自 18 世纪以来美国和法国革命的人权宣言的又一次革命"[①]。

事实上，几千年来的社会实践已经证明：由广大公民一起决定人类的整体命运，人人都是世界公民，这是人类历史发展的自然要求，也是人类的整体性愿望和权利进化的必然。因为只有通过广大公民的意志、原则与实践，才能够真正将自然的、肉体的人和精神的、道德的和法律的人有机地结合起来；并在这个结合点上，充分肯定人的自然权利、社会权利、个人权利、一切法定的权利以及应该得到尊重和肯定的客观性、合理性与正当性。

当然在社会现实中，实现公民权利的最大实践就是建立民主政治。这正如美国政治学家杜克所言：在现代先进的社会制度中涌现出来的政治参与形式的最大意义，就是来自如此的一种民主理念，即一种民主就是一种社会。在那里，公民拥有受到保护的诸多权利。在那

---

① Manfred O Hinz, *Human rights between universalism and cultural relativism*? ASnA Conference, 2005, p.3.

样的国家里，公民相信他们的权利能够得到法院的支持，而且他们会经常通过对某些问题的强迫性裁定成功地挑战和挫败某些政府的野心。此时，即便一些微小的胜利也拥有一种推进社会制度民主实践的作用，因为在这类制度中由公民获得如此成功的挑战往往是不可能的。为此"我主张：除非公民的权利获得以某种方式的严肃实施，否则就没有人会相信一个制度是民主的制度。民主实践也需要生活在最底层的民众有能力维护自身的权利，而且在如此做的时候，他们也需要有一些经验丰富、知识渊博的倡导者的鼓励和支持。我们可以说，一种真正的民主制度将必须能保证那里的人民有足够的自信，而且享有充分的权利"①。如此，才能够真正建立一种既保证公民的普遍权利，又具有现代权利意识和高品位模式的民主制度和政权形式。

**小结**：现实中，为什么广大公民特别是一些落后国家的公民的权利意识是如此淡漠？为什么许多权力者是那样地无视公民权利，直至肆无忌惮地剥夺和践踏公民权利？公民权利究竟是政治权力的奴仆，是统治阶级的恩赐，还是公民固有的本质性规定？它是只属于公民个人还是隶属于某个社团？解答这些问题的根基就是公民权利是否具有存在的正当性、合理性与现实性。而要分析、描述和论证这个决定公民利益和命运的根基，当然要涉及社会制度、政治经济、文化教育、人性种族以及人类与自然、个体与社会、现实与历史、理论与实践等诸多的方面和关系。正因如此，本章主要是从五个方面论述了公民权利的正当性。

---

① D. F. B. Tucker, *Marxism and Individualism*, London, 1980, pp.124-125.

这就是，公民的一切权利都具有"天赋人权"的自然含义。因此任何权利都不可以利用强权政治予以剥夺。它体现了权利的自在性、客观性和正当性。也正基于此，自 18 世纪以来诸多的人权宣言，都旗帜鲜明地宣布自由、财产、安全和反抗压迫等是人类神圣不可侵犯的人权。人类对于权利的这种觉识和实践，也证明权利的进化和发展已经达到自为和自觉的阶段，从而不仅使得权利逐渐惠及每一位公民，也实现了自我意识的圆通和完满。

公民权利的正当性不仅在于它的自然性，还在于它的人性化或合人性。当然人性也不是一成不变的存在，而是更多地体现为历史性、社会性和实践性。当代，基于人的异化和物化，原初具有至善、至真和至美等朴实无华特质的人性，已经逐渐走向其真人的反面，集中体现为虚假主体、虚假人格、虚假自由、"身体已死"和主体沉沦。这就更加要求公民权利或人权要摆脱权力和法律的钳制，去除权利异化，扫清各种违背人性的特权、霸权、专制权、独裁权，挥霍权、浪费权以及无节制的消费权；将自主、自治和自由权真正变成最普遍的公民权。

公民权利，当然不是只意味着其个体性或私人性，它的正当性与合理性甚至更多地意指其公众性和社会性。原因就是权利在任何时候都不会青睐个人特权，除非屈服于强权。因为权利的本性就是从各种互惠互利的关系中延伸开来的社会性和普遍性。所以权利不仅内在地设定平等性、公平性，而且必须承担服务于社会的义务和责任；既为权利的社会化作贡献，同时又不抹煞人的个性、民族性、多种多样的文化传统以及各种权利意志，以便不断地创造新生活，推动政治和文化的多元化，使人类的生存现状不断地得到丰富和提升。

公民权利的至上性是公民权利正当性的又一重要根据。因为只有认识和尊重公民权利的至上性，而不是只瞅着手中权力的至上性，才有可能摒弃特权，去全心全意地服务公民和献身于国家和集体，而不是凭借位高权大贪腐成风，堕落成性。为此，在把权利当作"王牌"的德沃金那里，权利就是我行我素；就是政府不得干预个人的权利行为；就是任何人也不得干涉他人的权利自由。当然，公民权利的至上性还在于权利产生的先在性、自然性和实在性，以及权利在演变过程中遵循的客观规律体现的现实性、至善性与目的性。只是在突出公民权利至上性的同时，要正确地处理好个人权利和社会权利之间的辩证法，才能既充分地调动和发挥每个人的积极性和能动性，又能够更好地推动社会的进步与发展。

公民权利是否具有正当性，当然也有一定的评判方法与原则。其中最相关的原则主要有四种，即个人主义原则、先验主义原则、本质主义原则和对抗主义原则。然而，不论坚持怎样的原则，只有通过长期的社会实践的反复验证，才能够逐渐证明公民权利的至上性与正当性。这不只因为任何自然科学和人文科学的概念、定律、定理、原则、法则或理论的真理性归根结底都在于其实践性，还因为人们也只有通过实践才能深刻地理解一切真理在人类社会历史的生活过程中所拥有的意义。特别是权利、民主、自由和个人主义等概念和理念，只有通过历史性的社会实践，才能清楚地认识其必要性，认识其是否内在地包含人道主义和人类解放的远大前景。所以，实践既是检验真理的原则，检验人类认识的主体性和能动性的标志，也是人类认识到达彼岸的桥梁和实现成功的工具。

# 第 四 章

# 公民权利正当性与微观权力

　　人人有权享有主张和发表意见的自由。此项权利包括
持有主张而不受干涉的自由；和通过任何媒介和不论国界寻
求、接受和传递消息和思想的自由。

——1948 年《世界人权宣言》①

---

① ［美］林·亨特：《人权的发明：一部历史》，商务印书馆 2011 年版，第 174 页。

　　公民权利的正当性，除了表现为自然性、社会性、合人性以及自在自为性之外，还内在地包含着与微观权力（micro power）之间的本质关联，而且正是这种本质关联，体现了民主的价值和本性，促动了民主政治的进程。反过来，也证明公民权利在微观权力的作用和护卫下所体现的合理性与正当性。关于权力，就其原初性而言，主要指在人类的生存斗争中，通过力量、技艺和智慧锻造出来的一种能够征服和驾驭竞争对象的能力。为此，从古至今，人们都习惯于从宏观上把权力看作国家机器，看作统治者剥削压迫的暴力工具，看作对被统治者进行"领导、指挥、支配、控制、管理、约束或镇压"的形式，看作是王公贵族、有钱富人对于贫苦阶级的剥削与压榨，看作强者对弱者的制裁与奴役，或是君权神授的一种神圣力量，而很少有人从微观上来认识、估价、分析、评论和发掘贯穿于人类社会一切领域和普遍存在于每一个人身上的那主要体现为自主性、自觉性、能动性和反抗性、肉体和精神、感官和思维以及一切言谈举止、风俗习惯和文化传统中的微观权力。实际上，这种微观权力不仅标示一直在人类社会中起主导作用的宏观权力的性质和作用、变化和趋势，也体现政治权力和公民权利之间的本质关系及微妙作用。广大公民懂得这种本质关系，就可以利用拥有的微观权力来遏制公权滥用，维护自身权益。确认每个人拥有的"天赋人权"都内在地包含着权利和权力；证明每个人都命定地不是别人的奴隶，而是社会主体的一员和自身命运的主人。尽管在成人之前，他需要社会抚养，却证明他是未来社会的栋梁。至于这个世界存在诸多的"奴才或奴隶"，那是因为他们的自我意识没有苏醒，权力意志没有显现，主体精神没有成熟，以至他们本该显露的权力被遮掩。直到面临生死抉择，方才想到革命，尽显权力本色。因此从理论上分析和认识公民权利和微观权力之间的本质关联，将会极大提升广大公民的权利观念和权力意志。

## 一、公民权利内在地包含微观权力

虽然权力长期都表现为一种强权政治和暴力形式，特别是在阶级社会，权力就是阶级镇压的机器，即如马克思所言："构成这种权力的，不仅有武装的人，而且还有物质的附属物，如监狱和各种强制机关。"[①] 然而权力的确还有另一种微观形式。这就是权力不只存在于战场、刑场、绞刑架、皇冠、权杖或各类指令中，也普遍存在于人的日常生活、传统习俗、闲谈碎语、道听途说、众目睽睽以及各种体现"人多势众和人众胜天"的游行、集会、罢工和以多胜少的民主形式中。换句话说，这种权力形式就是与每一个具体的人的言谈举止以及每一个人天生拥有的权利紧密相关的微观权力。由于这种权力通常都表现为自身行动的自为性和自决性；存在于个人的欲望、本能、情感或冲动中，或是存在于人与人之间的交往、竞争与冲突中，而且通常都表现为一种非强制的隐性形式，完全不具有专属于国家专政机器或各级政府部门的那些宏观权力的那种简单、粗暴、霸道、武断、强制和压服的性质，因此微观权力实际上是由各种因素构成的一种综合性力量和无处不在的复杂实体，也就是说在人类社会中，不论是知识、话语、性、惩罚、规训或教育，都与形形色色的权力密切相关，都充

---

① 黎澍主编：《马克思恩格斯列宁斯大林论历史科学》，人民出版社1980年版，第90页。

斥着各种样式的权力。

进一步说，只要有人的地方，就存在权力。因为这种微观权力是内在地包含于广大公民的权利之中的。所以只要人们拥有权利也就必然拥有微观权力。反过来，也正是这种客观存在的微观权力保护和捍卫着人的权利。因为这种微观权力表面上看是无所作为，可以忽略不计，然而它们一旦相互连接和聚合，不仅会导致那拥有至上权力的国王都可能表现得惶惶不可终日，而且会使得许多暴政都可能变成一个完全无力和无助的概念。在这种状态下，只要广大公民把这种微观权力自觉地看作是自己所拥有的最宝贵和任何人不可剥夺的权利，那么这一权力作为一种势力关系、自由意志、话语指令和渗透力量，就更加具有穿透力。它不只是历史的必然，即必将存在和作用于人类活动与人类关系的一切方面，具有服务、影响、操作、联系、调整、同化、异化等诸多功能，也是社会无法抵挡的束缚。"正如它影响了人的观念和表征，它也同样影响了人的情感和激情。"① 并由此可以威胁和动摇人世间的一切宏观权力，包括神权和王权。

也正因如此，这种权力尽管在每个人身上，常常显得微不足道，但当面对社会出现的"人言可畏、众口铄金"，以及单纯依靠"摇唇鼓舌，便可拜将封侯"的大量现象时，就会确信这种微观权力既可以积少成多、积微见著形成宏观权力，而且最终将趋向和表现为大众民主或公民权利，也说明权力自有其大小、实虚、显隐、强弱和刚柔等特性与本质。为此，英国政治哲学家拉克劳在论述权力的演变形式时，指出：当代，在人们利用"权力空位"，也即话语权力或符号权

---

① [法] P. M. 马南：《民主的本性》，崇明等译，华夏出版社 2004 年版，第 101 页。

力来替代简单确定的民主的现代形式之后，"我也想强调这两方面的区别：即一方面是作为一种统治形式的民主，也即人民主权原则；另一方面则是执行这种民主统治依照的符号框架。这种现代民主的新奇事物，也即使民主适合于现代性的东西，就是随着'民主革命'的到来，由人民执行的老的民主原则的权力将再次涌现。只是在这期间，借助于强调个人自由和人权的价值，会通过自由话语形成一种符号框架或象征性形式"①。也就是说，未来的权力和权利都将表现为用文字、话语和符号表达的微观形式或观念形式。

特别是当社会现实中，过去那种依靠武力、暴力或国家专政机器以及依靠加强对民主价值的忠诚度和通过民众热情与权力影响力而发挥决定作用的权力形式或现代非常流行的民主理论失败于解决公民权利问题的时候，人们会逐渐发现借助一些符号化的权力概念更有利于解决大量的社会问题和公民权利问题。其原因就是"这种主体概念认为个人先于社会而存在，承担着自然权利，而且是各种混合机制的统一体或理性的主体。在所有情况下，这些主体都是从社会和权力关系、语言、文化和全部将可能性付诸现实的实践中抽象出来的。而在那些理性的探索中被排除的东西，将是一个什么是民主主体的存在条件的问题"②。这个存在条件，显然就是每个人所固有的各类权利中蕴含的微观权力；就是支撑整个社会存在和发展的那些真实、具体而又常常是威力无穷的个人力量。

既然权力能够以微观形式存在于人类社会的一切方面和每个人

---

① Ernesto Laclau, *On Populist Reason*, London, 2005, p.167.

② Ernesto Laclau, *On Populist Reason*, London, 2005, p.168.

身上，那么普遍存在的公民权利也就自然会通过各种微观权力作用于国家的政治经济、文化艺术、教育、军事等诸多领域，使得公民权利不仅可以通过宏观的民主选举、参政议政、审查监督，直至通过政治斗争、游行示威、停产罢工等形式来行使自己的公民权，将个人的权利、能力、智慧和权力转化成一种集体力量和宏观权力，以作用于国家、民族和社会，而且可以通过普遍存在于人们的日常生活、传统习俗、伦理道德、言语文字、网络信息、社会舆论、宗教信仰、意识形态等领域中的微观权力来行使自己的公民权。在这里，权利就是权力。谁剥夺公民的权利，谁就是剥夺其政治权力。因为广大公民的权利就是借助法律确立的各种权利的符号框架，形成一种稳固的自由传统，展现和实施公民的自由民主和微观权力，捍卫各种人权和对于个人自由、平等与尊严的尊重。此情此景，恰如美国学者林·亨特（Lynn Hunt）所言，现实中，一切公开地、明确地、正式或非正式地陈述、解释、阐明或告知行为，以及一切体现在文字或公共法案中的声明、主张、信条或法令，不仅标志着权利主体在总体态度和心理期待上的权利欲求，也确实能够帮助他们通过微观权力的集聚、组织和建设，而实现主权的转换。

这种和个人权利紧密相关的微观权力，在其实施过程中，当然不会像宏观权力那样主要表现为强制性、支配性、控制性和对立性，因为那存在于一个眼神、一句抱怨、一个表情和一种姿态与动作中的微观权力通常只具有微不足道的力量，然而正是这种微观权力通过一点一滴的影响、渗透、熏陶、教化、同化等无数细小的作用，最后达到"星星之火可以燎原"的宏大气势，起到"千里之堤溃于蚁穴"的宏观效果。回顾一下人类历史上经常发生的"民愤、民怨、民变、革新、改良、聚众造反或群体革命"等社会现象，或是看看眼下大众监督、网络舆论对官腐分子的震慑作用，以及民主政治中，经常出现的贱民政治（微观权力）对精英政治（宏观权力）的大获全胜，就会深切感知"得民心者得天下，失民心者失天下"的珠玑箴言是何等正确。当然，公民权利并不都是以积沙成塔、积微而著的形式在发挥作用，而是其转化出来的微观权力就存在于日常生活、社会实践以及一种常见的权力、权利、智慧和法律的统一体中，而且常常会以"随风潜入夜、润物细无声"的方式起作用。此时之权利和权力好像是空无，实质上是在权力位置出现一种新的权力形式。这种新的微观权力，"不仅涉及新的人学理论，也涉及人的一种存在方式，即涉及自由的一种生死攸关的需要的产生和发展"①。

在现实中，人们熟知的宏观权力的最普遍表现就是支配和控制话语的生产和宣传；组织广大民众进行大规模的经济活动和政治实践。尤其是对那些具有潜在威胁性、危险性和煽动性的话语形式或反抗行为，当权者总是千方百计地予以打击和讨伐。当然，宏观权力也体现在现实中存在的各种人事调动、财务管理、金融流通、科学研究、党派活动等无数的行业领域。然而，也正是在这些领域同时体现着微观权力的渗透和钳制作用，因为任何国家大业都要通过个人的权利意志和拥有的微观权力而得以实施。这在日常生活中常常被称作"老爷不如衙役"。正是在这类司空见惯的"日常真理"中，集中体现了权利和权力的内在关系。这种权力虽然不能与官员的政治强权相比，但其作用同样可以达到以弱胜强的效果。尤其在腐朽的皇权制度

---

① Herbert Marcuse, *Five Lectures*, London, 1970, p. 65.

下，一个人轻言微的阉人就可以做到一人之下、万人之上，将其权利无限夸大，达到剥削压迫万民的后果。可见，微观权力从来就与宏观权力不可分割，也从来都与个人权利密不可分。

当然对于一个普通公民来说，他能够拥有的就是个人权利，然而正是这个权利涵盖的普遍性和社会性，使得他能够将权利自身蕴含的微观权力通过民主方式让渡给能够代表自己的利益和权力意志的人。这些微观权力通常包括"一组确立人们的地位和行为方式、影响着人们日常生活的力量"。这种微观权力的主要结果就是使人们既可以借助它而获得权益，得到回报，又可以在错综复杂的社会关系和社会活动中受到来自各方面的微观权力的制约和束缚，当然也可以因为自己的目空一切、高傲自大、脱离民众导致的各种草率行动受到心理或肉体上的惩罚。也正因如此，那无处不在的微观权力使得今天的人类社会在一系列领域和问题的处理方式上都发生革命性转变。"如同今天在国际背景中经常发生的那样，捍卫人权和公民自由已经变成最紧迫的民众要求。"①

这种民众要求，当然也能够以完全不同的配置被具体化。比如，经过具体分工后的各行各业都有自己的规章制度、行为规则、行业特色、操作规范和职业要求。特别是在监督领域，过去每时每刻都把一些特定对象处于权力机构注视之下的行为，基于对微观权力的觉识和应用，开始逐渐被当作一条普遍的注视原则在整个社会范围内起作用。比如学校考场、购物中心和夜总会的监控镜头、工厂的监工、各行各业的保安和警察，甚至日常生活中的每一个人都在自己的权利范

---

① Ernesto Laclau, *On Populist Reason*, London, 2005, p.170.

围内，起着某种类似的监督或注视作用。也正因为这些监督或注视成为广大公民行使自己权利的一种普遍行为，以至于不仅是整个社会兴起了各种与监督和注视有关的职业，诸如间谍和私人侦探等，更重要的是人们开始把单纯是别人对自己的监视或注视转变为自己看待自己行为的一种方式，即由注视别人转变为注视自己。而社会一旦普遍地使人成为自己的关注对象，那么这种自我规训的结果，就会推动与之相关的爱好和职业，诸如以被审视对象和自我表现为特征的广告业、服装业、装潢业、模特业、艺术和体育；就会促动人们自觉地抑制社会上的不良行为，诸如酗酒、吸毒、贩毒、制毒、贪污受贿、卖淫嫖娼、拐卖妇女儿童、制造各种暴力恐怖活动、滥用资源、破坏生态环境等；开始自觉维护美好事物，反对战争，保护地球，发展教育，维护和平，将个人融入社会；把监督和被监督、注视和被注视统一起来，形成一种道德化的注视倾向。这也是今天人们密切关注监督权是人们普遍享有的一种至上性公民权利的原因所在。

在这种权利作用下，普遍的和主要是精神性的惩罚就必然要求具备一种"正当性和强制性"的社会道德标准。而且这个标准会自觉地采纳民众意愿，尊重公民权利，顺从微观权力。如此一来，这种具有巨大影响力、渗透力、感染力和干预力的微观权力在通过对个人施以监控，以消除其危险状态，通过反复灌输训诫以改变其行为的同时，也使得社会上的犯罪分子或是鬼魅魍魉在那些普遍存在的微观权力的压力下，变得不再那么气焰嚣张或胆大妄为，而是逐渐变得谨小慎微。他们害怕广大公民的眼睛、耳朵、大脑和心境；害怕各种法律和规章制度。换句话说，在这样一个公民权利普遍发挥作用的时代，微观权力就像一条法力无边的织网在悄无声息地约束着这些不轨者的言行举止，使其不敢越雷池半步。除非一些死硬分子才会不计后果地冲破各种权力之网，继续作恶犯科。否则在"他人就是地狱"和"常人就是独裁者"的微观权力的包围中，任何人都必须遵纪守法，尊重和服从社会的权利和法律。因为权利的实施就意味着有组织的社会最终都会"公平地惩罚非法践踏他人最重要利益的人"①。

　　当然，蕴含着公民权利的微观权力还存在于科学技术和知识形态等各类文化和观念形态中。尤其是科学知识作为对事物的本质及规律的认识，处处都体现了知识就是力量、科学技术就是生产力、就是至善的权力内涵，而且日益广泛地渗透于人类社会的政治经济、文化艺术等各个领域。这无疑给公民权利和微观权力增加更广泛的用武之地。这是知识权力的威力，也是公民权利的普遍彰显。证明一旦知识射出真理和正义的光芒，就很快会被人类积极地采纳和利用，为社会创造财富和文明。与此同时，知识也会通过公民的微观权力和权利意志的作用获得迅速全面的发展，形成一个无所不包的知识海洋。特别是受到普遍青睐的科学技术，今天已经远远超过其他意识形态和文化样式或生活形式，使得一切领域几乎都被科学技术所垄断。不只是科学技术连同科学家一起都登上国家的权力位置，国家统治者也利用科学技术人员参与国事，制定政策，设计规划，治理国家，使得科学技术拥有一种无上权威，致使"勇敢和革命的思想家们也躬身于科学的判决。比如克鲁泡特金曾设想摧毁所有现存制度，但是却没有触及科学。易卜生曾激烈地扯下当代人性状况的假面具，却依然保留着科学

————————

① ［美］史蒂芬·霍尔姆斯等：《权利的成本》，毕竞悦译，北京大学出版社2004年版，第109页。

作为真理的标准"①。换句话说，今天谁拥有科学技术，谁就拥有最多的权利和权力。一旦广大公民普遍地拥有科学技术，那么他们的权利中蕴含的微观权力就会形成一种权力合力，转化为一种无穷的摧枯拉朽的力量。而且正是这种权力合力，使得"今天人类生活的具体世界的任何形式以及技术和自然环境的任何转变都成为可能"②。就像今天的网络系统、网络技术、微信、脸书（facebook）等层出不穷的信息表达和传媒形式，正在与日俱增地显示出公民所拥有的微观权力和宏观力量。

# 二、确立权利与权力的正当关系

关于权利和权力的辩证法，在人类历史和社会现实中，权力无疑处于矛盾的主要方面。尽管就两者的内在关系而言，权利更具有本质性和基础性，而实际情况却是权力总是统治着权利。就像自古以来都是劳苦大众在养活一切统治者和官僚集团，而一直起支配地位的却无一例外都是当权者，而非普通百姓、国家公民。正因如此，使得迄今为止的广大官员一直形成一种错误认识：权力属于官员和个人；没有认识到权力及其符号形式，"法律是作为一种系统的力量在运行，革命是作为一种基本的力量在运行"③。只要一个国家到达一种事务性

---

① P. Feyerabend, *Against Method*, London 1979, p.302.

② Herbert Marcuse, *Five Lectures*, London, 1970, p. 60.

③ Eduard Bernstein, *The Preconditions of Socialism*, Cambridge University Press, 1993, p.205.

的政治状态，在那里，将成为社会进步障碍的官僚集团的权力和少数富人的特权就都会终止和消亡。很遗憾，数千年来的权力传递以及"有权力就有一切"的现实，刺激人类社会中的无数官员为了争权夺利绞尽脑汁，投机钻营，甚至不惜代价地去打击异己，镇压政敌，直至使用暴力。其实，权力作为一定场域和权限内的运作，不仅具有统治和管理人的功能，也具有"产生和发送真理的效应"①。个人可以固有一切生命属性，却不会拥有权力。因为权力作为一种关系性和整体性存在，具有中介和工具的特征。它至少存在于两个相互作用的人之中。单个人即便自封为元帅，也只能是一个毫无任何权力的光杆司令。因为权力的本质就是一种作用于对象的强力；其大小也决定于作用对象的强弱多寡。这样即使有两个人，也一定存在权力，只是要看两位竞争者的实力及是否有人愿意让渡自己的权利。具体而论：

一是在强力作用下，强迫对方让渡权利。此时，一方往往是凭借武力、物力、财力和智慧征服和驯顺另一方，强迫对方把权利让位给胜利者，任凭强者的奴役、剥削和压迫。在西方社会，这种权力集中体现为具有暴力和极权性质的王权、皇权和神权；表现为独裁者对广大民众的统治、镇压和惩罚。在中国，封建社会的权力主要表现为酷刑和"三纲五常"，因而也是一种愚昧落后、系带掠夺性的权力统治。在这里，人之主权最初具有的普遍思想"只是作为自我确信的主观性，作为意志所具有的一种抽象的、也就是没有根据的、能左右最后决断的自我规定而存在"②。当然，如果甲方不能征服乙方，乙方宁

---

① ［法］福柯：《权力的眼睛》，严锋译，上海人民出版社1997年版，第227页。

② ［德］黑格尔：《法哲学原理》，商务印书馆1995年版，第296页。

死不屈，那么甲方也就不会拥有权力。因为通常表现为"占有别人无酬劳动"的权力拥有者"虽然可以改变占有状况，但却不能创造私有财产本身"。① 这样，如果他失去奴役和剥削的对象，就从经济基础和社会关系上决定他仍处于无权状态。所以一切权力实质上都是对手被迫让渡的结果。灭绝了对手也就意味着胜者的失败，使征服徒劳无益。再者，靠军事镇压和野蛮统治，总是内在地包含着反抗，使权力最终被历史淘汰。

二是自愿或无奈地将权利让渡给对方。此时，在势力强大的甲方面前，乙方在各个方面都显得人单势弱、力不从心，甘心情愿地膺服对方；或是自己对于权力缺乏兴趣，天生就没有统治别人的欲望，就像英王爱德华不爱江山爱美人一样。这在政治体制和权力制度上主要表现为柏拉图式的贵族政体、贤人政治。这种政权形式主张一个国家应该由那种集智慧、知识、真理、正义和美德于一身的少数精英来统治。因为一个好的政权管理者就应该具有广博的知识、良好的天赋、杰出的才能和温良恭俭让的美德。国家要有希望，不仅要想方设法禁止自私无能和奸诈无耻的谄媚之人占据公职，还要通过选举把实际管理权交给人们最信赖、最大公无私的贤者。只有如此才可能杜绝暴力，消灭战争，真正献身于广大民众的切身利益。当然，在服从优胜劣汰的竞争规律的社会现实中，将权利拱手相让，以达相安无事和相得益彰的人是少之又少。因为人类最高最强的生命意志主要表现为"权力意志、战争意志、掠夺意志、复仇意志"②。这种积极主动的权力意志就

---

① 《马克思恩格斯选集》第 3 卷，人民出版社 1995 年版，第 505 页。
② 王岳川编：《尼采文集：权力意志卷》，青海人民出版社 1995 年版，第 173 页。

是人的本能、欲求、意向和激情。它时刻激励人们要刚强勇敢，要爱战斗，爱创造；认为胆小怕事和"卑劣低贱的行为只属于屈从者"。

　　三是在互不相让而又不愿意大动干戈两败俱伤的情况下，实行民主选举，达成契约，遵从宪法，行使职权。这种权力形式普遍存在于民主社会和多党制国家。在这里，由和平相处的人共同寻找一种相互结合的权力形式，以全力护卫和保障每个结合者的人身和财富，并由于这一结合而使每位成员只不过是在服从自己，他仍像以往一样自由。如果这种社会契约遭到某个独裁者破坏，人们就能够依照某种权力和法律撤回他原来的权利，"并在丧失约定的自由时，又重新获得他为了约定的自由而放弃的自己的天然的自由"①。这种基于社会契约的权力实质就是：在每个结合者及其一切权利全部自愿地让位给整个自由联合体的时候，也是将权利以一种不同形式奉献给自己，而非某个伟人。在此意义上形成的官员实际上并没有获得他人的全部权利，人们随时随地都可以收回自己让渡给他的权利。在这种情势下，人们完全可以得到自己所失去的一切东西的等价物以及用更大的力量来保全自己的所有。因此这种权力可以说是迄今人类社会几经选择形成的最有效和最得民心的权力形式。它很好地体现了人性中的自由、平等和民主；也证明任何权力都存在于人际间构成的各种关系与场域。这种权力恰如马克思在论述个人和社会的关系时所言："个人的态度是社会的产物，而且在采用他所持有的看法的时候，个人实际上是属于社会的一种特殊形式。"② 因为"人的本质并不是每一单个人的固有本

———————————

① 〔法〕卢梭：《社会契约论》，商务印书馆 1982 年版，第 23 页。
② Adam Schaff, *A Philosophy of Man*, London, 1963, p.29.

性的抽象，就其现实性而言，它只是各种社会关系的总和"①。离开人际间的互动关系，任何人都不会有自己的权利和权力。

至于今天许多官员依然认为自己天经地义拥有纯属个人的权力，原因就是他们没有认识到权力的关系性、对象性、外在性和符号化特征；没有认识到一旦国家政权对社会关系的干预在各个领域成为多余，那时，人统治人和压迫人的权力也就自行消亡。所以，早在一个世纪前，伯恩斯坦就指出，民主在相当大的程度上，是社会权利的前提。它不仅是实现权利的手段，也是权利的实质。"以至政治权利和政治教育在每一种社会主义的行动纲领中都拥有突出地位。"② 因此，权力只意味着将分散的个体权利相互结合形成的整体会拥有更大的智慧和能力。官员充其量只是众多个体权利者的代言人和执行者，而不是一个高高在上、享有各种特权和可以作威作福的特殊阶层或群体。

然而历代的统治者在掌权之后，却总是疯狂地掠夺资源，不惜耗费武力和财力获得侵犯权、占有权、支配权和买卖权；将其权力意志专门化为谋生图存和追求政权。此时，只有"强大的意志统治软弱的意志。除了为意志而意志之外，根本不存在别的什么因果关系"③。当然也不存在合天理与顺民意的权力。在他们眼里，权力固有不平等、不公正、非仁爱和非理智等否定性。它将人性中最阴暗的贪婪置于认识的自由意愿中；将人的本能欲望变成无休止的盘剥与争斗。它给人类带来无穷无尽的灾难痛苦；并认为只有权力意志和权力痛苦才

---

① Adam Schaff, *A Philosophy of Man*，London，1963，p.16.

② Eduard Bernstein. *The Preconditions of Socialism*，Cambridge University Press，1993，p.160.

③ 王岳川编：《尼采文集：权力意志卷》，青海人民出版社 1995 年版，第 35 页。

是驱使人类前行的唯一原则和"高于快乐的一种肯定的精神状态"。①
他们的权力本质上是恶、痛楚和专制。当然他们的权力也是"伟人"
的象征，因为"伟人"需要愚化庸众；需要庸众逆来顺受和绝对服
从。在伟人看来，普通人绝不能正确地判断什么是真理、谎言、正直
和虚伪。只有绝对的权力政治才能给予人民一种安全感，因此权力就
是霸权和强权。

这种权力观显然有悖于"天赋人权"的自然本质。如何处理好
权利和权力之间的辩证关系？这需要在广大公民的权利意识作用下，
积微观权力为宏观权力，依据权力的社会性、约定性、民主性、公众
性和服务性，要求一切权力者还民主权利于公众；消除旧的权力观，
树立新的权力观；确认权力就是策划、组织、协调和管理的职能；宗
旨就是执行普遍理念，实施普遍事务，维护公众利益；使那些出让了
自身权利的公众能够将其"视为公共自由的保障"②。

特别是在一种真正的民主政体中，绝不可以把公民的权利和权
力与一种虚空概念联系在一起，在原来权力占据的地方安置上一个虚
空的权力主体，并由此在一些统治者那里形成如下问题：由于权力虚
空意味着在原先权力的位置缺乏任何决定性，以至任何特殊的力量都
能够占据这个地方。这实际上只是把所谓的"民主"或"多数人当家
做主"变成类似于古希腊柏拉图所主观建构的"理想国"一类的东
西。在那里犹如在现实中的"民主政治"的国度里一样，"人民在社
会生活的每一层次上，在权力、法律和知识的基础方面，以及在自我

① 王岳川编：《尼采文集·权力意志卷》，青海人民出版社1995年版，第3页。
② [德] 黑格尔：《法哲学原理》，商务印书馆1995年版，第284页。

和他者之间的关系方面，都经历了一种根本上的不确定性。"① 其根本原因就是在这种社会制度中，"错误地认为民主传统，就是捍卫'人民'的主权，拒绝自由主张作为一种原则"②。其实，任何民主政权都不能把捍卫个人的自由与权利排除在大众民主或平民主义之外，而仅把人民民主或仅把捍卫人权、公民自由等，当作一种象征性的权利框架或符号系统，没有任何实质性内容。要充分认识到：民主只能够建立在一种真正的民主主体的存在的基础上，而且这种主体的出现完全取决于同类要求的平等性结合。此时，由一种真实的指谓对象的同类要求连接成的合体，才是真正的"人民"之所在。此时，这种依赖于"人民民主"构成的民主政体，才真正是民主主义和自由主义两种不同类型的要求的结合。这种结合不仅构成"人民"身份的一个本质部分，形成一种有机的和整体性的政治生活方式，而且一定能够通过发挥自己的权利、智慧和力量给整个人类带来光明的前景和美好的未来。

## 三、强化微观权力遏止滥用公权

由于权力的产生是人类发展进程中的一种面对人性恶的不断滋生，采取的一种无奈之举，这样，权力也就伴随人的恶行而自动地带有恶的性质和功用。换句话说，在人类社会中哪里有权力，哪里就有

---

① Ernesto Laclau, *On Populist Reason*, London，2005，p.164.

② Ernesto Laclau, *On Populist Reason*, London，2005，p.170.

"罪恶"。这些罪恶既可能包括以恶治恶的善举，也可能包括以恶治善以及本身就是制造罪孽的恶行。那么怎样才能使得权力真正做到抑恶扬善，从而真正成为有利于维护和保证广大公民行使自己正当权利的保证呢？这就需要一方面加强公民权利所拥有的微观权力建设，另一方面要求为官者至少需要确立和实施一些新的权力理念。

首先，就微观权力而言，由于它主要存在于公民的权利、习惯和日常生活的言谈举止中，因此在所有这些领域都要加强微观权力的意识。要确信现代社会，尤其在民主国家，所谓的"权力"或国家权力和宏观权力，作为个人权力或微观权力集腋成裘的结果已经不再属于任何个人。过去代表集权的"皇帝新衣"现在可以穿在任何人身上。也就是说今天任何当权者也都是在以平等的身份行使自己的职权，而不可独断专行。另一方面，在权力的行使上，也从过去的野蛮形式逐渐演变为"柔弱"的威慑；从过去对肉体的摧残和剥夺演变为对精神的控制和约束；从过去的政治权力统领一切，逐渐演变成人们固有的生命权力"在控制和主宰着自己的行为和思想"。只是这种生命权力的内在冲动力同样会不断制造矛盾和对抗。这也就是知识和真理日益成为各种权力或权力机构激烈争斗的场所的原因。使得无论是惩罚、规训、全景式监狱，还是技能、知识和真理，都渗透着无处不在的权力。总之，是拥有权利、知识、真理、道德心和正义感的广大公民在逐步实实在在地拥有无往而不胜的权力，而不是总统、将军、大法官或独裁者拥有至尊至上的权力。因此，人们要善于能动地发现、组织和利用微观权力，并逐步树立起微观权力场域的概念以及通过它进行组织、联合与斗争的意识。并在斗争中要明白："如果承认人的世界和人自身是自我创造的产物，那么一个人就不可以也不应该期待通过某些超人的至善力量或邪恶力量将他从自己的遭遇中解放出来，而必须依靠自己解放自己。换句话说，相信自我创造就意味着一个人必须接受自我解放的理念。而且正是无产阶级的自我解放的基本理念，使得无产阶级为了解放作为一个阶级的自身，必须解放整个人类。这是马克思主义的社会主义的基础，因而为了履行这一任务，他的人道主义必须接受斗争原则。这样，马克思主义也就变成一种富有战斗性的人道主义。"①

当然今天的战斗领域，也即当今世界的权力场域，主要是指"科学技术、文化艺术和语言信息"三个最活跃的场域。比如在科学技术场域，由于近代以来科学技术的突飞猛进，不仅推动人类社会进入一个物质文明飞速发展的时代，也极大地提升了科学技术及科技人员和知识公民在国家政权中的作用和地位。结果，在确立权力与知识和真理的内在关系之后，科学技术不仅发明创造了新事物及其蕴含的各种可能性，而且可以通过科学真理、技术能力及其物化的仪器设备和工具逐渐创造和构建一个新世界。在这个构造过程中，人类既是认知主体又是认识对象；自身既受到操纵又是操纵的主体。此时，科学知识不仅反映人类在社会实践中的选择和判断，也将科学真理逐渐转化为科学权力。特别是在人类利用科学技术进行改造世界的伟大实践时，总是既体现了科学中的权力知识十分有助于把世界重构为可能的行动领域，又对人们日常生活中的许多重要问题产生根本性影响。因此现代科学实践，"通过它对各种可作因果分析、可测算的微观世界的建构和理论思考，不仅大大地扩展了我们的科学能力，而且从根本

---

① Adam Schaff, *Marxism and the Human individual*, New York, 1970, p.172.

上转换了我们的政治境况"①。致使现行的权力领域逐渐被科学技术知识所垄断。现有的宏观权力也逐渐在知识公民的权利和权力的双重作用下，日益变成行政管理工作。此时，每一位公民都可以在这个由科技人员、亚科技人员和非科技人员构成的场域里，发挥自己的光和热，为捍卫和维护自身的权利及其正当性作出贡献。

至于文化场域，更是一个复杂的行动者的集合体或各种要素的聚合体。这种由人类的各种社会实践创造和建构的场域就好像一个微观权力的轨迹体系。参与这种场域建构的"行动者或行动者系统，可以被描述为众多的力量。这些力量通过其存在、对抗或组合，决定其在特定时代、特定时刻的特定结构。反过来，每个行动者都通过其在场域中的特定位置得到界定。他的位置性特征（positional properties）就是从这个场域中获得的，因而不能被等同于内在特征"②。也就是说，在文化场域中，公民的权利和微观权力也需要积极地参与和竞争。在这里，不论是文化创造者还是教师等知识分子都应为维护公民权利和争取微观权力的合法性发挥作用，并力争在这种权利和权力的维护与竞争中，能够实现文化场域的自主性，建立与符号权力之间的紧密关系。随着文化场域逐步从政治经济场域中解脱出来，将微观权力转化为符号权力，把现存的社会安排加以法律化和符号化，人们也就会逐步用微观权力替代宏观权力，以更有效地推动文化繁荣和社会文明。

微观权力在以知识经济和话语霸权为特征的 21 世纪，将得到更

---

① 约瑟夫·劳斯：《知识与权力》，盛晓明等译，北京大学出版社 2004 年版，第 264 页。
② ［美］戴维·斯沃茨：《文化与权力》，陶东风译，上海译文出版社 2006 年版，第 143 页。

大幅度的推广和加强。在这个世纪，与作为社会契约的全部内涵的语言相比，眼下还具有至上性的金钱权力将逐渐失去对语言的支配地位，构成语言的一个可以进行说明、支付和信用的方面。而由信息编码和电脑网络构建和支撑的话语权将开始全面支配金钱及其相关的领域。未来，谁掌握语言谁就拥有金钱权力。现代社会是政治高于语言，而后现代则是语言高于政治。由此导致语言将不再只是日常交往、交流或交谈的工具，而成为各种权利、权力和权欲交相争斗的场域。有关公民权利和政治权力之间关系的研究价值也不在于能够提出新的理论和观点，主要在于能否提供一套新的话语体系及其相应的说明和解释以及通过语言符号建构的一种新的政治经济和法律图式。因此现代人面临的关键不是要宏观权力的开明，而是要批判及至推翻借助人为编造的话语霸权对公民权利的统治和侵害。

由此，为了人类美好的未来，一定要利用迄今人类所发明创造的信息技术、网络技术、虚拟技术、人工智能、符号编码、虚拟现实、虚拟社团、虚拟主体等高科技，进行一种抢占话语霸权的宏大事业。要坚信在普遍关注社会权利的现阶段，"自由民主的内涵已经稳步地从公民权利进达公民人格，而且这种进步已经拥有一种永久性的预期。通过社会权利，我们就可以有权去奉献或分摊社会效益，获得诸如职业培训或进入劳动力市场等社会投资。公民权益的这种进展代表二战后的一次重大的自由主义胜利。也推动我们去探索公民权利和社会权利之间的联系"①。并确识广大公民只有强化权利意识，关注微观权

---

① Michael Fix and Laureen Laglagaron, *Social Rights and Citizenship*: *An International Comparison*, The Urban Institute, 2002, p.21.

力，发掘潜在能力和牢牢掌握话语权，才能使自身真正获得解放。

也正是基于对社会诸多领域中权力的性质和功用进行的微观分析，福柯才提出一种"权力压抑说"，认为每个人的思想、行为都受到镶嵌于肉体之内的"生命权力"（bio-power）的支配。只是以前人们更看重国王权力或国家权力，认为只有国家才能够保障人民的生命、生活、健康和安全。然而现实发展的结果却是：狡诈的国家统治阶级改头换面地变革了权力的形式和行使方式，使得近代以来人类孜孜以求的"正义、自由、平等、理性、革命和启蒙"的思想和话语逐渐被生命权力的实践所取代，用普遍作用的"隐秘权力"填补了启蒙运动试图清空的权力位置。而广大公民要想改变这种现状，必须从"这种惩罚和规训的形式变化中"获得启发，并果断地决定：广大公民只有认清权力的本质，强化自身的权利意识，关注和运用微观权力，遏制或中和宏观权力，发掘自身潜在的生命能力，牢牢掌握话语权力，才能够在不断变革的新时代真正地把握自己的命运，使自身的肉体和精神从有悖人的自然本质的外在性统治中获得解脱和释放。

其次，在遏制公权滥用，主要应坚持如下四点：

一要确立公权观念和民主意识。所谓公权就是服务和协调私权社会中关系和矛盾的公众权力。由于这种权力主要是公众所赋予，因此被授官员的职责也必须要将其用于维护公民的福祉和社会秩序。既然如此，任何官员都不可以肆无忌惮地滥用公权，以权谋私，并日益变得贪婪，蜕变为国家寄生虫。他们没有认识到，任何个人都不是一个孤立的、脱离社会给养的存在，都不是一个没有任何视窗的莱布尼茨单子，因此也不能特立独行地仅仅依靠其自由意志行事。"即使他认为自己是世界上独一无二的人，也是由社会造就和以社会存在为前提的。他的决定和选择总是受到社会的制约，为此，即便在存在主义有关'自由'这个词的意义上，他也决不是自由的。"① 因此任何一位官员，不论官位多高都不可以专横武断、为所欲为。而要想遏制滥用公权的现象，就必须实行社会民主，将公权置于公众权利和微观权力的监督之下，反对强权政治。使任何官员都要恪守民主程序，尊重民主政府，坚持主权在民。在民主政治的框架内，确立普选制；坚持依法治国，依法养民；缩小贫富差距，遏制两极分化，增进全民福利。在国家政治中日益加进更多的理性和科学；突出"自然法及法律面前人人平等"等代表人民自由意志的进步理念。完善和丰富民主政治的内涵；坚信只有在民主政体下，才能防止个人专权，保障社会成员的政治自由、经济利益和人身安全，使广大民众安居乐业。

二要全心全意甘当人民公仆。眼下官员腐败的关键就是没有树立全心全意为民服务的公仆意识；忘却群众观念和集体精神；缺少爱国如家和对整个人类情同手足的思想境界。没有认识到个体与群体、自我与社会之间休戚相关、唇齿相依的关系。致使许多官员一不具有"以躯许国、兼济百姓、天下为公"的传统美德；二不懂得当官的义务和职责。相反由于物欲、权欲的无限泛滥，使人越发变得虚伪残忍、巧取豪夺和寡廉鲜耻。其低劣的文化修养和素质根本无法将官僚转变为公仆。其实，一切权力反映和代表的都应是公众的权利和意愿。正像卢梭所言："这里绝没有各种错综复杂、互相矛盾的利益，公共福利到处都明白确切地表现出来。"② 特别是在一个民主政体中，

---

① Adam Schaff, *A Philosophy of Man*, London, 1963, p.67.
② [法] 卢梭：《社会契约论》，商务印书馆 1982 年版，第 135 页。

与公众意愿相联系的集体利益就是个人利益。既然如此，一切官员都绝不可以公肥私，要出以公心地捍卫公众利益。要确信：只有把自我包容在集体之中，自我才能变得真实、充实和富有生命活力。人类文明才能够真正地战胜强权通向人道主义、利他主义和社会主义。

三要贯彻权力即管理的理念。特别是现代权力，实质上就是一种从事决策和管理的智慧与手段。实施权力的目的就是按照自然规律和社会秩序来领导、支配、发挥和使用各个人的能力，并以一种公平原则来分配劳动和享受成果。把权力看作管理，当然不是说权力不再拥有统治权和惩戒权，只是它不再是一种遏制力量，而是一种积极、肯定和创造的力量；且"总的来看，存在着一种将权力意志与求真意志联结起来作为在社会中面对话语时之核心问题的历史趋势"①。伴随这种趋势，那些合乎真理意志的范式、规则和程序便被日益应用到科学管理的控制、组织、调整和再分配中。在这里，权力机构要做的就是把"官员变成经理"。因此，新时代将不再需要那些毫无专业知识和技术才能的无能之辈。它需要能够创造出"大于各部分总和的真正整体和生产力实体"的真才实学者。他们既是创作者、决策者，也是指挥家和执行者。这里，任何一项业务作为一个复杂系统"都不可能由个人来承担企业首席执行官的所有工作，必须由好几个人共同努力，通过团队合作来完成"②，以避免独裁者的滋生。为此，眼下官员亟须将落后的执政能力和管理水准上升到科学层面；遵循科学要求的

① ［美］乔治·瑞泽尔：《后现代社会理论》，谢立中等译，华夏出版社2003年版，第63页。
② ［美］彼得·德鲁克：《管理的实践》，其若兰译，机械工业出版社2010年版，第137页。

公民权利的正当性研究

简约性、精确性、普遍性、公正性和实用性原则，使被管理部门能够获得蓬勃发展的生机。

四要从理论和实践两方面洞悉权力意志的本质。权力意志依靠它的精微和灵动，不仅能够衍生彼此关联的力差，而且能够产生转移到每一种力中的性质。因此，"权力意志既不在于欲求，更不在于索取，而在于创造与给予"①。它是心智的一种意向和选择。在选择中，理性固然会苦口婆心地劝阻，或声色俱厉地禁绝和阻止权力意志逾越界限，结果，意志的创造性还是经常逃脱理性监管下的主体意识，自由地发挥其创造本性。所以，世界作为活生生的现实，本质就是权力意志；就是力在权力意志驱动下的持续游戏。此时，权力意志作为富有激情、感性和创造力的狄奥尼索斯，不仅使人类充满生机与活力，而且常常是导致创新和生成的本质因素。在这里，创造和给予是权力意志的内在本性。正是它作为基础的动力和上升的主观意识推动了人类进步，创造了人类文明；既展现了生命运动的无限性，肉体和灵魂的统一性，也体现了"自由精神性的真正规定"②。

要想充分发挥人的权力意志或自由意志，迄今为止，最好的社会制度保障还是民主政治，因为只有民主才能最大程度展示和发挥每个人与生俱有的自由意志、权力意志和天赋人权，尽管民主政治依然不是最好的社会制度，甚至同样可能演变为暴政。特别是那些被误导的民众，其民主权利的行使常常具有盲目性、非自觉性和被动性，结果同样会使自己的权力失落、自身的权利得不到保障。更何况，通过

---

① [法] 吉尔·德勒兹：《解读尼采》，张焕民译，百花文艺出版社 2000 年版，第 36 页。
② [德] 黑格尔：《宗教哲学》，魏庆征译，中国社会出版社 2005 年版，第 248 页。

少数服从多数的民主形式，还有可能会牺牲少数人的正当权益。然而，民主政治毕竟是经过人类长期社会实践的检验，所选择的最好的权力形式。对此，英国政治学家理查德·贝拉米在其《公民身份》一书中给予了比较充分的论证，指出，对于一个突出多数人规则的民主政体来说，所涉及的公民权利和民主决策，"往往是根据一人一票，并且是根据所收到的50%以上选票的公民的自愿选择来行事。从政治平等的角度来看，这种以一种匿名和中立的方式来进行的民主程序，对所有人的观点都有利，不论你是谁，也不论你相信什么或者为什么你的判断力恰好与其他人是完全相同。当然，这种民主形式也反映了民意的变化和浮动，以至，如果人们对某项运动从60%的反对意见变动为49%的反对意见，和51%的支持意见，那么就会通过相关决议。结果，它赋予所有的观点都予以平等的尊重"①。这种民主和对民主权利的尊重既是公民的自由、平等和权利的体现，也是公民的自我意识、自决能力将概念性的权利和潜在性的微观权力变成现实的行为和实践。正是在这类民主政治中，才可能确立最好的个人权利；才可能最有效地利用蕴藏于社会群体中最复杂、广泛的微观权力，真正实现权利和权力、个体权利和集体权利、微观权力和宏观权力之间的辩证与统一；并进而将这种辩证与统一转变为推动社会进步和民主进程的最强大动力。

①　Richard Bellamy，*Citizenship：A Very Short Introduction*，Oxford University Press，2008，pp.109-110.

# 四、提升斗争意识捍卫权利和权力

权利和权力固然具有自然性和客观性，是每个人必然拥有的一种资格和功能，但是它需要人们的觉识和斗争，方能真正将其潜在性变为实在性。因为在服从生存竞争规律的人类社会，自私性决定每个人都不会自动放弃自己经过努力奋斗获得的权力和特权。对于每个公民来说，放弃斗争就是"放弃自己的自由，就是放弃自己做人的资格，就是放弃人类的权利，甚至就是放弃自己的义务。对于一个放弃了自己一切的人，是无法加以任何补偿的。这样一种弃权是不合人性的；而且取消了自己意志的一切自由，也就是取消了自己行为的一切道德性"①。相反，只有经过斗争，人们才可能获得自己的权利和权力，并真正建立一个合乎自由意志的民主政府。因为人是生而自由平等的，国家只能是自由的人民自由协议的产物。在这样的国度里，即使公民有不服从或反抗的行动，其道德合理性也内在地设定：实施如此行动的人不需要制定专门的"权利条款给予规定"，公民的如此做法是天赋人权。"公民之所以会有反抗行动，一是其所在国家没有一个关于政治权威的合理权项；二是公民反抗涉及的道德考虑击败或重于遵守法律的义务。在这两种情况下，公民的反抗行动都是正确的，因为当他们违反法律时，或是没有采取错误的行动，或是仅仅出自违反法律的美德。相反，如果在一个拥有一种对政治权威的合理权项的

---

① ［法］卢梭：《社会契约论》，商务印书馆 1982 年版，第 16 页。

国家，其公民能够享受一种公开不服从的道德权利，他们也就可以从事这种不服从的行动，即使这样做时，其行动是不正确的。"① 这就是民主国家的公民在法律和道德层面享有的自由。如果这种自由被剥夺，那么被剥夺者就可以用强力夺回自由。国家的主权在民，只有在民主共和的政体下，才可能人人都尽心尽职：公民节制守法，首领公正廉洁，士兵英勇善战，友好邻邦和睦共处，所到之处"既没有浮华虚夸，也没有骄奢侈纵"②。

正因如此，马克思曾坚决主张通过暴力革命消灭旧的生产关系，建立新的联合体来"代替那存在着阶级对立的资产阶级旧社会"，最终在消灭剥削压迫、金融权贵、私有制度、异化劳动和贫富差距的基础上，实现"一切人的自由发展"和人性的全面复归。他深知，一切统治阶级总是希求利用某种虚假意识和政治编造来欺蒙黎民百姓，以达到用"软刀子"征服普遍民众的目的。为此，他发表一系列战斗檄文以揭露当权者的伪自由、伪姿态、伪道德、伪法律及其真正的心胸狭窄、狡黠奸诈；认为正是它们把法权和道德的基础"由人类精神的自律"变成统治者和宗教教条的他律，从而导致"作为这个世界（它受自己规律的支配）的原则的道德正在消失，而代替本质的却是外表的现象、警察的尊严和传统的礼仪"③。其最终目的就是旨在加强统治者的权力和诸多特权，使既得利益合法化。这种合法化的最大欺骗性，就是使生活在现实中的人们总以为现实的法律条文、绝对法规和

---

① David Lefkowitz, *On a Moral Right to Civil Disobedience*, University of Chicago, 2007, pp.202-203.

② [法] 卢梭：《社会契约论》，商务印书馆 1982 年版，第 181 页。

③ 《马克思恩格斯全集》第 1 卷，人民出版社 1995 年版，第 119 页。

道德观念反映着社会正义和永恒真理，而实际上它们只是反映和代表了统治阶级的权力、利益和自由意志。

对此，马克思一生都坚持反对别有用心者用"仁义道德和激昂之情"等为空想社会主义的"优越性"进行辩护。认为这种辩护既不科学，也不现实。在强权政治下，类似"公正、权利、义务和责任"等抽象的大字眼只是在为统治阶级涂脂抹粉。对他们最适合的概念是，诸如"人性的、非人的、剥削、自由、奴役、依附、缺陷、缺点、残酷、见利忘义、腐败、卖淫、金钱关系、私利、专制、排斥、苦难、无能、非自愿的，等等"①。为此，沙夫指出："马克思主义才是一种彻底的人道主义，通过它的理论的一致性，以及它与实践和行动的有机统一性，使它优越于它的所有对手。由此，它吸引了所有被压迫者，这些人不仅在寻找口头上的安慰，而且也旨在从障碍他们幸福道路的每一种东西中获得解放。"②

也正基于这种社会现状，马克思在谈到巴黎公社政权时，希望用新的公务员制度来取代那些国家寄生虫、闲职大员等高位权贵，以便彻底清除国家等级制，让每一位随时可以罢免的公务员都能够在公众监督下工作。这种政权将"一方面取缔国家寄生虫的非生产性活动和胡作非为，从根源上杜绝把巨量国民产品浪费于供养国家这个魔怪；另一方面，公社的工作人员执行实际的行政管理任务，不论是地方的还是全国的，只领取工人的工资"③。至于如何维护农民的切身利益，马克思出自对官僚集团和腐败阶级的憎恶，主张取消各种寄生、

① George Brenkert, *Marx's Views on Ethics of Freedom*, London, 1983, p.15.

② Adam Schaff, *Marxism and the Human Individual*, New York, 1970, p.167.

③ 《马克思恩格斯选集》第 3 卷，人民出版社 1995 年版，第 98 页。

靡费的苛捐杂税；捣毁那些缠绕在农民身上、充满毒液的全部司法的蜘蛛网，以根除或减轻压得农民喘不过气来和难以维持生计的沉重负担。在他看来，在一个腐朽政权的卵翼下，钻进宫廷、内阁、行政机关和军队上层去的人，即便连其中最好的一个，"也都是一群来历不明的流氓；是一群吵吵嚷嚷、声名狼藉的、贪婪的浪荡者"①。他们虽然装出一副道貌岸然、雍容华贵的样子，而在其华丽的服饰和肤浅鄙俗的辞藻与姿势下面掩盖的都是一些污秽不堪的行为勾当。尤其是那些为之涂脂抹粉、大唱赞歌的道德说教者、政治附庸和御用文人，往往都是一些"卑鄙中的最卑鄙者"。他们一个个"爱慕虚荣、夸夸其谈、忸怩作态"，常常"比暴君还要残暴"。对此，他主张对现存社会中的一切都要进行无情的批判。尽管"批判的武器不能代替武器的批判，物质力量只能用物质力量来摧毁；但是理论一经掌握群众，也会变成物质力量"。只有如此，广大公民才能够通过真理性的认识和实践，尽早地摆脱愚昧无知、落后和黑暗，把自己从愚弄和奴役中解放出来。

换句话说，无论何时，一个人要想"实现自我，获得自由，推进人类共同体的完善和发展"，并且把这三种善行当作一个共同体所有成员共同制定的共同目标，那他首先必须做到的就是应当拥有当家做主的权利，而且外在力量没有充分理由不得任意干涉。原因就是三种欲求和价值都是内在的、自由的和终极的善。只是其中自由才最为基本，因为只有自由才真正体现人的存在和本质，才是每个人享有的平等权利，也才能够真正使每个人享有平等的权利，并为其提供正确

---

① 《马克思恩格斯全集》第 19 卷，人民出版社 2006 年版，第 85—86 页。

的行动、义务和责任。这三种善，当然需要人们在日常生活中通过各种实践才能习得。这不仅因为任何美德都不可能"在纯粹的思想领域中发生"；还因为"社会生活在本质上是实践的"①。只有通过实践，才能够使广大民众满足基本的生存需要；其正当的权益才能够得到最终的维护和保证。

很遗憾，自古以来，人们对于权力似乎普遍地情有独钟，以至是经常地费尽心机、不遗余力地去追逐它和攫取它。一旦晋职高升、权力在握，权力的内在本性就发生异化。此时，"市场上货物的营业额、国家间的军备竞赛、民族主义、种族仇恨、宗教争端等基本的社会发展力量都不再顺从于权力意志和服从人类个体的控制，取而代之的是征服人类个体，威胁人的存在，限制人的自由"②。这样，当权者就走向权力恶的方面，很快变得颐指气使、独断专行，尽显官僚主义，结党营私，任人唯亲，知法犯法，滥用职权；接着便是集功名利禄、荣华富贵于一身，日常生活穷奢极侈。其物欲、财欲、色欲、淫欲和权欲极度膨胀，将民众让渡的权力尽情地挥霍滥用；将自己的权利无限放大为没有任何约束的特权。

要想杜绝这种权力异化和对公民权利的侵害，保证每个人的自由、平等和独立自主，让每个人都能够遵循内在的自然法则，而非人类社会中具有压迫剥削性质的霸权，就需要将每个人的思想、行为都归于"生命权"（bio-power）的支配，让政治合乎正义，让民主合乎人心，让经济合乎公平，让行动遵从权利，让权力尊重人性。此时此

---

① 《马克思恩格斯选集》第 1 卷，人民出版社 1995 年版，第 60 页。

② Adam Schaff, *Marxism and the Human Individual*, New York, 1970, p.107.

刻，任何立法或行政机构若侵犯了公民的正当权利或被命名为权利的利益，"就要迫使他们公开地交代他们所追求的目标的合法性与重要性、所采取的手段的适当性，以及权利规则禁止某些作为与不作为的理由"①。使得人类孜孜以求的"正义、自由、平等、理性、革命和启蒙"等思想逐渐被生命权力的实践所取代。而对一系列与政治、法律、权力和科学技术等相关问题的有效解决，也将表明人类社会是如何从古代对人类肉体和精神的疯狂肆虐的权力形式，逐步演化为一种以公民权利和微观权力为主导地位的政治制度。在这种权力形式下，社会全体公民将会通过普遍的权力话语、权力科学、权力规训，来设计自己的政治法律行为，把许多权力实践转变为与公民意志相结合的民事行为。

此时，他们在积极推进从宏观权力进入微观权力的基础上，也将竭力倡导人类社会从阶级政治进到市民政治，从民主政治进到日常生活领域，从对社会矛盾的关注进到对人和自然矛盾的关注，即将关注点转移到"生产场所"及至微观的、人人皆主体的日常生活领域。如此发展趋势将不仅导致意识形态的破碎化、人生观和价值观的个性化，也将对以往的阶级政治、宗教冲突、种族斗争形成一种强劲的消解趋势；进而否定意识形态的阶级性直接决定于经济基础和生产方式的理论体系；解构阶级斗争的残酷方式和二元对立的简单化模式；主张新时代应该从以往的"对立政治转向对抗政治"；拒绝把政治理解为一种令整个人类病痛的恐惧活动。人毕竟是一种懂得爱与知道践行

---

① 史蒂芬·霍尔姆斯等：《权利的成本》，毕竞悦译，北京大学出版社 2004 年版，第 73 页。

爱的动物。以往的阶级对立毕竟是暂时的和局部的，固然在人类社会中还会普遍存在各种矛盾。但是人类利用理性进行自我调节和化解矛盾的能力，将会使得一切对立、对抗都会在不断的冲突、融合与包容中，成为人类生活不断获得刺激和进步的主要形式和动力。

当然，人类还是可依赖某种新的方式生存共处。比如今天人们可以为多元化的民主而斗争，可以进行反殖民主义、反种族主义、反性别主义的斗争。因为我们每个人"总是多样的和矛盾的主体，总是属于多种多样的共同体的居民，总是由多种多样的话语所建构，总是偶然地、临时地在那些主体地位的交合处被缝合而成"①。因此发展多元化民主能够避免危害和牺牲民主的隐患。民主是人性、个性和权利的自然要求，也是现代主体多元性和异质性的反映。任何国家都只有利用民主政治给全体公民提供公平合理的机会，保证生产资料的充分利用和生产成果的公平分配，而不是完全为少数人拥有，才能够最终实现多数人向往的理想社会。因此实现政治民主不仅是全人类的渴望，也是社会发展进步的自然需求。正基于此，拉克劳等人才竭力主张：人类"要以一种保证最大可能的'自决'的方式来'扩大民主革命'"②。特别是面对各种矛盾冲突蜂拥而至的现当代，要充分认识正是诸如此类的社会冲突为一种走向更加自由、民主和平等的社会创造了动力和潜能。它将颠覆以往的生产力决定生产关系的陈旧理念。它将把人类认知和实践的基础从复杂的政治经济结构转移到各种话语层面。因为新的社会形态将更多地符合公民权利、大众共识、人性复归

① Adam Schaff, *Marxism and the Human Individual*, New York, 1970, p.23.

② 周凡主编：《后马克思主义：批判与辩护》，中央编译出版社 2007 年版，第 295 页。

以及最广泛的人文精神。

事实上，也只有"运用暴力缔造一个全新的政治体，从压迫中解放，以构建自由为起码目标，那才称得上是革命"[1]。也只有这种革命才能够真正展现人类的开创精神，创造新的革命形式，激励人们去自由地行动，让生命充满华彩，最终实现自然的意志，完成人类的使命。革命之所以能够实现这种目的，当然不在于它使用暴力消灭了敌人，而是因为它总是内在地包含一种真理，即通过革命创造了一种新的希望和"神示"。因此，真正的人道主义就是保障每一个人都能够成为一个创造历史的独立主体。只有如此，他才有可能真正拥有个人的权利和权力；才能称得上是一位合格的国家公民和真正的国家主人。

另外，权力的无处不在，不仅因为它包含在一切人类的行为中，还因为它处在不断地支撑和创造权利的过程中；并通过某种语言或思想形式将争得的利益表现为某些成员的共同利益。所以，现实中任何人都必须受到某种宏观权力和微观权力的作用与制约。这就决定每个人只有确立和使用某种权力或微观权力，才可能真正拥有自己的权利。只是不能随心所欲地使用，要确信"自由"绝不意指是某种外在约束力的对立面。实际上，在一种复杂的社会关系中和各种要素与合力作用的整体性存在中，"即使你没有受到外部力量的约束，也不意味着没有其他原因能够制约你的所作所为"[2]。所以，不论是微观权力还是宏观权力都不可没有管制和约束。在任何时候，都不能"反对

---

[1] [美] 汉娜·阿伦特：《论革命》，陈周旺译，译林出版社 2007 年版，第 23 页。

[2] Adam Schaff, *A Philosophy of Man*, London, 1963, p.68.

有关自由意志是被决定的说法"。原因就是：从人类社会到宇宙万物都是处于相互联系和相互制约之中。宇宙中没有绝对的自由，失去相互作用，自由也将失去其得以存在的动力。再者，世界上也没有完美无缺和一成不变的事物，任何事物都内在地包含着矛盾和缺憾，一如尼采所言：即使是世界上最美丽的事物，只要它都暴露出来，也就会"变得非常贫瘠"。更何况自由意志，归根结底也是理性人所特有的一种欲求和能力。

**小结：**公民权利，作为一种变化多端和极端复杂的多元化存在，毫无疑问与各种社会因素与自然因素都紧密相关。在今天看来，其中最重要的因素之一，就是与每位公民权利都具有内在统一性、而且为每位公民都拥有的微观权力。换句话说，公民权利的正当性，除了表现为自然性、社会性、合人性、自在自为性及其目的性之外，还表现在权力的微观性、穿透性和存在形式的多样性上。特别是在一个无视民主力量和民主权利的极权国家，广大公民虽然都内在地拥有微观权力，但是这种权力却往往都被当权者置若罔闻。他们只相信暴力，很少相信"得民心者得天下"这个颠扑不破的真理。其实民心民意、民声民怨、民生民安、民脂民膏、民和民力等都是公民权利的微观表现。只有在民主国家，经过千百年的斗争历史，公民权利才逐渐以微观形式发挥作用。国家的宏观权力才逐渐从暴力、武力、强制性、支配性、控制性、排斥性、对抗性、管制性等宏观形式转向和缓的影响、渗透、熏陶、教化、规训等无数细小的作用，最后达到"星火燎原"之势，起到"千里之堤溃于蚁穴"的宏观效果。当然，公民权利并不都是以积少成多、积微而著的形式在发挥作用，而是其转化出来的微观权力就存在和作用于日常生活和社会实践中；就存在于日常的权力、权利、智慧和法律的统一体中。此时之权利和权力好像是空无，实质上是在往日显贵的权力位置出现了一种早就客观地存在着的权力形式。这种微观权力，"不仅涉及新的人学理论，也涉及人的一种存在方式，即涉及自由的一种生死攸关的需要的产生和发展"。

正是在微观层次上，更能确切地体现公民的权利和权力之间的辩证法。也只有在这个层面才能够真正摆脱权力对权利的统治，颠覆"权力高于一切"的历史，摆脱公民权利虚无化的现实，使得权力既能够恢复其服务和管理人的功能，又能够产生和发送真理的效应。要确认任何国家政权都不能把捍卫个人的自由与权利排除在大众民主之外，仅把大众民主、捍卫人权、公民自由等当作一种象征性的权利框架或符号系统，没有任何实质性内容。相反，要通过公民拥有的权利和微观权力来抵制国家机器和宏观权力拥有者对权力或公权的滥用。公民们一定要确信：在国家权力的行使中，无论是惩罚、规训、全景式监狱，还是技能、知识和真理中，都无处不存在和渗透着权力。为此，人们要善于能动地发现它、组织它和利用它，并逐步树立起微观权力场域的概念以及通过它进行斗争的意识。因为权利和权力固然具有自然性和客观性，是每个人必然拥有的一种资格、属性和功能，但是它需要人们的觉识、醒悟和斗争，方能真正地将其潜在性变为实在性。

特别是在服从生存竞争规律的人类社会，自私的本性决定每一个人都不会自动地放弃自己经过奋斗获得的权力和特权。因此对于每个公民来说，如果放弃斗争，就是放弃自由和权利，甚至就是放弃自己的职责和义务。这样一种弃权行为既不符合人性的自然欲求，也不符合自由意志的内在本性；在社会现实和日常实践中，也可以说就是取消了自己行为的一切道德性。相反，只有经过思考、觉醒和斗争，人们才可能真正获得或真正兑现自己的权利和权力。由此，美国学者佩弗基于"自由、人类共同体和自我实现"三个概念，指出，一个人应当拥有自由和独立自主的权利；他人没有充分理由不得对其权利行为予以任何干涉。在一个通过契约自愿组建的共同体中，其成员有权拥有和知悉他们所制定的共同目标和相关的利益与信息。至于"自我实现"更是对自己的权利和实现某种欲求的行为能力的充分肯定。只是这三种价值或者说三种善，只有在人们的社会实践或日常生活中通过后天的努力奋斗才能习得。因为任何美德或至善都不可能在纯粹的思想领域中发生，只有通过社会生活及实际行动才能变成现实；只有通过社会实践和群体性的合作与能动的发明创造，才能够满足广大民众的基本生存需要，及至提升他们的生活质量。换句话说，每一个人"只有根据良心的命令行动时，人才是自由的"①。每一个人也"只有在理性的、道德存在着的共同体中，既尊重他人的权利，又自觉自愿地限制自身的外在自由，人才能够成为人"。此时此刻，全体人民的利益和权利才能够得到最终的维护和保证，并由此激励他们满腔热忱地致力于新生活的设计、新世界的建设和对新理想的追求。

---

① ［英］古纳尔·贝克：《费希特和康德论自由、权利和法律》，黄涛译，商务印书馆2015年版，第78页。

# 第 五 章

# 维护公民权利正当性的基本原则

　　每个人，作为社会的一员，有权享受社会保障，并有权享受他的个人尊严和人格的自由发展所必需的经济、社会和文化方面各种权利的实现。

——1948 年《世界人权宣言》①

---

① 　[美] 林·亨特：《人权的发明：一部历史》，商务印书馆 2011 年版，第 174 页。

毋庸置疑，每个人都有权利维护自身权利的正当性。然而在这一维护过程中，当个人与个人、个人与集体或权利与权力发生矛盾冲突的时候，要想解决这类矛盾，在一个权力至上的国家可以不需要依照任何法律原则，只需依靠强权者的主观意志和国家机器进行强迫、强制及暴力镇压即可。而在一个"依法治国"的国家，在解决相关矛盾时，就需要站在人性和人道的高度，遵循一定的准则、标准和法律条文，公平公正地处理好各类矛盾和事件。其中，基于人类长期的社会实践形成和积累起来的一些具有实用性、合理性、合法性与公正性的基本原则，无疑是规定、判定人类行为的真假善恶、是非曲直以及维护公民权利正当性的最具根本性和普遍性的法律、道德与至善性的根据。比如，德国哲学家奥特弗里德·赫费就曾经针对权利和正义的直接关系，明确指出，"在法规的情况下，切实实行平等正义的社会关系，是维护公民权利的重要保障"。因为在社会现实中贯彻和施行平等正义等基本原则，其重大的社会价值，不仅不是在孤立地起作用，而且其意义是"属于第一层次的而不是第二层次的公正性"①。

## 一、平等正义原则

在法治国家，不论遇到怎样棘手的问题和如何复杂的事件，在其处理过程中都必须遵循平等正义的原则。这不只因为平等和正义是哲

---

① ［德］奥特弗利德·赫费：《政治的正义性》，庞学铨等译，上海世纪出版社2005年版，第45页。

学、伦理学、政治学、法学和社会学中涉及的两个最基本概念，更是因为它直接关系到对整个人类行为的规定、评判、调停、干预和施暴，由此，也是两个最复杂、最难界定和最难实施的概念。尽管在迄今为止的一些权力至上的国家，人们很难拥有和实现真正的平等与正义，但人们还是普遍地认为平等和正义是判断和维护公民权利的两个最具引力的要件和最强有力的杠杆。只是在论证其正当性与合理性时依然遭受多方面困难，而且大多都指向公民身份和权利之间存在的紧张关系。

首先，如果权利是普遍地适用于所有人类，那么在现存的一个特殊的政治团体中的公民和权利维护之间就可能存在冲突。比如正义，雄辩地要求我们对所有人都将以一种平等的关怀和尊重的态度来对待之，可是如果真是这样，就可能在对待自己的同胞或至亲与更多地关注其他人之间存在不和谐。当然，全球性的公民都可以提供一种特殊性的解决方案，但如同我们所见，那只是解决了他自身的那些实用性和规范性问题，而很难解决普遍性问题。其次，尽管围绕人权观念有越来越一致的看法，对公民的核心理念——自由与平等的承诺也日益达成共识，但在一个很大范围内，有关权利仍然存在争议，这就是权利是否能够最好地实现这些价值，与根据它们制定的政策相蕴含。当然，"民主的公民权利已经提供了一种克服这种分歧的方式，这就是借助公民权利自相矛盾地提供了它自己的基础，权利就是拥有权利。然而，如果多数人是以牺牲少数人的利益来追求促进他们自己的利益，那么民主就可能与权利相冲突，从而使它成为一种压制权而不是促进权利"①。

---

① Richard Bellamy, *Citizenship*: *A Very Short Introduction*, Oxford University Press, 2008, pp.78-79.

　　追踪造成这种现象的原因，当然还在于人的私欲、贪欲和弱肉强食的自然规律。既然如此，当群体中一些成员在社会关系和经济利益上"要求自由和平等权利时，为经济基础服务的政治制度也就必将以各种束缚和压制的手段与之对立"。以至，无论在哪里社会成员的政治经济行为都不是自由通行的、机会平等的和公平正义的。这种社会状况随着经济的进步，被压迫人民的觉醒，要求摆脱权力桎梏和通过消除社会不平等来确立权利平等的要求也就自然变为行动，进而演变成大规模的政治革命，反对任何被置于法律保护下的特权，反对被神圣化了的国家政权和意识形态，继而提出消灭阶级和政党的要求。

　　这种对于平等的要求，显而易见，不仅应当在国家的政治领域中实行，还应当在社会的经济领域中实行。看看今天在诸多国家普遍存在的不平等现象，一极是权力和财富的高度集中，一极是无权和极度的贫穷。这种政治经济的两极分化不仅对人的本性产生腐蚀、败坏、分裂和肢解作用，也必将导致更多的人为了满足自己的贪欲采用各种卑劣的手段去积敛财富。这里，既有贱民的偷盗抢劫、烧杀抢掠、赌博卖淫，引发社会动乱；也有贪官污吏、富商巨贾、黑恶势力之间的明争暗斗，滥用职权，贪赃枉法，为非作歹，导致生活奢靡、道德沦丧、罪恶蔓延。从而应了古人名谚："忧劳可以兴国，淫逸可以亡身"；强奸民意，蹂躏弱民，必然民怨政息；奢华无度，贪贿成性，必然导致整个社会的颓败堕落。

　　所以仇视社会的不平等和不正义现象，要求和渴望平等与正义，从来都是"对富人和穷人之间、主人和奴隶之间、骄奢淫逸者和饥饿者之间的对立的自发反应"①。也就是说，渴望平等正义是人的自然本性的要求，是社会公正性的要求，也是公民权利的要求。人们只有首先做到平等和正义，才能保证每个人都获得正当的权利和权力。这正如法国学者勒鲁所言："要确立政治权利的基础，必须达到人类平等；在此以前则没有权利可言。"② 因为平等绝不是一种抽象的词句、一种梦想、一种乌托邦或一种突然荒诞的向往。"平等是一项原则，一种信仰，一个观念。这是关于社会和人类问题的并在今天人类思想上已经形成的唯一事实、正确、合理的原则。"③ 正是这一反映人类自然状态和公民社会普遍信念的原则，证实"我们承认人人都拥有作为人所具有的权利"。为此，当地球上某个角落人类尊严因备受凌辱，而使得公民的平等也遭受损害时，如果有人对公民权利表示异议，我们则可以大声疾呼：这是每一个人都应该享有的权利。我们宣告平等自由，因为我们是人，是生下来就应该享受自由平等和公正待遇的人。

当然，现代社会要实现公民权利的正当性还缺乏平等的条件和现实。因为当下许多国家的公民都还面对着那滋生各种剥夺人类自由和民主的法西斯主义、独裁政府、"第五纵队"等社会强权现象的肥沃土壤，使个人几乎完全陷于一种无意义和无权力的境况。这种现状当然是对传统有关自由、平等和民主等信念的颠覆和挑战。这种信念认为，只要能使个体逃离所有外部的限制，现代民主就会实现真正的个人主义。为此，使得一些人深感自豪：我们没有隶属于任何外部权威；可以自由地表达自己的思想和情感，而且可以理所当然地认为这

---

① 《马克思恩格斯选集》第 3 卷，人民出版社 1995 年版，第 448 页。
② ［法］皮埃尔·勒鲁：《论平等》，商务印书馆 1996 年版，第 72 页。
③ ［法］皮埃尔·勒鲁：《论平等》，商务印书馆 1996 年版，第 68 页。

种自由几乎是自动地保护着人的个体性。"然而这种表达自己思想的权利，只有在我们能够拥有自己思想的时候，它才意指某种内容。特别是来自外部权威的自由，只有当内在的心理条件使得我们能够确立自身个性的时候，它才会是一种持久性的收获。"① 因此自由、平等和正义等反映公民权利的观念和信仰并不是很容易就能变为现实的。正因如此，使得现代社会中的许多国家都仍然像霍布斯曾经描述的那样：到处都发生着丧失理智的激情和敌对利益的冲突。在那里，唯有依靠专制和强权才能建立起一种残酷而又无奈的统治。那么，究竟怎样理解和评价平等正义，又如何才能做到平等正义，以作为维护公民权利的一个基本原则呢？

在近代史上，第一个赋予"平等"以真正含义的人，非卢梭莫属。正是他指出：人是生而自由平等的。"在自然状态下，不平等几乎是不存在的。由于人类能力的发展和人类智慧的进步，不平等才获得力量并成长起来。由于私有制和法律的建立，不平等终于变得根深蒂固而成为合法。此外，我们还可以断言，仅为实在法所认可的精神上的不平等，每当它与生理上的不平等不相称时，便与自然法相抵触。这种不相称充分决定了我们对流行于一切文明民族之中的那种不平等应持有的看法。"② 这种看法就是：作为自然人，在其自由生存的过程中，在体力、智力、能力、心理、情爱和欲求等方面，实质上只存在很小差异。因此他们在政治经济、文化教育、行为实践、生存方式等方面都应享有同等权利，不应有高低贵贱之分，更不应当有种

---

① Erich Fromm, *The Fear of Freedom*, London and New York, 1989, pp. 207-208.

② [法] 卢梭:《论人类不平等的起源和基础》，高煜图译，商务印书馆 1997 年版，第177 页。

族、肤色和性别歧视。要确信所有人都只有一个躯体和灵魂。世界上，"没有犹太人，希腊人；没有奴隶，自由人；也没有男人，女人。大家都是耶稣基督身上的一个统一体"①。因此都有权相爱和友善，共同生活在一个自由理想的社会。至于社会中"朱门酒肉臭，荣枯咫尺异"的不平等现象完全是人类后天所为，是人类智力异化和私有制的作祟。

　　至于如何解决公民权利和人类社会中普遍存在的不公平问题，美国学者杜克的论述不无裨益。他说，在人际间，"如果我们不必求得其他人的承诺与合作，也就不需要严肃地谈论权利的作用和意义。当然，在实践上政府通常都不对他们的主体权利进行说明，而且有效的统治也能够在仅仅通过垄断性力量的相互结合而得以实施。然而在开拓者自身的群体内部，将必然存在一种持续性对话，在对话中，牺牲、冒险和基本权利都将根据一些期待公平的和由他们所分享的事物的概念而得到平衡。当这种对话被限制在少数部门时，社会的大多数部门将无视其说明，因为他们没有权利使得他们的主张得到公平的对待和结果。我们当然可以说，这种制度是不民主的，因为统治阶级的幸存最终是依赖于强迫那些其权利不受尊重的人顺从他们统治的能力。而哲学的任务就在于澄清：怎样的社会关系才可能是公平的，针对这个问题，将要提供一个标准，依据这个标准，我们就可以在那些被强加给公民和非强加给公民的合法的民主需求之间进行划界，……从而使权利的正当性与合法性主张可以得到确立"②。

---

① 　[法]皮埃尔·勒鲁：《论平等》，商务印书馆1996年版，第128页。
② 　D. F. B. Tucker, *Marxism and Individualism*, Oxford, 1980, p.147.

当然，上述只是杜克的一种理论设想，现实中，解铃还须系铃人。其法宝就是通过斗争去除各种不平等现象，创造各种就业和创业的平等机会，要求政治上的自由、平等和民主，去除分配不公，消除劳动异化。那么如何消除作恶多端的异化呢？关键就是要建立一种能够彻底清除国家等级制和特权制的政权形式，"以随时可以罢免的勤务员来代替骑在人民头上作威作福的老爷们，以真正的负责制来代替虚伪的负责制"①。"从统治社会、压制社会的力量变成社会本身的生命力；这是人民群众把国家政权重新收回，组成自己的力量去替代压迫他们的有组织的力量；也是人民群众获得社会解放的政治形式。"②让公民以公仆身份代替官僚统治，还普选权于人民，真正实现人民当家做主。这种权力形式将大批国家寄生虫排除，建立一种自由联合的劳动组织以充分发挥社会经济规律的自发作用。

此外，还要努力建立一个廉价政府，取消各种国家机器的昂贵费用；努力揭露和消除意识形态对人的欺骗；论证民主社会创造自由平等的必然性。坚信正是私有财产使人变得愚蠢片面、残忍贪婪，丧失人的个性。只有砸碎旧的国家机器，废除私有经济、官僚政治，才能改善广大民众的生活条件，创造自由民主的政治；克服异化带来的屈从和统治的社会关系。要人在现实中从事自我实现的活动，而不是迫于生存出卖体力；迫于谋生丧失正义，心甘情愿地忍受失业和贫困；而要通过斗争实现自身解放。正因如此，当今世界性的公民权问题都与应该如何善待自己的人类同胞紧密相关。从天赋的自

---

① 《马克思恩格斯选集》第 3 卷，人民出版社 1995 年版，第 96 页。
② 《马克思恩格斯选集》第 3 卷，人民出版社 1995 年版，第 95 页。

然法则到人性、历史和理性等各种源由都被赋予这些权利，并依据这些不同的源由与各种道德价值和法则相连接，由此形成诸多广为流行的理论。尽管其中许多理论已经过时，但人们还是注意到："这些理论依然都非常严肃地试图阐明这样一种基本的直觉，即所有人都有权接受一定程度的关心和尊重。作为结果，当然存在某些没有任何人应该为另一些人去做的事情，而且我们应该为所有人寻找能够使其过上体面生活所需要的条件。因此，一方面，权利寻求限制我们去为其他人可以做的事情。这些权利通常包括：标准的公民权利应该反对被侵犯或被折磨、或没有任何正当程序就被拘留或惩罚等一类行为。另一方面，权利表明是对支持的需要而不只是忍耐。有关健康、教育和物质生活的最低标准的社会经济权利都常常以这种方式为特征。"①

　　当然社会变革、文明进步还需要一个过程和时间，而且总体上，人类总是不断地远离和超越动物，向着更人性、更文明、更自治、更自由、更平等和更民主的方向发展。因此进入 20 世纪后，一种基于工业文明成就的新感性和起源于结束自我推动的生产性的新文化的问世，将不仅不是对以前的文明阶段的倒退，而且是人类现实生活中的一种想象性的时间进程，也即现阶段社会文明的进步。因为正是在这里，"人们已经懂得追问是什么缘故和为了谁使得他去组织社会。在这个阶段，他制止甚至是停止他为生存而不断进行的规模不断扩大的斗争；调查那通过几个世纪以来的悲惨屠杀和无辜牺牲造成的后果，

---

① 　Richard Bellamy，*Citizenship*：*A Very Short Introduction*，Oxford University Press，2008，p.79.

并认为人类已经到达这样一个时代，完全可以享受他已经拥有的东西以及通过最低程度的劳动异化能够再生产和再精练的东西。这不是技术进步的停止不前，而是它的若干特征的消失，正是这些特征保持着人类对工具仪器和生存斗争日益强化的臣服，即为了获得更多地被出卖的商品，人们不得不更加努力地工作。换句话说，实实在在的电气化以及所有减轻和保护生命的技术设备，所有解放人的能量和实践的机械化，都是旨在服务人类"①。只是由于科学技术的异化，使得那"比金子的价值更高"的公平正义原则，依然是今天人类从理论到实践关注的重大问题。

那么究竟何谓正义？怎样的行为才谓之为正义？正义究竟"是强者的利益"还是惠及整个社会的一种道德伦理？它究竟反映的是人类社会中存在的"助友害敌"、"路打抱不平"或"为朋友两肋插刀"的献身行为，还是普遍存在于生命界的生存竞争现象？对此，我们有必要清理古希腊以来学者们持有的相关理念和思想。比如在苏格拉底看来，从社会现象上看，的确"欠债还钱就是正义"；"与人为善、不与人为恶就是正义"。但这毕竟表达的只是正义的具体行为和案例。若从概念的普遍性上看，正义就是给每个人以恰如其分的报答；就是通过社会契约或法律强制形式实现利益主体间的协调和平衡；或者就是"平等地对待平等者；不平等地对待不平等者"②。在这里，每个人都能够得到他应该得到的好处，避免一些人获得他不应该获得的利益。此时，每个人都可以贡献和得到一些东西；使"每个人都觉得这

---

① Herbert Marcuse, *An Essay on Liberation*, Boston, 1969, p.90.

② ［美］约翰·凯克斯:《反对自由主义》，应奇译，江苏人民出版社 2003 年版，第 160 页。

样有进有出对他自己有好处"①。这种做法既显公平，又合乎正义；既能维持人际间的正常交往和友谊，也能推动社会的和谐与文明。

也正因如此，这种从古希腊就沿袭下来的公平原则，在迄今为止的奥林匹克运动会中一直得到很好的继承和展示，比如"当代受欢迎的奥运冠军卡罗琳·克鲁夫特就展示了一种公平的交易运动。证明公平交易对于一个消费者来说是一个很好的利用自身力量的方式。当那些年轻漂亮的模特和明星利用几乎是裸露的姿势来支持善待动物的活动时，她们便获得公众的关注。甚至米老鼠也进行这类活动全力支持迪士尼娱乐帝国宣传有机牛奶。这些活动使人们得以窥见名人、企业、活动家和全球标签方案是怎样证明消费品在寻求可持续生产和消费的责任。它们亦反映出有关公民在日常生活中是如何关注这个星球的理念"②。

当然这种正义也通常都是朴实正直之人的善行善举，而非伪君子的伪作欺骗。因此正义者通常都能够做到为他人利益鞠躬殉道，死而后已；甚至是经常冒天下大不韪，坚持正义勇敢前行。这样，正义者的正义之举就常常是对己无利的行为。而自私自利的不正义者却常常能够风生水起，步步高升，一如阿得曼托斯所言："名利多作恶，举步可登程；恶路且平坦，为善苦登攀。"③ 然而现实中还是有更多的人相信，正义之举总会开花结实，犹若"高举正义，五谷丰登，大地

---

① ［古希腊］柏拉图：《理想国》，郭斌和、张竹明译，商务印书馆1996年版，第58页。

② Michele Micheletti, Dietlind Stolle, *Sustainable Citizenship and the New Politics of Consumption*, The Annals of the American Academy of Political and Social Science. Oct. 2012, pp.88-89.

③ ［古希腊］柏拉图：《理想国》，商务印书馆1996年版，第52页。

肥沃，果汁沉沉"。正义之为总会得到赐福，荫及子孙。不义之为也总会得到报应，祸害后人。因此，正义总会鞭策人要"存善去恶，抑强扶弱"。因为正义的本性总是内在地与智慧、仁慈、善良、勇猛和刚烈等品质相结合，共同构成一种战胜邪恶的强大力量。在这个意义上，正义就是智慧、至善、真理和美好的人格。

正基于正义有如此丰富的内涵和作用，今天人类对平等正义的认识又得到提升。比如罗尔斯在其《正义论》中就宣称："正义是社会制度的首要德性。"而凯克斯则指出："正义应被理解成一致性和应得的结合。一致性要求类似的情况类似地对待，不同的情况不同的对待。应得提供了评价相似性和差异性的基础。这个基础就是与接受者的道德上的优点或缺点相称的分配利益和伤害。道德上的优点和缺点被理解为就人的特性、关系、协议或行为而言，使它们适合他们应当得到的相应的利益或伤害。而适当性的评价力量来自正义是作为宇宙正义的替代品起作用的理想；一种要求社会制度、政治纲领和个人努力通过使生活的德性和满意彼此相称以使生活成为良善为目标的理想。正义的要求既不是无条件的也不是压倒性的，而是自明的。"① 当然，罗尔斯不承认这种"应得性"的正义论。在他看来，正义的制度不承认权利与应得的任何联系。因为这里的确存在一个何谓"应得和不应得"的问题。解决不好这个问题，就会回到动物世界的"弱肉强食就是正义"。然而人类与动物的区别就在于人有善性和善行。人类能够认识到"上天不公"造成的人生俱来的不平等。而正义不能完全

---

① ［美］约翰·凯克斯：《反对自由主义》，应奇译，江苏人民出版社 2003 年版，第169 页。

不顾社会中的大量不平等现象。正义承认"不应得的不平等应给予补救。既然出身和天赋的不平等是不应有的，那就应该以某种方式对这些不平等予以补偿。这样，……为了平等地对待所有人，社会必须对具有较少先天禀赋的人和生来社会地位就不太有利的人给予更多的关心。这种观念就是要按平等的方向补救偶然因素所造成的偏差"①。

这也就是说，谈论正义，不能离开平等，不能背离公平，不能回避有各种自然因素、遗传因素或后天的人为因素，也即天灾人祸造成的差异和不公。正义不是一个抽象的、空洞无物的概念，它的内涵就体现在如何公平地对待人的社会性、历史性和现实性。只有考虑如此多的层面，才能站在平等的高度实现与正义的统一性。因此，无论何时，人们都不能够离开平等只谈"应得和正义"。正义也是一种社会概念和道德范畴，体现和反映的是人际间的一种行为关系、利益关系和生存关系。当然，也不能离开正义和应得，一味追求概念上的平等和道德，无视现实的差异性。要认识到差异也是一种自然现象。承认差异，是承认个性、个体和特殊的前提。没有差异，也就没有所谓的平等和不平等，正义和不正义。既然差异是客观存在，那么在承认差异性的基础上，再讲平等，就不会陷入"平等主义或平均主义"。因此正确处理好平等和正义的内在关系，同时把平等和正义原则作为判断公民权利正当性的基本原则，至关重要。

只是在如何判断平等正义的问题上，仅靠抽象手段或简单多数主义并不能解决问题。为此，美国学者诺兰·麦卡蒂（Nolan McCarty）

---

① ［美］约翰·凯克斯：《反对自由主义》，应奇译，江苏人民出版社 2003 年版，第171—172 页。

在《政治博弈论》等论著中指出：当代，"博弈理论的应用在政治学中并不像在经济学中那样发展快速。这种发展不平衡的结果之一就是大多数想学习博弈论的政治学家被迫依靠经济学家撰写或为经济学家撰写的教科书。虽然有许多优秀的经济博弈理论文本，而它们对相关主题的研究也往往不适合政治学家的需要。首先，也许是最重要的一点，就是应用程序和主题通常都是那些经济学家感兴趣的对象。例如，它并不总是明显地关注政治学家的双头垄断或拍卖理论告诉我们的那些政治现象。其次，有一些类似投票理论的论题是政治博弈论者不可或缺的话题，但却很少被经济学文献所接受"[1]。庆幸的是，今天许多政治学家都开始把博弈理论、数学以及需求曲线、边际替代率等知识用到政治学的研究及实践中，使社会政治领域中的权利、平等、正义、公平等问题，在科学化过程中，日益获得更加精确性的认识。

## 二、自由快乐原则

不论是讲权利观念还是讲道德意识，都绝不能放弃自由和快乐；"绝不能把幸福这个环节从它的绝对目的中排除掉"[2]。因为在构成权利的诸多环节中，自由快乐不仅是其中的重要一环，甚至是最具本质性的一环。比如自由，作为人类生存、人类思维、人类精神、人类认识和人类实践的固有属性，既是每位公民应该拥有的基本权利，也十

---

[1]  Nolan Mc Carty, Adam Meirowitz, *Political Game Theory*, Cambridge University Press, 2006, p.1.

[2]  [德] 黑格尔:《精神现象学》下卷，商务印书馆 1983 年版，第 127 页。

分有助于保护社会正义和公民平等。正因如此，迄今绝大多数人依然相信："在道德上有着重要意义的自由，例如言论、宗教和信仰的自由，在重要的个人事务上的选择自由等，除非在最极端的情况下，都应当得到维护。"① 其中，特别是美国前总统富兰克林·罗斯福提出的四大自由（four freedoms），即言论自由、信仰自由、免于匮乏的自由和免于恐惧的自由，之所以至今仍是世界上许多试图走民主政治的国家锲而不舍的目标，根本原因就是：公民能够自由和坦诚布公地表达与自身相关的权力与利益的意见，这既是一个国家或政体施行政治民主的一种形式，也是它们践行公民权利的一种体现。为此，今天任何一种生存论都主张：为了摆脱迄今人类面临的各种困境和灾难，不仅要把人学的目标确定为争取人的权利，恢复人的尊严，强调人的价值，推翻各种权力及其导致的异化、物化和外在化对人性的压制，而且要发动一场"日常生活的革命"，将人类社会长期存在的"毁灭的狂热转化为生活的狂热"②。

要时时刻刻地告诫人们：自由与真理、正义、幸福和快乐有着密不可分的联系。没有自由、自由的独立自主性、自觉自愿性和大胆冒险的特性，没有人类对真理的认识以及总体的、完整的人格的自发活动，人类就不可能解除往日普遍存在的"存活的痛苦"，并在充分展现人的权利本身所包含的自然性、生物性、社会性和精神性的基础上，能动地将自然万物换成人类生存应该享受的自由和快乐，从而构

---

① [美] 罗纳德·德沃金：《至上的美德》，冯克利译，江苏人民出版社 2012 年版，第120 页。
② [法] 鲁尔·瓦纳格姆：《日常生活的革命》，张新木等译，南京大学出版社 2008 年版，第 205 页。

建起一个生动活泼和多姿多彩的世界。为此，人们不仅"必须晓得真理，真理必叫你们得以自由"，而且"人们必须挑起自由的重担，没有抛弃这副担子的权利"①。只有自觉地将自由置于自我实现过程中，使自己与他人和自然统一起来，真正达到人际间的合作，实现普遍意志和个别意志的协调，确识自由不是一种无意识的本能状态，而是一种具有确定性的精神和道德；确识自由不只是与自己发生关系也是与整个外部世界发生关系的特定存在；如此，才有可能真正实现义务与现实之间被设定的和谐；才能够使自身完全从自我意识中解放出来；才能够"让个人的'生活计划'得以实现，让他们有能力去'创造自由的生活'，去'追求自己的设计'，去'达到他们所认识的善'"②。在这个意义上，没有人的认识，就不会有人的自由，从而证明自由和人类认识的统一性，如此一来也将证明："自我意识愈自由，它的意识的否定性对象也就愈自由。"③

这种自由，实质上就是具有一般性、现实性和能动性的道德意识。故谈论自由不能离开道德和幸福，不能离开隶属于自然和社会的规律和进程。自由并不只服务于个别目的，而主要是服务于整体的、类的目的。没有整体的、类的自由，个别的自由或是特殊的自由就会失去意义，因而也不会成其为自由。

因此自由可以属于任何人，对每个人都是天生的好东西，就像水和面包为任何人所不可缺少。这也是裴多菲的著名诗句"生命诚可

---

① ［俄］别尔嘉耶夫：《自由的哲学》，董友译，学林出版社 1999 年版，第 199 页。

② ［匈牙利］安东尼·雅塞：《重申自由主义》，中国社会科学出版社 1997 年版，第 35 页。

③ ［德］黑格尔：《精神现象学》下卷，商务印书馆 1983 年版，第 126 页。

贵，爱情价更高，若为自由故，二者皆可抛"，能够始终激励人们为革命英勇献身的根本原因。说明人们的一切作为归根结底都是为了自由。只是有人为了个人或少数人而战，有人为了被压迫、被剥削的人民大众而战。但不管为谁，自由都是人类生存的必需品，它自身并不是恶。谁拥有自由，谁就像拥有货币一样，拥有了能力和财富。

既然如此，人作为一种能够觉识、理解和知道享受欢乐与幸福的高级动物，"就必须承认一切行动的必要和基本条件就是行动着的存在的自由"①。没自由，既谈不上人的存在和权利，更谈不上人的快乐与幸福。因为"人类的历史，不仅是生长着的个体化的历史，也是生长着的自由化的历史。这种对自由的追求不是一种形而上学的力量，也不能用自然规律进行解释。它是个体化过程和文化生长的必然结果。独裁主义制度既不能废除人类追求自由所创造的基本条件，也不能根除对这些条件所滋养的自由的追求"②。正基于此，古往今来的学者都把自由当作人的存在和本质的主要构成，一如全世界的人民都把自由当作人生的目标而为之努力奋斗。在这里，不只是哲学家和政治学家十分看中人性中和人类生活中的自由，甚至许多宗教学家也把人的自由上升到政治的高度，认为"宗教生活中的自由是个义务。人必须负起自由重担，没有抛弃这副担子的权利。上帝只接受自由人，只有自由人才需要上帝"③。因为自由不只体现着人或自我的自觉性、主动性和自我完善性，也同时规定着人的本质和本性。正是"人的自由先于人的本质并且使人的本质成为可能。人的存在的本质悬置在人

---

① [法] 萨特：《存在与虚无》，三联书店 1987 年版，第 561 页。

② Erich Fromm, *The Fear of Freedom*, London and New York, 1989, p. 206.

③ [俄] 别尔加耶夫：《自由的哲学》，董友译，学林出版社 1999 年版，第 199 页。

的自由之中，因此我们称为自由的东西是不可能区别于'人的实在'之存在的"①。在这个意义上，也可以说自由就是人类特有的一种制造自我、超越自我、成就自我以及能动地进行选择、淘汰和自发成长的能力与可能。正是自由和人的生存状况之间具有直接和内在的关系，因此任何情况下人世间都存在不可镇压和不可磨灭的自由。

上述自由当然是指人类与生俱有的纯粹的意志自由。而人们在日常生活中见到和施行的自由，则主要意指人在复杂的社会关系中和具体事件的情境中所做的自主性选择，因为只有在自我意识进行的选择或抉择中，自由才可能从纯粹的观念性存在变为现实，从而体现它的价值与意义。因此，就纯粹的自由概念而言，自由绝不指谓某种自由的目标或结果，而是指谓某种本能、冲动、意向、创造和选择。当然，这不是说我们只能讲行动自由，不能讲意志自由。相对于行动，体现人类本能和欲求的意志自由永远是决定性的力量和因素。也只是在意志自由的前提下，我们才强调自由的本质是"我的自由"，才称谓自由具有绝对性、实在性、普世性和不可剥夺性。然而在现实的日常生活中或社会实践中，任何人都需要顾及他人的利益和存在。因此谈论人的自由无论何时都不能离开具体的社会环境和所处场景。这也就是说，任何时候都不存在绝对抽象的自由和权利。

既然人在任何时候都不可能孤立地存在，他也就必须与他人共在。所以，人，不论是从社会学、生态学或生命有机体的角度来看，都是一个与他者、他物共生共存的整体。这也就意味着孤独者只有变成一个社会人，才能真正存在和生存，由此才能真正领悟他人他物存

---

① [法] 萨特：《存在与虚无》，三联书店 1987 年版，第 56 页。

在的重要性。不过，这样一来也就使人从相互依存和互惠互利中，逐渐地转入相互对立和相互间的争权夺利与尔虞我诈中，并使得一些人顺理成章地将自己的成功和幸福建立在别人的失败和痛苦之上。

正基于此种现实，康德才说"所有的自由概念也都包括它们自身的不自由内涵"；并在个人和社会的层面，以一种特别可悲的样式将自由戏剧化。这就是"康德与追随他的唯心主义者一样，不能接受那种没有强制力的自由"①。在他看来，尽管自由在今天仍然幸存着，甚至因为它的抽象性，使其内容只变成一种平等主义的理念，然而在义务和普遍规律的纯粹形式体系中，依然能够常常看到启蒙运动以来所存在的残忍性和压迫性。更何况，自由一如同样抽象的普遍性，为了存在，也需要偶然材料的支撑。这从辩证法的高度上讲，自由与机会具有相同的含义。既然如此，人们就不应该在任何时候都相互敌视，互不合作，进而发展为一种极端的争斗。而要充分认识和重视：正是人们相互间的共在关系，塑造和培养了自己。否则"自我"就永远不能变成"我们"；"个体"就永远不能结合成"整体"。当然也就不会有彼此间所要承担的责任、义务和由此产生的公平正义。

因此在日常交往上，每一个人都需要做一个宽宏大量的人，要尽可能地相助他人。不要像一些政治家那样权欲、私欲高度膨胀。那是一个道德上可悲、可怜和龌龊的群体，应该受到人们的普遍谴责。他们往往散发的都是一种令人作呕的臭气。人们要清醒地认识哪里有独裁者对人的自由侵害，哪里就没有人的权利、快乐和幸福。一切有

---

① Fredric Jameson, *Late Marxism*, London, 1990, pp.80-81.

正义感和责任心的公民都应当主动担负起捍卫自由权利和社会公德的责任；尤其是要想阻止一场革命运动蜕变为暴政，就首先应该参加战斗。这是获取权利，拥有政权，"拯救社会于完全毁灭的唯一的和最后的手段"，也是"实现私人自主的一种手段"①。这种手段，对于个人来说，也许会因为付出和奉献而有所损失甚至会牺牲自己的生命，然而对于整个社会和广大民众来说，却是获得福音的必要行动，也是公共自主所包含的一种内在价值。

当然，随着时代的发展、文明的变迁以及人类日益面临的诸多困境和危险，人民群众采用的斗争形式也应当是多元的。比如西方马克思主义者马尔库塞通过对 20 世纪发生的两次世界大战的沉痛反思，就主张人类未来最迫切要做的大事，就是要规避暴力，消除恐怖，杜绝战争。至于如何解脱困境，化解矛盾，如何才能够马放南山，刀枪入库，他选择的方式就是"艺术革命"。他不仅认为艺术和审美是修复人性和完善人性的最重要途径，而且"将美看作是人类自由的本质特性"②。因为艺术和审美不仅能够给人们带来心理和情感上的快乐，使审美主体在审美对象中得到认可与肯定，而且也只有变化多端的艺术形式和审美形式才能够由于观赏者理解它的方式的不同而拥有不同的特性，从而充分体现人的欣赏能力的多样性和人的知解力的自由性。也正基于此，"每一个个别的观赏者都能在他从其中获得快乐的客观对象中，发现存在于他面前的美"③。由此也证明，"美只不过是审美主体的某种主观反应所具有的愉悦性的投射而已"，而且正是这

---

① [德] 哈贝马斯：《包容他者》，曹卫东译，上海人民出版社 2001 年版，第 118 页。

② Herbert Marcuse, *An Essay on Liberation*, Boston, 1969, p.46.

③ [德] 莫里茨·盖格尔：《艺术的意味》，艾彦译，译林出版社 2012 年版，第 86 页。

种反应和投射将自由和快乐的有机结合，成为衡量人生意义和价值的重要标准，成为评价、界定和坚持人权或公民权利的重要原则；并真正地显示出审美主体对审美对象的超越和对一个被意识所颠倒了的世界的扬弃。

此外，这种艺术革命也如同政治经济领域中发生的革命一样，不仅会带来人的感性认识、观念形态和审美欲求上的巨大变革，也会由此反对那些基于满足人的各类私欲和贪欲而形成的劳动异化、技术剥削以及一心求富索贵、高人一等的利己主义和个人主义。当然，这种革命也会把"平淡无奇、安然无恙、修身养性、返璞归真"的生活方式当作自身追求的目标和实现的理想，并由此反对迄今仍然日胜一日的高生产、高消费、高浪费、高污染以及在所谓的"物质生活得到极大满足"的理想中所遮掩的精神的匮乏。因此在艺术革命中，"道德的和美学的需要将成为基本必需的需要"①。只有把这种需要当作人的最根本需要，才能够彻底解决目前人类面临的诸多问题；才能够站在人类天生就拥有的自然权利的高度，通过建立自然与人的和谐，以真正实现人的自由，消除人的不快。

再者，人也只有通过审美才能够将自身置于幸福和快乐的甘霖之中。这不仅因为美的最高境界就是追求快乐，感觉愉悦对于人性的改造在本质上具有革命性功能，及至"我们的知觉不光需要活力和刺激，同样也需要延宕和宁静的领地"②。还因为美也是一种强大无比的破坏力和冲击力。尤其在社会现实中，发生在个人、国家或诸多民族

---

① [德] 马尔库塞：《反革命和造反》，商务印书馆1982年版，第93页。
② [德] 沃尔夫冈·韦尔施：《重构美学》，张岩冰等译，上海世纪出版集团2006年版，第34页。

身上的无数的悲喜剧和重大事件，其根源就是人类与生俱有的对美的
那种不可遏制的向往、渴望、追求以及由此引起的全部争端和造成的
全部悲剧。在这个意义上，也可以说没有美，就没有人生和人类，甚
至也不会有现实中人类处心积虑的争权夺利以及对美好事物与家园的
投入和建设。

当然，美的主要功能就是能够给人类带来一种感觉、知觉、情
感和心理上的愉悦，给人塑造一个自由、惬意和快乐的世界。但也
正是这些功用同时能够驱散充斥于人间的痛苦；能够消融由"智慧
人"造成的苦恼；能够调节疲劳的理性和希求得到满足的感性之间的
矛盾；摧毁现实中那些杂乱无章乃至龌龊不堪的现象。因此用美来愉
悦人类不只是艺术的职责，它也会征服和减少现实社会中，由贫困、
动乱和癌症等人为因素带来的近乎不可遏制的属人的弊病。而如此功
用，即"减少和清除它们也就是生命的解放，也即另一种解放性的
改造"①。

然而要想真正解放人类，绝不是可以仅仅通过物质手段就可以
达到目的的。当然从精神入手，人类已经进行了几千年，特别是宗教
真理和宗教精神所推崇的禁欲和无我无物的崇高境界，迄今还一直与
人类社会中仍然在漫延的物欲、财欲、贪欲、权欲和淫欲等"污泥浊
水和香风毒气"在进行激烈斗争，遗憾的是，这似乎并没有取得多大
的成效，更没有取得决定性的胜利。相反，宗教战争从未间断，尤其
在那"神圣的中东地区"至少自"十字军"东征以来，延绵了一千多
年，似乎依旧是愈演愈烈。致使从尼采到马尔库塞等人都试图通过艺

---

① [德]马尔库塞：《单向度的人》，张峰等译，重庆出版社1988年版，第202—203页。

术，通过那令人兴奋的审美形式或直接的感性所展现的美的愉悦、炽热的情怀以及对肉体痛苦和心理疾病的排除，以恢复和壮大自然界中那些催促生命的力量和在激烈的竞争中艰难存在的审美特质和审美性能；揭示自由即是至真、至善和至美的崭新性质，以实现久被诡谲的理性和无限膨胀的欲望污染和搅乱了的人性的最终解放。

由此，萨特，提出一种"自为自由论"，主张：自由作为自为的存在和能动的意识，决定着人的存在和本质，是人不可避免的属性。不管一个人愿意与否，只要他是人，就注定是自由的，是被放置于自由之中的。自由迫使每一个人都去自我选择、自我造就。当然每个人都有权利使用或放弃自己的自由，但无论怎样都是他的自由选择。他始终是一个利用自由使自己得以独立自主的存在。他必须不断地通过自由的选择来完成自己的实在，获得自身的本质。因此每个人都应该也一定都是在走自己的路，拥有自己的法律，否定先验的本质和传统道德，否定决定论和必然性。一切自由都是一个不间断地否定、超越和虚无化的过程，都是主体意识作出的自主性选择；都是自我思虑和谋划的结果，是不断地以新的谋划替代旧的谋划的结果。因此一个人"除去他自己所造成的人之外，他不是什么别的"。这就是人之自由的绝对性。只是我们要清楚这种绝对自由仅仅是针对人的自我意识的能动性而言的，而不是针对人与外部事物之间的关系而言的。倘若就人与他物的关系而言，人的自由不仅要受到空间范围的限制、时间历史的限制、生命跨度，即必然死亡的限制，而且要承担由自由所必然产生的对自己、对他人、社会，以及整个世界应尽的各种义务和责任。

换句话说，"命定是自由的人，要把整个世界的重量担在自己肩

上，作为存在的形式，他要对世界和自己负责"①。因为他就是他自己
和他的世界的作者，在他不断自我否定的过程中，受到的阻碍、遇到
的麻烦和威胁都是由于他的自由谋划导致的。整个世界对他的敌对性
都是起因于他的自由性。一个人在任何时候都不要以任何借口逃避责
任。因为生命的绝对责任不是别人或外部力量强加的，而是我们的意
识或意志固有的自由的结果，是我们自身的逻辑要求。即便一个人想
逃离某种责任，也要对他的这种自由选择负有责任。因此人由于自由
而来的责任是根本无法推脱的。这是个人自由和个体实践往往具有一
种能动性和积极性的原因，也是个体实践自由与社会历史决定论之间
存在不可调和的矛盾的原因。

由于群体或社会总是迫使集合的个体来否定自身，使得每位个
体在这种否定的内部可能转而被一种有组织的自由实践用来作为反对
他人自由的工具，因此一种社会实践或共同实践总是经常利用个体自
由作为中介而转化为扼杀自由的暴力，使统一的自由带有消极的和独
裁专断的性质。自由作为有组织的实践从其真实的目标出发的简单的
肯定规定性，表现为使必然性解体的必然性。如何才能从有组织的实
践中挽救个体自由？这需要从"自由的梦幻"中清醒，投入为自由而
战的斗争。文人要拿起笔，士兵要拿起枪。每一个人都必须是一个捍
卫自由的卫士。一个人绝不能把自由和真理仅仅挂在嘴巴上或锁在象
牙塔里，要意识到人的存在必须有直接的社会行动，是一个直接的社
会行动者。无论在哪里，只要侵害了人类的自由，都要与之进行艰苦
卓绝和持之以恒的斗争。自由决定着人性，也决定着人的生活理想与

① 〔法〕萨特：《存在与虚无》，陈宣良译，三联书店 1987 年版，第 708 页。

目标。人活着就是为了个人自由以及全人类的自由进行不屈不挠的行动。也只有这样，人们才会感受到或发现自由，才会获得对自由本身的意识，才会在焦虑中发现自己是价值的唯一源泉，并证明"人的实在是一种在他的存在中与他的自由有关的存在"[①]。

# 三、责任义务原则

由于权利与责任和义务具有一种内在关系，因此责任和义务也是维护和捍卫公民权利的一个重要条件和原则。只是在任何时候都不能将这三者关系形式化，而要从辩证法的高度予以规定、阐述和实践。比如在一般人看来，权利大体上可以划分为自然权利和社会权利两大类。对于前者通常都能够以某种方式普遍化，对于后者则不能。比如我们每个人都可以通过简单的规避行为，而尊重每一个人拥有的不被强奸和谋杀的权利，但它不久就耗费了那些企图给所有需要者提供救助的最富有者的资源。那些遵从这条路线的人认为在自己的权力范围内，在很少或者几乎没有任何风险的时候，给遭遇困难者提供帮助是一种人道主义义务。以至大多数人接受：一个未能给自然灾害的受害者提供救济的富裕国家，就好像一个很好的游泳运动员失败于去救助一个溺水的儿童一样应受谴责。然而并不是任何富人都必须实践这种类型的权利。实际上，只有在一些人拥有帮助其他特殊人群的责任和义务时，例如"我有义务保护我的孩子，保护那些我可能有意或

---

① ［法］萨特：《存在与虚无》，三联书店1987年版，第565页。

无意以某种方式伤害的人，或者那些我一直都在明确参与提供这种权利的人，比如我的同胞"，此种情况下，一个人才拥有不可推却的责任。从这个角度来看，任何人"对所知悉的人权不需要存在不安，在认识到一个富人对你的政治共同体的正式成员拥有一系列公民权利的时候，只要你的国家并不强迫其他国家的公民，为全球的紧急事件提供某种援助预算，那么他就算完成了他的责任"①。

尽管在现实生活中，在他人眼里，我只是"为他人的存在"，而且我的自由也随着对象的存在而改变，但在我独处时，我更是一个独立自为和拥有主体意识的存在。虽然处境可以决定我必须承担某种义务和责任，我作为一种"理情意"三统一的高级生物，有充分的理由和根据把整个世界担在自己肩上，但是基于人际间的相互作用和复杂关系，一个人在对世界负责的同时，也应通过合理的选择对自己负责。特别是在人的生存处境中，他人的存在，既有积极的影响，也有消极的作用，而且常常导致堕落。因此任何人要想获得真正的自由和权利都需要不断地艰难前行，使自己保持主体性。要确信人的存在决定于自身。人拥有绝对的创造自身和改变自身的自由权，更拥有对责任和义务的自由选择权。尤其是那些博学多才、远见卓识的知识分子们，不论是其学识还是其所处的社会地位都决定着他们要比常人承担更多的义务和责任；作出更大的付出和贡献。

当然，今天在全球性倡导的"可持续发展"背景中，如何做一位"好公民"，还存在着一种对责任和义务的自由选择问题。为此，

---

① Richard Bellamy, *Citizenship: A Very Short Introduction*, Oxford University Press, 2008, p.80.

米歇尔·米凯莱蒂指出，个人和集体实践现在构成各种试图促进可持续发展的一部分，也是新兴公民权的核心概念。"可持续公民权"持有的中心主张是：人们应该尽其所能来帮助改善社会公正，维护自然，让世界变得更美好，更适于生存。因此，可持续公民权涉及一系列的期望；期望个人和机构应该让众多的人关注人类的幸福和大自然对他们的日常生存的影响。可持续公民权的概念源于"我们的共同未来"的报告，它引入了可持续发展的理念，将其定义为在满足现代人需要的过程和实践中，在思考子孙后代满足他们自身需要的能力的同时，"其主要目标是在世界范围内促进良好的经济、环境和公平发展。除了涉及政府，可持续发展越来越吸引个人、非政府组织和企业。这样，也就提供一些见解使得现在的公民去如何扩展新领域，进而延伸出除了公共领域和国家背景之外的新型职责。公民权的重构过程和扩大的概念也激励我们为进行实证分析选择主题"①。

至于究竟怎样选择主题和承担责任，在这一过程中，尽管人的自我意识、智慧能力以及占据统治地位的意识形态和伦理道德常常起着重要作用，然而制约和限定人的选择行为的某种内在的意向、动机、本能和冲动等基本要素与活动则往往扮演着更为决定性的角色。因为现实中真正与"我的存在和责任"相统一的自由、意志和激情才是实现自我选择和决意承担责任的基础。而此刻，外在的力量作为一种被动之力，通常都显得无能为力，致使一切人的行为和责任人只能依靠自己来承担。而且他也不需要和不能够"参照一个已知的或特定

---

① Michele Micheletti, Dietlind Stolle. *Sustainable Citizenship and the New Politics of Consumption*, The Annals of the American Academy of Political and Social Science, Oct, 2012, p.89.

的人性来解释自己的行动"①。事实上，整个人类认知史和文明史也没有产生这样一种有关人性解读的至高无上的权威，为此也就不可能提供一种最终的、绝对正确和绝对可靠的价值或指令，以使人们的行为既合法正当，又合情合理。这样一来，人的自由选择在具有能动性和自觉性的同时，又不可避免地具有某种被迫性和游离性。正是这种被迫性和自然发生的游离性使得人总有一个未卜的和不确定的前景；总有一个新的事物在酝酿和发生。此时此刻，他只能任凭自由意志的支配和规整，或者说"归根到底，起作用的还是情感；情感真正把我推向哪个方向，那就是我应当选择的道路"②。因为情感归根结底也是属于拥有和把控一切的身体。

这种关于自由选择和承担责任与义务的情感论、意志论或身体论，其实是在表明：对于人的存在和由存在决定的自由意志而言，根本不存在恒定不变的人性。人不只是历史的和社会的，而且"人只是他企图成为的那样，他只是在实现自己的意图上方才存在。所以他除掉自己的行动总和外，什么都不是；除掉他的生命外，什么都不是"③。整个人类发展史和人性进化史显现和确证的真理就是：自我意识的能动性选择就像在制作一件巧夺天工的艺术品，根本没有任何权威性的审美标准可供参照。人生、人性和艺术一样都涉及自我意识、自由意志所决定的更新和创造。在这里，只有一种恒定的存在，那就是一切人只有把自由作为最基础的价值，才有可能真正选择和决断自

---

① 〔法〕萨特：《存在主义是一种人道主义》，周煦良、汤永宽译，上海译文出版社 1988 年版，第 12 页。

② 〔法〕萨特：《存在主义是一种人道主义》，上海译文出版社 1988 年版，第 15 页。

③ 〔法〕萨特：《存在主义是一种人道主义》，上海译文出版社 1988 年版，第 18 页。

己想要承担的责任和义务。

　　然而"只要我承担责任，我就非得同时把别人的自由当作自己的自由追求不可。我不能把自由当作我的目的，除非我把别人的自由同样当作自己的目的"①。也就是说，人不能时时处处都只为自己的自由着想，他需要设定一个包括他人在内的一个整体性的解放目标，才能真正体现自己是人的本质。为此，西方的一些存在主义者竭力主张恢复个人与他者、利己与利他相互促动、相互统一的辩证法。认为人类不论处在怎样一个时代，都不能将自由变为一个虚无缥缈、可望而不可即的对象；无论何时都不能无视自由民主得以实现的前提和条件。否则，不论一个政权表面上看是如何的强大和坚不可摧，而最终都不可避免地导致覆灭的下场。由此，现代的一些存在主义哲学家，指责一些空想社会主义者所关注的仅仅是一种有关大写的"人"的概念，无视无处不在的鲜活的个人。这是空想社会主义必然成为空想的原因所在，也是存在主义的马克思主义曾经盛极一时，而且还在继续发射着耀眼光芒的原因所在。为此，存在主义者萨特等，在关注危机四伏的社会现实的基础上，主张用人的生存哲学代替唯物辩证法，用存在主义的人道主义代替极权和专制。并在革命活动中，确信存在主义更接近现实；认为存在主义才真正是从人的绝对自由出发，才真正是对个人存在的实际关注。也只有从人的存在的现实出发，才有可能真正做到对一切人类个体的承认、解放和保护。让每个人都能够挣脱以往陈旧的观念、传统和场域的枷锁与束缚，"体现自己真正是人"；是真正拥有自由权利的人；是真正决定他者的存在。

---

① ［法］萨特：《存在主义是一种人道主义》，上海译文出版社1988年版，第27页。

人固然在本质上是自由的，享有自然赋予的自由权利，"然而义务同样也是唯一本质性的东西"①。因此在社会现实中只有自觉地实现权利、义务和责任的统一，才能消除社会现实中存在的大量利益上的冲突和斗争；才能真正实现现实的道德和权利，并进而在人类的意志和道德理念中把义务上升为一种自在自为的神圣东西，以此作为衡量社会道德的标准和基础。在社会实践中凡是与义务不相符合的现实都将被视为非本质性的存在而被扬弃；凡是与纯粹义务背道而驰的行动也都被拒斥在人类应该享有的权利之外。只有将权利和责任、义务有机结合的行为才是人性善所追求的崇高目标。当然任何责任和义务也都像一个包含许多属性的事物一样，总有其特殊的内容、任务和目的，但这只能体现和说明权利是具体性和抽象性、实在性与观念性、历史性和现实性的统一，而不能由此否定权利的虚无性，否定权利与责任和义务的本质联系，及其内在包含的正当性与合理性。

在这种关系中，即使一个国家公民有遵守法律的义务，而该义务和包括市民反抗等违法犯罪行为之间的冲突也可能只是表面的而非本质的。因为这种遵从法律的义务可能是至此为止或最原初的道德理由。这种理由，在某些情况下可以被那些与热衷于或是为所需要的非法行为相关的其他道德思考所击败。这样，当公民是依据义务而采取某种行为时，他们的行动就是正确的。另外，遵守法律的义务也可以被视作一个先发制人的理由，即一个从一个代理商的深思熟虑中排除了某些其他原因的理由，并用一种新的行动理由取而代之。也就是说，"法律需要一些引导行为。然而，即使遵从法律的义务被看作是

---

① ［德］黑格尔：《精神现象学》下卷，商务印书馆 1983 年版，第 127 页。

先发制人的原因，它也可能并不总是意味着非法引导行为的道德不许可性。遵守法律义务可能不排除如下理由：在一个给定的情况下申请一个代理职务，一个违反法律的非排除性理由也可能反过来击败那由法律需要某些引导行为提供的行动的理由。在这种情况下，公民没有错误的行动才是由于不遵守该法律。"① 这也就是说，权利和义务与责任之间既具有一种本质关系，同时这种关系又具有一种变动性、灵活性，往往不能依据绝对的错误或违法来考量人们的权利和行动。

# 四、至真至善原则

公民是否拥有权利，公民权利是否具有正当性与合法性，当然还体现在它的真理性、至善性、效用性以及内容和形式的统一性，也即对于一般公民来说，权利对其是否有用。现实中，正是因为许多公民看不到权利对自己有什么好处，所以许多人根本不关心个人权利，不知道争取和维护权利。尤其是普通民众，由于他们很难介入国家政治，以至即便是在一些相当民主的国家，也有许多人不参与类似总统大选一类与自身命运息息相关的权利活动。至于许多专制国家，绝大多数公民甚至是一生都没有参加过真正意义上的民主选举。因为一切政治经济、文化教育等都是至高无上的权力机构说了算，根本用不上民选。在这里，公民权利从来都只是一种"赏心悦目"的摆设。也就

---

① David Lefkowitz, *On a Moral Right to Civil Disobedience*, University of Chicago, 2007, pp. 205-206.

是说法律上规定的公民权利从来都是只限于文字概念，没有实质性内容，根本谈不上具有什么至真至善性。因此要想知道广大公民是否真正拥有权利，以及究竟如何保障自身的权利，必须在理论和实践两方面确立至真至善性来作为判断其真假是非、实有虚无的原则与标准。

首先，就公民权利的至真性而言，作为人类特有的认识属性，无疑是规定和体现权利本质的基本要素。正因如此，在政治学说史上，无论是自然主义、自由主义或是道德和法律，都立足于"真"来规定权利的本质。在他们看来，只有反映公民的自然性、生存性、社会性和人性的权利才具有至真性。公民权利也只有是对现实的正确反映，才具有普遍性，对人生才有意义。因此真正的权利是写在那本最伟大的书籍上，也即自然界和人类社会之中的。权利绝不是统治者利用权力进行的一种强制性规定。那样只能确立少数人的特权，而不能赋予广大公民以普遍权利。在这个意义上，权利显然不能只是私人的经验信仰或内心产物。从古至今，权利一如其他领域，都存在真假虚实问题，因此权利也需要通过人生经历，从实践经验中得到确证。凡是能够通过经验确认去掉其主观和专制因素，真正代表人性和体现人类智慧的权利，对公民和社会才有存在的正当性与合理性。

公民权利具有的这种至真性或真理性，也就意味着权利观念必须与实在权利相符合，不能将其仅仅看作一种纯粹的权利观念。真实的权利观念是我们能进行类化、实施和使之生效、确定与核实的观念；而虚假的权利观念就不能。但何谓"符合"？如何才能够符合？与实在相符合的权利观念是否就像一幅真实的图画或摹本？在实践论者看来，权利作为观念和实在的符合绝不是一种惰性的静止关系，而是一个不断生成和发展的过程。它由许多事件造成，本身也是一个连续证实和使之生效的过程。因此权利必须时时处处与人的现实生活及具体事件相联系。在这个意义上，权利不过是许多经验证实的一种集体名称。在经验认知之前不存在权利，至多只存在一些前权利观念。公民权利与经验事实的关系就像一个缠绕的线球，是相互作用的结果。权利从人生经历和社会实践中发生，但又侵入社会现实而不断地增加权利。这些权利又产生新的权利，如此无限地相互促动。

权利虽然能被实践证实，也只是变动的相对权利，不是永恒不变的绝对权利。自古以来人们拥有的政治权、分配权、生存生殖权、婚姻恋爱权等无不处在变动中。即便是"天赋人权"也大多都是由先前的权利构造而成；是许多积累起来的经验，以及由经验验证了的"实在"，并由此使得权利"永远是在变化的过程中——这种变化也许是趋向于某种确定的目标——但总是在变化"①。也正是这种变化使得权利总是在不断地增生，而且总是充满着活力与诱惑。

为此，美国学者诺兰·麦卡蒂等人主张要将建立在数学模型基础上的当代权利论或当代政治学的博弈理论应用于政治实践；强调政治科学家感兴趣的应用程序和独特的专题性政治分析对于解决现实政治权力和公民权利问题尤为重要。认为现代的许多政治学家并不熟悉当代的各种知识背景和应用性的技术与工具，尤其令人担忧的是，迄今为止，大多数的政治学博士生在进入研究生院的时候，其数学和建模背景知识都很有限。不仅如此，这些背景知识和工具甚至没有被那些忽视数学严谨性和重要理论概念的学生所使用。然而这些知识和技

---

① 　[美] 威廉·詹姆士：《实用主义》，李步楼译，商务印书馆 1983 年版，第 114—115 页。

术却是现代政治建模的基础。基于学生需要更多的补救，我们需要撰写一些内容丰富而又具有前瞻性的论著。这里"不仅要涵盖一些详细的数学附录、一些必要的演算工具，包括从集合论、分析论到基本优化论和概率论，而且在深度上要提供一些更为复杂和精细的概念。具体内容包括许多前沿性的理论，提供我们所能接触到的有关模型的更加详细的分析和数学结构"①。以使成就的理论即便是对那些有较强的数学和经济学背景知识的政治学研究生来说，也同样有用。

其目的，就是要建立一幅真实精确的权利模型，使其能够体现权利理念与实践经验中的权利的形象、性质和功能相吻合。如果公民权利能够在社会现实中得以实施和体现，那么这种权利就具有至真性，否则公民权利就是虚假或直接就是法律编造的一纸空文。因此，从至真性上去理解和规定权利的本质无疑有合理正确的一面。当然，也不能把"至真性"看作权利的全部本质，只能把真看作规定权利本质的一个方面。因为一切权利的至真性也都随着社会的变化而变化，随着人类认识的不断深化而深化。因此，权利不只是拥有自然性、生命性和社会性，也拥有历史性、政治性、权力性和变化性。比如"生育权"这不仅在不同国家有不同规定，就是在同一国家不同的历史时期也有不同规定。比如我国，20 世纪 80 年代之前，人的生育权是自由的、开放的，几乎没有任何强力限制，而自那之后，基于具体国情和控制人口的需要，中国人的生育权就受到严格的法律限制。

其次，从至善性上讲，向善、从善和为善也是公民权利的最重

---

① Nolan Mc Carty, Adam Meirowitz, *Political Game Theory*, Cambridge University Press, 2006, p.2.

要规定。因为一个人活着的最高境界就是不能只为自己活。为他人或全人类而活，是每一位公民权利的最高表现。正因如此，历史上，不论是理性主义、信仰主义还是实用主义、功利主义和约定主义，都从功能、效用和价值的意义上来规定善。比如在实用主义看来，只有那些能给人们带来好处、利益、效果、方便、实用，能使人生得到满意、快乐和幸福的权利才是真正的公民权利。因为权利也一如真理"必须能给我们明确的思想和便利我们的行动"①。否则就不是真正的权利。

　功能主义也把权利当作推动人类社会前进的动力。一些思辨哲学家不屑于对人有用，只是从概念层面去抽象地研究公民权利；去解决无法解决的谜团；去规劝人们到达无法实现的心理境界，而不屈身从事为人类谋安乐的权利职能，甚至把这种职能看作有失身份，其实只能说明思辨哲学的停滞不前、不切实际、空洞无用。功能主义者认为新的哲学和权利理论应当是普遍造福于人类的哲学。新的公民权利论必须能够维护公民的生存尊严，提升公民的生活质量，增加快乐，延长寿命，减少痛苦，有利于消灭疾病，使人的体力倍增，加速运动，消灭距离，使人便于交往和执行职责、处理事务。否则，如果一种权利没有任何价值就称不上权利。比如说，"人人都有游走月球的权利"。这项权利对于绝大多数人来说，显然都像痴人说梦一样不可思议和遥遥无期，但我们并不能说这不是每个人的权利，因为权利就是人的自由意志和自由想象。但是"有用"绝不是权利本质的全部，也有最深层的本质。因为如果有用的东西就是权利，那么就必然会把

---

①　[美] 威廉·詹姆斯：《实用主义》，李步楼译，商务印书馆 1981 年版，第 192 页。

那些对坏人有用而为非作歹、作恶多端、为所欲为以及各种恐怖活动都被包括到公民的普遍权利之中。这显然与公民权利的至善本性相违背。而且公民权利的至善性也绝不会允许这类所谓的"有用性"作为衡量和评价权利的原则和标准。

至善性，至少要如黑格尔所言：权利也如同一切现实事物，必须有它存在的必然性与合理性。如果某事的存在只是偶然，不具有存在和发展的必然，它就注定要稍纵即逝。因此权利也必须能够真正体现"人发挥了人的天性"；体现人的认知和实践能力。现代公民拥有的普遍权利说明人类在认知和实践两方面都已经开始进入一个自在自为的圆满实现阶段。人类只有进到这个阶段，才开始真正摆脱社会和人对人自身的奴役；开始真正借助理性力量来满足自己的要求，实现自己的理想，消除自然和人对人性的压抑。使"自由的形式不仅是自我决定和自我实现，而且也是那提高、保护和统一地球生命的目标的决定和实现。这种自治将发现艺术表达不仅存在于生产和生产关系的模式中，也存在于其中的个体关系中，存在于个体的语言和沉默、姿势和观看以及他们的感性活动和爱恨中"[①]。因此，权利的善才是真正符合人类本性的善。那种一味压抑人性，要人们去实现自己神圣理想的道德说教和意识形态既不符合权利的至善性，也违反了善的本性。因为真正的善是美、幸福和快乐的统一。在这个意义上，善就是美。而特权的"善"与幸福、欢乐和美没有本质联系，它只能给人们带来痛苦、虚假和绝望。它是一种精神上的劣质酒，饮了这种酒就毁伤了自己做人的本质和形象。

---

① Herbert Marcuse, *An Essay on Liberation*, Boston, 1969, p.46.

这当然不是说权利只能起好作用，不能起坏作用。当代悲观主义的漫延就在于他们看到了权利的否定方面。比如现代西方人对人类普遍进步的原则怀疑，认为高度发达的科学技术并没有带来一个美好时代；人类为之奋斗的民主、平等、博爱、理性和和权力很大程度上是日益制造了无数个"奥斯威辛悲剧"；20 世纪是人类史上科学技术最发达的世纪，也是人类史上战争次数最多、规模最大、死伤人数和践踏公民权利最多的一个世纪等。当然这不是科学的错，但却证明一个道理：当代科学技术产生的主体对客体的把握并未带来更大的自由、更多的公共教育或更多、分配更均匀的财富。相反，人口爆炸、能源危机、环境污染、生态失衡、物种退化、战争升级，日益导致更深层的罪恶，不断加剧人的心灵痛苦。

当然，悲观主义的错误就在于没有真正认识权利的本质；没有真正认识权利拥有的至真至善中蕴藏着的巨大的物质力量要通过人自身来实现。人才是一切权利的真正主体，才是利用权利和权力认识和改造自然与社会的主体。所以归根结底，权利是人类精神活动的产物，它必然要服从于人类精神的指挥。这样，权利作为一种工具当然既可以被一些人用来造福人类，实现其至善性，也可能被一些人用来毁灭人类，违反其善的本性。所以权利一如工具，利用手中的权利和权力来毁灭人类的人，只是利用权利为自己的罪恶目的服务，并不意味着权利具有非善的本质。权利的至善性一是体现它本身是人类求知欲望的满足和智力的实现；二是它可以被用来满足人类的天然欲望和实现其智慧的理想。

因此人们只有怀抱乐观主义，积极面对人生，而不是一味消极悲观，才能给人类带来美好前景。为此，马尔库塞从艺术革命的高度描绘了人类社会的一幅新前程。在他看来，今天的人类只要能够用一种新的方式去观察和感受事物，进行一场感性革命，那么革命主体就能够拯救人的爱欲、想象、激情、灵性、直觉等感性之维，并由此培养出一种适应新时代、新生活的新感性。这种新感性将预示着，只有由此建构和塑造的新主体才能产生新社会，创造新历史。为此，新感性作为一种崭新的生存、生活与感受方式，它要通过升华出来的情感和理智的力量"否定整个现存体制，否定现存的道德和现存的文化。它认定建立这样一种社会权利：在这个新社会中由于贫困和劳苦的废除，一个新的天地诞生。感性、娱乐、安宁和美，在这个天地中成为生存的诸种形式，因而也成为社会本身的形式"①。

因此要详尽规定公民的自由权利，不仅需要借助"自我感知的新形式"，也要规定自由自身逐渐显现出来的价值与意义。自由，作为标示着社会关系中公民的权利和行为的量度，"是人在不损害他人权利的条件下从事任何事情的权利，或者像 1791 年《人权宣言》所说的'自由就是做一切对他人没有害处的事情的权利'"②。这是"自由"的社会本质，也是"自由"的认识与实践本质。这种本质表明自由并不在于人们从幻想中摆脱那束缚人的自然规律和那"支配人本身的肉体存在和精神存在的社会规律"获得解放和独立，而是"自由意志借助于对事物的认识来做出决定的那种能力"③。因此真正的自由不仅可以促动人们去能动地认识世界、改造世界，从而拥有真正的思想、言论、理想和抱负，而且"可以促进个人自发地表现自己、充分

---

① [德] 马尔库塞：《审美之维》，李小兵译，三联书店 1989 年版，第 108 页。
② 《马克思恩格斯全集》第 23 卷，人民出版社 1991 年版，第 438 页。
③ 《马克思恩格斯选集》第 3 卷，人民出版社 1995 年版，第 455 页。

发挥自己的个性、推动自我实现"。

　　当然，自由和权利也要受到各种社会因素的制约。其中，特别是人的情感、意志力、审美观和价值观等都能够作用于人的自由，干预人的权利。但这却丝毫不能否定自由作为自我意识的产物，具有能动性、自主性和选择性等特性及功能。"它的本质就是对多种多样的目的、'善的观念'予以容忍。"① 这种容忍，按照哈贝马斯在《包容他者》中的说法就是，既能够和陌生人建立起一种新型的团结关系，也能够"在危急关头，用自己的血肉之躯报效人民和祖国"。使得自由作为一种至善的力量而不是约束人和压制人，是解放人和激励人；不是刺激人长期地处于血雨腥风和剑拔弩张之中，愈来愈远离人的本性，而是使自身日益合乎人性、亲近人性和完善人性。也只有如此，人类长期渴望和追求的自由，才能够不再是那一直统治着历史的客观的异己的力量，而是处于人们自己的控制之下。也"只是从这时起，人们才完全自觉地自己创造自己的历史。只是从这时起，由人们使之其起作用的社会原因才大部分并且越来越多地达到他们所预期的结果。这是人类从必然王国进入自由王国的飞跃"②。

　　正因如此，当今世界，生活方式政治学、公民消费、政治消费、企业社会责任和企业公民身份等都是鉴别公民素质、衡量公民权利、推动社会至善的常见形式。特别是社会现实中公民消费和企业生产，两者都被看作是决定公民身份和公民权利的决定性要素。那么消费和企业究竟是怎样成为塑造和表达公民概念和公民权利概念的核心内容

---

① 　[匈] 安东尼·雅赛：《重申自由主义》，陈茅等译，中国社会科学出版社 1997 年版，第 19 页。

② 　《马克思恩格斯选集》第 3 卷，人民出版社 1995 年版，第 634 页。

的呢？米歇尔·米凯莱蒂指出："我们可以通过开发可持续公民权的概念作为起点，来强调个体和机构的新的责任和期望；也可以通过在两个实证研究中应用多个指标，来测量可持续公民权的预期值。第一项研究，就是在全球的可持续性话语和日常实践扮演着重要角色的三个截然不同的机构中探讨可持续公民权的期待值。这三个机构就是公平贸易国际公司、善待动物组织和华特迪士尼公司。第二项研究依赖于调查数据来理解公民中可持续公民权的精神和实践。它突出了食肉和素食主义者的日常实践，因为他们经常讨论全球性可持续发展的话语。总之，要更多地思考怎样的可持续公民权可以扩大我们对拥有公民责任心的那些人的理解；是什么东西能够使得他们成为一个好公民；在哪里才会实施好公民的实践。我们也要讨论一些扩大公民权概念到消费者和企业中的后果，从而为社会科学提供反思这种对公民权的新理解的寓意。"① 也是说，评价和维护公民权的正当性将是一个不断围绕人的核心价值进行认识实践的过程。

虽然上述原则对于维护和保障公民权利具有一种观念上的判断和指导作用，然而当我们想到马克思在《哥达纲领》中的一句箴言："一步实际行动比一打纲领更重要"时，就会坚信，考量任何一种政权的标准，都应看它究竟为争取和维护公民权利做了一些什么，而不是看它冠冕堂皇地向广大公民许诺了一些什么。

**小结：** 公民权利固然具有正当性、合法性、合理性，然而在政治国家里，尤其在非民主政体中，既不是每位公民都能够觉识、拥

---

① Michele Micheletti, Dietlind Stolle, *Sustainable Citizenship and the New Politics of Consumption*, The Annals of the American Academy of Political and Social Science, Oct. 2012, p.89.

有和自觉地捍卫自身的权利，也不是每位公民都能够合理、合法和正当地去争得和使用自己的权利。尤其是社会中的弱势群体，在激烈的社会竞争中常常处于权利真空，几乎毫无有关权利和权力的主体意识。这就需要一个民主法治国家，制定相关的法律条文和原则，以维护和保证公民权利的正当性。经过长期的社会实践，迄今的人类在理解和维护公民权利的正当性上，基本上赋予如下的主旨、原则和内容。

第一，是平等正义原则。这不仅因为平等正义是哲学、政治学、法学和社会学中涉及的两个最基本概念，是判断和维护公民权利的两个最具引力的要件，还因为它直接关系到对整个人类行为的规定、评判、调停、干预和施暴的逻辑与根据。当然在诸多国家，特别是极权国家，根本谈不上有多少真正的平等与正义，从而使社会中继续持久和普遍地存在不合理、不公正和不平等现象，但正因如此，它才成为全世界公民最为关注的普遍要求。当然，现代社会要实现公民权利的正当性还缺乏平等的基础和现实，因为当下许多国家的公民都还面对着那滋生各种剥夺人类自由和民主的法西斯主义、独裁政府以及"第五纵队"等社会强权的肥沃土壤，使诸多公民陷于一种无权利的境况。但只要坚持斗争，就可以去除各种不平等现象，赢得政治上的自由、平等和民主，去除分配不公，消除人性异化。

第二，是自由快乐原则。它要求人们在任何时候都不要把自由快乐从公民权利中去除。正因如此，为了摆脱迄今人类面临的各种困境和灾难，彻底解放人的肉体和精神，许多生存论者不仅把哲学定位为人学，还把人学的目标确定为争取人的权利，恢复人的尊严，强调人的价值，推翻对人的压制。认为以前的许多人学理论的最大缺陷就是过分强调人的阶级性、社会性、理性和抽象性，忽视人的具体性、个性和审美感受。没有认识到人的存在权利和对幸福的追求才是万物存在的根本理由。正是人的权利本身包含的与自然和社会的和谐，构建了千差万别、多姿多彩的世界，并将自然万物换成人类生存应该享受的快乐与幸福。

第三，是责任义务原则。由于权利总是内在地与责任义务具有统一关系，因此责任义务也是维护和捍卫公民权利正当性的一个重要条件和原则。只是在任何时候都不能将这三者关系形式化，而要辩证地予以规定、阐述和实践。要认识到权利、义务与责任之间既具有一种本质关系，同时这种关系又具有一种现实性、变动性、灵活性与相对性，往往不能依据绝对的错误或违法来考量人们的权利和行动。尽管在现实生活中，我常常是"为他之存在"，但我更是"为我之存在"，因此，虽然处境可以决定我必须承担某种义务和责任，但基于人际间的相互作用和复杂关系，一个人在对世界负责的同时，也应通过合理的选择对自己负责。从而在面对责任和义务时，同样不失自身所拥有的追求快乐与幸福的自由选择权。

第四，就是至真至善原则。它表明公民权利是否具有正当性与合法性，还必须体现在它的真理性、至善性、效用性以及内容和形式的统一性上。为此，在现实生活中，要想知道广大公民是否真正拥有权利，以及究竟如何保障他们的权利，必须在理论和实践两方面确立至真性和至善性作为判断其真假是非、实有虚无的原则与标准。也正因为如此，在政治学说史上，无论是自然主义、道德主义、自由主义或法律主义，都立足于"真"来规定权利的本质。在他们看来，只有反映公民的自然本性、生命本性、社会本性和人之本性的权利才具有至真性。公民权利也只有是对现实的正确反映，才具有普遍性，对人生才具有意义。这种意义当然也就体现了公民权利的至善性。证明只有那些既能够给整个人类带来好处、利益和文明，又能够使人生得到满意、快乐和幸福的权利才是真正的公民权利。

# 第 六 章

# 公民权利与责任和义务的辩证法

人人有权要求一种社会的和国际的秩序，在这种秩序中，本宣言所载的权利和自由才能获得充分实现。人人对社会负有义务，因为只有在社会中他的个性才可能得到自由和充分的发展。

——1948 年《世界人权宣言》①

---

① [美] 林·亨特：《人权的发明：一部历史》，商务印书馆 2011 年版，第 176 页。

毋庸置疑，一个国家上至总统下至民众，作为国家公民都应该享有平等权利。只是由于身份的不同和工作需要，他们才对国家和人民承担着不同的义务和责任。既然如此，那么为什么在许多非民主国家，领袖、官员和普通民众在权利、责任和义务上存在巨大差异呢？为什么现实总是权力高于一切，无权就只能任人宰割呢？更有甚者，为什么常常是权力越大越很少承担责任，而普通公民则往往都是某种责任事故的替罪羊呢？为什么社会中仍然存在"刑不上大夫，罪不下王者"的严酷现实？究其原因，当然还在于政治制度。但另一方面，也在于广大公民还没有从理论上懂得权利与责任和义务的辩证法，造成三者之间的疏离和对立。导致有权利者无责任和义务，有责任和义务者则无权利。尤其是下层民众，常常是只有担风险的职责，却没有任何权力。特别是在旧中国，似乎只能是"民可使由之，不可使知之"。老百姓是只能俯首帖耳，惟命是从，做牛做马，任人欺凌。这种现状，当然不符合社会发展的趋势和人性自我完善的要求。尤其在人性日益觉醒的今天，作为一个有责任心的公民绝不可事不关己；更不能不雄成，不谋事，或是像圣人所言：不事务，不就利，追求无待无累的精神自娱。相反，不仅要能够做到国家兴亡，匹夫有责，更要能够做到理智清明，行为果敢，激起希望，焕发热情，无私奉献，使人类社会变成一个充满创造活力的有效实体。

那么究竟怎样理解权利与责任和义务之间的辩证法呢？对此，康德给予了一个非常有说服力的解答。那就是在他看来，"这种内在于自身人格中的人性权利，是义务的首要前提，也是责任的根据"①。

---

① ［英］古纳尔·贝克：《费希特和康德论自由、权利和法律》，黄涛译，商务印书馆2015年版，第210页。

对此，本书从如下几方面给予论述。

# 一、从个体权利到集体权利

关于个人与社会、个体权利与集体权利的关系，当然是与每个人的切身利益和具体权利密切相关的问题。因为谁都知道，个人和社会、个体与集体不只是人类精神创造出来的一对概念用来解释和说明人类社会中客观存在的这样一对存在，更重要的是这对存在于社会现实中的确是相得益彰和对立统一。只是人们在日常的生活与实践中，很难认识或很难分清个体和集体、个人和社会孰重孰轻、孰先孰后的正当秩序，当然也就很难处理好个体权利和集体权利之间的辩证关系。特别是在美化社会公德的"崇高现实"中，尽管许多学者都批判了个人主义的抽象性，但也都没有激烈地否定个人主义，而是站在伦理学和方法论的个人主义角度，来看待个体与集体两者间关系。认为个人主义者不只试图通过假设某种有关人类特征的假定的心理学概括，来试图降低基础解释的作用，而且"也信奉某种伦理学承诺，例如有关个人存在的最高本质的价值原理以及自我决定的理念等"①。

特别是今天的学者，是更加全面地认识到个体权利与集体权利的相互依存和相互作用。比如美国学者史蒂芬·霍尔姆斯在《权利的成本》一书中就深入论述了权利的无私性，指出，"法律上可实施的权利总是伴随着责任，甚至是权利所有者自己的责任"。从而既表明

---

① D. F. B. Tucker, *Marxism and Individualism*, Oxford, 1980, p.13.

权利与责任之间的紧密关系，又表明任何一种在体制和法律上忽视公民权利的社会都不会保持道德责任；认为"权利的实施就意味着由政府组织的社会始终如一公平地惩罚非法践踏他人最重要利益的人"①。而英国布鲁内尔大学的法学家艾茂·奥卢费米（Amao Olufemi）则在《法人的社会责任、人权和法律》一书中，论述了有关企业的社会责任与法律、区域性人权体系和跨国公司以及国外企业责任和治外法权等有关权利和责任的关系问题，并针对"企业的社会责任、法律理论、公司治理、跨国公司、国际商法、人权系统以及司法过程作为一种手段对促进企业的作用"等问题进行了透彻分析。②

　　讨论权利与责任问题，当然需要讨论个体权利和与之赖以存在的集体权利之间的关系。因为责任总是存在于个人与集体的相互作用中；总是针对他人的权益和命运所要承担的社会职责。具体而论，责任，主要指谓"一种与一套职位系统中特殊的职位相联系的道德要求和法律规定"。它不仅表现为"付出或支付"，也包括"互助、不伤害他人以及不导致不必要的痛苦的责任"，从而显示出自身是一种集体性或社会性的行为和职责；证明没有集体或他人就没有个人或集体所需要承担的义务与责任。所以辩证地看待个人与集体之间的关系，对于处理好个体权利与集体权利，以及权利与责任和义务之间的正确关系至关重要。

　　首先就个体权利而论，一个"自由民主制度的最基本的承诺就

①　[美] 史蒂芬·霍尔姆斯：《权利的成本》，毕竞悦译，北京大学出版社 2004 年版，第 109 页。

②　Olufemi Amao, *Corporate Social Responsibility*, *Human Rights and the Law*: *Multinational Corporations in Developing Countries*, Routledge, 2011, p.1.

是对它的个体公民的自由与平等的承诺。这反映在宪法性权利法案中，它们保证了所有个体的基本公民权利和政治权利，不管他们来自什么样的群体。实际上，自由民主制度在一定程度上是作为根据个体的群体成员身份来界定他们的政治权利和经济机会的封建主义的对立物出现的”①。在这种情况下，个体权利就是经由权利的社会化和主体化而主要属于个人拥有的权利。它体现了权利主体的实在性和具体性；表明了权利的社会化和对象化、普遍化与个体化的辩证法；说明权利承担者总是既有群体也有个体。在这两者关系中，个体权利是最基本的权利形式。没有个体权利，就没有集体权利。但个体权利并不总是优先于集体权利。比如奴隶社会和封建社会，尽管其突出的是奴隶主贵族或封建帝王的个体权利和个人独裁，完全割裂了个体和群体、个人和社会的辩证法，导致牺牲了所有其他个体的权利。但由于个体权利的自在自为性决定任何独裁都不可能万古不变，结果，历史的实践证明：只有自由的民主政治通过民主形式赋予和认可的个体权利才能够真正在一种民主制度中扮演最重要的角色，起到最持久的作用。

当然，个体权利也表明需要作为权利主体的个人的自我觉识和认知。否则，即便《人权宣言》赋予公民以所有权利，如果他依然像一个婴儿一样幼稚无知，那么他也不会利用和享有任何权利。因为权利作为一种附加物不像身体器官那样可以自然地发挥作用，它需要权利主体的认识和使用。在这个意义上，权利对于个人而言，主要是一

---

① ［加］威尔·金里卡：《多元文化公民权》，杨立峰译，上海译文出版社 2009 年版，第 43 页。

个实践概念。因为从现实性上看，只有权利实践本身才能体现权利的具体性、个体性和实在性。离开权利实践，只把权利停留在抽象的概念上，那不是权利的真正存在，只是为意识存在的东西。只有拥有自在自为性的自我意识才能够做到"把个人的利益和权利设定为瞬即消失的环节的这个规定，同时也是肯定的东西，即肯定个人的绝对个体性而不是个人的偶然和易变的个体性"①。既然如此，对于那些无自我意识和认知能力的人来说，虽然从理论上可以认为所有人都拥有不可剥夺的权利，然而在这种情况下，"拥有权利却不能产生任何效果，这从实用主义者的角度来说，等于毫无意义"②。因为只有能够认识个人权利，一个人才能够积极自觉地去要求或争取权利，才能够敢于挺身而出去捍卫和维护自身权益，并在必要时呐喊："我有权利！我有权利去说，去做，去实践，去革命，去为争取自己的自由权利，从事艰苦卓绝的斗争！"

个体权利除了取决于人的认识或自我觉悟之外，还需要他人认可。原因还是在于权利本质的关系性、社会性和整体性。个体权利绝不是一种孤立存在。正是其关系性决定个人权利必然关系到他人权益。如果得不到他人认可，就等于侵犯他人的自由和权利。由此，使得"当我们要求一项权利时，同时也赋予他人相同的权利"，而如此，也就预设赋予每个人以同等权利。因此权利表面上看具有对立性，实际上是具有共同性。因为一切权利，包括自然权利，归根结底也是社会的产物，不只是先天固有的特性。在这种情况下，"人们要求权利

---

① ［德］黑格尔：《精神现象学》上卷，商务印书馆 1983 年版，第 258 页。
② ［美］贝思·J. 辛格：《实用主义、权利和民主》，上海译文出版社 2001 年版，第 209 页。

的意义不仅是期待对权利的承认，而且希望这种承认能被全体公民所共同接受以及这种权利能被每个需要它而且有能力执行它的个体所执行"①。只有这样，拥有个体权利的人才能既懂得享有权利、支配和维护权利，又懂得回应人们提出的各种权利要求。

正基于权利的具体性和个体性本质，人们才普遍承认权利确实是为人所固有。它不仅包括人们靠什么生活和怎样生活，也包括人们做应该做的事和自由地做这些事。因此现实中几乎没有一个人反对权利，如果有的话，最多也只是反对别人的权利。可见各种权利向来就是存在的，"不过有时表现为特殊的特权，有时表现为普遍的权利而已"②。因此问题不在于权利是否存在，是否应当存在，或权利本身是否具有美丑善恶的性质，而在于权利究竟是个别人的特权，还是整个人类精神的特权；是否是"一面的有权应当成为一面的无权"。在这个意义上，没有人会否认权利的个体性和具体性，只是反对一些人较另一些人拥有更多不受限制的特权，而多数人无权。因为就权利的普遍性和关系性而言，一切权利都内在地包含一般性，与个体权利存在的同时，也必然存在寓于其中的集体权利。

而"集体权利"指的就是赋予某一集体并由该集体拥有和行使的权利。这些权利当然不同于构成该集体的个体权利。因为集体权利作为由个体构成的集合所拥有的权利总是在质和量的双重意义上高于其具体的构成要件：个体权利。因此集体权利，通常情况下，特别是在现代国家，主要是主张一个群体或社团的集体自治；或是主张这些

---

① [美] 贝思·J. 辛格：《实用主义、权利和民主》，上海译文出版社 2001 年版，第 149 页。

② 《马克思恩格斯全集》第 1 卷，人民出版社 1995 年版，第 167 页。

湍急的集体自治需要进一步的团体成员的个人自治。这样一来，所谓集体权利就可以被合理地看作是它们给予这个团体的集体自治的手段。只是这里对集体权利做的解释，证明它们只有在团体的集体自治的范围内，才能够进一步加深其成员的个人自治。"这个解释的关键是，任何有关集体权利的成功而又独特的自由论证，都涉及共同选择的概念。而且共同选择就是选择追求的目的，这种目的需要协调那些把自己看作是一个共同体成员的个人活动。"①

　　当然不是每个群体都可能主张集体权利，但对于一个主张集体权利的群体成员来说，必须把自己看作一个共同体成员。因为现实中的许多类型的群体都能满足这个条件，即便是像街头帮派和象棋俱乐部这样的群体也都能够满足该条件。只是这些群体不是本书论及的集体权利所关注的群体类型和主要对象。再者，迄今为止的大多数学者在为各种集体权利进行辩护时，也都强调他们所及群体必须有一种共享的历史和共同的文化。当然即便一些群体拥有共同的文化和历史，也未必会实施集体权利，因为集体权利在它们那里常常是无足轻重，尽管可以实行。所以这里强调的集体权利涉及的共同文化必须是普遍的或到处渗透的，必须涵盖一种广泛的活动范围和追求范围。它必须体现在社会实践中，例如体现在经济或教育机构中，而且该群体文化必须有一定的地域性，即"这种群体，在多数情况下，都是一起生活在一个共同的地域或渴望生活在一个共同的地域"②。

---

① Steven Wall, *Collective Rights and Individual Autonomy*, University of Chicago, 2007, p.235.

② Steven Wall, *Collective Rights and Individual Autonomy*, University of Chicago, 2007, pp.235-236.

据此，我们说，现实中不仅存在区别于个体权利的集体权利，而且这种集体权利也不像加拿大学者威尔·金里卡认为的那样具有模糊性、不确定性，"暗示着对于个体权利的一种虚假的二分法"①。实际上，如同类型论进行的逻辑分类，集体也可以区分为各种不同类型。它们既有量或空间上的差别，如通常所谓的大集体和小集体，大集体可以上至国家和人类，小集体可以下至村落和家庭，也有质的差别，类似工会、农会、妇联、绿色和平组织等，都可谓是由不同性质的个体组成的差异性集体。当然，有些学者不同意把第二类集体叫作集体，而叫作群体，即属于"物以类聚，人以群分"一类。但由于它也反映了不同的群体具有不同的性质，类似好人、坏人、青年人、老年人以及不同的民族和种族等，都可谓不同的群体，以至对于这些群体的权利，金里卡叫作"有群体差别的权利"。

在这类群体权利与个体权利的关系中，许多形式上有群体差别的公民权都是由个体行使的。比如"少数族群语言权利"就是一种赋予个体并由个体行使的权利。这与通常"集体权利"不同。集体权利必须是由个体权利升华出来的权利，它往往高于个体权利，不能由任何个体所拥有、代表和行使。而许多群体权利则不然，比如农民，就是由拥有土地的农民个体构成的群体。在这里群体权利和个体权利没有本质差别。另外，也有这种情况，虽然一个群体拥有共同的文化和生活背景，但这个群体的成员不太在乎这种文化背景的生存或成功。"他们也许会承认自己是一个共同体成员，然而却很少有人会考虑这

---

① 〔加〕威尔·金里卡：《多元文化公民权》，杨立峰译，上海译文出版社2009年版，第56页。

个事实是确认其社会身份的一个非常重要的方面。"① 而与这类群体性质不同的集体则不然，其中的绝大多数成员都认同自己所在的群体间的成员关系，承认加入该群体是认同他们身份的一个重要条件。这类群体则既分享着共同历史，又拥有普遍的共同文化，而它们的成员中的大多数也都把该群体的成员关系看作确认自己身份的一个重要和有价值的方面。这些群体当然比一些面对面的社会结合体，如家庭和俱乐部一类的群体要大得多，但一般说来它们又比现代的国家形式要小得多。"它们常常使用共同的语言，而且是在一个共同的地区生活与实践。为此，有人把它们通常称作为'社会文化或包容群体'。典型例子，包括北美洲的原住民乐队、加拿大的说法语的魁北克人，以及西班牙的巴斯克人等。"② 我们当然也可以从字面上把群体归为一类集体。因为一切群体总之也是由群体的成员个体构成的集体。但是金里卡把群体从集体中分化出来，就像美国学者 J. 辛格试图利用"共同体权利"概念替代"集体权利"概念一样，都有其理论和实践上的重大意义。

　　这种区分的意义就是：群体或共同体中的权利往往是"与在任何共同体中活动的每一个人相关：所有人分享权利，所有人都有资格和相关的任务。虽然只有当履行权利的条件得到满足的时候，权利才是有用的"③。就像学校工会这个群体，其中所有会员都有缴纳会费的义

---

① Steven Wall，*Collective Rights and Individual Autonomy*，University of Chicago，2007，p.236.

② Steven Wall，*Collective Rights and Individual Autonomy*，University of Chicago，2007，p.236.

③ ［美］贝思·J. 辛格：《实用主义、权利和民主》，上海译文出版社 2001 年版，第 74 页。

务，也都均等地享有工会给予的诸多福利的权利。而集体权利则有所不然。比如一个行政部门，其中的领导人完全可以强奸民意，将自己享有的特权说成是集体讨论的结果，代表集体权益。典型案例就是"文化大革命"期间的"四人帮"反革命集团，他们拥有的特权完全凌驾于数千万党员和全国人民的权利之上，使得数亿人的个体权利完全变成虚无。

那么为什么群体权利或共同体权利与"集体权利"有如此本质的区别呢？一是由于许多共同体都是由个体成员自觉自愿构成的，而不是外部压力强迫加入的，因此这类共同体通常都反映了每位个体的自由意志和权益。二是因为许多共同体都有非常大的包容性。那里没有绝对统一的意志，没有强制、处罚和无情的打击。它是一个个体拥有相当自由和独立性的松散群体。它的结合依靠的是共同的信仰、信念、目标、兴趣和追求，彼此联系和结合的形式是通过正常的交谈、交流、沟通和说服。三是由于共同体的构成、存在和发展依靠一种惯常的社会规范或权利规范，这些规范可以为常人所理解和接受。比如"戒烟协会"的组建，就依据的是人人都可接受的社会道德规范。不像一个黑社会群体，充满欺诈、暴力和犯罪。那不能叫作一个共同体，只能叫作犯罪团伙。四是因为虽然共同体权利通常都体现了个人自由和集体观念的协调与统一，但本质上，许多共同体中，个人拥有较共同体更为优先的地位。否则，个人就可能退出这个共同体。正基于此，一些学者才认为共同体的成员实际上都是想通过实现共同体形式而最终实现个人利益。如果一个群体总是把群体利益凌驾于个人利益之上，甚至总是牺牲个人权益以满足群体利益，那么这个群体就务必解体。

也正基于群体或共同体与集体之间的区别，使得现实中的个人通常都拥有三种权利：个体权利、集体权利和共同体权利。这三种权利"在人类社会存在中各自发挥作用，三者缺一不可，且平分秋色，各有各的重要性。在特定的条件和环境中，对三者的权重，应由相关的个体和共同体来确定"①。与这种共同体权利相反，现实中的集体主义者，尤其是基于集体主义形成的集权主义者，往往是否认共同体利益能够还原为共同体成员利益，并主张把集体权利提到与个体权利相等同的水平；甚至主张个体权利服从集体权利。认为集体优先于个体，"理由是民族差别会抑制实现社会主义所需要的团结感。社会主义的生存能力和它传统的需要分配原则，预设某个国家的公民会愿意互相为对方做出牺牲。有些社会主义者相信，只有在公民共享同一民族身份的地方这才是可能的"②。换句话说，在这种理念看来，只有公民通过某种共同的纽带、一种强烈的"共同成员资格"和"共同身份"感相互紧密结合，平等主义的正义才会可能。因此国家必须利用集体权利和中央集权促成"一种作为公民的共同身份"。由此，苏联领导人赫鲁晓夫竭力鼓吹"全民党和全民国家"。这种主张虽然是对主张阶级斗争的极左派的挑战，但毕竟是要把全体公民都变成"一党专政"的政党成员和集权国家的政治顺民，不是要把党变成人民的党，把国家变成人民的国家，而是要把国家政权、国家利益置于全体公民的权利和权力之上，从而彻底否定全体公民的权力和权益。

---

① ［美］贝思·J. 辛格：《实用主义、权利和民主》，上海译文出版社 2001 年版，第 170 页。
② ［加］威尔·金里卡：《多元文化公民权》，杨立峰译，上海译文出版社 2009 年版，第 92 页。

　　由此看来，"权利理论"对于现实并非没有指导意义。关键是怎样理解和应用个体权利、群体权利和集体权利。针对个体权利和集体权利之间的关系，马尔库塞曾站在自我和超我的角度指出，通过自我与父亲权威的自由对抗实现的自我和超我的统一，被社会理性所吸收。与这种社会控制的技术管理质量相符合的是自我的自动化和具体化。在这里，自我的自由行动变成固定的反作用。因此，现存的文明务必要求个人的粗暴牺牲。尽管这是现实文明的一种致命性缺憾，但若从人类文明的高度上看，为了人类的进一步发展，其社会学和生物学上的需要都已经变成一种维持现状的社会需要和政治需要。原因就像弗洛伊德所言：现代文明要求服从一种内在的性欲冲动，而且正是这种冲动告诉它要以一种与日俱增的亲切感去束缚民众统一于人类。当然，"这个过程也发生在心理分析研究所熟悉的那与个体力比多发展过程相关的人的社会关系中。在这里，力比多将自身包含于满足日常生活的主要需要中，而且选择参与这些活动的个人作为它的首要对象。如此，在人类的发展中，它作为一个整体，就像个人一样，在从自我主义转向利他主义的感觉中，爱和孤独感都在作为一种文明的力量而起作用"①。

　　很遗憾，弗洛伊德的这种有关自我和超我或个体与社会的辩证法，在社会现实中常被割裂。一般情况下，自由民主的国家往往突出的是个人权利或共同体权利，而专制性国家则往往打着集体权利和国家利益的旗帜，拼命捞取个人权益。其中官僚集团不仅肆无忌惮地霸占资源，聚敛财富，囤积产品，追求奢华，而且逐渐形成一个荒淫糜

---

① Herbert Marcuse, *Five Lectures*, London, 1970, p.19.

烂、纸醉金迷的寄生阶级。结果，一极是亿万富翁的财富如山，纨绔子弟的挥金如土、穷奢极欲；一极则是劳苦民众的一贫如洗和饥寒交迫。此时，权贵者的心中根本没有国家和集体利益，只有日益膨胀的个人权力。当然，他们的个人利益都是基于剥夺每位公民的个人权利或共同体权利，真正地把集体利益变成一种虚无的概念。这里丝毫不见权利、义务和责任的统一，可见的都是官僚集团个人权利的无限扩张，义务和责任的无限缩小以及一个日益膨胀的官僚组织、官僚机构变得越来越不可抗拒。而普通民众除了带着热切的希望聆听政客们的动人说教之外，就是心安理得地受其欺骗、奴役和剥削。使自己在一片忠心耿耿的期待中，长年累月地为着满足他人的欲望而辛勤地劳作和煎熬。

在这里，是政治权利和利欲熏心的权欲制造了劳动异化，使得广大劳动者除了从事艰苦繁重的劳动之外，几乎没有任何权利，而且它是劳动者自身的丧失。因此权利绝不意味个别或特殊，而是意指全部精神存在的类本质。对人说来，只有实现这种"类权利"才是好事。比如没有人乐意在监狱里享用"各种特权"，原因就是只有走出监狱获得自由，才能真正体现权利的普遍本质；显示权利内在地具有和社会的紧密关系。因此，权利不是特权者从事的一种违背公理的活动。一般民众也不能永远地从属他人，不具有独立自主性，从而永远不会享有普遍公开的权利。权利的宗旨，就是使个人获得自由、自主、自立和自尊，而且也只有在权利和个人的统一性上，权利才意指人的存在。所以国家作为人类社会一定历史阶段中的一种无奈产物，除了从事防止暴力、偷窃和欺诈等守夜人的工作之外，还必须监管社会上的资源分配，捍卫正义，维护公民的正当权益，保障公民的人身安全和自由行动，使人能够生活在一个自由、平等和公正的社会中。

在今天的世界里，之所以消费者和各类生产服务行业会成为人们用来塑造和表达公民概念的主题与核心，原因就是，许多学者都试图通过展开"可持续公民权"的概念作为起点，强调个人和机构在新时代拥有新的责任和期待；并提出测量可持续公民权期望值的手段，以及在诸多实证性研究中应用的评价指标，以探讨可持续公民权在若干截然不同的机构里的期望值；证明在社会现实中，"可持续公民权"在全球性的可持续话语中和日常实践中扮演着重要角色。比如就现存的"国际动物保护组织"而言，依赖于现存的调查数据，其中无疑存在可持续公民权的精神和实践。它不仅突出了食肉主义者和素食主义者的日常观念，而且日益通过"可持续公民权"概念以扩大对于拥有公民责任的人的理解；告诫"他怎样做才能成为一个好公民，以及一个好公民应该在哪里实施它的实践；进而探讨把可持续公民权的概念扩大到消费者和各类企业的一些后果，从而为社会科学提供有关这种对公民权寓意的新理解的反思。"① 反思的结果，就是个人权利固然重要，然而在整个人类面对生态危机的时候，任何个人都不可将个体权利凌驾于集体权利之上，而损害或影响整个人类的生死存亡。

---

① Michele Micheletti and Dietlind Stolle, *Sustainable Citizenship and the New Politics of Consumption*, http://ann.sagepub.com/content/644/1/88, p.89.

# 二、从权利到责任的转变

权利，作为人类行为的直接性中的自由意志和主观意志，其自身的有限性必将使其行为面对着外部对象及种种复杂情况，在其定在发生某种变化时，带出"我的东西"、"我的后果"。结果由于"我的所有物作为外在物，处于各色各样的联系中，而发生作用"，使得我不得不对自己的权利行为负有责任。这种责任一般分为肯定性责任和否定性责任两类。所谓肯定性责任，就是当我的个人权利和他人权利密切相关、从而涉及一个群体或共同体的权益时，我有责任来捍卫和维护群体利益，使个人权利在群体权利都得以实现的过程中，也得到好处和嘉奖。所谓否定性责任，就是由于实施个人权利而损害到他人权益，对此，我作为权利的承担者也必须负有责任，也即必须承担受处罚或赔偿损失的责任。这是源自权利和责任之间的故有关系和内在逻辑。这个逻辑就是："权利与责任并不矛盾。""人生而平等的权利意味着所有人都分享着相同的基本人权；承担着人类的共同命运；拥有相同的不可让渡的有关自由和幸福的权利。……人和人之间的关系是团结一致和休戚与共的关系，不是统治与驯服的关系。"① 当然，平等的概念不是说所有的人都是相像或相同，而是说所有拥有平等权利的人都必须对其所在的群体承担某种义务和责任。因此无论从因果性上还是从道德层面上，个人都不能够推卸责任。有时可能并不是我自

---

① 　Erich Fromm，*The Fear of Freedom*，London and New York，1989，p. 228.

己的作为，但属于我的部分，就必须负责。因为"那些物或世故"从根本上说是我造成的，或是受到我的支配和关注。在此种情况下，即便是一位交通部部长，如果在任内某处发生重大的交通事故，他也难辞其咎。

只是权利和责任的关系并非如此简单。比如一项工程建设，当然与工程承担者的权利和责任直接相关。就权利与责任的统一性而言，他拥有多大权利，就承担多大责任。如果工程获得成功，工程负责人收益最大，如果失败他的损失也就最大。只是对于失败承担的世故责任，却要考虑各种复杂因素。比如就 20 世纪以来，世界上发生的一系列令人震惊的灾难事故而言，包括美国"挑战号"载人飞船爆炸、苏联切尔诺贝利核电站爆炸、日本福岛核电站泄漏等重大事故，对此要想追究个人的刑事责任显然十分困难，因为造成这种事故的原因很多，既包括科学认识的可错性、技术实践的盲目性和风险性以及实践者的知识、道德、操作能力、实践经验等诸多因素，还包括实践对象或作用客体的复杂性及其环境背景中潜伏的各种可能发生的灾害性事变和诸如战争、暴力等一类人为性破坏。因此要决定一位工程法人应该承担的责任，必须考虑上述的诸多因素，否则就不可能处理好权利和责任之间的关系。特别是其中"我的意志、权利和责任都是以我知道自己所做的事为限"，就如同古希腊神话中的俄狄浦斯，既然他"不知道他所杀死的是他的父亲，那就不能对他以杀父罪提起控诉"①。

当然，黑格尔的这种论调也是过于宽容，以此理念，类似我国

---

① ［美］黑格尔：《法哲学原理》，商务印书馆 1995 年版，第 119 页。

"大跃进"时期发生过的违背客观规律犯下的那些浮夸风、共产风、蛮干盲干、脱离实际等重大过失，就不应该追究领导人的责任。然而现实的法律却告诉我们："古代的立法还没有注重主观方面的归责问题"，而今天即便是犯下过失罪，也要判刑。

　　这样一来，在处理权利和责任之间的关系时，也就必然要涉及个体责任和集体责任问题。所谓个体责任，即由个体权利和个体实践引发的责任。其典型特征就是自主性、为己性、利己性和私人性。在其执行个体责任的过程中，常常是各司其职、各负其责、各有所得和各有其过。在这里，个体是行为的绝对主角，是认识和实践的主体。其行为内在地包含个人自身的目标、动机和利益。在行动中，他不仅是自觉和自主的，而且常常是私密的、主观的，是自我意识和自我意志决定的自由行动。此时，所谓的个别人作为一个国家市民，就是私人。他们都把本身利益作为自己的目的。尽管由于这个目的，他们必须以他人为中介，把普遍物当作一种手段，但也只能按照普遍方式来规定自己的知识、意志与活动，并使自己成为社会锁链中的一个环节，以求在社会整体中实现自己的特殊要求和个人利益。既然如此，他们对所产生的后果，不仅享有占有权，也必须承担个人责任。只是这种个体责任，往往需要在复杂的人事关系和实践过程中，予以澄清和区分。

　　具体而言：一要区分行为者和行为的责任。行为者当然要对自己的行为负责，但却不是对所有行为负责。对于行为者的责任要考察他的知识、能力、人品、人格、动机和目的，看他是故意还是无意，是自觉还是知觉，是清醒还是冲动，是恶德还是善行，是自主还是被迫。至于其具体行为，除了需要全面调查和分析论证他的各种主观因素外，还要考证各种客观因素。看看事件与行为的发生是偶然还是必然，是全部个人所为，还是有他人协助，是技术操作问题，还是行为工具或行为对象自身的问题。就像一位购买了假种子的农民，无论他付出怎样的辛劳，也只能是颗粒无收。这种行为的后果和责任就只能全部由出卖假种子的行骗者来负责。二要区分是自然事故、因果责任还是人为事故或道德责任。道德责任与因果责任的相异之处就在于：前者决定于个人的主观意志与权益，后者则决定于不可抗拒的自然规律。对于后者，个人要承担的责任充其量是缺乏对客观规律的正确认识，而非前者的主观故意，是权力意志在作怪，是特权在作祟。因此处理好个体责任也是一件非常棘手的事。如果不懂得权力和责任、自然和人为、主观和客观的辩证法，也就很难对在社会现实中所发生的许多重大事变，给予公正和准确的追究和问责。

关于集体责任，就是既非个体成员施行，也非他们控制的行为而归属给人们的责任。其归属的假想根据是个人要为他们所属的团体成员实施的行为承担责任。而集体也要对个人承担相应的义务和责任。比如当代最具影响力的"美国苹果公司"在 2013 年的网页上发布的"供应商责任"一文中，就明确表示："我们不允许供应商用不道德的行为或方式来损害工人权利，即使当地的法律和习俗允许这样的行为。我们正在努力结束超工作时间，禁止不道德的招聘政策，防止雇佣未成年工人。结束整个行业的加班实践在苹果公司将最为优先。我们的供应商的行为准则是：即使在不同寻常的情况下也限制每周工作时间不超过 60 小时，而且所有加班必须是自愿。遗憾的是，每周工作时间超过 60 个小时历来是个标准而不是例外。小的改变已经在我们的行业实行多年。在过去，我们尝试了不同的方法来解决这个问题，但我们没有看到结果。所以在 2011 年，我们采用了一种更为基本的路径：我们跟踪了少数供应商每周的工作时间，当我们发现工作时间过长时，就迅速地去与供应商一起解决这个问题。"①

　　针对集体责任的另一案例就是我国已被消解了的"人民公社"实行的"一大二公、一平二调，以及爱社如家"等行为口号。在这类集体责任中当然充满积极肯定的因素。但一些人显然不赞成这类以牺牲个人利益、违背个人意愿、破坏个人自主性、具有强迫性的"集体责任、集体精神或集体主义"。认为这类强制性要求集体成员去分担集体责任的行为缺少意志自由和权利自主的成分。为此，他们主张集体责任可以为了团体成员利益而正当地归属给个人，而不是凭借行政命令给予强制性规定。因此，集体责任适用的对象主要是一些群众团体。在那里，集体是一个松散组织，往往不牺牲个人利益，不抹杀个人责任。在该集体中，当然有非自主性、利他性、惯习性以及伦理道德在起作用，但要大家承担集体责任的因素不是至上的行政权力，而是一种共同利益和道义上的激励和策动。所以集体责任常常与道德、义务、真理、正义、公正性和责任心等相互联系、相互作用。

　　为此，迄今为止已经出现的归属集体责任的条件有："首先，行为者要对行为承担道德责任，因此应获得道德上的赞扬或责备。其次，对于要承担责任的行为，行为者既没有施行，也没有控制它的施行。第三，行为是由与承担责任的行为者一样曾经属于或现在属于同样的团体的其他行为者所施行。第四，行为者对他人的行为的道德责

---

① http://www.apple.com/supplierresponsibility/labor-and-human-rights.html.

任来自他们是同一个团体的共同成员。"① 也就是说，通常情况下，一个道德团体的成员要对他们认同的团体的典型行为承担集体责任。他们之所以有责任，是因为团体的典型行为的良善或邪恶的后果。

这种归属集体责任的条件，显然包含如下意义，承担责任或承担集体责任并不意味着就是做善事。这要看一个团体的行动纲领和性质。比如你加入了纳粹党就可能跟着干坏事，而且是责任心越强干的坏事就越多。当然你加入了一个良善的政党或群体也未必一定会干好事。这里面还存在有知和无知、自觉和盲从以及动机和效果、理论和实践是否统一的问题。另外，一个已经和他所在的团体离心离德的成员，"也许会露骨地触犯团体的价值并做邪恶的事情"。当然这里并没有集体责任，只是个别坏人应当为他的所作所为受到责备和惩罚。

关于集体责任的承担问题，迄今还是众说纷纭。一些学者认为要一个群体成员为他没有做过的事情负责是野蛮的。这就好像要一个普通党员对党内发生的严重腐败承担集体责任一样，是不公正和不讲理的行径。作为一个群体成员充其量只为其自主行为而负责，而不是为其他人的行为负责。换句话说，"如果他们是团体的成员，那他们就应为而且也只为他们的成员资格负责"②。尽管他加入一个团体是出于自觉自愿，但他并没有出卖自己的主体和失去自己的独立人格和自主行为，因此他只为自己所赞同和选择的行动负责。此时，不管他人干的是好事还是坏事，都与己无关。这也就是说，即便同出一个团

---

① ［美］约翰·凯克斯：《反对自由主义》，应奇译，江苏人民出版社 2003 年版，第96—97 页。

② ［美］约翰·凯克斯：《反对自由主义》，应奇译，江苏人民出版社 2003 年版，第102 页。

伙，如果他没有参与相关行动，也不应该承担相关的集体责任。就像第二次世界大战期间许多纳粹党员一样，如果他确实没有干过"杀人、强暴和谋害"等一类坏事，战后也不应该受到处罚。特别是一些学术团体和企事业团体，其成员身份复杂，其价值观和人生观也各不相同，他们可能仅仅是在某一个方面有着共同的兴趣和志向，促成他们加入同一团体。对于这类团体成员或协会会员，就没有理由要他们承担其他成员行为的责任。他们充其量只承担那些确实能够反映该协会的基本纲领和办会理念的相关行为的集体责任。当然这些行为还必须是协会成员自主性参与的行为。

正因如此，现实中许多这类团体难以持久存在。但也说明，要让成员承认集体责任并不容易。因为它常常会导致一种严重的道德批评；导致行为者把自己和对他们的道德认同具有一种构成性影响的团体看作受错误的道德价值指导。然而这种批评不仅自身体现了一种集体责任心，也表明存在另一种集体责任，即出于对该团体的拯救或背离，自觉承担起对该团体的其他成员揭发、批判、帮助、挽救或主动摧毁的责任。这种责任对于一个团体的存在和发展常常具有重大的实践意义。反过来，如果一个团体或政党拒绝其成员的揭发批评，就务必死水一潭，迟早要自我溃烂。因此集体责任包含许多方面：既有积极、肯定和建设的责任，也有否定和治病救人的责任，当然也有旨在加速一个不可救药的腐败团体自身灭亡的责任。而这些责任往往既是决定于自主性行为的个体责任，也是与整个团体生死存亡密切相关的集体责任，而且这种责任才是积极、主动和自觉承担的责任。一个团体不能缺少具有献身精神的成员。他们身先士卒，以天下为己任的集体主义精神往往是最珍贵的集体责任心的体现。就像中国许多老一代革命家，不仅拥有崇高的思想境界，为中国革命作出杰出贡献，而且他们的牺牲精神也唤醒全国人民的觉醒，激发了人们对于一些倒行逆施者的仇恨，极大地打击了独裁者的嚣张气焰。这种集个体与集体责任于一身的事实表明：在一个团体里既存在个体责任和集体责任的互动转换，也存在权利和责任的相互作用和相互促动。

这种互动关系，按照黑格尔的说法，其实质就是一个团体成员将其个体的行为、意志和权利置入他所关照的团体和心系的现实。这种行为就是旨在将个体成员的责任心变成普遍秩序，变成一个自在自为的合乎发展规律的现实。只是在这个过程中，现实往往脱离他的心智，使其直接变成一种予以扬弃的关系。这种扬弃可能表现为对承担集体责任的个体成员的残酷斗争和无情打击，也可能表现为收到其他成员的拥戴、同情和辩护。然而无论怎样，作为一种责任和付出，他都能够"在这个实现过程里获得其存在的形式，变成普遍的势力"①。对于现存的形式或普遍势力来说，可能早已经与他的权利和责任毫不相干，但是他的权利、意志、责任和行动却仍然会以一种普遍的秩序和力量在自为地发展壮大，从而反映一种自由的、自在自为的普遍性和个体的权利、意志及行为之间的辩证法。

当然也会经常发生如下情况，即"个体自大狂"。这种人作为一个团体成员往往太看重自我意识，太放纵自由意志，几乎完全把自己的经验或见解认作真理，将原先所拥有的"为追求人类福利的那种心情的跳动，转化为疯狂自负的激情，转化为维护他自己不受摧毁的那种意识的愤怒"。而后果，一旦遇到挫折就自然会萎靡不振、对抗、

---

① ［德］黑格尔：《精神现象学》上卷，商务印书馆1983年版，第246页。

抵触、自暴自弃。结果就使自己离开现实和普遍，进入主观领域，犯了难以挽回的错误。这在客观上也反映了权利和责任的辩证法：这就是不可把个人权利强加给集体权利，把个体责任凌驾于集体责任。只有恰当地处理好个人的权利、责任和集体的权利与责任之间的辩证关系，个体才能在集体中有立足之地。个体的权利、意志和行为才可能变成一种普遍的秩序和力量。

为达这一目的，必要时也需要单个人的自由意志或个体权利。因为就客观真理的自在合理性而言，不论它是否被单个人所认识或希求，我们都必须记住它的对立面，即知识、个人意志或主观性都构成其理性意志的一个环节。如果没有这个环节，那通常反映集体精神和集体意志的理性、整体性就不可能展现为自在自为的客观意志和客观真理。因为"个人角色的本质就是在他与社会的关系中，与社会内的其他个体一起作为一个整体而起作用"[1]。所以，无论怎样都要处理好个体权利和集体权利、个体责任和集体责任之间的辩证关系。都要觉识：即便是最自负的个人主义的权利所有者，要想保护自身权利，也只有在社会群体的一致支持下或集体利益不受损害的情况下，才能得以实现。否则，任何个人的权益都不能得到很好保护。即便是在当下的社会现实中，"权利也是以有效的政府为前提的，因为只有通过政府，复杂的现代社会才能实现把宣言变成可主张的自由所必要的社会合作"[2]。当然，这种政府也只有确保民主政体的权力形式，充分实施民主，将个体权利放在优先地位，并将其看作是推进集体权利的一大

---

[1]　Adam Schaff, *A Philosophy of Man*, London, 1963, p.82.
[2]　[美] 史蒂芬·霍尔姆斯：《权利的成本》，毕竞悦译，北京大学出版社 2004 年版，第 168 页。

动力，才可能是广大公民用来保护自身权益、追求和实现共同目标的
有效工具。

# 三、权利与义务的疏离及统一

自私的人性，专权的个体，毫无疑问是经常看重自身权益，无
视应该承担的责任义务。这一方面，是基于权利自身的本性，即任何
权利，不论是个体权利还是集体权利，作为自然、社会、历史和现实
的产品，都不可能是绝对无私的。任何权利都具有利己性和利他性、
自然性和社会性、时代性和地域性、主观性和客观性等矛盾特征。及
至任何权利一经实施，就会有人得益或受损。得益者当然能够接受该
种权利，损失者则往往会拒斥这种权利。结果，至少在反对者那里，
使其受损的那种权利和相应承担的义务之间的统一性就会遇到很大障
碍。比如《世界人权宣言》中规定"人人都有反对种族歧视的权利"，
这在长期被歧视的种族那里，显然会受到拥护，并会自觉地承担起宣
传该种权利的义务和责任。而在一些种族主义者那里，由于该种权利
的实施往往会损害其利益，以至于会遭到他们的反对和抵制。由此，
也就会造成该种权利和相应义务之间的疏离和对立。

另一方面，造成权利和义务相互疏离的原因，则是权利个体对
权利、义务和责任这三者关系的无知。尤其无知那主要表现为一种自
觉自愿的付出而不具有强制性的义务。致使那些基于利己主义、个人
主义和极权主义的恶性膨胀，产生的对权利的酷爱和对义务的拒斥，
往往是造成现实中许多人追名逐利而不承担义务的主要因素。由此，

酿成的普遍社会现象是：权利和义务之间日益严重地对立。承担义务者往往没有权利，也无知自己的权利，而拥有权力和享有特权者则往往不承担义务，只知道利用手中的私人化和个体化权力，以至现实中出现的道德模范、志愿者、义务工等几乎尽是普通百姓。实际上，权利和义务之间具有一种不可分割的关系。不论一个人是如何喜欢权益，都不能摆脱自己应该承担的义务。如果他只想享受权利，不想尽到义务，后果就只能是他作为一个团体成员连同他享受的权益一起从其所属的群体中消失，进入他的"独立、自由的个体王国"。

正是针对上述状况，联合国大会早在 2011 年就采用没有经过选举的"有关人权的教育和训练的联合国宣言"。一些国际团体也形成一种具体的有关人权教育的法律文件。诸多的联合国成员国家宣布将更加积极地进行人权教育和训练。这项人权宣言规定人权教育和训练的目标之一，就是授权对一种人权的普遍文化的建设和推进作出贡献。不仅这项最近的联合国宣言依赖于"普遍的人权文化"概念和其他的人权文件，而且从人权论述之一的背景关系中也能发现有关普遍的人权文化概念。在这里，它不仅反映了社会中法律和民族精神建设之间的关系，而且在"联合国人权教育和训练的建设和推进的基础上，陈述了一种普遍的人权文化和人权教育之间的关系，以及如何对人权的履行与实现作出奉献的责任"[①]。

那么权利和义务究竟有怎样的辩证关系呢？由于任何人都不是孤立的存在，总是要参与或属于某个群体，并承担着社会的多种角

---

① Peter G. Kirchschlaeger. *The Concept of a "Universal culture of human rights"*, XXIII World Congress of Philosophy：Philosophy as Inquiry and Way of Life. University of Athens，2013，p.343.

色。比如一个人既可能是一位家长、教师，也可能是一位政客或国家公民，尽管这些不同角色有大有小，承担的义务和拥有的权利也各不相同，但在这些具体自由的现实中，个人的单一性及其特殊利益不但获得应有的发展和清楚明白的认可，而且这些权益和义务也通过自身过渡到普遍的利益和精神，并把这些普遍物作为其最终目的而进行活动。在这些活动中，法律保障公民或"法人所享受的意志自由明确了生活方式的活动范围。生活方式以自身的善的概念为取向，而且是有意识的。权利就是自由，是私人自主的保护伞。私人自主的核心内容在于任何一个人都享有同等的自由，都可以过一种自我决定的本真生活。由此可见，是参与共同体自我立法实践的公民的公共自主使得私人的个人自决成为可能。尽管公共自主对于有些人而言具有一种内在价值，但它主要还是表现为实现私人自主的一种手段"①。这也就是说，一个真正自由民主的国家只有成为国家公民得以实现和满足的处所，同时又使其能够回复到自由和现实的统一，才可能在国家治理的主观性原则中，通过权利和义务的结合而保存这个将个体与集体相统一的实体。

这样一来，义务也就首先成为国家或集体拥有的最普遍的东西，而权利则作为一种实体性的定在，总是突出其特殊性和个体性。结果，权利和义务在形式发展阶段，便被分配给不同的人或方面。但不论是怎样的分配状态，在一个集体或国家中，"我对实体性的东西所负的义务同时是我的特殊自由的定在。这就是说，在国家中义务

---

① [德]尤尔根·哈贝马斯：《包容他者》，曹卫东译，上海人民出版社2002年版，第117—118页。

和权利是结合在同一的关系中的"①。只是由于义务和权利之间的差别性，使义务主要是服务于他人、集体或国家一类的普遍实体，而权利主要限于个体。由此，就使得两者只是具有自在的形式上的同一性，而在内容上则各有不同。至于在私法和道德领域，也即在普遍的意识形态领域，由于缺乏权利和义务彼此间的现实必然性，使得权利和义务之间只存在内容上的抽象等同，即在这些抽象领域中，如果对一个人来说是权利和义务，对别人来说也应该是权利和义务。但由于这种权利和义务相统一的原则主要是人类中合法公民自身的自由原则，因此没有任何权利的奴隶也就没有任何义务。但是在具体事物的发展理念中，由于它的各个环节产生差别和变异，以至在像家庭这样的群体中，儿子对父亲享有的权利，其内容与应尽的义务是不相同的；而国民对国君和政府所享有的权利，其内容也跟他们应尽的义务不同。也就是说，随着社会的发展，权利和义务之间的关系也在不断发生变异。变异的结果就是导致权利和义务的背离，即有权利者没有服务于他人或集体的义务，而承担大量义务的国民则往往不享有相应的权利。

这种义务当然不是国民的自觉自愿，而往往是国家权力的强制。强制的结果，就是使得义务忽视并排斥公民权利应该获得的特殊利益，认为它不是义务的本质，义务就是纯粹的奉献而没有任何回报，所谓的利益只是构成义务过程中的无价值环节。然而只要实地考察义务活动的过程、本质和价值，就会发现构成公民义务活动的特殊利益环节同样是本质的，只是它的奉献和满足是无条件的。因此，"个人

---

① ［德］黑格尔：《法哲学原理》，商务印书馆1995年版，第262页。

无论采取什么样的方式履行他的义务，都必然会同时获得他自己的特殊利益，以及他的满足或打算"。由于他在国家或集体中的正当地位，他的权利必然产生。由于这种权利，普遍事务就成为他的特殊事物。为此，在履行义务的过程中，他作为公民，其人身、财产和福利便得到保护，而他本人也找到成为这一集体成员的意识和自尊。因此普遍物的利益仅仅在于它要求承担者将其职务和效劳作为义务来完成，而并非在完成的过程和结果中不包含对劳作者的回报。

遗憾的是，权利和义务的这种统一在一些主观目的和君主意志相一致的国家还极为少见。即如黑格尔所言："在亚洲君主专制的统治下，个人在自身中没有内心生活，也没有权能。至于在现代国家中个人要求他的内心生活受到尊敬。义务和权利的结合具有两个方面：国家所要求于个人的义务，也直接就是个人的权利，因为国家无非就是自由的概念的组织。个人意志的规定通过国家达到了客观定在，而且通过国家初次达到它的真理和现实化。国家是达到特殊目的和福利的唯一条件。"① 换句话说，也只有在现代实现了自由民主的国家，才逐渐实现权利、义务以及实践主体的见解、意志和良心的相互融合与统一。当然，也正是这种权利义务相互结合的普遍化才构成人类社会日益进步发展的条件。正像卢梭所言：只要有若干人结合成一个整体，就只能有一个关系着共同生存及公众幸福的意志。这时，"公共福利则到处都明白确切地表现出来，只要有理智就能看到它们"②。而广大公众就能够在共同的理念和道德作用下，用一种集体主义精神来

---

① ［德］黑格尔：《法哲学原理》，商务印书馆 1995 年版，第 262 页。

② ［法］卢梭：《社会契约论》，商务印书馆 1982 年版，第 135 页。

维系一种敦实厚道的民风，为人类繁衍创造一种和谐安宁的环境。

　　当然也存在个人和集体、权利和义务的整合与适应问题，并使这一问题的争论成为许多国家政治话语的一个主题，而且越来越有国际维度。致使一些国际组织能够强烈地影响对这些问题和矛盾的解决。比如一些国家中的少数民族的权利和义务问题，就一直得到国际组织的支持，只是迄今还没有任何明确的答案，它们的现行政策和实践也充满歧义。但是，"对于一些国家中的土著人的权利在联合国宪章中及诸多国家的宪法中却给予了详细规定。这些规定不仅关系到土著人或少数民族的独特的法律地位和待遇问题，也关系到应该为领土集中的少数民族提供官方的语言地位和自治权利的问题，同时还应该为分散的少数民族的政治代表提供法律和政治保障的问题。所谓政治保障就是：一个国家的公民包括土著人和少数民族应拥有整合与适应两个相关联的广泛选择。所谓整合，就是旨在一视同仁的基础上，国家把所有公民都整合到共享的国家机构中。所谓适应则是旨在通过少数特定的机构容纳多样性"①。以此解决权利和义务之间的矛盾。

　　既然利己和利他、个体权益和集体权益、义务和责任等成对范畴之间的矛盾和冲突是促动人的本质化的内在动力，那么就只能勇敢地面对矛盾，兼顾个人和集体、自我和社会；既光明正大地追求个人的理想幸福，又使自己的生活力求公正、合理，符合集体主义的生活原则和道德要求，自觉培养自律行为和社会责任感。当然，由于个人的素质、能力、地位和诸多因素的差异，并由此形成各种不同的人

---

① Will Kymlicka, *The Internationalization of Minority Rights*, Oxford University Press, 2007, p.1.

格，造成许多人的心理不平衡，但这就是永远不可抹平的差异，因此在人世间也永远不可能实现绝对的平等。即如恩格斯所言，不要说把平等上升到阶级的层面，就是对于两个普通人而言，说其"是彼此完全平等的——这不仅不是公理，而且甚至是过度的夸张"①。因为平等主要是指谓权利、法律和道德上的平等，而不是指获得的利益、享受的好处、拥有的待遇等都是完全的相同。

因此这种平等并不否定人与人之间存在的差异、个性和特殊性。它恰恰反映的是在一个整体系统中每个人都有他得以生存的正当位置与活动。也正是在这个意义上，哲学家怀特海指出："自然界是一个上演各种活动的相互关系的大剧场。所有事物、活动以及它们之间的相互关系都在变化。"② 对于不断变动的个人或整个人类而言，自由、权利和平等都是一种关系性和变化性的概念。因此，传统的那种维系社会结构、政治结构、权利结构、法律结构和知识结构的统一逻辑将不再有效。一个有生命力的世界将是"由自由感和对自己行为的责任感所组成。它拒绝无条件地接受任何外在的权威作为真理之源泉"③。在这里，生活的主体或自我将有更大的独立自主权和更多的自由选择度。他们不仅会有更加丰富多彩的生存方式和生活内容，且会在日常交往中，将"新的范畴，如开放性、多义性、无把握性、可能性、不可预见性等等，纳入后现代语言"④。

---

① 《马克思恩格斯选集》第 3 卷，人民出版社 1995 年版，第 438 页。

② N.Whitehead, *Nature and Life*, New York, 1968. p.15.

③ [美] 比得·伯杰：《面向现代性：社会、政治和宗教浅探》，纽约 1977 年版，第 137 页。

④ [法] 让·弗·利奥塔等：《后现代主义》，社会科学文献出版社 1999 年版，第 47 页。

当然不论何种时代，人世间都不可能没有矛盾，然而由于人的本质是自由的，智慧的主体和异质化作用总是处于矛盾的主要方面，因此结果总会使人类的日常生活与社会实践变得更加自由、丰富、浪漫和更具个性与利他性，而且会通过矛盾的解决使自我和他人、主体和对象构成一个统一整体。在这个整体中，个人与社会的关系表现为"真善美"的矛盾运动。这种矛盾运动既推动民主的、道德的和创造性的人类整体的文明和进步，也使得个人在这些理念或理想的推动下，使自身成为自律自由的个体。在这样一个由自由个体结合而成的社会里，新的生活方式的发展就是经过同质化作用形成的新的人类关系的发展；美的理想的实现就是人类在交往中美的、自由方式的发展。当社会共同体是促进而不是阻碍人的能力与需要的多方面发展时，社会生活方式才是自由的和美的，因而也才是真的和善的。如此，才能够不断地保护和推动个体生长与人类进化。

人类进化的这种积极结果，不仅证明个体和社会所拥有的权利、责任与义务之间相统一的重要性，也证明只有如此积极的结果才能真正从实践上体现公民权利的正当性。因为公民权利的正当性并不只是体现在抽象文字的分析和表达中，而且主要是体现在社会实践中。因为只有社会实践，才能真正验证公民权利是否正当。也正是在这个意义上，美国前总统吉米·卡特才在其告别演说中指出："美国没有创造人权，……而是人权造就了美国。"① 是人权中包含的责任和义务所体现的道义才给类似美国这样的发达国家注入发展的活力与前景。

---

① ［美］丹尼尔·B.贝克：《权力语录》，王文斌等译，江苏人民出版社 2008 年版，第 320 页。

　　所以人类有权利，是因为他们都具有道义的本质，也即具有无私地承担责任和义务的本质。人世间"不存在任何没有相应义务的权利"①。特别是在政治事务中，每一位公民拥有的权利和义务就是竭尽所能地去实现自己的信念，去保护自由人民的权益。要从理论深度认识："任何生命本质上都是一种关系。而且作为如此这般的关系总意味着一种超越性存在，也即包含着这种关系于己内的一种超越自身的存在。"② 既然如此，任何公民都有义务超越自身权利，维护群体或他人权利，使得整个公民群体都能够获得或享有正当权益。

　　只是在强权政治的作用下，义务也会经常被当权者用来剥削、压迫、强制和约束广大公民的工具，使义务和责任具有一种赤裸裸的侵权、剥夺和犯罪的性质。所以当权力在脱离公民权利的状态下无端支配责任和义务的时候，就使两者完全丧失了作为公民权利应该拥有的真理和道义的本质。因此，无论何时，公民都不能使自己承担的责任和义务无条件地服从于权力。确认义务和责任行为要合乎道德要求、法律文本和权利规定；要做到有法可依，有道可循。即如戴维德·莱夫克威兹所言：不论我们选择的法律义务属于哪一种，都包含如下原则：至少在某些情况下，可以容纳市民具有一种非暴力反抗的义务。也就是说，当公民采取一种不服从或反抗的行动时，并没有错。因为在某种意义上，他们是根据一种未被击败的道德理性而行动的。换句话说，那些对政治权威有一种正当要求的国家公民拥有一种采取公民非暴力反抗的道德权利。这也就是说，"当公民采取一种公

---

① ［美］丹尼尔·B.贝克：《权力语录》，王文斌等译，江苏人民出版社 2008 年版，第 309 页。

② Hans Jonas, *The Phenomenon of Life*, Chicago and London, 1982, pp. 4-5.

众非暴力反抗的行动时，其行动是合乎其道德权利的，即使他们在如此行动时，并没有进行正确的行动。利用一个常见的但有争议的一句话说，对于公众的非暴力反抗的道德权利就在于有一种做错事的权利"①。当然我们也要承认：只有在权力的基础是联结个人意志与他人意图的能力，是凭借理智与合作的天赋领导众人的能力，而且不被滥用的情况下，只有在无私透明的、不损害公民利益的权利的映射中，才可以放心大胆地去承担相关的义务和责任，去真正体现自在自为的权利的辩证法，以使权利真正成为一种促进人类理智和文明发展的行为与动力。

**小结**：无论是就人的自然属性、社会属性还是就人的伦理道德属性，都内在地要求和规定人既拥有神圣不可侵犯的权利，也必然承担相应的义务和责任。然而人的自私本性和由理性思维提升和煽动起来的贪欲、权欲以及享乐懒惰之风，却将原本在本能层面相统一的权利和义务人为地造成分裂，致使现实经常呈现权势者无限升腾的特权和责任与义务的缺失；而普通公民则是正常权利的丧失与无端地对义务和责任的顺从，使其既难以激起希望，焕发热情，无私奉献，更难以将自身变成充满创造活力的有效实体。那么，究竟应该怎样理解权利与责任和义务之间的辩证法呢？

对此，不只是马克思早就从辩证法高度批判了个人主义，提倡无产阶级的人道主义，而且今天的学者更是全面地论证了三者之间的理论和现实关系。在他们看来：正是在权利和个人的内在统一性上，

---

① David Lefkowitz, *On a Moral Right to Civil Disobedience*, University of Chicago, 2007, p.206.

才可谓权利就是指人的存在。国家，作为人类的一种无奈产物，除了应该承担防止暴力、偷窃和欺诈等守夜人的工作之外，还必须监管社会上的资源分配，捍卫正义，维护公民的正当权益，使得人民能够生活在一个公正的社会中。同时又指出，法律上可实施的权利总是伴随着权利所有者的义务和责任。权利的实施就意味着社会将会公平地惩罚非法践踏他人利益的人，显示出权利自身就是一种集体性或社会性的行为和职责；证明没有集体或他人就没有个人或集体所拥有的权利和需要承担的义务与责任。

因为权利自身的有限性必将使其行为面对外部对象及种种复杂情况，在其发生某种变化时，带出"我的东西与后果"。结果，由于"我的所有物作为外在物，处于各色各样的联系中而发生作用"，使得我不得不对自己的权利行为负责，并在此基础上区分出个体权利责任和集体权利责任，而且只有恰当地处理好个人的权利、责任和集体的权利与责任之间的辩证关系，个体才能在集体中有立足之地；个体的权利、意志和行为才可能变成一种普遍的秩序和力量，与社会内的其他个体一起作为一个整体起作用。否则现实中，即便是最自负的个人主义的权利所有者，要想保护自身权利，也只有在社会群体的一致支持下或集体利益不受损害的情况下，才能得以实现。因为现实中的权利只有通过政府，复杂的现代社会才能实现把宣言变成可主张的自由所必要的社会合作。当然，这种政府也只有充分民主，才可能是广大公民用来保护自己权益、追求共同目标的有效工具。

然而专权的个体，不仅经常无视自身应该承担的责任，更是无视与之紧密相关的义务。这一则是基于权利自身的本性，另则是源自权利个体对权利和义务之间辩证法的无知。由于无知主要表现为一种自觉自愿的付出而不具有强制性的义务，致使那些基于利己主义、个人主义和极权主义的恶性膨胀，产生的对权利的酷爱和对义务的拒斥，往往是造成现实中许多人追名逐利而不承担义务的主要因素。由此，酿成的普遍社会现象是：拥有权力和享有特权者往往不承担义务，只知道利用手中的私人化和个体化权力。在这种强权政治作用下，义务也就经常被权力者当作用来剥削压迫、强制和约束广大公民的工具，使义务和责任具有一种赤裸裸的侵权、剥夺和犯罪的性质。所以当权力在脱离公民权利的状态下无端支配责任和义务的时候，就使两者完全丧失作为公民权利应该拥有的真理和道义的本质。后果，就只能是连同他所享受的权益一起从所属的群体中消失。

因此人世间"不存在任何没有相应义务的权利，也不存在没有任何相应权利的义务"。义务和权利只是同一事物的两个方面。为此，康德才说："这种内在于自身人格中的人性权利，是义务的首要前提，也是责任的根据。"[①] 特别是在政治事务中，每一位公民拥有的权利和义务都是竭尽所能地去实现自己的信念，去保护自由人民的权益。与此同时，不仅要从理论深度认识："任何生命本质上都是一种关系。而且作为如此这般的关系总意味着一种超越性存在，也即包含着这种关系于己内的一种超越自身的存在"，而且要从实践上确识："权利必须不去迎合政治，而是要求政治在任何时候必须与权利一致。"[②] 因为"人类的权利是神圣的，不论政治权力为之作出了多大的牺牲，它都

---

① ［英］古纳尔·贝克：《费希特和康德论自由、权利和法律》，黄涛译，商务印书馆2015年版，第210页。

② ［英］古纳尔·贝克：《费希特和康德论自由、权利和法律》，黄涛译，商务印书馆2015年版，第216页。

必须跪拜在权利面前，而不管这是自然权利，还是获得性权利"。至于政治对于权利之所以有如此低下的地位，根本原因就是：这些权利作为"原初权利不能从权宜之计或从具体情势的压力中推出，而必须以理性的先天原则为根据，即以人作为有理性的道德存在者，而非自然的充满欲望的存在者的最终目的为根据"①。既然如此，任何公民，特别是拥有政治权力的官员或国家公务员都有义务超越自身权利，维护群体或他人权利，使得整个公民群体都能够在作出付出的同时，也获得或享有正当权益。自觉地承担责任和义务，这既是人的使命，也是全部人类生存的辩证法。

---

① ［英］古纳尔·贝克：《费希特和康德论自由、权利和法律》，黄涛译，商务印书馆2015年版，第217页。

# 第 七 章

# 维护公民权利正当性的制度法律保障

法律是公共意识的表现。全国公民都有权亲身或经由其代表去参与法律的制定。法律对于所有的人，无论是施行保护或处罚都是一样的。在法律面前，所有的公民都是平等的。

——1789 年《人权与公民权利宣言》①

---

① [美] 林·亨特：《人权的发明：一部历史》，商务印书馆 2011 年版，第 169 页。

毫无疑问社会发展到今天，公民权利早已失去其纯真的自然性质，演变成为法权，成为权力制约下的法律所规定的权利。固然法律本身一如黑格尔所言，"法就是自由意志的定在"，也即是自由意志在现实社会中的实现，但是那种所谓不经过矛盾斗争，人人都自在地享有的权利就只能叫作"抽象的法律概念"，而不能叫作公民享有的实际权利。实际权利在社会现实中同时具有"法、权利、正当三个不同的意思"。所以，现实社会中的公民权利是法律拟设的定在；是社会的政治经济斗争的结果；是人与人之间矛盾冲突相互制衡和妥协的产物；是打上各种历史烙印和权力印迹的作品。既然如此，身处一定社会制度和法律系统中的公民权利，其正当性既需要合理的社会制度予以扶持，也需要直接规定和体现公民权利的法律体系予以强制性的维护和支撑。那么究竟怎样做才能使得公民权利不受权力者的侵犯和践踏，并能够在日常生活与社会现实中真切地体现和实施公民权利的正当性，而不是流于形式或一般的抽象文本呢？这当然需要从理论上深入分析社会制度、法律文本与公民权利正当性之间的内在关系，在实践上，进一步地完善社会制度，努力使法律文本尊重与合乎公民权利。

## 一、公民权利正当性与民主政治

由于权利经过数千年的社会演变，已经转化为与国家政治和法律制度直接相关的法权，因此一个国家只有建立和完善一种由广大公民当家做主的民主政治，才有可能保证每位公民应该享有的权利。或者说，只有当人掌管社会，使经济机器服务于人的幸福目标时，而且只有当人积极地参与社会过程时，他才能够克服那些迫使他陷入绝望、孤独和无权感的诸多因素。今天，"人们与遭受的贫困相比，正是所遭受的成为一架巨大机器的一个齿轮或一个自动机带来的痛苦，使其生活变得空虚和无意义。因此只有当民主停止退却，发起进攻，并认清整个历史进程中那些为自由而战的人所追求的民主目标时，民主才能战胜各种独裁制度。只有当民主能够给人灌输一种信念，相信最强大的人类精神是有才华的，就像个体自身积极而自发地变为现实一样，能够实现生存、真理和自由时，民主才能够征服各种虚无主义势力"①。将公民权利变为现实。这不只因为只有作为一种统治形式的民主才真正代表人民主权的原则，还因为只有广大民众掌管政治权力才会"特别地看重个体的自由和人权的价值"②。

这是自古以来广大民众为民主自由奋争的原因，也是学者孜孜不倦地讨论民主和权利之间紧密关系的原因。源自古希腊雅典人的政治理念的民主制度，之所以能够两千多年盛而不衰，迄今仍能够在世界范围内占据政治制度之主流，根本原因就在于这种政体既主张其制度要合乎人性，其国家机器要呵护人权，又鼓励人们关注国家政治，关心公众事务，满怀政治热情，积极参与政治。这种国家政体不仅崇尚民主制度，恪守民主程序，希求国家公民自觉承担公共的责任和义务，而且要求公民尊重民主政府、法律和道德，反对专制极权。特别是文艺复兴时期的历史巨人不仅高举人文主义、人道主义和自然主

---

① Erich Fromm，*The Fear of Freedom*，London and New York，1989，p.238.

② Ernesto Laclau，*On Populist Reason*，London W1F OEC，2005，p.167.

义，大力宣传人性论、个性自由、人性解放、公民平等，还批判中世纪的禁欲主义和来世幸福说；否定君权神授，提出私有财产神圣不可侵犯、发展教育、尊重科学等进步口号。进而提出主权在民和"天赋人权"思想；主张在民主政治的框架内实施立法权、执法权和司法权的分立和制衡；坚持政治权利平等，生命、财产、信仰和言论自由是人们与生俱来的权利。由此经过法国人的思想启蒙运动，形成人民主权思想；不仅在民主政治中加进更多的科学、民主和自由，还特别强调自然法、社会契约论、法律面前人人平等以及只有民选政府才能真正代表公民意志等先进理念。

因此只有民主制度才能真正给广大公民带来自由、平等和博爱，确立公平正义，缩小贫富差距，增进全民福利，使广大民众安居乐业。事实上，现在世界上的许多国家都已经进入这种社会形态。它们不仅在社会实践中赋予公民权利以民主本性，而且日益体现如下优越性：

一是通过自由民主国家对公民权利实施合法性的维护和捍卫最具实际效用。当然其维护手段可分为工具性的国家机器和非工具性的法律条文两类。后者不仅主张"尊重他人自治，需要熟悉一种对所有人都是平等的权威性决策程序，而且这些非工具性手段也通常都会扮演应对挑战遵从某种特定情况下的特定法律义务的角色。例如，它将解释为什么不允许一个代理人去违反那些仅仅是根据他相信可能是正确的、而且有足够多的人都会遵从的法律，以至即使他反抗相关的法律条文，其有效性也只有一种道德上无关紧要的影响力"①。换句话

---

① David Lefkowitz, *On a Moral Right to Civil Disobedience*, University of Chicago, 2007, pp. 210-211.

说，只有在民主政体下，才能防止任何个人与政党的专权和暴虐，保障广大公民的政治权利、经济利益、人身安全；激发公民对国家法律的热爱，培养公民简朴平等的人格；选出宽和的政府，促进政治的法律化、制度化、科学化和民主化；使得一切有关机会、产品和盈利的分配决策都通过民主形式进行，即"通过一种（至少在最基本的层面）人人享有平等权利的程序来确定相关方案的设计，以便让所有人都有责任去参与它"①。避免"各种领导人由于狂妄、偏执、自私、意识形态、民族主义、宗教信仰、对自己的天生的优越性的信念，或者是出于纯粹的热情和冲动，而运用国家独有的强制力和暴力服务于个人的目的"②。

二是这种民主制度能够保证公民享有许多基本权利。使得更多的公民能够积极参政议政，使公民选举名副其实；监督当政者的违法行为，罢免不称职官员；证明民主不只是一个统治过程，也是公民获得自身权利的有效权力形式和政治途径。当然，权利也是民主制度不可缺少的组成部分。反过来，民主制度也内在地就是一种权利体制，因为没有其他的统治形式和统治阶级会愿意把他们夺取的权利自愿地还给广大公民。相反，他们建立的一切行政司法制度都是为了维护自身的权力和特权；都是旨在反对落足于全世界每个角落的反对派，甚至是知识分子，以捍卫自身的政权。因此，"即使我们看到没有发生什么变革，也必须战斗。如果我们一直想作为人那样来生活、工作和

---

① David Lefkowitz, *On a Moral Right to Civil Disobedience*, University of Chicago, 2007, p.211.

② [美] 罗伯特·达尔：《论民主》，李柏光、林猛译，商务印书馆 1999 年版，第 53 页。

过得幸福，就更需要反抗"①。

三是民主制度较其他任何制度，都可以保证公民拥有更多的权利自由。原因就是自由、权利和民主作为人的存在本质，内在地具有一种本质关系。它既能够催生和维护公民的权利自由，也能够促动个人的发展成功、社会的文明进步，并将这种制度带来的自由、民主经过漫长时间的历练逐步渗入到广大公民的日常生活中。正因如此，自古希腊以来，许多贵族制、僭主制和君主制都土崩瓦解；唯有民主政体还一直在方兴未艾，并曾得到马克思的积极评价。他说："依据资产阶级民主对市民权利和自由的承诺，为持异议者的发展和组织提供了最有力的根据。……通过垄断资本主义获得发展的大众民主已经形成依据它自己的想象和兴趣所认可的权利和自由。只要大多数人当家做主，差异性就容易被控制；而且集中的权力能够使其容忍激进的异议者，只要后者遵从已经确立的法律和规矩。"② 而不是一如历代的统治阶级总是千方百计地剥夺和压制人的自由。

四是民主制度有利于维护公民的根本利益。几千年的人类史已经证明，与任何政体相比，只有民主政治才能够为广大公民的"生存、食宿、爱情、尊重、安全、家庭、工作、闲暇"等诸方面的需要提供更多的选择机会。当然任何制度都无法确保每位公民的全部利益都能得以顺利实现，但它却能够保证每位公民都有最大的可能机会去实现自己的理想和欲求，以至于不会严重地危害和抹煞人的意愿与个性。反过来，一个真正的民主政府，也只有能够给广大公民获得成功

---

① Herbert Marcuse, *Five Lectures*, London, 1970, p.94.

② Herbert Marcuse, *An Essay on Liberation*, Boston, 1969, p.64.

提供最大机会，使其能够最充分地拥有自我决定的自由，它才能成为一个真正成功的民主制度。否则，任何一个将广大公民利益置之度外的政府，都不会持久。

五是只有民主制度才能够为履行道德责任提供最大机会。因为历代的专制制度，大多都是运用道德说教来蒙骗民众，使其成为听话的羔羊，实际上干的都是一些背信弃义的邪恶之举，使道德成为一种绝对脱离至善和真理的意识形态。而民主制度则可以在众目睽睽之下去切实地履行自己的职责和承诺。在这种制度下，"物质、商品和金钱等构成人际间的直接关系的前提和条件。依据这种方式，生产工具和商品流通等决定着经济和社会的发展"[1]。因此道德，只有在民主制度下才会保证其拥有更多的实际内容，而不只是一种抽象的民主制度词句和教条；也只有民主制度才能够使得更多的人成为勇于承担道德责任的人。

六是民主制度可以使人性获得更充分的发挥。因为具有丰富内涵的人性涉及诚实、正直、勇敢、爱心、智慧、能力、知识等多方面的修养和人格。要想使这些品质变成现实，需要良好的社会环境。而在人类历史上，显然只有民主体制才具备充分发展上述品质的条件。其他政权形式往往使广大公民既不能维护自身利益，更难承担重要的社会职责。在那里，总体的人性只能是日益发生异化。而要想去除异化，复归人性，只有建立民主制度。正基于此，20世纪著名马克思主义理论家弗洛姆指出，真正的人道主义本质，"都是旨在通过废除导致物质需要、经济、国家、种族和文化上的不平等等方面的障碍，

---

① Adam Schaff, *A Philosophy of Man*, London, 1963, p. 44.

为获得最好的和最可能的社会条件，为了个人的幸福，为了人的个性发展创造更好的环境而战斗"①。当然，每一个时代都有不同的人道主义，但由于所有特定时期的革命运动都是指向现存的压迫和剥削形式，指向不平等和社会不公正，关注人的道德情操和人性的修炼与完美，因而它们归根结底都可以还原为人道主义。目标都是创造条件促使人的个性全面发展，人的潜能充分发挥，使自己变成一个能创造性地运用自己的才能和思想的人。为此，许多学者都承认和坚信：未来社会，人是中心，人的价值高于一切，一切经济政治活动的纲领都要服从人、服务人。未来需实现科学技术人道化；需要确识"是人的最佳发展，而不是最大限度的生产的发展是一切规划的标准；必须是人而不是技术作为价值的最终根源"②。

七是只有民主制度才能够确保每位公民在政治上平等，在利益分配上公正，而且一般都比非民主国家经济更繁荣，科学技术更发达，文化更富多样性。只要浏览一下现世界，广大民众生活最富裕、经济实力最强大的国家总是那些民主国家。而最贫穷的国家则总是那些非民主国家。尽管有一些极权主义国家凭借政治极权和资源优势，也有相当的经济实力，但是那里由于高度的两极分化，财富都集中在少数极权者那里，所以那里的人民却仍然生活在水深火热之中。尤其是现在中东地区和一些非洲国家正在兴起的民主革命、民主运动，更有力地证明，民主政治才是现代世界公民普遍选择的自我解放的有效途径。

---

① Adam Schaff, *A Philosophy of Man*, London, 1963, p.106.
② [德] 弗洛姆：《健全的社会》，王大庆译，贵州人民出版社1994年版，第105页。

八是民主制度也反过来造就明智、认真和努力进取的民众，而不会必然导致自由主义、个人主义、利己主义和无政府主义。因为这些理论并不构成民主政治的理论和实践基础。民主制度只能赋予广大公民更多的人身自由、政治权利、经济利益和人性内涵，而不可能将社会引到极端的无政府状态。因为民主作为一种社会形式和政治制度，突出的是社会民主和政治权力的整体性。这与强调孤立的个人状态及随心所欲的消极自由是格格不入的。在民主国家，对于自由、私欲和个人权欲都有严格地法律制约。所以真正的民主国家也一定是依法立国和依法治国，而非民主国家才真正是个人极端的自私自利、无法无天和为所欲为的国家。

基于上述理由，显而易见，没有民主制度，就没有公民权利的充分保障，就没有公民权利正当性的维护。民主和权利是一种统一关系。因此也只有民主制度才能够实现和保证公民当家做主的权力和权利。反过来，权力和权利也只有通过民主制度才能在公民身上变为现实，否则就只能是一纸空文或骗人的旗帜。

事实上，也只有当一个国家在自由和民主两方面都足以证明其主张的合理性，其实践的合法性，而且不带有任何强制意味时，它才可能在某种情况下拥有超越于特殊个体的权威，比如，在一些公民个人自愿承担遵从国家的某种义务的时候，或是一些代理人更喜欢根据遵从法律所获得的理由去行动，而不是企图根据自己的意愿来决定行动的时候，这种情况才可以出现。只是，前一个基于守法义务的理由似乎很少适用于现代国家的主体，而后一个理由在一般情况下，并不必须承担遵守法律的义务，除非有一些特定情况。因此现代文明国家的政治理论最有可能的证明是："几乎所有现存的公民自由，或民主国家的公民，都有一种遵守法律的普遍义务，……而且也只有作为享有如此权利的公民的国家，才是一个自由民主的国家"①，如此，才可能真正成为一个将民主与权利有机结合的国家。

## 二、公民权利正当性要求超越现有权力形式

当赫伯特·斯宾塞说"政府是侵略之父，又由侵略而生"的时候，②这无疑表明：国家权力固有一种暴力性和强制性。以至人类史上，几乎从来都充满战争、杀戮和无尽的苦难，真可谓"众生私我，万劫沉沦"。到处都体现权力就是人统治人、压迫人和剥削人的工具。那么究竟怎样才能杜绝战争，根除苦难，祛除异化，抑制贪欲，复归人性，实现公民权利的完满和人的自由全面发展呢？这当然需要探查造成社会罪恶的根本原因，寻找解放全人类的道路、机制。但如何改变现代社会的权力形式，实现从古代的酷刑、镇压转向一种通过实施普遍"温柔的"强力，使广大公民自觉守法，接受规训，积极参与社会公益活动，甘心情愿地为人类作出奉献的新型权力形式，显然更是当代国家政权应该努力的方向。

因为旧的权力形式，尤其是 19 世纪之前，或当代依然存在的一些封建式的国家权力，大多都是旨在通过惨不忍睹的酷刑和极端残暴

---

① David Lefkowitz, *On a Moral Right to Civil Disobedience*, University of Chicago, 2007, pp. 210-211.

② [英] 赫伯特·斯宾塞：《国家权力与个人自由》，谭小琴等译，华夏出版社 2000 年版，第 47 页。

的处决，诸如肢解、车裂、火烧、绞刑、砍头等形式，以展示统治者
的权力和权威。然而随着人性的日渐觉醒，"血肉同胞"之情的日渐
复生，人道主义的不断高扬以及广大公众对暴政的不满和抗议的日渐
增长，就促使当权者考虑改变现有的权力实施形式。具体做法是：取
消对犯人肉体实施残暴性的惩罚，转向对犯人的灵魂、心理和精神进
行教育、规训和儆戒。"这种儆戒作用的基础是教训、话语、可理解
的符号、公共道德的表象。在这里，维系惩罚仪式的不再是君主权威
的可怕复辟，而是符码的活化，是集体对犯罪观念与惩罚观念之间联
系的支持。在惩罚中，人们不是看到君主的存在，而是辨认出法律本
身。"① 这样，在对犯人的判决结果中，就促使司法机关把对罪行的判
决变成一种犯罪事实、科学真理和法律文本的综合体；使法官在认定
犯人的罪行时能够考虑到案情的各个方面；进而把审判实践和审判权
力部分地转移到法庭以内的陪审团手中和法庭以外的相关人员及至广
大公民手中；而不是法院的法官垄断着对罪行的判决权或话语权。

　　由此，使得新型的权力技术学变成刑罚体系人道化和对人的认
识这两者的共同原则。科学与日俱增地进入法律实践，促使整个社会
的惩罚权力和惩罚技术日渐形成"最少原则、充分想象原则、侧面效
果原则、绝对确定原则、公共真理原则，及详尽规定原则"六大基本
的判定原则。其中"绝对确定原则"主要指："规定罪行和刑罚的法
律应该是绝对明确的，从而使每个社会成员都能区分犯罪行为和正直
行为。"② 而"详尽规定原则"则意指，法律"不应用沉默来培养免罪

---

① ［法］米歇尔·福柯：《规训与处罚》，刘北成等译，三联书店 2003 年版，第 123—
124 页。
② ［法］米歇尔·福柯：《规训与处罚》，三联书店 2003 年版，第 106 页。

的希望。必须有一部详尽明确地规定罪行和刑罚的法典"。但是所有的惩罚都必须旨在防止再犯。"所以惩罚时必须考虑罪犯本人的情况，推测其邪恶的程度，其意图的本质"，以求对所有的犯罪都能有一个准确的判决和惩罚。①

上述惩罚判决原则的主要贡献就是，"力求用一种精心计算的惩罚经济学来控制犯罪"。从而推进过去的那种"惩罚的符号——技术被一种新的肉体政治学所更替的新时代"。这个新时代将使司法和惩罚成为一项突出公众权利的大事。比如今天一些国家实行的陪审团制度就是这种由官僚惩罚转向法官判决，进而又转向与公民意志相结合的惩罚形式的典型体现。由此，现在思想活跃而又前卫的政治哲学家则对国家政治及权力形式给予很多思考。比如英国学者莫非（Chantal Mouffe）、拉克劳（Emesto Laclau）、普兰查斯等后马克思主义者，在一系列理论观点上都有大幅度的迈进。他们反对阶级斗争和激进主义，主张站在世界大同、普遍主体和完善人性的高度解放人类。为此，在政治观上，他们提倡要从暴力革命转向多元民主，从生产进到生活；高扬个人的能动性、自觉性。在认识论和社会观上，提倡相对主义和自由多元论；要求人们不要对马克思、恩格斯曾在《共产党宣言》中所批判的那些形形色色的"社会主义"顶礼膜拜；而要宣扬差异政治、欲望政治、族群认同政治、边缘政治、文化政治以及微观政治；要关注日常生活实践、日常交往、日常话语，以及人自身的观念和行为的变革。

这种反对激烈的暴力革命和极端的政治变革，"拒斥总体化的同

---

① 〔法〕米歇尔·福柯：《规训与处罚》，三联书店 2003 年版，第 109 页。

源性的基础性权力，转而寻求一种异质性权力概念。这一观念的现实结果便是对趋向于日常生活的微观政治的关注与倡导"①。就是在竭力主张和践行权力的微观化和去中心化，主张全体公民都是平等的政治主体，都应拥有自己的权力和权利。"如果权力在社会领域中四处弥散，如果权力已经被编织进入日常生活这张无形的大网，那么，社会冲突和反抗就不可能集中于某一处。政治反抗运动就不可能被归于诸如反政府主义、反资本主义或反父权制的旗帜之下。社会反抗也必然是复杂多样的。反抗的实践也一定是局部的（地域性的）、分散的，并遵循其特定的社会领域（如监狱、学校、性）所特有的社会逻辑。"② 比如近些年来不断兴起的同性恋运动、新女权主义运动、少数族群的抗议运动、边缘人群发起的反体制的生态保护运动、反核运动等，都意味着社会冲突从一些特殊领域逐步扩大到更宽广的范围。而且这些不断涌现的"新的积极现象"，迫使一些学者在一种新的理论构架内重建激进政治学；解构激进主义的理论基础，推出新的社会政治理论。

为此，拉克劳等人在《政治的回归》一书中指出："今天正在被诉求的那些新的权利所表达的是差异，……这些差异再也不是可以被普遍化了的权利。"③ 它们是多样性和异质性的权利。正是这些权利也在客观上要求人类社会应该支持塑造和构建一种新的、多元的和更加自由的主体。这种新的政治哲学解构了曾经在许多社会主义国家占据

① 周凡主编：《后马克思主义：批判与辩护》，中央编译出版社2007年版，第3页。
② ［美］史蒂文·塞德曼：《有争议的知识》，刘北成译，中国人民大学出版社2002年版，第158页。
③ ［英］查特尔·莫非：《政治的回归》，王恒译，江苏人民出版社2001年版，第15页。

统治地位的阶级斗争理论，也使得"社会对抗理论"在现实层面成为许多政治哲学研究的核心内容与重要概念。它不再采用长期流行的所谓无产阶级和资产阶级、经济基础与上层建筑、资本主义和社会主义截然对立的二分法，而是站在亚里士多德早就提出的"人是一种政治动物"的高度，论证当代政治领域发生的根本变化以及人类追求民主彻底性的强烈愿望。

这也就是说，在当今社会，只有传统的霸权概念或权力及权利概念脱离阶级斗争的形式和阶级分析的阴影，人类才可能进入真正的民主实践，建立起名副其实的民主政治。只有在人们普遍认为自由、民主、平等和权利不再具有一种阶级必然性，并且能够避开霸权或独裁者的把控时，才可能深化和实施民主实践；才能真正杜绝那种源自本质主义阶级概念的政治战略的极权主义和先锋主义。

由此，拉克劳等人还论述了一种非本质主义的霸权思想，指出霸权是多维的。原因是社会是多种特殊集团和需要组成的多元体，因此必然构成权力的不平衡性。而要解放某个普遍主体，就需要进行政治权力平衡，只有利用普遍性颠覆特殊性，霸权才能存在。尽管霸权主张普遍和特殊的不可比性，但它的要求能够吸收普遍而达到自身的再现，使霸权具有一种统一的象征秩序，从而摆脱与作为社会政治危机的最终原因的阶级或生产方式的必然联系，并在此基础上，突出霸权概念的差异性，以便在占主导地位的社会分层形式中，推动历史走向差异性的转变，从而实现前现代民主向现代民主的转变。

在这个意义上，霸权，其实就是建构社会统一的实践。只要这种统一不是排除特殊性、个性和具体性的绝对的统一，而是旨在打破原有的绝对统一性，重建新的差异体系，扩大霸权结合的实践领域，并能够在这一流动、延异和扩大的过程中，将自主性变成霸权建构的主要形式，那么这种重构性的霸权就包含着一定的合理性与现实性。只是在这一重构实践中，需要改变和完善现代诸多国家，特别是非民主国家的权力形式，而且必须反对迄今仍然甚嚣尘上的极权主义。因为极权主义作为人类历史最近两个世纪，基于权欲、贪欲和人性恶的方面形成的一种最恐怖的权力形式，在20世纪达到了登峰造极的地步。致使今天，它变得既激进而又寻常。它所"表现的是理性政治关系的形式而不是内容。历史舞台上的这位新生事物是虚假政治的极端形式"①。也正是这种虚假、极端的政治权力形式，使得一些极权主义者能够在光天化日之下，任意地践踏公民权利。庆幸的是，人类中蕴藏的正义力量总是能够道高一尺魔高一丈，致使经常出现这样的社会现实：只要是极权主义者占据政治舞台，几乎总是在毁掉他的国家的同时，也使自己臭名昭著、身名俱灭。从而体现权力和利益不过是同一枚硬币的两面，都是权欲和私欲对社会的渗透和扩展。比如，现代许多不发达国家的人民经受的剥削和压榨、贫穷和疾病，其实并不是简单地产生于自身的落后和不幸，而是"源于富裕国家进行的系统的和卑鄙的商业剥削，以及他们对强权政治的直接或间接支持"。②结果，导致那些不发达国家或是一些后殖民主义国家，变本加厉地滋生了极权主义。

如何来消除极权主义？毫无疑问，民主运动是一剂灵丹妙药。

---

① ［加］菲利普·汉森：《历史、政治与公民权：阿伦特》，刘佳林译，江苏人民出版社2004年版，第3页。

② Richard Bellamy, *Citizenship：A Very Short Introduction*, Oxford University Press, 2008, p. 80.

特别是那种能够开创新事物的大规模民众革命，不仅能够中断历史进程，开始全新故事，而且能够将保障公民权利作为革命的唯一目标，将公民"从滥用权力，对历史悠久且根深蒂固的权利肆意践踏的政府手中解放出来"①。

此外，转变现代的权力形式还主要在于确立权力的公众性质和管理功能；确立公权观念和民主意识，倡导市民社会。充分认识，通过自愿行为的公众民主既是个体获取安全和人格发展机会的目的，也是实现这些目的的手段；而且也只有这两者相一致时才能获得成功；才能杜绝领导者比他人享有更优越的地位。在社会现实中真正推行和实施"一切人都有同一的使用自身能力的义务"②。

把权力看作管理，当然不是说权力不再拥有"绝对统治权，惩戒权，以及正在变得'霸道'的对'信息传播'的控制权"③。相反，它们既要为一个部门设定目标，决定业务，组织实践，还要进行必要的信息收集、意见反馈、宣传激励和绩效评估等大量工作。特别是以知识经济和话语霸权为突出特征的21世纪，作为社会契约的全部内涵的语言将日益具有至上作用。未来谁掌握语言谁就拥有一切。因此未来并不是所有的民主国家都要采用一种多数人规则的系统，而是只要能够采用一种最先进的电子系统，而且一个政党只需要借助它能够在大多数选区比任何其他政党吸引更多的选票，这个政党就可以赢得

---

① ［美］汉娜·阿伦特：《论革命》，陈周旺译，译林出版社2007年版，第21页。
② ［德］威廉·魏特琳：《和谐与自由的保障》，李平沤等译，商务印书馆2004年版，第168页。
③ ［法］吉尔·德勒兹：《哲学与权力的谈判》，刘汉全译，商务印书馆2001年版，第198页。

选举。如果在选举的系统的设计中，"不同的代表比例形式能够以不同的方式聚合人民的选择权，那么该政党也就会对不同的选择进行识别，以作为其最优先考虑的选举对象"①。

再则，由于当今世界生产、交换和消费的全球化，意味着大多数发达国家的公民都可能成为该国剥削穷国或从中收益的同谋。因此，这些国家的公民也拥有一种义不容辞的责任去帮助世界上的那些超出人道主义援助义务的穷人和受压迫者。"遗憾的是，今天总有一些人在准备利用别人。当然，正如社会和经济权利需要医院、学校以及社会保障制度一样，公民权利也需要法律制度、警察、监狱等作保障，而所有这些社会机构都可能是同样的昂贵。因为国民系统是与日俱增地在相互作用，而很多的经济和社会活动，包括犯罪都是跨国活动，这就更加需要国际安排和个人身体力行地去维护双方的一系列权益。"②

## 三、公民权利正当性与政治全球化

综观现代政治的发展趋势和远大前景，的确有如1990年英国社会学家安东尼·吉登斯所言，"全球化早已经在社会科学的辞典中占据关键位置"。可以说自20世纪末期以来，地球人类所发生的各种大

① Richard Bellamy, *Citizenship：A Very Short Introduction*, Oxford University Press, 2008, p.110.

② Richard Bellamy, *Citizenship：A Very Short Introduction*, Oxford University Press, 2008, pp. 80-81.

规模的全球化作用，使得现行社会制度的基础变异成为一种后工业的形式；并由此构成一种新的社会技术组织模式，打破了传统的无序状态，发生了诸多领域中的无规则变化，引发了新的竞争和投资热潮，激发了试图扩大俘获更大的市场占有率的渴望。这样一来，许多人都认为，美国自主开发的外汇保证金交易平台不仅是推动生产国际化、全球网络化、跨文化接触、金融市场的国际化、集约化，以及日益增加的国际合作、共同冒险、战略上的联盟与合并的主要工具与手段，"也在更大的程度上开辟了一种社会空间的所谓'三维的'社会图景。这种社会图景不以地区、民族国家和领土来界定"①。事实上，该平台也的确正在与日俱增地被许多国家用来增加生产规模，扩大商品销售，增大消费数量，强化管理功能，扩展权力功能。特别是诸多的跨国公司都是如此这般地通过它们的结构的有效管理，利用信息转换获得竞争优势，超过较小社团，获取新的和更大的权力；使得资本的巨大能量穿透各种空间障碍，成为推动政治经济、公民权利迅速全球化的基本动力；进而使得全球空间被迅速地非领土化，也就是说"先剥夺它们原先的各种意义，然后再按照殖民地和帝国行政管理的便利来非领土化"②。

这种非领土化的结果：一是在政治、经济、军事和文化艺术等各个方面都增强了人类行为和实践中的"跨国的逃避力量"，使得整个人类都日益削弱或祛除往日领土的束缚，成为更自由的主体。二是在全球化的新时代，国家主权日益陷入困境，更多的时候是只有通过放

① ［德］哈贝马斯等：《全球化与政治》，王学东译，中央编译出版社 2000 年版，第14 页。

② ［美］戴维·哈维：《后现代的状况》，阎嘉译，商务印书馆 2003 年版，第 330 页。

弃国家主权才能得以实现。这样,"非民族国家化"便在"民族国家"地缘政治日渐萎缩的情势下日益扩大。与此同时,也日益超越民族国家的治理,出现一些"无政府治理"的新形式。三是随着"后现代政治世界"的出现,合乎民主合法性的跨国政治的塑造力量正在增大,并由此出现超越现行民主政治的趋向。四是随着伦理全球化的新语言的兴起和"全球种族空间"的不断扩大,不只是民族国家现代性的主权权利将失去内核,而且将成为"全球责任"的干预对象。五是全球化使得人们只需用比以往在有限的经济空间中使用的劳动力少得多的劳动力,就可以满足生活所需要的产品与服务,相反非生产性的劳动将日益在更多空间合法化。六是在全球化时代,生态现代化获得竞争优势,环境政策机构在全世界获得加速扩展,环境政策模式全球趋同,非政府的环境治理网络的全球化迅速推广,国际环境保护规定的密度不断增加,危害环境者的逃避地区将越来越少,对落后国家环境破坏的约束将越来越严格。

最后,就是在全球化的新时代,由于信息技术、虚拟技术和网络技术的问世和发展,导致时间和空间距离的消失,既使得人类状况日益向多样化方向发展,也使得越来越多的人从狭隘或贫困地域的束缚中解放出来,使某些社区生成的意义延伸到疆界以外,使其拥有更多的冲破原有领土意义及其限制的能力。比如,仅就网络世界而言,伴随高科技将人类带入新的媒体平台之后,其消费价格将变得相对说来更加价廉物美,在现存的消费模式中,只需要供给一个价格非常便宜的小的调节器就可以完成。如此的科技进步和网络全球化,即便对于许多穷人来说,也会给他们的学习、工作及衣食住行的诸多方面带来好处和方便。正因为如此,以至目前的网络技术和赛博空间,早已经由最初西方社会发达国家白人中产阶级中的男性所控制的局面发展到今天绝大多数的下层民众。如果说在 20 世纪网络应用还仅仅局限于英语国家和英语会话，而且还都是一些电脑文化人，即都是利用电脑进行阅读和写作的人。而今天能够从网络技术中获益的人群则加速度地扩展。如果说过去使用电脑网络的人还仅仅限于 20 岁左右能够熟练地使用电脑进行学习和写作的人，而眼下不仅是那些能够使用"拼音"打字的全球人都可以从电脑网络中获益，而且全世界所有能够使用手机的人，都可以从信息全球化和网络全球化中获得有益的知识和信息。如此一来，就使得人们能够越过物质的障碍，享有史无前例的自由和拥有"闻所未闻的远距离移动和行事的能力"。[①]

由于"距离不再有任何意义，因而被距离分割开的地域、民族或国家"也就日渐失去其管辖的权力和意义，而变得空虚。这也是为什么随着全球化、网络化和虚拟世界的日渐发展，有越来越多的人，特别是精英分子们可以随心所欲地突破手脚的局限，穿越物理空间，打破文化隔阂，借助知识、信息和新的生存能力，自主和自由地生存于世界上任何他们所感兴趣的地方。

换句话说，通过全球化带来的这种世界范围的非民族化和非领土化的结果是：一方面，使得"占有"的时尚、产品、生产技术、劳动过程及至最新的价值观、人生观、消费观迅速遍及被占有方或"被殖民方"的全部空间，而且都具有突出的易变性、短暂性、新颖性、独特性以及"效果战胜原因"、"即刻性战胜长期性"等特征；另一方

---

① ［英］齐格蒙特·鲍曼：《全球化》，徐建华、郭国良译，商务印书馆 2001 年版，第 17 页。

面，是导致被占有国家或被占有地区的"一切看似牢不可破的东西迅速土崩瓦解、烟消云散"，留下的往往是一片片"后现代的政治经济或后现代生存的标志"。在这里，五方杂处、各色各样的后现代理念、行为或倾向各自根据对各种功能的依赖性而逐渐脱离被占领区的现有的文化和空间约束，各自形成一种自主的形式系统和微观的权力结构，渗透和作用于非领土化的国家或地区；既显示了思想对物质、理论对实践、文化对习惯的颠覆性力量，也证明传统的经济决定论、历史唯物论和地理政治学，越来越受到具有"非理性"特征和唯心论特征的创造精神的毁灭性挑战。特别是传统的生产力和经济结构的概念在后现代思潮中都被解构和重建，代之以将幻想变成真实、虚拟变为现实、文化艺术和审美消费替代政治经济的创造性实践。

当然，眼下的这种全球化进程发展得还很不平衡，特别是发展中国家的人们仍然更关注的是地理世界的战争，而没有认识到根据现实的空间结构，包括意识和心灵空间、虚拟和模拟空间，从全球范围来解构已有的阶级关系、意识形态、文化传统和制定新的全球性的外交与战争策略，尤其是对于赛博空间的争夺、占领、创造和制造，在发达国家早已经就筹划、发生和紧锣密鼓地进行。"今天，在一个多世纪的电子技术之后，其拥有者的发达国家已经将自己的中枢神经系统延伸到全球的怀抱。"比如迄今人们谈论最多的政治全球化、经济全球化、文化全球化以及第三条道路等，都主要是发达国家借助网络世界和赛博空间在进行。这种使时间空间化，使地域全球化的科学技术行为而实质上的政治经济行为，也即制造新的权力行为以及确立"在真实世界之外和之上"的新理想、新境界、新谋划，不仅使得发展中国家一如既往地处在非常薄弱的地位，也使得穷国和富国的差距越拉越大，使得穷人和富人的两极分化愈演愈烈。正是借助各种形式的全球化，使得富国不断地、合法地和行之有效地推行着一种极为复杂的新的国际空间的各种功能，并在其中将他们的各种理想和极为深层的欲望都变为现实。

但也不可否定，高科技与网络技术的全球化不可避免地在推动着地球人在一步步地向着外部空间迈进和扩展。换句话说，不论是哪个国家和民族，也不论是穷国和富国，都在以不同的规模和速度，行进在赛博空间的组织上、赛博区域的划分上、赛博空间的监视和管辖上以及文化意识形态的表达和传播上；对其进行占有、支配和使用；而且都是基于对两性、婚姻、家庭、国家、种族、生态环境、自由平等以及眼下流行的各种全球化运动的诸多要素的认识、创建和选择，并围绕这些要素产生复杂的权力空间地理学，而且都在试图通过一种复杂的社会和文化力量的相互作用使其得以建构和再生，从而日益保障公民权利的正当性，并在此基础上逐步扩展公民权利的丰富性和多样性。

## 四、权利正当性促动公民为法治而战

法治思想至少始于前苏格拉底时期。比如哲学家赫拉克利特就公开主张"人民应当为法律而战。"德谟克利特也认为人类文明和物质的发展需要法律。因为法律既符合人性需要，也旨在使人们生活更好。特别是柏拉图在《法律篇》中可谓系统地陈述了他的法治意识，认为它是制止贪婪、防止腐败、惩治违法乱纪和无恶不作、保障社会安定、维护社会正义、治理一个善恶混杂的政治制度的精神和道义武器。为此，他要求权力者能够制定出最好的宪法和法律，也要求广大公民能够自我克制，服从法律，自觉守法；使法律能够真正成为"权力和智慧、自由与约束"相结合的产物。至于亚里士多德也明确指出："宪法是一切政治组织、成邦制度和公民行为的依据"，"一个真正的共和政体必须依法治国。"因为只有法律才能够捍卫和维护社会正义、制度公正，培养不受情欲控制的理智和清明廉洁的行为；并把法律理解为不受人的主观愿望影响、合乎人性、遵循社会本质和发展规律、以达到约束、限制和规范人类行为的规则。由此，他又把法律划分为"反映自然存在的秩序的自然法"和由人类规定的人定法，包括习惯法和成文法。斯多葛派将法律上升到普遍律令，形成世界主义观念和建立世界国家的想法；并将法律与理性、人道和解放奴隶与妇女相联系。古罗马的法学家则主要把法治和民主、平等、正义及权力的制衡相勾连。认为所有人都应服从一种普遍的人神共有的法律；并将法律划分为涉及国家组织的公法和私人利益的私法。中世纪对法治思想的最大贡献，就是由"上帝面前人人平等"推延到"法律面前人人平等"；将法律看作像《圣经》一样具有绝对的神圣性、纯洁性、权威性和永恒性。至于神学家推崇的"启示高于理性、神法大于人法、神权高于王权，以及人法从属于自然法"等理念，也对其后民主制度的建立和法治思想的发展具有一定进步意义。

文艺复兴运动兴起的人文精神，主要是在法律思想中突出人性，贬抑神性，突出自然，贬低上帝；突出自由、平等、人权和博爱等内容。主张人民全体高于君主，君王也必须遵从法治，人民对暴君具有反抗权。至此，近代的法学家进一步扩展了自然法、人道法、国际法、普遍人权法、根本法、民法。确立了平等、正义、义务、责任等道德理念，以及主权、公意、优胜劣汰、趋利避害、普遍理性、三权分立、主权在民、以法治国、反封建等政治生存理念在法律中的重要地位；并将自然权利、政体、法律和自由思想紧密结合，突出了法律和政体、法律和民主精神之间的辩证法。法律的内涵归根结底是全体公民对自身作出的规定，因此法的根本任务就在于能够保障公民的生存权、言论自由权、信仰自由权、财产私有权、追求幸福权。至于当代的法律思想则集中于探讨和实践法律的合理性、平等性、公开性、协同性、功效性；强调个人利益和社会利益、自由和限制、个体和整体、政治和经济、法律和道德、公法和私法、义务和职责的辩证法。

正因如此，大凡民主国家都是法律具有至上的权力和权威的法治国家。在那里，法作为全体公民的意志、权利和权力大于任何个人和政党。即如黑格尔所言，虽然法作为一种义务和规律是一种冷冰冰的文字，其实规律作为事物的理性"主要是识别所谓人民的假兄弟、假朋友的暗号"①。因此任何狂妄自大者尽管可以蔑视理智、科学和法律，一味地委身恶魔，以身试法，结果必然沦丧和覆灭。

当然权力者有权解释法律，因为任何法律作为被设定的东西都是相对和暂时的定在。正因如此，法律总是统治者用来为自己权力服务的工具，因而也经常体现为暴力和强权的形式。但这并不能否定法律作为一种规律和普遍性往往都是人类利用正确思维获得的有关事物及其行为的科学认识。相反，"这种情况对实定法说来才是偶然的，

① ［德］黑格尔：《法哲学原理》，范扬、张企泰译，商务印书馆1995年版，第7页。

与它的本质无关"①。具体原因，一是因为实定法必须采取某个国家的有效形式。二是因为在内容上，它取决于一个法律体系在适用上的必然性，即它必然要使得普遍概念适用于各种对象的特殊性状。这样，在性质上，一切法律都绝不会一成不变，而会"树欲静而风不止"，随时都会因情况和时运而起变化。只是这种变化不是日益远离现实，而是日益接近现实和真理，从而成为法律的各种构成要素与环节，例如权利、所有权、道德、家庭、国家等赖以生存和发展的理论基础和实践准则；并以此来阐述人类诸多行为的合理性，公开表明人生来就有对权利、财产、道德、性爱和社交的冲动。"此外，在这里是以冲动的形态表现出来的同一内容，随后将以另一种形式即义务的形式出现。"②

也正是基于法律与规律、真理、正义、责任和义务有如此统一性，所以要想维护公民权利的正当性，必须建立一种科学、正当的立法和执法的常规制度；确立法治型公正，以确保公民权利的正当性以及应该承担的责任、义务和使命。换句话说，只有加强法治建设，树立法律理念，正确地维持和处理好法律和执行法律的政治权力之间的张力，即使法律具有客观性和真理性，又使权力对"合法之法"的组织、操作和执行依法显示出公正性，才能够保证公民的自我立法实践真正进入"法治国的观念以及法律的螺旋式的自我运用过程"。

在理论上，要不断完善和丰富对各种法律及法权的认识。要确信历史上即便最圣洁的法典与残酷的现实之间也存在令人难以置信的

---

① ［德］黑格尔：《法哲学原理》，商务印书馆 1995 年版，"导论"，第 4 页。

② ［德］黑格尔：《法哲学原理》，商务印书馆 1995 年版，"导论"，第 29 页。

差异。古人所谓的"法令行则国治，法令弛则国乱"，不过是对法律和权力关系的倒置，没有认识符号化的法律背后的社会制度、意识形态、宗教信仰、伦理道德等诸多因素的综合性力量。当然，造成这种差异的关键因素还是政治权力，而且"一切权力都以意见为基础，并受意见的限制"。① 因此法在本质上只不过是体现了统治者意志的一种权力话语。既然如此，与那些诡计多端、掌握了权力话语的权力者相比，就必然是法小人大，法治遵从人治。法作为一种复杂的社会系统，与其他社会因素具有千丝万缕的联系。特别是法治效应，归根结底取决于权力的实践与权力者对法律的"合理性解释"。因此只有深入解读法的性质及关系，克服其权力干预，消除主观随意性和深层结构的离散性，恢复其体现公民自由意志的契约性和公众性，摆正法权关系，才能真正维护法的尊严，发挥法的效用。

　　历史上许多法律规定之所以逐渐被社会变革所革除，关键就是法律的文本形式常常脱离社会现实中的具体内容，既不能代表广大人民群众的权益和行动，也不是基于对社会发展规律和人性进化内在逻辑的认识，而且一旦法律条文演变为超越公民权利之上的纯粹符号，打着"法律至上"、"权利至上"或"权力至上"等公开旗号进行统治的专制主义者就会应运而生。此时，任何法律都不再具有普遍的约束力，更不能合理地运行，而是转化成一种绝对的权力和暴力。与此同时，一切法律也都将从普遍性转向个别性；从保护社会公民的权利转向保护帝王官僚的特权。最初的"刑不避大夫"完全演变为"刑不上

---

① [英]冯·哈耶克：《法律、立法与自由》，邓正来等译，中国大百科全书出版社 2000年版，第 113 页。

大夫"。此时，法律、权利和权力都发生异化，最终导致法律及卵翼
它的政权一起解体。

为此，我们必须认识到一切法律作为设定的存在都"可能有自
我意志和其他特殊性等偶然物加入在内，因之，法律的内容和自在的
法是可能不同的"。① 而此时，立法者、司法者和执法者要做的工作
就是以科学认识为依据，以维护人性的完美和人格的尊严为基础，严
密地立法，公正地司法，严格地执法。而广大公民要做的工作，就是
要透彻地认识和理解法律。要认识到法律作为社会全体成员的自为性
约定，既是对社会全体成员权益的维护和保证，也需要社会全体成员
继续努力依法行事，将法律条文变成自己的自觉行为。只有如此，法
律才可能获得普遍性和现实性。否则法律若只是掌管在司法或执法人
手中，而不为广大民众所熟知，那么法律就可能只是权力者手中的玩
物。如此，法律就会由于权力者主观意志的作祟，而失去真理性、正
义性、公平性和普遍性。此时，法律不仅不会造福人群，还会成为人
人惧怕、恐惧的无形之网，说不定哪天个人就会被以一种"莫须有"
的罪名绳之以法，锒铛入狱，深受"作茧自缚"的牢狱之灾。

关于法律的真实性对树立法律无上权威的重要性，黑格尔曾精
辟指出："法的东西要成为法律，不仅首先必须获得它的普遍性的形
式，而且必须获得它的真实的规定性。"② 这也就是说，法律的普遍性
绝不是一句毫无实际内容的空洞形式，它应是内容和形式、观念和现
实、理论和实践的统一。否则，任何法律都不会具有实用性和生命

① ［德］黑格尔：《法哲学原理》，商务印书馆 1995 年版，第 221 页。
② ［德］黑格尔：《法哲学原理》，商务印书馆 1995 年版，第 218 页。

力，而且也绝不会实现法律、权利、责任和义务的统一性。此时的一个严重后果则往往是："国家公民就可以通过把实施中的、国家授权的法律看作'非正义的法律'，将自己与之分离。在这里，他们可以用另一种法律，即另一种'正义的法律'，于这种国家授权的法律对立。"①

既然社会权力是经常地给法律塞进一些虚假意识、主观意志，甚至是个人的野心和罪恶，以至是经常地威胁和破坏法律尊严，因此当今世界公民的职责仍需要努力建设完美而现实的法律体系，并把它交给公正无私、有责任心和谙熟法律知识的社会主体去执行，同时广大公民又能够实施有效的监督机制，只有如此才有可能避免坏人利用"公法"和"公权"谋取私利直至祸国殃民。否则，再完善的法律体系也只是摆设。任何权力机构只有把法律条文变成实践，才能真正体现法律的实在性和效用性。而欲达此目的，就需要将法律和全体公民的意志融为一体，形成一股强大的势力，以扳倒一切社会障碍，否则社会这架政治机器就不可能正常运转，"社会规约便会是荒谬的、暴政的，并且会遭到最严重的滥用"②。此时的法律也会自我否定和自我损毁，使社会重返杂乱无章的无序状态。在那里，邪恶将代替正义，权力将吞噬权利，贪欲将掩埋理智。

人类历史上，类似希特勒和墨索里尼一类的人物还有很多，他们之所以能够恣意妄为，肆意践踏法律，施暴民众，究其原因，还是法律只是权力者手中的玩偶，法律完全决定于政治权力。因此人类要

---

① [法]科耶夫：《法学现象学纲要》，邱立波译，华东师范大学出版社 2011 年版，第363 页。

② [法]卢梭：《社会契约论》，商务印书馆 1987 年版，第 29 页。

想最终获得民主和自由，还不能只是死心塌地依赖法律，还要依靠全体公民的权利和力量，对抗和"谴责任何用军事的、政治的、经济的、暴力的甚至恐怖的手段干涉别人、强行贯彻自己意图的做法"①。一旦人们能够自觉地遵纪守法，法律深层的固有结构就会自动地消融和解体。当然要达到这一目标，也绝非易事。特别是在那些政治经济、科技文化相对落后的国家，它既需要有良知的革命精英付出毕生的心血，更需要广大公众付出甚至牺牲自身生命的代价，以推翻弄权者对法的垄断和由此导致的法权异化。另外，人们也只有持之以恒地将自己的全部付出继续用在反对封建、霸权以及虚假民主等方面，才可能最终建成法治国家，真正实现政治民主。

## 五、强化公民的主体人格和权利意识

人作为一种人格、一种自由意志的载体，毫无疑问，只有具备主体性，才可谓之为真人。而社会的整体就是从这种真正的个人出发构建起来的。既然如此，意志的自主概念在此就具有一种核心地位。正是通过这种意志自由，才能建构一个有效的法律主体，真正出现拥有主体性权利的公民。一种自主的个人概念才可能在选举权的思考中处于中心位置。而在社会现实和权力争斗中，只有自由和自主的人才能参与政治生活，也只有独立的意志才能够产生法律后果；并使得

---

① ［德］哈贝马斯：《作为未来的过去》，章国锋译，浙江人民出版社 2001 年版，第
215 页。

法律成为通向公民权利主体化的表达形式。正是在这个意义上，康德在《权利学说》一书中主张："公民的结合与国家的构成，只有在构成它们的人们是真正的个人，并因为是自主的而能够彼此受到约束时才有可能。"① 进一步说，一个人要想真正成为一位国家公民，必须具有三种不可分离的法律属性：即只服从于公民所认同的法律的合法自由权、民事平等和自主性。而所谓自主性就是说，公民的权利不能由其他人主宰；公民的人格不能由任何东西取代。广大公民要想维护自身的权利和权力必须在斗争当中培养自己的主体性、自主性和权利意识。这是一个人格化、主体化和个体化的过程，也是公民权利日渐成熟和丰满的过程。在这里，公民权利的普及与社会个体化和自主化的运动并驾齐驱。

虽然当今社会，"为了不同类型的世界性政体，已经提出各种方案，创造了一种有意义的全球民主制度，使得它可能为世界公民面临的很多可以想象的障碍提供一种可行的政治形式。而且这里的民主政体涉及的规模很重要。一般说来，规模越大，那些较少受到影响的公民就会更多地强迫自己去感受所喜欢的民主形式。事实上，关于更大规模的民主，许多公民都已经表达了自己的钟爱之情，但是任何类型的世界性民主所代表的权力也都需要向数以百万计而不是成千上万的选民负责"②。它才有可能达到自己的目的。因为在某种程度上，也只在有达到足够数量的选民社区里，选民才能够根据自己的喜好结合成

---

① ［法］皮埃尔·罗桑瓦龙：《公民的加冕礼》，吕一民译，上海人民出版社 2005 年版，第 83 页。

② Richard Bellamy, *Citizenship*：*A Very Short Introduction*, Oxford University Press, 2008, p. 81.

为一些志同道合、而又拥有较为一致性的意识形态的团体，从而最终获得选举的胜利。

遗憾的是，这一积极的进化过程从来都不是一帆风顺的。比如现代文明颓败的根本病源，就在于人的基本人格被"物欲、贪欲和权欲"所征服。要治疗这种病症，就需要"在社会的变革与社会性格的改变之间有一种交互作用"①。此时，既可以通过社会变革来改造和置换陈旧的社会性格，也可以通过社会性格的进一步改进和完善来推动社会变革，使社会能够朝着一种新人学设想的非异化的方向前进。

那么究竟怎样做，才能实现这一集情感与理性、自我与社会、个体与总体，以及权利与权力相统一的目标呢？最重要的途径就是实现自我和人的总体人格。因为至少自阶级社会产生之后，占据统治地位的阶级就开始利用各种暴力形式、精神形式和意识形态，将广大的被剥削、被压迫阶级变成无自由、无主体的存在。如果说在奴隶社会奴隶主主要是剥夺了奴隶的肉体权利，而到了中世纪宗教神学则同时剥夺了人的肉体权利和主体精神，使人完全堕落为神权的奴隶。特别是作为人民幻想幸福的宗教，本质上只是毒害人的精神鸦片。其中教士，一如尼采所言，"作为最凶恶的敌人，既暴烈又可怕，既富有才智又最为阴毒。在教士的报复智慧面前，其他所有智慧都黯然失色"。被他们煽动起来的宗教激情经常导致暴力冲突，搞乱人类正常的宽容精神，减弱人类的恻隐之心，释放了野蛮与残暴，熄灭了人类中最美的品质：自由意志和奔腾狂泄的激情。

继宗教神学统治之后，近代以来被大肆鼓噪的主体，只不过是

①　[德]弗洛姆：《占有或存在》，杨惠译，国际文化出版公司1989年版，第119页。

已经变得虚假的人类煞费苦心虚构出来骗人的空洞概念；只不过是仇视生命者编制出的一副铁笼以禁闭鲜活的人性。人的肉体本来是"理情意"的三位一体，而现在这些多元的力量却因受到一种高尚主体的钳制和幽禁而丧尽生机。在这里，道德家将所有谎言道德化；出于复仇的渴求，狡猾而卑鄙地把自己的无能、懦弱包裹在平静和忍让的道德外衣下，并自我美化为慈善、正义和好人，以此对肉体进行诡诈的精神之战，以图窒息奔涌于肉体内部的各种活力。而理论家则用干瘪的理性否定人类对感官的一切信仰，用概念、总体性、秩序、纪律和逻辑来宰杀生命，摧残肉体，熄灭活生生的欲望，压抑蓬勃的本能，高扬一个概念的木乃伊。

这种虚假的主体必然制造虚假的人格。因为在虚假的主体中，肉体、感性、欲望、迷狂、疯癫、外溢的莽撞，统统被拥有强权的虚假主体绳之以法，以确保理性的权威、秩序的严谨。所谓"真理、正义、伦理道德"的贯彻实施，必然是表现为人性的沉沦和各种外在于生命的焦虑与烦心，表现为被各种繁忙所支配，抛弃了自在生命之本真，并由此在虚假主体刺激起来的各种后天欲望的支配下，堕落为一种彻头彻尾的消费机器、专制机器、生产机器、理性机器，使人本身完全处在一种"不在家的异化状态"，即一种精神奴役肉体而非两者统一的状态。

而要改变人类的这种非主体化状态，就需要积极自由地表现人的肉体、情感和理性的潜能。因为"积极的自由在于全面、总体的人格的自发性活动"①。而"资本主义在使人获得自由的同时，又使人变得

---

① ［德］弗洛姆：《逃避自由》，刘林海译，北方文艺出版社1987年版，第333页。

孤独、彷徨，充满无足轻重和软弱无力感"①。尤其是随着垄断资本主义近几十年来的发展，自由的两个方面之间的原有的平衡被改变。其中，不只是个人的创造性、勇气和聪明才智得以成功发挥的可能性大大减少，而且在那些垄断资本占优势的部门，许多人都失去了经济自主性。然而正是这些因素构成法西斯主义实现其政治野心的肥沃土壤。

　　而要想祛除这种滋生法西斯主义的土壤，就必须提倡"积极自由"的理念。而"积极的自由就是充分地实现个人的潜能，以及使个人有能力可以积极而自发地生活"②。只有这种自由才是能动的、创造性的和有所作为的自由，才是体现完整人格及其自发性活动的自由。由此，才能真正体现自我的自由意志和个人的自由权利。也只有这样的生存方式才能实现自我的总体人格；真正地实现"1）个人的自我充足性（个体可以知道实现自身需要什么）；2）个体的自我完善性（每个人都能激励自己去追求正当目的）；3）个体的主体性（个体既是自由的、有理性的行动者的目的，也是其手段，能在此意义上成为自由的、有理性的主体)"③。从而使人格得以完满，使人性得以真正的解放。

　　也正基于人及其权利的至上性，在一个健全的社会里，广大公民要立足于权利意识，积极参与民主政治和企业管理；而社会或国家要实行广泛的生活保障制度，使人人都有"维持尊严的生存的收入"；要积极培养一种社会性格和自觉意识。个人不能只停留于个人或权利

①　［德］弗洛姆：《逃避自由》，北方文艺出版社 1987 年版，第 146 页。

②　［德］弗洛姆：《逃避自由》，北方文艺出版社 1987 年版，第 144 页。

③　［英］古纳尔·贝克：《费希特和康德论自由、权利和法律》，黄涛译，商务印书馆 2015 年版，第 84 页。

的无意识层面，而要通过揭示社会的无意识，揭露一切被压抑、被欺骗、被垄断、被歪曲和被遮掩的事实。要在这一过程中，将人的权利上升到法律人类学的高度；要在真正的人类学法学体系中，也即在政治、经济和文化发展的相互作用中去探讨和解决人权或公民权问题。

要确识，也只有从法律人类学的角度才能认识到人权的如下特点：第一，不能将人类学方法局限于通常所理解的法律，即由国家的权威所制定的规则。法律人类学家反映着各种各样的规则和规范，而不论它是何来源。第二，不能将法律人类学限定于一系列既定的规则，即把法律看作是描述某物的代码。相反，法律人类学应该关心自身所关注的东西；应该从经验维度来看待人权问题。因为"经验的维度允许判断超越于一个国家法律的核心解释；允许它质疑法律的功能，以及人们所使用的法律的途径"①。第三，由于人的主体受制于各种因素，而且这些因素往往活跃在人的背后，这就务必决定人们对哪些社会事实应置若罔闻，对哪些社会事实应予以关注。这种"社会过滤器"或"权力滤波器"对各种社会经验和现象加以"过滤"，然后再决定允许哪些经验进入意识领域。例如"社会禁忌"作为一种最重要的社会过滤器，就经常宣布某些思想不合适，是危险、反动和犯忌的，并阻止这些思想达到意识层面。久而久之，使得愈来愈多的人把社会承认的那些陈腐思想视为真正、现实和健全的思想；而那些不符合这种陈词滥调的思想却被当作无意识拒斥在意识之外。继而产生一个严重后果：在现代社会，"个人不再是他自己，他完全承袭了文化

---

① Manfred O Hinz, *Human rights between universalism and cultural relativism*? ASnA Conference，2005，pp.7-8.

模式所给予他的那种人格。"这样，"这种丧失自我，和由一个虚伪的自我来取代真实的自我的现象"以及"个人自动与他人同一化的行为"，也就日益变得普遍和习以为常。

使个人丧失自我和权利的主要责任，当然在于现代社会对个人或个性的压抑。这一压抑在非民主国家，首先表现为对人的自由权利和权力意志的压抑。其次表现为对创造性思考的歪曲。在如此国度，从孩提时代起，其独创性思维便受到教育的打击。当权者把意识形态强塞给受教育者，使自我从根本上遭到削弱和深感无奈。进而"在这个世界里，每个人、每件事、每个物品统统沦落为工具，他自己也成为他亲手建造的机器的一个部件"①。结果，由于身份的丧失，而失去自身作为人的识别特征。当然他可以抹煞自己的个性，把对自己身份的怀疑平息下去，可他却要付出高昂代价。因为放弃自主性和个性，就是对自身生命的挫折。作为生理人，他还活着；作为心理人，他则"没有情感，没有智慧，虽生犹死"②。当然此时，最为羞耻和深感悲哀的还是莫过于自己的所思、所言不属于自己。而作为一个人最为骄傲和快乐的，却莫过于其所思、所感、所言完全归于自己。

为此，当代著名的政治理论家罗伯特·达尔在把那些大公司特征化为"社会企业和政治制度"时，就直接表述了大公司公民的权利和责任。甚至在眼下人们关注全球性的可持续发展之前，他就把公司比作国家，把公司员工比作国家公民，认为一个公司不仅会由于安全

---

① 〔德〕弗洛姆：《对自由的恐惧》，许合平等译，国际文化出版公司 1988 年版，第 179 页。

② 〔德〕弗洛姆：《对自由的恐惧》，许合平等译，国际文化出版公司 1988 年版，第 180 页。

措施没有保障、工作条件恶劣而导致的死亡和伤害对整个社会产生不好影响；而且会由于公司的企业政策造成的严重损失和个人操纵的暗淡前景而影响广大职员。为此，他结论：公司不仅要经营和管理好它的业务，也要把企业比作拥有决定人们生活权利的"私人政府"。此外，"生态公民在承担可持续发展的责任时，也要突出企业角色。这种对于社会中企业角色的理解将有助于解释企业的社会责任和公民权。这种责任和公民权就是努力形成有关社会、文化和环境责任的期待"。反过来，一个公司或社团的法人，"他们的操作也必须承担维护他们的股东和员工的经济与金融责任"①。因为我们只有依靠总体的、完整的人格的自发活动，才能克服个人孤立无权感时的无奈；才能够根据自由意志去从事自我感兴趣的活动；并在行为中把一个人的感情、心智和经验都结合起来。而当我们的行为一旦能够达到自发层面，能够发自内心地领略到新奇的风景，能够于思考之际迸发出真理的闪光，就会品尝到一种前所未有的快乐；就会真正体会到在积极自由的原则下，人就是自身生活的中心与全部。人的个性成长与实现是唯一目标，无论假定什么样的崇高意图都不应当取代这一目标。

遵循这一目标就可以使人摆脱孤独，实现自我，完善个性；确信人人平等；肯定"人不应当服从任何高于自己的东西"；人人都应站在法官的高度来把握自身命运。只有这样，才可以实现自我的生长、自由与幸福；才能体现理想和个性都是人的本性要求。真正的理想不是某种神秘力量，而是对自我肯定的明确展示。比如一个人追求权力和

---

① Michele Micheletti, Dietlind Stolle, *Sustainable Citizenship and the New Politics of Consumption*, The Annals of the American Academy of Political and Social Science, Oct. 2012, p. 91.

爱、或把生命的赌注压在宗教、政治和人道主义上，这些追求不仅构成人之生命的独特性，而且的确表现出"人并不仅仅为了面包而活着"。权利、尊严、自由、平等和公正等才是人生追求的目标。

　　鉴于上述人生的追求，只有现代的民主制度才有利于实现真正的个人理想。因为只有民主社会，才能够使广大公民不受任何外在权威的管制，自由地表达自己的思想和感觉；才能够自动地保障每个人的个人地位，杜绝滋生独裁者的温床，形成主体人格；使广大公民的权利真正得到实施和保障。在这种民主共同体里，不仅拥有一种相互承认对方权利的观念，还共同拥有自治权和表决权两种具体有效的权利。"与此相联系还有对他人提出负责任的批评的权利及义务和反思别人对自己判断的批评的权利和义务。"[①] 在这些权利都有效的共同体中，对话是民主的本质，也是一种共同性的政治。它鼓励和尊重个性，而不是强化已处于牢固地位的"异己"。异己者是对自身的背叛，更是对整个人类本质的背离。只有自觉地克服异己，才能够真正地把握自己，实现自我；维护和捍卫每一位公民应该享有的权力和权利；才能够自觉地将公民权利上升到确立个人存在和身份的高度，进而上升到法律认可和保护的地位。

　　为此，任何公民不仅要牢固地确立权利就是一切的理念和意识，还要在实践上慎重严肃地对待自己的公民权利、公民身份和公民资格。因为公民权利和公民资格往往表示它所隶属的国家或政治社会的性质、前景和目标。尤其是在民主国家，"公民权尤为重要，因为在

---

① ［美］贝思・J. 辛格：《实用主义、权利和民主》，上海译文出版社 2001 年版，第 159 页。

一个国家内，他的意见虽系许多意见中的一项，但该国的目标是由于公民的参与而产生的"①。在这种民主国家中，每一个社会成员都被内在地要求"必须参加并团结成社会，成为人类社会契约的一方，以便与其他成员一起谋求舒适、安全、和平的生活"②。

正基于此，当代的一些公民理论将公民整合为一种复杂的关系集群。在这里，公民权被扩展到超越于服从法律、服务国家、参加选举和关注政府。其中，更新的理解还整合了全球人类的福祉和自然环境等问题。这样，也就将公民的责任和义务超出自己的社团、国家及种族，达及全球性的普遍关爱和投入。"这些理论给民主的普遍原则、人权、及至全球共识都增加了分量。比如，它们可以要求人们考虑过去那些与人的压迫和对自然的过分利用相连接的事件和习惯，是如何影响其他不太幸运的人们的观点。同样，它们还可能意味着公民仔细和明智地考虑他们的消费者的生活方式是如何影响到工人、生产者、动物和全球性自然的条件，并令人毫不惊讶地给出多维范围和预期的程度，以至一些学者主张：一个高水平的可持续公民权（即良好的可持续公民权），有可能挑战和改变底层的结构性原因，正是这些原因首先导致全球环境和社会公正问题。"③

所以，公民的主体人格、权利意识和自由意志，永远是赢得和保护其享有和实践自身权利的重要保障。也正基于此种关系，尼采在

---

① ［美］科恩：《论民主》，聂崇信等译，商务印书馆 2005 年版，第 47 页。

② ［英］洛克：《政府论》下篇，叶启芳译，商务印书馆 2004 年版，第 95 页。

③ Michele Micheletti, Dietlind Stolle, *Sustainable Citizenship and the New Politics of Consumption*, The Annals of the American Academy of Political and Social Science, Oct. 2012, p.91.

他的权力意志、超人哲学和反道德主义中，论述了人的主体性、人格的独特性和自由意志的重要性。在他看来，人类的"最高、最强的生命意志并不表现在可怜的生存竞争当中，而是表现在作战意志当中，表现在权力和优势的意志当中"[①]。即表现为人的本能、欲望、热情和冲动。而且"权力意志既不在于欲求，更不在于索取，而在于创造和给予"[②]。他说："个人是一种全新的东西、创新的东西、绝对的东西，一切行为都完全是他自己的。"为此，他主张超越创造自身的创生哲学；认为人生就是一个不知满足，不知厌倦，不知疲劳的迁化过程。它万化如一，千古不移。它像是一个奔腾泛滥的力量的海洋，永远在流转易形，无穷无尽地在回旋流淌。在他看来，有史以来的真正哲学就是人学。而人学的宗旨和立意就是：一个真正的人、完整的人，不仅要拥有鲜明独特的个性，不是千人一面，而且要拥有创造性和自主性，不是摹仿、重复、人云亦云。他应该想成就大业，有所作为，而不是庸庸碌碌，苟安偷生。他不仅要具有旺盛的权力欲，而且要具有超群的智慧，坚强的意志，绝对的自主性，高昂的激情，好似狂风暴雨，勇猛刚强，震慑一切，毫不鄙微懦弱。他应该是社会的立法者，自己毫不受法律的约束。作为一个真正的人，天生就拥有一种要战斗和要超越一切的欲望与意志，这是人格、人性和人的生命的最本质的东西。一个人要活着，就要敢于冒险和奋争，要有一种雄健、刚强和勇猛之气，要为认识和成为超人而生活、工作和发明。当然尼采的这个观点有些过于激进，但是要想拥有和捍卫自身的权利，就必须要像

---

① ［德］尼采：《权力意志》，张念东等译，商务印书馆1991年版，第7页。
② ［法］吉尔·都鲁慈：《解读尼采》，百花文艺出版社2000年版，第36页。

尼采所要求的那样，做一个有主体意识和权力意志的强者和"超人"。

**小结：** 在阶级社会或以国家权力为主导的社会，一般公民作为被统治对象，所拥有的权利实际上只存在于观念或理论形态中，如果得不到法律和权力的保护，那么一切权利也只具有潜在性而不具有现实意义。因此公民权利的正当性与合理性永远都需要它所处于其中的社会制度和权力法律的支撑。然而这并不是任何一种社会制度都会有如此善行的。历史经验告诉人们只有建立和完善具有市民或公民性质的社会制度，也即由人民群众当家做主的民主制度才有可能实现和完成此一善举。因为只有作为一种统治形式的民主才有可能真正代表人民主权；也只有广大民众掌管政治权力才会"特别地看重个体的自由和人权的价值"。这是自古以来，广大民众为民主自由奋斗的原因，也是学者孜孜不倦地讨论民主和权利之间紧密关系的原因。好在经过长期的奋斗和战争终于在近代人类社会开始进入它的民主政治的新时代。在这一时代，人们关注国家政治，关心公众事务，满怀政治热情，积极参与政治，以期把命运和天赋人权牢牢地掌握在自己手中；避免权力者由于狂妄偏执、自私及邪恶运用国家暴力服务个人目的。使得国家权力能够真正地保证公民享有更多权利，拥有更多自由，获得更多利益；既能为广大公民履行道德责任提供最大机会，又能激发人的潜能获得充分发挥；既能够确保每位公民政治平等，利益分配公正，又能够反过来造就明智和努力进取的民众。

当然，维护公民权利正当性的关键因素还在于社会的权力形式。只是以前的权力形式充满暴力，而当代的理论家则主张权力要从过去的镇压和施暴转向一种"温柔的"强力，使广大公民能自觉守法、接受规训和积极参与社会公益活动。对此，新尼采主义者福柯提出"微观权力论"，使全体公民在普遍的权力话语、权力科学和权力规训的统治下，开始一种用精心设计的惩罚政治学、惩罚经济学和权力意识形态来控制犯罪行为，使司法和惩罚成为一项突出公众权利的大事。在这里，权力机构将既关注公民的日常生活与交往，也关注公民的日常话语和观念；使得以知识经济和信息网络为特征的21世纪到处都体现语言的至上作用。

语言固然重要，但也只有将文字化和符号化的法权变为现实，权利对广大公民才有实际意义。因此即便是民主国家也需要全体公民加强法治建设，树立法律理念，甚至应当经常地为法律而战，以此制止贪婪、防止腐败、惩治违法乱纪、保障社会安定、维护社会正义。在理论上，要不断完善和丰富对各种法律及法权的认识。在实践上，要充分体现公民自由意志的契约性和公众性，摆正法权关系，真正维护法的尊严，发挥法的效用。把法置于民主政治的掌控之下，让法律和公民权利紧密地融合为一，使得不论是谁，也不论他是如何的位高权重，只要违背民心，触犯法律，全体公民就有权对其制裁惩罚，以弘扬公理，抵制邪恶；谴责一切运用暴力手段侵害他人自由、强奸民意、顽固贯彻个人主观意志的做法。

变革权力形式，加强法制建设固然重要，而强化公民的主体人格和权利意识则更胜一筹。因为只有具备主体性的人才可谓之为真人；只有将人的自由意志置于人的中心地位，才可能建构一个有效的法律主体，真正出现拥有主体性权利的公民。换句话说，一个人要想成为一位国家公民，必须服从所认同的法律的合法自由权、民事平等权和自主权。此外，任何公民不仅要牢固地确立权利就是一切的理念和意识，还要在实践上慎重严肃地对待自己的公民权利、公民身份和公民资格。因为公民权利和公民资格往往表示它所隶属的国家或政治社会的性质、前景和目标。尤其是在民主国家，公民权尤为重要，因为在一个国家内，他的意见虽系许多意见中的一项，但该国的目标是由于公民的参与而产生的。在这种民主国家中，每一个社会成员都被内在地要求必须参加并团结成社会，成为人类社会契约的一方，以便与其他成员一起谋求舒适、安全和安定和谐的生活。如此做法既践行了自身的权利，符合自身的利益，也践行了自身的义务，符合他人的权益。对此，康德在他的《道德形而上学基础》一书中指出，在普遍律令的情况下，所有人都应将"他人总是视为目的，而不只是视为手段"。这是由于每个人都因其人性而应获得尊重，他才拥有"针对自由的固有权利"①。并因此而激发起广大公民的道德心，推动其意愿的自律行动转变为外部的积极奉献，从而在凝聚着个人意志力和各种才华的社会中，最终实现自然的意图，也即使得"全部自然禀赋的发展才能在人类的身上获得实现"②。如此开发人的自然禀赋和理性力量不仅是一种道德责任，也是对他人幸福的促进。另外，它作为一种积累性的和社会性的事业，也只有获得特定的法律保障和民主政治的呵护，才能够获得有效的发展和繁荣，从而最终"才能将人性的动物性层面提升到人的地位"③。因此提升人性、完善人格、锤炼心智、福荫他人以及承担责任等行为自身即是义务。

---

① ［英］古纳尔·贝克：《费希特和康德论自由、权利和法律》，黄涛译。商务印书馆2015年版，第217页。

② ［英］古纳尔·贝克：《费希特和康德论自由、权利和法律》，黄涛译。商务印书馆2015年版，第222页。

③ ［英］古纳尔·贝克：《费希特和康德论自由、权利和法律》，黄涛译。商务印书馆2015年版，第226页。

# 结　语


　　由形式化的文字符号建构的理论的抽象性、普遍性和凝固性，毫无疑问是经常地远离其指谓对象和社会现实。因为概念和理论作为思维的产物尽管体现了人类在认知和实践上的发明创造和建构创新能力，但是它对认知对象的超越和游离，决定它从感觉和经验中升华出来的概念、观念和形式化与数学化的理论，必将具有一种稳固不变的图像性质。既然如此，作为一种概念或理论形态的权利，也必将与现实发生显著差异，由此不仅导致社会中广大公民权利的诸多丧失，也导致社会中权利、义务和责任的分离。致使法律上的文本规定和公民内心对自由、民主、平等和权利的渴望，都与实际情况相去甚远。尤其是公民应该享有的选举权、平等权、收入权、财产权、生存权和教育权等，几乎总是被各种社会因素否定。

　　造成这种社会现象的原因固然很多，比如既有权势者政治上对弱势群体的排挤打压，也有经济文化上对平民百姓的压迫剥削。有人类特有的物欲、财欲、贪欲和权欲的兴风作浪，也有国民性、民族性根深蒂固的愚钝、落后、蒙昧以及胆小怕事、安身立命、逆来顺受等劣根性。也正因如此，在现实中，许多人无知自己作为一个人应该享有的权利，更不懂得如何争取和捍卫自己的权利。不过，"从法的角度来讲，法规范也无法无视既定的现实条件，而必须与之相适应。比如如果事实证明某些行为是为人自身的'生物本质'无可抗拒地预先规定了的，并且为人的行为的'可塑性'确定了不可逾越的界限，则它们也为法的规整可能性确定了界限"①。

所以，为了能够使得更多的人真正意识到自身的权利，认识权利的属性、本质、内容和范围，使他们能够不断地在日常生活中想到自己的权利、义务和责任，以避免和杜绝当权者或习惯势力肆意践踏他们的权利，由此消除权力和权利的双重异化，本书特意选择这一棘手而却有着重大理论和实践意义的论题，目的就是要人们充分认识自己应该享有的权利及其正当性与合理性；认识到权利，不论是天赋人权还是社会关系和社会整体的产物，对于人性以及人的生存和生活都是本质性的存在。尤其在一些人权状况恶劣的国家，更是一个亟待解决的政治问题。因为权利绝不是一个空洞概念，而是一个决定于一定的社会制度和政治法律保障的正当性要求和有效性实体。权利紧密地与社会政治相关联，以至迄今不论是发达国家还是发展中国家，都需要继续研究有关公民权利的理论和实践。

正基于此，本书在理论上不仅涉及权利的自然性、人性、社会性、文化性、法律性、普遍性、特殊性、合理性、公平性、有效性和正当性的正确判断等问题，也集中论证了有关权利的至上性、作为王

---

① ［德］莱茵荷德·齐佩利乌斯：《法哲学》，金振豹译，北京大学出版社 2013 年版，第 55 页。

牌的权利观、公民权利的开放性、流动性、多元性、至善性和目的性、公民权利和社会权力、个体权利和集体权利的辩证关系以及权利和道德与法律的关系等问题。在实践上，则主要突出了有关公民权利的实现和维护问题，如何建立健全维护公民权利正当性的制度和法律保障，如何建立和完善民主政治，树立公民的主体精神和意识，改变现代社会的权力形式和功能，缩小人际间的权力和利益差别；加强法制建设，树立个人权利正当性的法律意识；建立维护个人权利正当性的立法和执法的常规制度；确立法制型公正，法治国家保证个人权利正当性的责任、义务和使命；强化自由公民意识，拓展公民的权利和个性等亟待付诸行动和实践的现实问题。

　　本书总体的研究目标则是：立足于历史、现实和国内外的公民权利和人权现状，综合概括已有的权利理论，从自然性、合理性、普遍性、特殊性、公正性和正当性等多方面论证权利的本质和内容，目的是让广大公民对权利的内容、范围、作用及其获得和维护的认识上升到自觉。以便在实践上，促动国家政权从政治经济、法律和意识形态等多个层面为公民争取权利，保护和捍卫公民权利，使其真正成为一个拥有自觉意识和各方面权利的人，从而能够真正有尊严地活着；同时杜绝一些权力者的特权和防止其利用职权进行政治经济上的腐败。

　　至于如何捍卫和维护公民权利的正当性，这需要在实践过程中实施和遵循如下基本法则，即平等正义法则，自由快乐法则、责任义务法则以及至真至善法则，并在遵循上述法则的基础上，健全维护公民权利正当性的制度和法律保障；建立和完善民主政治，改进现代社会的权力形式，加强法制建设，树立法律理念，强化公民的主体人格和权利意识；认清公民权利及其应该承担的义务和责任之间的辩证法；既要认清从个体权利到集体权利、从权利到责任的转变，以及权利与义务的疏离及统一，也要认清无论何时广大公民都不能使自己承担的责任和义务无条件地服从于权力。要确识：一切义务和责任行为都需要合乎某种道德要求、法律文本和权利规定，而且要与"可持续公民权"具有统一性。"个人应该在多种多样的利益领域自由地追求其个人利益，但是至少也应该通过参与以共同政治规范和原则为结构的公共辩论培养最小限度的公共政治认同。"① 只有如此，广大公民才能真正做到：解放和主宰自身，不仅拥有自由的公民意识，也会日益在公众领域拓展和凸显自身的权利与个性。个性，这是自然界从一到多自然分化的结果，也是人类社会的总体性发展到一定阶段自我分化和自我提升的必然。所以未来社会必将是突出和兑现每一位公民的权利和权力的社会。

任何理论其实只能反映认知对象这座冰山的一角，不断涌动和暴露的社会现实将会不断地暴露理论的薄弱和缺憾。为此，德里达从文本主义的高度撰写了《文字学》和《解构与思想的未来》等论著，表明："我创建了我的文字，我会把它变成一种无尽的革命。在每一种情况中，都必须创立一种适当的外展的模式，发明独立的事件的法则，关注被设定或被欲求的命运的方向。同时，必须说明，这种书写会限定读者，读者要学会阅读和经历书写。此外，还要懂得这在习惯上是不容易被接受的。"② 因为一切语言与指谓之间都不是一种现实关系，充其量只代表一种痕迹，因此人们绝不能够只根据文本来确定其

---

① ［美］安娜·玛丽：《拉克劳与墨菲》，付琼译，江苏人民出版社 2011 年版，第 182 页。
② ［法］雅克·德里达：《结构与思想的未来》，吉林人民出版社 2006 年版，第 7 页。

意义；不能只根据历史课本来了解历史真伪。言语和文字作为一类能指者，既不同于表征对象，也不同于符号本身欲表达的意义。为此，根据这一理论，一切阅读都不是被动地接受知识，而都是一个再创作过程。这也就是说，语言文字作为人类发明创造的符号，仅仅是用来表达思想和设定现实的一种工具。它只有在不断地自我超越和否定中，不断地在读者的能动的解读和创新中，才能够不断地靠近现实，变动方向，拓展场域，达及主观意志和内在目的的连续性统一。

正因如此，本书不只在观念和理论上具有"与纯粹实践理性相配当的反思的性质"，而且在现实性上，也反映了作者试图超越已有的知识和理念的善良意志。为此，本书不论其理论形态还是实践形式都将存在很大的发展和完善空间。譬如有关公民权利的内涵分析、正当性辩护、权力异化对公民权利的侵害、权力对法权的支配地位、公民权利的自为性、人性化、至上性以及维护公民权利正当性的基本原则、制度基础和法律保障等问题，都需要在理论和实践上继续深入地研究，以尽可能地做到观念和现实、理论和实践之间的统一。当然，社会中的偶然性和人类思维中的非理性因素也会经常制造野蛮的事件和疯狂的时代，但是理论的光辉和智慧的灯塔同样会在其不断地解构自身和探索变幻莫测的现实的过程中，追求完美的理想，构建可能的未来，推动人类日益走向自由文明的世界。

# 参考文献

中共中央编译局：《马克思恩格斯选集》第1、2、3、4卷，人民出版社1995年版。

中共中央编译局：《马克思恩格斯全集》第3卷，人民出版社2002年版。

中共中央编译局：《马克思恩格斯全集》第19卷，人民出版社2006年版。

中共中央编译局：《马克思恩格斯全集》第23卷，人民出版社1991年版。

中共中央编译局：《马克思恩格斯全集》第44卷，人民出版社2001年版。

[美] 汉娜·阿伦特：《人的境况》，王寅丽译，上海世纪出版集团2009年版。

[美] 汉娜·阿伦特：《论革命》，陈周旺译，译林出版社2007年版。

[美] 汉娜·阿伦特：《极权主义的起源》，林骧华译，三联书店2008年版。

[美] 戴维·E.阿普特：《现代化的政治》，李剑等译，中央编译局出版社2011年版。

[奥] 曼瑟·奥尔森：《权力与繁荣》，苏长和译，上海世纪出版集团2011年版。

[美] 詹姆斯·奥康纳：《自然的理由》，唐正东译，南京大学出版社2003年版。

[美] 伊安·巴伯：《科学与宗教》，阮烽等译，四川人民出版社1993年版。

[古希腊] 柏拉图：《理想国》，郭斌和、张竹明译，商务印书馆1996年版。

[美] 丹尼尔·B.贝克：《权力语录》，王文斌等译，江苏人民出版社2008年版。

［英］古纳尔·贝克：《费希特和康德论自由、权利和法律》，黄涛译，商务印书馆 2015 年版。

［俄］尼古拉·别尔加耶夫：《论人的使命》，张百春译，上海人民出版社 2007 年版。

［俄］别尔加耶夫：《自由的哲学》，董友译，学林出版社 1999 年版。

［美］迈克尔·波伦：《植物的欲望》，王毅译，上海市集体团出版社 2005 年版。

［美］彼德·布鲁克斯：《身体活》，朱生坚译，新星出版社 2005 年版。

［美］罗伯特·达尔：《论民主》，李柏光、林猛译，商务印书馆 1999 年版。

［美］保罗·戴维斯：《上帝与新物理学》，徐培译，湖南科技出版社 1996 年版。

［澳］J. 丹纳赫等：《理解福柯》，刘瑾译，百花文艺出版社 2002 年版。

［英］克里斯托弗·道森：《宗教与西方文化的兴起》，长川某译，四川人民出版社 1989 年版。

［美］David DeGrazia：《动物的权利》，杨通进译，外语教学与研究出版社 2007 年版。

［法］吉尔·德勒兹：《哲学与权力的谈判》，刘汉全译，商务印书馆 2001 年版。

［法］吉尔·德勒兹：《解读尼采》，张焕民译，百花文艺出版社 2000 年版。

［法］雅克·德里达：《结构与思想的未来》，吉林人民出版社 2006 年版。

［美］彼得·德鲁克：《管理的实践》，其若兰译，机械工业出版社 2010 年版。

［美］罗纳德·德沃金：《认真对待权利》，信春鹰译，中国大百科全书出版社 1998 年版。

［美］罗纳德·德沃金：《至上的美德》，冯克利译，江苏人民出版社 2012 年版。

［美］约翰·邓恩：《让人民自由》，尹钛译，新星出版社 2010 年版。

［英］狄金斯：《希腊的生活观》，彭基相译，华东师范大学出版社 2006 年版。

［法］马克·第亚尼：《非物质社会》，滕守尧译，四川人民出版社 1998 年版。

［美］威尔·杜兰特：《哲学的故事》，金发燊译，三联书店 1997 年版。

［美］约翰·杜威：《人的问题》，傅统先译，上海人民出版社 2006 年版。

［法］法耶夫：《法权现象学纲要》，邱立波译，华东师范大学出版社 2011 年版。

［德］费尔巴哈：《基督教的本质》，荣震华译，商务印书馆 1995 年版。

［德］费希特：《自然法权基础》，谢地坤等译，商务印书馆 2004 年版。

［法］米歇尔·福柯：《规训与处罚》，刘北成等译，三联书店 2003 年版。

［法］米歇尔·福柯：《权力的眼睛》，严锋译，上海人民出版社 1997 年版。

［德］弗洛姆：《在幻想锁链的彼岸》，张燕译，湖南人民出版社出版 1986 年版。

［德］弗洛姆：《人的呼唤》，王泽应等译，上海三联书店 1991 年版。

［德］弗洛姆：《占有或存在》，杨惠译，国际文化出版公司 1989 年版。

［德］弗洛姆：《对自由的恐惧》，许合平等译，国际文化出版公司 1988 年版。

［德］弗洛姆：《健全的社会》，王大庆译，贵州人民出版社 2007 年版。

［德］弗洛姆：《为自己的人》，孙依依译，三联书店 1988 年版。.

［德］弗洛姆：《逃避自由》，刘林海译，北方文艺出版社 1987 年版。

［德］莫里茨·盖格尔：《艺术的意味》，艾彦译，译林出版社 2012 年版。

高宣扬：《福柯的生存美学》，（台北）五南图书出版公司 2004 年版。

［法］A. J. 格雷乌斯：《论意义：符号学论文集》上册，吴泓缈等译，百花文艺出版社 2005 年版。

顾肃：《西方政治法律思想史》，南京大学出版社 1993 年版。

［德］哈贝马斯：《在事实与规范之间》，童世骏译，三联书店 2004 年版。

［德］哈贝马斯：《作为未来的过去》，章国锋译，浙江人民出版社 2001 年版。

［德］哈贝马斯：《包容他者》，曹卫东译，上海人民出版社 2001 年版。

［加］琳达·哈琴：《后现代主义诗学：历史·理论·小说》，李杨译，南京大学出版社 2009 年版。

[英] 哈耶克：《经济、科学与政治》，冯克利译，江苏人民出版社 2000 年版。

[英] 冯·哈耶克：《法律、立法与自由》，邓正来等译，中国大百科全书出版社 2000 年版。

[加] 菲利普·汉森：《历史、政治与公民权：阿伦特》，刘佳林译，江苏人民出版社 2004 年版。

[德] 奥特弗利德·赫费：《政治的正义性》，庞学铨等译，上海译文出版社 2005 年版。

[匈] 阿格妮丝·赫勒：《日常生活》，衣俊卿译，黑龙江大学出版社 2010 年版。

[美] 林·亨特：《人权的发明：一部历史》，沈占春译，商务印书馆 2011 年版。

[德] 黑格尔：《法哲学原理》，范扬、张企泰译，商务印书馆 1995 年版。

[德] 黑格尔：《精神现象学》，贺麟、王玖兴译，商务印书馆 1983 年版。

[德] 黑格尔：《宗教哲学》，魏庆征译，中国社会出版社 2005 年版。

[德] 黑格尔：《小逻辑》，贺麟译，商务印书馆 1982 年版。

[德] 埃德蒙德·胡塞尔：《生活世界现象学》，倪梁康、张廷国译，上海译文出版社 2005 年版。

[美] 史蒂芬·霍尔姆斯：《权利的成本》，毕竞悦译，北京大学出版社 2004 年版。

[德] 马克斯·霍克海默：《批判理论》，李小兵译，重庆出版社 1997 年版。

[英] 罗伯特·霍奇：《社会符号学》，张碧译，四川教育出版社 2012 年版。

[加] 威尔·金里卡：《多元文化公民权》，杨立峰译，上海译文出版社 2009 年版。

[美] 曼纽尔·卡斯特：《网络社会的崛起》，夏铸九等译，社会科学文献出版社 2001 年版。

[德] E.卡西尔：《人论》，甘阳译，上海译文出版社 1985 年版。

[美] 约翰·凯克斯：《反对自由主义》，应奇译，江苏人民出版社 2003 年版。

[挪威] 赫尔曼·开普兰：《自足语义学》，周允程译，译林出版社 2009 年版。

[德] 康德：《实践理性批判》，韩水法译，商务印书馆 1999 年版。

[德] 康德：《论教育学》，赵鹏等译，上海人民出版社 2005 年版。

[美] 科恩：《论民主》，聂崇信等译，商务印书馆 2005 年版。

[美] 乔治·克洛斯科：《公平原则与政治义务》，毛兴贵译，江苏人民出版社 2009 年版。

[法] 科耶夫：《法学现象学纲要》，邱立波译，华东师范大学出版社 2011 年版。

[美] 保罗·库尔兹：《21 世纪的人道主义》，肖峰译，东方出版社 1998 年版。

[瑞士] 汉斯·昆：《基督教往何处去》，上海三联书店 1991 年版。

[英] 莱姆克等：《马克思与福柯》，陈元等译，华东师范大学出版社 2007 年版。

[美] 约瑟夫·劳斯：《知识与权力》，盛晓明等译，北京大学出版社 2004 年版。

[法] 皮埃尔·勒鲁：《论平等》，王允道译，商务印书馆 1991 年版。

[法] 让·弗·奥利塔等：《后现代主义》，赵一凡等译，社会科学文献出版社 1999 年版。

李秋零等主编：《康德著作全集》第 6 卷，中国人民大学出版社 2007 年版。

[加] 琳达·哈琴：《后现代主义诗学：历史·理论·小说》，李杨等译，南京大学出版社 2009 年版。

[法] 卢梭：《社会契约论》，何兆武译，商务印书馆 1982 年版。

[法] 卢梭：《论人类不平等的起源和基础》，高煜图译，商务印书馆 1997 年版。

[英] 洛克：《政府论》下篇，叶启芳译，商务印书馆 2004 年版。

[法] 皮埃尔·罗桑瓦龙：《公民的加冕礼》，吕一民译，上海人民出版社 2005 年版。

[英] 罗素：《西方哲学史》下卷，何兆武等译，商务印书馆 1997 年版。

[英] 罗素：《权力论》，吴友三译，商务印书馆 2012 年版。

[德] 卡尔·洛维特：《从黑格尔到尼采》，李秋零译，三联书店 2006 年版。

[德] 马尔库塞：《反革命和造反》，商务印书馆 1982 年版。

[德] 马尔库塞：《审美之维》，李小兵译，三联书店 1989 年版。

[德] 马尔库塞：《单向度的人》，张峰等译，重庆出版社 1988 年版。

黎澍主编：《马克思恩格斯列宁斯大林论历史科学》，人民出版社 1980 年版。

[美] 安娜·玛丽：《拉克劳与墨菲》，江苏人民出版社 2011 年版。

[法] P. M. 马南：《民主的本性》，崇明等译，华夏出版社 2011 年版。

[俄] C. P. 米库林斯基等：《社会主义和科学》，人民出版社 1983 年版。

[美] 戴维德·米勒：《开放的思想与社会》，张之沧译，江苏人民出版社 2000 年版。

[奥] 冯·米瑟斯：《自由与繁荣的国度》，秋风译，中国社会科学出版社 1994 年版。

[美] 莫蒂默等：《西方思想宝库》，吉林人民出版社 1988 年版。

[英] 查特尔·莫菲：《政治的回归》，王恒译，江苏人民出版社 2001 年版。

[英] 安吉拉·默克罗比：《后现代主义与大众文化》，田晓菲译，中央编译出版社 2001 年版。

[美] G.F. 穆尔：《基督教简史》，郭舜平译，商务印书馆 2000 年版。

[英] 约翰·斯图尔特·穆勒：《功用主义》，唐钺译，商务印书馆 1962 年版。

[德] 尼采：《权力意志》，张念东等译，商务印书馆 1991 年版。

[德] 尼采：《查拉斯图拉如是说》，楚图南译，湖南人民出版社 1987 年版。

[南] 米洛斯·尼克利奇：《处在 21 世纪前夜的社会主义》，冯瑞梅等译，重庆出版社 1989 年版。

[法] 梅洛－庞蒂：《符号》，姜志辉译，商务印书馆 2003 年版。

〔德〕莱茵荷德·齐佩利乌斯：《法哲学》，金振豹译，北京大学出版社 2013 年版。

〔美〕乔治·瑞泽尔：《后现代社会理论》，谢立中等译，华夏出版社 2003 年版。

〔法〕萨特：《方法问题》，纽约英文版 1963 年版。

〔法〕萨特：《辩证理性批判》，林骧华等译，安徽文艺出版社 1998 年版。

〔法〕萨特：《存在与虚无》，陈宣良译，三联书店 1987 年版。

〔法〕萨特：《存在主义是一种人道主义》，周煦良、汤永宽译，上海译文出版社 1988 年版。

〔美〕史蒂文·塞德曼：《有争议的知识：后现代时代的社会理论》，刘北成译，中国人民大学出版社 2002 年版。

〔德〕冈特·绍伊博尔德：《海德格尔分析新时代的技术》，宋祖良译，中国社会科学出版社 1993 年版。

〔德〕马克斯·舍勒：《资本主义的未来》，罗悌伦译，三联书店 1997 年版。

〔美〕茱迪·史珂拉：《美国公民权寻求接纳》，刘满贵译，上海人民出版社 2006 年版。

〔德〕叔本华：《叔本华论道德与自由》，韦启昌译，上海人民出版社 2011 年版。

〔德〕叔本华：《作为意志和表象的世界》，石冲白译，商务印书馆 1995 年版。

〔美〕理查德德·舒斯特曼：《哲学实践》，彭锋等译，北京大学出版社 2002 年版。

〔英〕赫伯特·斯宾塞：《国家权力与个人自由》，谭小琴等译，华夏出版社 2000 年版。

〔荷〕斯宾诺莎：《政治论》，冯炳昆译，商务印书馆 2003 年版。

〔美〕B. F. 斯金纳：《超越自由与尊严》，陈维纲等译，贵州人民出版社 1988 年版。

［美］戴维·斯沃茨：《文化与权力》，陶东风译，上海译文出版社 2006 年版。

［英］凯蒂·索柏：《人道主义与反人道主义》，缪申白译，华夏出版社 1999 年版。

［法］鲁尔·瓦纳格姆：《日常生活的革命》，张新木等译，南京大学出版社 2008 年版。

王岳川编：《尼采文集：权力意志卷》，周国平等译，青海人民出版社 1995 年版。

［德］马克斯·韦伯：《新教伦理与资本主义精神》，于晓等译，三联书店 1987 年版。

［德］沃尔夫冈·韦尔施：《重构美学》，张岩冰等译，上海世纪出版集团 2006 年版。

［奥］维特根斯坦：《逻辑哲学论》，贺绍加译，商务印书馆 1964 年版。

［德］威廉·魏特琳：《和谐与自由的保障》，李平沤等译，商务印书馆 2004 年版。

［日］西田几多郎：《善的研究》，何倩译，商务印书馆 1981 年版。

［美］贝思·J. 辛格：《实用主义、权利和民主》，王守昌等译，上海译文出版社 2001 年版。

［英］休谟：《人性论》（一），石碧球译，九州出版社 2007 年版。

［德］亚里士多德：《政治学》，吴寿彭译，商务印书馆 1983 年版。

［匈］安东尼·雅赛：《重申自由主义》，陈茅等译，中国社会科学出版社 1997 年版。

［德］卡尔·雅斯贝尔斯：《尼采其人其说》，鲁路译，社会科学文献出版社 2001 年版。

［德］卡尔·雅斯贝尔斯：《时代的精神状况》，王德峰译，上海译文出版社 1997 年版。

［美］威康·詹姆斯：《实用主义》，李步楼译，商务印书馆 1981 年版。

［美］弗雷德里克·詹姆逊：《语言的牢笼》，钱佼汝等译，百花洲文艺出版社 1995 年版。

周凡主编：《后马克思主义：批判与辩护》，中央编译出版社 2007 年版。

Richard Bellamy, *Citizenship: A Very Short Introduction*, Oxford University Press, 2008.

Diane M. Bergeron, *Organizational Citizenship Behavior and Career Outcomes: The Cost of Being a Good Citizen*, Journal of Management Vol. 39 No. 4, May 2013, 958-984.

C. J. Berry, *Human Nature*, Hong Kong: Humanities Press International, INC., 1989.

Eduard Bernstein, *The Preconditions of Socialism*, Cambridge University Press, 1993.

George Brenker, *Marx's Views on Ethics of Freedom*, London: Routledge & Kegan Paul, 1983.

Neil Brenner, *New State Spaces—Urban Governance and the Rescaling of Statehood*, Oxford University Press, 2004.

Harry Brighouse and Adam Swift, *Parents' Rights and the Value of the Family*, Chicago University Press, 2006.

Andrejs Geske, Ireta Cekse, *The Influence of Civic and Citizenship Education Achievements on the Development of Students' Citizenship Attitudes*, in Problems of Education in the 21$^{st}$ Century, Volume 52, 2013.

Phil. Donahue, *The Human Animal*, New York: Simon & Schuster, 1985.

P. Feyerabend, *Against Method*, London: Verso Press, 1979.

R. E. Flathman, *The Philosophy and Politics of Freedom*, Chicago University Press, 1987.

Erich Fromm, *The Anatomy of Human Destructiveness*, New York: Holt, Rinehart and Winston, 1975.

Erich Fromm, *The Fear of Freedom*, London: Routledge, 1989.

P. Golding, *Political Communication and Citizenship*, London: Sage, 1995.

David De Grazia, *Animal Rights*, Oxford University Press, 2002.

J. Habermas, *The Philosophical Discourses of Modernity*, Cambridge: MIT Press, 1987.

J. Habermas, *Moral Consciousness and Communicative Action*, The MIT Press, 1999.

A. Hafman, *Life and Philosophy*, New York, 1990.

H. L. A. Hart, *Laws in General. University of London*, The Athlone Press, 1970.

Ben Herzog, *The Paradoxes of Citizenship Removal: Soviet and Post-Soviet Citizenship*, East European Politics and Societies and Cultures, Volume 26 Number 4, November 2012.

Manfred O Hinz, *Human rights between universalism and cultural relativism?* ASnA Conference, 2005.

Alan. Hurit, *Classes and Class Structure*, London, 1977.

Fracois Jacob, *In Humans*, London, 1982.

Deborah James, *Citizenship and land in South Africa: From rights to responsibilities*, London, 2013.

Fredric Jameson, *Late Marxism*, London: Alpine Press, 1990.

Hans Jonas, *The Phenomenon of Life*, Chicago: Northwestern University Press,

1982.

Eugene, Kamenka, *Human Rights*, London: Edward Arnold, 1978.

Peter G. Kirchschlaeger, *The Concept of a "Universal culture of human rights"*, XXIII World Congress of Philosophy: Philosophy as Inquiry and Way of Life. University of Athens, 2013.

Will Kymlicka, *The Internationalization of Minority Rights*, Oxford University Press, 2007.

Ernesto Laclau, *On Populist Reason*, London: W1F OEC, 2005.

Michael Fix and Laureen Laglagaron, *Social Rights and Citizenship: An International Comparison*, the Urban Institute, 2002.

E. Laclau, Ch. Mouffe, *Hegenomy and Socialist Stratery: Towards a Radical Democratic Politics*, London: Verso, 1985.

M. E. Lasswell, *Love, Marriage and Family*, Scott: Foresman, 1973.

David Lefkowitz, *On a Moral Right to Civil Disobedience*, The University of Chicago, 2007.

Thomas Lum, *Human Rights in China and U.S. Policy*, CRS Report for Congress, July 18, 2011.

Herbert Marcuse. *An Essay on Liberation*, Boston: Beacon Press 1969.

Herbert Marcuse, *Five Lectures*, London: Beacon Press, 1970.

Michele Micheletti, Dietlind Stolle, *Sustainable Citizenship and the New Politics of Consumption*, The Annals of the American Academy of Political and Social Science, Oct. 2012.

David Miller, *Popper Selections*, Princeton University Press, 1985.

R. J. McShea, *Morality and Human Nature*, Temple University Press, 1990.

Nolan McCarty, Adam Meirowitz, *Political Game Theory*, Cambridge University Press, 2006.

Chantal Mouffe, *The Democratic Paradox*, Verso Books, 2009.

Edward N. Muller, *Civic Culture and Democracy*, American Political Science Review, 1994 (88).

Thomas Nagel, *Person Rights and Public Space*, Philosophy and Public Affairs, Spring, 1995.

Karl. Popper, *The Open Society and Its Enemies*, Kegan Paul Ltd.1957.

Hilary Putnam, *Realism with a Human Face*, Harvard University Press, 1990.

George Ritzer, *Encyclopedia of Social Theory*, London, SAGE PUBN, 2005.

Von L. W. Rosdorff, Bentham and Hohfeld, *A Search for Synthesis*, Rechisthorie, vol 4, 1973.

Hardin Russell, *Collective Action*, Baltimore. MD: Johns Hopkins University Press, 1982.

Adam Schaff, *A Philosophy of Man*, London, Kossuth Printing House, 1963.

Adam Schaff, *Marxism and the Human Individual*, New York, McGrall- Hill Book Company, 1970.

Adam Schaff, *Structuralism and Marxism*, Oxford, Pergamon Press, 2011.

Alan. Soble. *The Structure of Love*, Yale University Press, 1990.

John B, Tompson. *Ideology and Modern Culture*, Stanford University Press, 1990.

D. F. B. Tucker, *Marxism and Individualism*, Basil Blackwell, Oxford, 1980.

Steven Wall, *Collective Rights and Individual Autonomy*, Chicago University Press, 2007.

Lawrence Wilde, *Marxism's Ethical Thinkers*, Palgrave Publishers Ltd, 2001.

*Universal Declaration of Human Rights*，Hundred and eighty-third plenary meeting. 10 December 1948.

Jaap Dronkers and Maarten Peter Vink，*Explaining access to citizenship in Europe*：*How citizenship policies affect*，European Union Politics 2012.

*Punitive Laws and Human Rights Violations Limit Access to HIV Prevention and Care Services for Men who Have Sex with Men and Transgender People in Asia Pacific.* 2010-07-21，http：//regionalcentrebangkok.undp.or.th/practices/hivaids.

# 后　记

　　自 2005 年从南京大学毕业，真正地进入社会踏上人生之路后，经受多年工作和社会实践的历练，人世间的万象给我带来的最大感触就是"权钱势利两极分化，四海苍生难耐沉云"。一种本能性的类意识，导致我对世界范围普通百姓生存权利的极大关注，故选择"公民权利正当性的深层分析"这一十分平民化的论题。对此，我虽然花费许多精力和时间，也围绕中心论题进行多方面的分析和论证，以期在理论和实践上提升广大公民对权利的本质、内容、作用及其获得和维护方式的认识，促动各类权力机构能够从政治经济、法律制度、文化教育等层面为公民争取更多权利；保护和捍卫公民权利；正确认识和践行权力与权利之间的辩证关系；杜绝对公民权利的践踏和剥夺。然而由于自身能力的有限还是对一些问题经常感到困窘和为难。

　　虽然针对该文的诸多方面多位专家学者都提出十分宝贵的意见，本人也是几易其稿，故使得该书文本在质和量两个纬度都有所提高，但毕竟还有诸多疑难需要继续深入探究，可谓依然是任重道远。好在今天的人类已经进入网络社会，借助现代化的网络传媒，创作主体、创新意识和创造行为早已大大地超越个人达及社会。故我要抛砖引玉，通过社会主体和群策群力，以使一些重要问题变得更加清楚明晰，并能够真正地对社会实践具有某种指导意义。

无论怎样，今天通过多方面的引荐、扶持和努力，特别是人民出版社夏青编辑和其他相关编辑的辛勤付出，该书就要问世了，对此我将衷心地表示感谢，同时希望广大读者能够对该书中存在的问题予以持续性的批评、赐教和指正。

作　者

2017 年 9 月 1 日于南京仙林翠谷公寓

责任编辑:夏　青
封面设计:周方亚

**图书在版编目(CIP)数据**

公民权利的正当性研究/张禹　著. —北京:人民出版社,2017.12
ISBN 978－7－01－018423－4

Ⅰ.①公…　Ⅱ.①张…　Ⅲ.①公民权-研究-中国　Ⅳ.①D921.04

中国版本图书馆 CIP 数据核字(2017)第 258007 号

公民权利的正当性研究

GONGMIN QUANLI DE ZHENGDANGXING YANJIU

张　禹　著

人民出版社 出版发行
(100706　北京市东城区隆福寺街 99 号)

环球东方(北京)印务有限公司印刷　新华书店经销

2017 年 12 月第 1 版　2017 年 12 月北京第 1 次印刷
开本:710 毫米×1000 毫米 1/16　印张:22.75
字数:260 千字

ISBN 978－7－01－018423－4　定价:58.00 元

邮购地址 100706　北京市东城区隆福寺街 99 号
人民东方图书销售中心　电话 (010)65250042　65289539

中国工程院院士

是国家设立的工程科学技术方面的最高学术称号，为终身荣誉。

中国工程院院士传记

# 顾健人传

陈 挥 著

人民出版社

策划编辑：侯　春
责任编辑：侯　春
装帧设计：徐　晖
责任校对：刘　青

**图书在版编目（CIP）数据**

顾健人传 / 陈挥 著 . — 北京：人民出版社，2021.1
（中国工程院院士传记系列丛书）
ISBN 978－7－01－022658－3

I.①顾…　II.①陈…　III.①顾健人－传记　IV.① K826.2

中国版本图书馆 CIP 数据核字（2020）第 226385 号

顾健人传
GUJIANREN ZHUAN

陈　挥　著

人民出版社 出版发行
（100706　北京市东城区隆福寺街 99 号）

北京汇林印务有限公司印刷　新华书店经销

2021 年 1 月第 1 版　2021 年 1 月北京第 1 次印刷
开本：710 毫米 ×1000 毫米 1/16　印张：18.75
字数：230 千字　插页：8

ISBN 978－7－01－022658－3　定价：70.00 元

邮购地址 100706　北京市东城区隆福寺街 99 号
人民东方图书销售中心　电话（010）65250042　65289539

中国工程院院士顾健人

顾健人在办公室（摄于 2013 年 3 月 27 日）

　　1999年2月5日，在上海市优秀专家迎春晚会上，顾健人与时任上海市委副书记孟建柱亲切握手。右一为时任上海市委常委、组织部部长罗世谦，左二为上海市第六人民医院教授于仲嘉。

2007年4月12日，时任上海市教委主任沈晓明看望顾健人

1990 年，时任上海市副市长谢丽娟接见顾健人

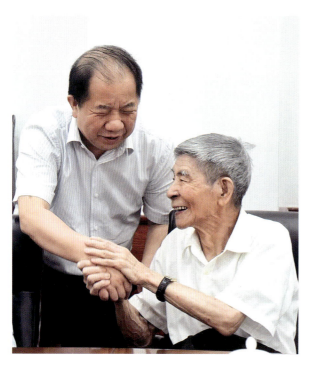

2019 年 8 月，上海交通大学校长林忠钦与
顾健人亲切握手

1992 年 8 月，顾健人（左二）获首届"上海市科技功臣"称号

1998 年 1 月，中国科学院院士裘法祖为顾健人颁发首届吴孟超肝胆外科医学奖一等奖

2005 年 12 月 9 日，顾健人作为共同主席主持国际基因治疗年会

2012 年 6 月 28 日，顾健人主持中美临床和转化医学国际论坛

2008 年 12 月 21 日，顾健人在上海市肿瘤研究所成立 50 周年庆典暨学术报告会上致辞

2015 年 9 月 22 日，顾健人被聘为上海交通大学荣誉讲席教授，左为时任上海交通大学党委书记姜斯宪，右为时任上海交通大学校长张杰

1992 年 8 月 30 日，顾健人在做实验

2010 年 6 月 25 日，顾健人在查阅资料

2004 年 7 月 24 日，顾健人与美国密歇根大学副校长 Ailbereomern 亲切交谈

2007 年 1 月，顾健人接待访问上海市肿瘤研究所的意大利药物研究和评估研究所主任 Dr.Stefano Fais，左为覃文新

顾健人与中国工程院院士曹雪涛合影

2017年1月6日，中国科学院院士陈国强看望顾健人

顾健人与中国科学院院士吴孟超亲切交流

2010 年 2 月 5 日，顾健人、方利君夫妇与中国工程院院士王振义合影

　　1998 年，顾健人与中国科学院院士吴孟超（左一），以及中国工程院院士李载平（左二）、王振义（右二）、王红阳（右一）出席上海市肿瘤研究所成立40 周年庆祝活动

　　2014 年 11 月 28 日，顾健人与中国工程院院士詹启敏（左一）、杨胜利（左二），以及中国科学院院士强伯勤（右二）、陈国强（右一）合影

2019 年，顾健人与上海交通大学医学院附属仁济医院院长李卫平（左）、副院长戴慧莉一起参加庆祝新中国成立 70 周年座谈会

2019 年 8 月 5 日，顾健人出席癌基因及相关基因国家重点实验室学术委员会会议（第一排左起：张学敏、王红阳、杨胜利、沈倍奋、顾健人、强伯勤、林忠钦、樊嘉、林东昕、蒋华良；第二排左起：王红艳、张华凤、雷鸣、苏冰、王兴鹏、蒋红、王小宁、陈国强、黄红、朱启高、李卫平、房静远、戴慧莉、孙丽珍、丁健青）

1989 年，顾健人与夫人方利君在美国

1989 年，顾健人与夫人方利君在加拿大

2016 年 6 月，顾健人与夫人方利君合影

2006 年，顾健人的全家福

2013 年 11 月 6 日，顾健人在母校江苏省苏州市景范中学金阊新城校区，与年轻的校友们面对面交流

2020 年 5 月 7 日，顾健人与本书作者、上海交通大学教授陈挥以及顾健人秘书丁广菊合影

# 中国工程院院士传记系列丛书

**领导小组**

顾　问：宋　健　　徐匡迪　　周　济

组　长：李晓红

副组长：陈左宁　　蒋茂凝　　邓秀新　　辛广伟

成　员：陈建峰　　陈永平　　徐　进　　梁晓捷
　　　　唐海英　　安耀辉

**编审委员会**

主　任：陈左宁　　蒋茂凝　　邓秀新

副主任：陈鹏鸣　　徐　进　　陈永平

成　员：葛能全　　唐海英　　吴晓东　　黎青山
　　　　赵　千　　张　健　　侯　春　　陈姝婷

**编撰出版办公室**

主　任：赵　千　　张　健

成　员：侯　春　　徐　晖　　方鹤婷　　姬　学
　　　　黄海涛　　王爱红　　宗玉生　　张　松
　　　　王小文　　张秉瑜　　张文韬　　聂淑琴

# 《顾健人传》编委会

主　任：李卫平　夏　强

副主任：戴慧莉　陈　挥

成　员（按姓氏笔画排序）：

丁广菊　丁文彬　王敏敏　刘永忠　李宗海　余君铭
张志刚　袁蕙芸　屠　红　覃文新　魏　霖

# 总　序

　　20 世纪是中华民族千载难逢的伟大时代。千百万先烈前贤用鲜血和生命争得了百年巨变、民族复兴，推翻了帝制，击败了外侮，建立了新中国，独立于世界，赢得了尊严，不再受辱。改革开放，经济腾飞，科教兴国，生产力大发展，告别了饥寒，实现了小康。工业化雷鸣电掣，现代化指日可待。巨潮洪流，不容阻抑。

　　忆百年前之清末，从慈禧太后到满朝文武开始感到科学技术的重要，办"洋务"，派留学，改教育。但时机瞬逝，清廷被辛亥革命推翻。五四运动，民情激昂，吁求"德、赛"升堂，民主治国，科教兴邦。接踵而来的，是 18 年内战、14 年抗日和 3 年解放战争。恃科学救国的青年学子，负笈留学或寒窗苦读，多数未遇机会，辜负了碧血丹心。

　　1928 年 6 月 9 日，蔡元培主持建立了中国第一个国立综合性科研机构——中央研究院，设理化实业研究所、地质研究所、社会科学研究所和观象台 4 个研究机构，标志着国家建制科研机构的开始。20 年后，1948 年 3 月 26 日遴选出 81 位院士（理工 53 位，人文 28 位），几乎都是 20 世纪初留学海外、卓有成就的科学家。

　　中国科技事业的大发展是在新中国成立以后。1949 年 11 月 1 日成立了中国科学院，郭沫若任院长。1950—1960 年有 2500 多名留学海外的科学家、工程师回到祖国，成为大规模发展科技事业的第一批领导骨干。国家按计划向苏联、东欧各国派遣1.8万名各类科技人员留学，全都按期回国，成为建立科研和现代工业的骨干力量。高等学校从新中国成立初期的200所，增加到600多所，年招生增至28万人。到21世纪初，普通高等学校有2263所，年招生600多万人，科技人力总资源量超过5000万人，具有大学本科以上学历的科技人才达1600万人，已接近最发达国家水平。

新中国成立70多年来，从一穷二白成长为科技大国。年产钢铁从1949年的15万吨增加到2011年的粗钢6.8亿吨、钢材8.8亿吨，几乎是8个最发达国家（G8）总年产量的两倍，20世纪50年代钢铁"超英赶美"的梦想终于成真。水泥年产20亿吨，超过全世界其他国家总产量。中国已是粮、棉、肉、蛋、水产、化肥等世界第一生产大国，保障了13亿多人口的食品和穿衣安全。制造业、土木、水利、电力、交通、运输、电子通信、超级计算机等领域正迅速逼近世界前沿。"两弹一星"、高峡平湖、南水北调、高公高铁、航空航天等伟大工程的成功实施，无可争议地表明了中国科技事业的进步。

党的十一届三中全会以后，改革开放，全国工作转向以经济建设为中心。加速实现工业化是当务之急。大规模社会性基础设施建设、大科学工程、国防工程等是工业化社会的命脉，是数十年、上百年才能完成的任务。中国科学院张光斗、王大珩、师昌绪、张维、侯祥麟、罗沛霖等学部委员（院士）认为，为了顺利完成中华民族这项历史性任务，必须提高工程科学的地位，加速培养更多的工程科技人才。

中国科学院原设的技术科学部已不能满足工程科学发展的时代需要。他们于1992年致书党中央、国务院，建议建立"中国工程科学技术院"，选举那些在工程科学中作出重大的、创造性成就和贡献，热爱祖国，学风正派的科学家和工程师为院士，授予终身荣誉，赋予科研和建设任务，指导学科发展，培养人才，对国家重大工程科学问题提出咨询建议。

中央接受了他们的建议，于 1993 年决定建立中国工程院，聘请 30 名中国科学院院士和遴选 66 名院士共 96 名为中国工程院首批院士。1994 年 6 月 3 日，召开了中国工程院成立大会，选举朱光亚院士为首任院长。中国工程院成立后，全体院士紧密团结全国工程科技界共同奋斗，在各条战线上都发挥了重要作用，作出了新的贡献。

中国的现代科技事业比欧美落后了 200 年，虽然在 20 世纪有了巨大进步，但与发达国家相比，还有较大差距。祖国的工业化、现代化建设，任重道远，还需要有数代人的持续奋斗才能完成。况且，世界在进步，科学无止境，社会无终态。欲把中国建设成科技强国，屹立于世界，必须接续培养造就数代以千万计的优秀科学家和工程师，服膺接力，担当使命，开拓创新，更立新功。

中国工程院决定组织出版《中国工程院院士传记》丛书，以记录他们对祖国和社会的丰功伟绩，传承他们治学为人的高尚品德、开拓创新的科学精神。他们是科技战线的功臣、民族振兴的脊梁。我们相信，这套传记的出版，能为史书增添新章，成为史乘中宝贵的科学财富，俾后人传承前贤筚路蓝缕的创业勇气、魄力和为国家、人民舍身奋斗的奉献精神。这就是中国前进的路。

# 目　录

# 代　序

## 德技双馨、真才实学的战略科学家[①]

程天民[②]

　　顾健人院士是一位德技双馨、有真才实学，对国家、对科学有重大贡献的战略科学家。

　　顾健人是我最尊敬也最感亲切的院士之一。他叫我大哥、叫我学长，为什么呢？我生于 1927 年，比他大 4 岁多一点。另外，我们俩都曾在华南医学院病理学高级师资班学习。我是第一期，1951 年去的。他是第三期，1953 年去的。每期都是一年。所以，他有时候称我为学长。当时，全国刚解放不久。中央卫生部为了培养各个高校的教师，办了一些师资班，病理学师资班就委托华南医学院梁伯强教授主持。梁伯强是我们国家著名的病理学家，早年的中国科学院学部委员。在他的引领、教导下，我们刚走上工作岗位，就受到病理学的培训，收获良多。

　　顾健人在道德方面、为人方面、科技方面德技双馨，是有真才实学的，对国家、对科学都有重大贡献。他不是一般的科学

---

①　原载陈捷主编：《中国医学院士文库——顾健人院士集》，人民军医出版社 2014 年版，第 537—540 页。

②　程天民，江苏宜兴人，陆军军医大学军事预防医学系全军复合伤研究所教授、中国工程院院士，曾任第三军医大学校长、国务院学位委员会学科评议组成员、中华创伤学会主任委员、解放军总后勤部卫生部专家组成员、重庆市科协副主席等职，14 次参加中国核试验，发现并命名了"骨髓巨核细胞被噬现象"，研究成果居于国际先进和国内领先水平，首创了中国唯一的复合伤研究所，被誉为中国防原医学特别是复合伤研究的开拓者。

顾健人与中国工程院院士程天民合影

家，而是一位战略科学家。

第一，顾健人是既有我们中华民族优秀传统美德，又有现代改革开放创新意识的科学家。

顾院士非常爱国、爱党、爱人民，他对我们祖国的历史非常熟悉，对我们国家的大事非常清楚，对我们党的路线方针政策非常拥护。同时，他对社会上的一些不良风气，包括学术不端行为，也深恶痛绝、爱憎分明。从他在院士大会、我们医药卫生学部会议讨论问题时的发言中，可以清楚地看到，他是敢于和善于发表意见的，他不是人云亦云的，不是人家讲什么，他就讲什么。他不仅敢于发表自己的见解，而且言之有物、言之有理。我听了以后感觉到，他说话有水平、有分量，对我有很多启发，所以，我很佩服他。他在院士中间有着很高的威望，因此，大家选他为我们医药卫生学部参加中国工程院主席团的成员。他是在 1994 年就当选为首批中国工程院院士的很少数的杰出科学家之一。

1958 年，顾健人受命参与筹建上海市肿瘤研究所时，正是"大跃进"的时候。大家热情很高，大家要发展。但是，可以想象，当时的客观条件是很困难的，要筹建一个研究所是很不容易的。顾健人接受任务后，一步一步地把肿瘤所建立并发展起来，这一点也是很不容易的。

顾健人身上，强烈体现了我们中华民族优秀传统中的勤奋自学精神。

勤奋自学是我们中华民族的优秀文化传统，好多科学家都是这样成长的。顾健人原来是搞病理学的，后来转行搞分子生物学。当年，随着生命科学的发展，我们国家需要加强分子生物学的研究。他是我国最早学习、应用、发展分子生物学的科学家之一，而且主要是靠自学。从我自己的角度来看，要改行从事另一个专业是很不容易的，不像一般的工作。一个处长，转到另外一个地方，还可以当个处长。行政职务的调动，相对比较简单、比较容易。可是，作为学科专业要改行，要深入进去，太不容易了，我自己有很深的体会。我原来也是搞病理学的，后来转到防原医学去了。开始，我不懂防原医学。初时参加学术会议，人家讲的一些名词，我都听不懂。我就是依靠自学，特别是在戈壁滩参加核试验的过程中慢慢学习。所以，我能理解学术领域改行要付出很艰辛的劳动。可以想到，顾健人是费了大量心血才学好，而且学了很深的分子生物学。从这一点，就可以体现他勤奋自学的中华民族传统美德。

顾健人是惜才、爱才、护才、用才的伯乐之才。他对人才非常爱惜、非常尊重、非常爱护，并能积极地尽力推荐。比如说，原第二军医大学的王红阳教授在申报中国工程院院士的时候，顾健人对她全力支持。院士们在讨论的时候，他提出，王红阳是我国搞信号转导方面做得最好的，极力推荐王红阳当选中国工程院院士。王红阳和曹雪涛，他们两人同时当选中国工程院院士，是很不容易的。王红阳当选中国工程院院士以后对国家发挥了很好的作用，这说明顾健人看对了。王红阳现在是国家自然科学基金委员会医学科学部的主任，发挥着重要的作用。

第二，顾健人是一位既能从大局宏观思考，又能从微观深入钻研，使宏观与微观有机结合并取得重大成就的科学家。

有的科学家在某些微观方面，可以钻研得很深、很透，但只晓得自己做的这么点工作，比较局限。但是，顾健人在宏观、微观、宏观和微观结合方面都做得很好。我认为，科研对象有人群、有人体整体、有组织、有细胞、有分子等等不同的层次。这些不同的层次间是互相结合、互相补充的关系，而不是互相替代，更不是相互排斥。各有它的科学意义，各有它的科学作用，都有它的科学水平的评价标志，不能笼统地认为分子水平一定比细胞水平高，主要看它解决什么问题。有些人经常讲什么什么水平，细胞水平、分子水平啊，好像是越微观，水平就越高，所谓"level, cellular level、molecular level"。我就建议用"层次"来表述更为恰当，例如细胞层次研究、分子层次研究等等。

我发现，顾健人的思路在具体科研中间，非常重视宏观与微观的结合。他提出，我们要研究基因的各个方面。比如，研究新发现的这些基因，只有把发现的基因功能，从宏观角度重新审视，在整体上观察到这个基因能够发挥作用，这个发现才有意义。所以，我相信，他的研究工作一定付出了非常辛勤的劳动。

顾健人认为，与肝癌相关的基因是受全身影响的，它影响全身基因系统，而全身基因系统又影响肝癌的发生。所以，他提出，肿瘤不是单独几个癌细胞的问题，而是影响全身的问题。他这个全局观点得到普遍认可，为大家所引用。他认为，基因的发现只有在整体上得到论证，揭示基因发挥的作用和效益，才能真正评价这个新基因的意义。从宏观上思考问题，从宏观和微观结合上研究它的机理，再回到宏观去解决问题，这个科学的思维是很好的。顾健人就是这样一位科学家。

第三，顾健人是把生物学和医学、分子生物学和肿瘤学结合得最成功的科学家之一。

更广义地来讲，医学可以放到生物学或者生命科学的范畴里，但生物学和医学毕竟是既有联系又有区别的两个学科。顾健人把生物学和医学的接口对接得很好。分子生物学作为一个学科，它的理论和技术在不断发展，但它不是孤立的分子生物学，而是用分子生物学的理论和技术来研究，并解决重大的科学问题、医学问题。顾健人就是用分子生物学的理论和技术来研究肿瘤的发生发展，并研究怎么样进行防治，特别是进行基因治疗的实际问题。他在这方面结合得很好，这是很不容易的。

关于基因治疗，顾健人辩证地提出，基因治疗的方向是对的，前景是良好的，但还存在不少问题，应该逐步深入探讨，对基因治疗采取实事求是的科学态度。正因为这样，他的认识和水平得到公认。上海的两家著名高校——上海交通大学、复旦大学都聘请他做肿瘤研究所的名誉所长，这也是不容易的。两校都是著名大学啊！如果顾健人没有一定的学术水平、没有一定的学术威望，著名高校也不会都聘请他。

第四，顾健人既有国内的专业技术，又长期到国外深造，在国外任科研访问学者，回国以后又有新的创造。他把国内、国外结合得很好，始终走在国际科学发展的前沿。

顾健人的学术基础很好，从上医毕业，又在华南医学院进修。他做了很多工作，有基础了，又自学分子生物学，到国外去进修，并开展合作研究，英国、美国都去过。

顾健人多次到国外去工作，都不是走马观花，而是在国外的实验室工作了很长时间，带了信息、思路、技术回来，在国内再作出成绩。这样反复的交流、结合，使他了解了相关科学领域的动态，对自己学科的发展方向也把握得很好。这是他能起到一位战略科学家作用的重要原因。顾健人能走在国际的前沿，正得益于他掌握了国际科研发展的方向和前景。

第五，顾健人是既有重大科学成就，又有多彩人生的科学家。

顾健人特别注重科技与人文结合。我喜欢写写字、画画画，而他喜欢音乐。音乐是人文艺术方面非常重要的一个领域。我不太懂音乐，但喜欢音乐。顾健人不是一般地喜欢音乐，不是一般的喜好，而是对音乐有感情、有研究、有感悟。他对音乐的理解与一般人是不一样的，要深入得多。他对一些著名的音乐家、作曲家——贝多芬、莫扎特、肖邦等人都有研究。他家里有最高级的音响系统。听交响乐时，人家一般是觉得好听，听听就完了，但他能感受到这些乐章代表什么、内涵是什么、抒发的感情是什么。一般人都听不懂啊，只是听听热闹而已，真正听懂不容易，听懂以后还要真正融进去，把自己的情感融到音乐里面更不容易。而顾健人能够把他的人生同音乐结合起来。

科技与人文，有不同层次的结合，最高层次应该是：结合以后，能够指导我们的科学思维，能够拓展我们的人生境界。顾健人做到了这一点。他把从音乐里面欣赏到的、感悟到的一些东西，用来启发他的创新思维，启发他的人生境界，他的人生就丰富多彩了，而一般的科学家不容易做到。中国工程院也大力提倡科技与人文结合、治学与修身相融，还专门成立了书画社。一些中国工程院院士喜欢书法、绘画、摄影、音乐等。我觉得，顾健人在音乐方面的修养尤其突出。他的品位、欣赏水平，都和一般的喜好音乐、喜欢听听唱唱的不大一样。他是在更高层次上理解音乐，甚至在一些物理学研究方面都会考虑到。我在中国工程院医药卫生学部办了一次学术讲座，讲现代高技术武器伤害问题，其中提到次声武器。会后，顾健人问我，不知道音乐里面有没有这个次声。当然，我们平时听到的都是可听声，既不是超声，也不是次声。整个音乐里面有没有人听不到的次声呢？顾健人就能联想到这个问题。

第六，顾健人是既从事具体的科学实验研究、科学实践、亲身实践，更具有宏观战略思维的一位战略科学家。

顾健人亲身参与科学实践。他得以发现有关基因的相互关系，肯定是在实验室里面摸爬滚打，慢慢从实践中感悟出来的，而不是凭空想象的。他一定是脚踏实地，亲身参加科学实验，在实验中慢慢有所发现，慢慢感悟出来的。但是，他不限于此，他是一位具有宏观战略思维的战略科学家。他熟悉科技的进展和发展的方向，能把握科技发展的前景。即使在还不大显眼儿的情况下，他就能抓住苗头，推动发展并继续深入，在战略上起到引领作用。

战略科学家应该从宏观上思考问题，同时，起到引领作用。顾健人就能够起到这个作用。正因为这样，他被任命为国家"863"计划生物和医药技术领域专家组的组长；他创建了癌基因及相关基因国家重点实验室，并长期担任该实验室的主任；他被两所"985"高校聘为肿瘤研究所的名誉所长；他组织了全国医药和生物技术计划的执行；他还是国家"973"计划专家顾问组的成员。承担这些学术重任，一方面说明，他的学识无愧于这些职务，能够担当这些职务；另一方面也说明，他的确有这样的战略思维、这样的工作能力。国家有关行政部门也好，学术界也好，都推崇他，都推举他来担任这些战略性工作，因为他有战略上的思维。

我认为，作为一个科学家，具体工作可以做得很好、很细，但要真正成为一位战略科学家，做到从宏观上思考问题、将宏观与微观相结合、把握发展方向，这些都是很不容易的。所以，我对顾健人是很敬重的。我们在一起交流，谈得很投入，也谈得很深。他对我有很多启发，今后，我要更好地向他学习。

我们是好朋友。他的成就比我大，他的思维比我好，我要向他学习。我们俩都有相同的经历，都是从病理学改行到其他学科。他搞分子生物学，我搞防原医学。我们在一些学术观点上、在宏观与微观等等方面，都能想到一块儿。当然，我很敬佩他，还要不断向他学习。

我们两人之间的情谊非常深厚。我曾经给他写了一幅字："健思健魄，人寿人强"。"健思健魄"，是指他的思维很健，希望他的体魄也很健；"人寿人强"，是说人要长寿，还要强壮。我把"健人"两个字放在里面了。后来，我又写了一幅字给他们老两口，把"健人""利君"都放在里面，表达对他们的敬意和情意："健思寿人，利民扶君"。"健思寿人"，说的是健思能够使人长寿；"利民扶君"，指的是方利君教授为人民作出了贡献，有利于人民，同时，辅佐她的夫君，顾健人的成就有他老伴儿的功劳。

# 第一章

# 家学渊源，
# 医学世家

# 一、姑苏文化的熏陶

20世纪30年代，对于古老的中华民族来说，是一个多灾多难的年代。

1931年9月18日，驻扎在中国东北的日本关东军突然向沈阳北大营的中国驻军发动进攻，制造了震惊中外的九一八事变。次日，日军占领沈阳城。由于国民党政府实行不抵抗政策，不到4个月就断送了东北三省的大好河山。1932年1月28日，日本海军陆战队进攻上海闸北。蒋光鼐、蔡廷锴指挥的第十九路军，违抗蒋介石"逆来顺受"的指示奋起抵抗，给了日军沉重打击。由于国民党政府对日本的退让屈服政策，轰轰烈烈的淞沪抗战终因第十九路军寡不敌众，腹背受敌，被迫全线撤退而夭折。3月1日，第十九路军撤出闸北。5月5日，国民党政府又与日本签订《淞沪停战协定》。该协定规定：中国军队不得在上海布防。民族危难笼罩着整个中华大地。

江苏苏州是一座历史悠久的城市，地处长江三角洲，古称吴郡、姑苏。早在公元前514年，吴王夫差就在此建立了吴国的都城，时称"阖闾大城"。此后，历经沧桑起伏，几度兴衰，直到589年隋朝时，才更名为"苏州"，并一直沿用至今。苏州历史悠久，以"上有天堂，下有苏杭"而驰声海内外。秀丽、典雅且有"甲江南"声名的苏州园林，小桥流水环绕姑苏城内外，令人心驰神往。苏州是富饶的鱼米之乡，更是诗书礼仪之邦。苏州城的居民无论大户人家还是普通百姓，都崇尚诗礼传家，都以博学明理为荣。

苏州人杰地灵、名人辈出，由于历史上经济、文化发达，传统文化底蕴深厚，教育发达，学风兴旺，崇文重学。新文化运动兴起后，涌现出近代中国著名的民主人士柳亚子、史学家顾颉刚、文学家和教育家叶圣陶、建筑大师贝聿铭等人，并给苏州留下众多的历史人文景观。

1931 年年底，冬至到了。人们都说，冬至过后，天特别冷。可不是吗？群山萧条，百树凋零，不见鸟飞，不闻兽叫。乍看去，就像低垂的云幕前面，凝固着一幅死气沉沉的图画。

凛冽的北风呼啸了一阵，现在倦了，像是落潮的海浪，轻拍着宁静的港湾。

此时，已是 1932 年 1 月 13 日。位于姑苏城西北约 10 公里处的吴县黄埭镇，街上酱园楼上的一个医生家里传出的一阵响亮的婴儿啼哭声，刺破青天，带来了些许暖意。接生婆打开房门，乐呵呵地对外面等待的家人大声说："是个男孩，是个男孩！"

一个男孩呱呱坠地，给整个家庭增添了一丝欢乐。初为人父的顾唯诚是个西医师，江苏无锡人，为了谋生在黄埭行医。他刚想冲进去看看宝贝儿子，被接生婆一把拦住："先生，不行。男人现在还不能进去。"顾唯诚只能站在门外，双眼盯着门框，内心的喜悦溢满在脸上。

在那个年代，西医对普通百姓来讲还是一件新鲜事物，懂西医的人更是凤毛麟角。虽然那些晦涩难懂的西医理论和满是字母的西医书籍看起来高深莫测，但西医"药到病除"的本事还是让不少人为之折服，并对那些似乎有魔力的西医师充满了感激。为此，顾唯诚尽管年轻，在当地却非常受人尊敬。听说顾医师喜得贵子，不少曾经受过他恩惠的患者纷纷上门道贺，送来红糖、鸡蛋、糕、布等贺礼。

有个中年妇女，手腕上挎着一个精致的四角竹篮，这是她家祖传的篮子。经过几代人使用，那竹篮已经非常光滑，在阳光的照射下闪闪发亮。快到顾家门口时，她就用糯糯的吴侬软语发声了："顾师母，俫阿好？"人还没有进门，声音已经飘进屋内。顾唯诚的太太柳云贞正躺着，忙欠身与那中年妇女打招呼。

她们正说着话，又进来一个小孩，手里拎着一包红糖，连蹦带跳地跑进屋来："顾家姆妈，倪好婆带给你红糖，谢谢顾医生看好倪好婆的病，谢谢，谢谢!"

小孩的话音刚落，外面又进来一个年轻人，手里拿着一块织得很精致的布。他说："这是我老婆亲手织的，给孩子做身衣服吧!"这是一块横条子的色织布，给男孩做衣服正合适。

邻里乡亲的热情，让顾唯诚在高兴之余，更加坚定了努力精进医术、为百姓苍生造福的决心。

顾唯诚、柳云贞夫妇俩捧着粉红色的婴儿，看啊，看啊，娃娃的眉眼口鼻就像春天的花朵那样娇媚，他舞动的小手小脚就像风吹柳枝那样撩人。顾唯诚看看儿子，又望望妻子，禁不住说："谢谢你，为我们顾家生了个这么可爱的儿子!"

"看你说的，难道没有你的功劳吗?"

屋里充满了喜悦之气。

"唯诚，快给孩子取个名吧!"柳云贞催促着。

"让我想想。"顾唯诚思考了一下，对柳云贞说，"医生为人治病，治病是为身体好，身体好才能健康，健康是人生之本，对，就叫健人吧! 怎么样?"

"健人?"

"是呀，我们的儿子要健健康康地长大成人。也希望他以后同样做医生，用自己的医术让更多的人重获健康。"

"好呀!"柳云贞赞同地点点头。

就这样，这个孩子带着父亲的祝愿和希冀，在父母无微不至的关怀照料下，开始了自己的人生之路。家庭的熏陶给顾健人打下了深深的印记。

黄埭已有 2500 多年的历史了。战国时期，楚国名相春申君黄歇动员民众于此兴修水利，筑成堰埭，初名春申埭，后改为黄埭，沿袭至今。优越的地理位置和交通条件，使黄埭自古一直是苏州西北部和无锡锡东地区的重要商埠。古时黄埭镇，三里长街，百店琳琅，千叶小舟云集，八方商贾过往，素有"银黄埭"之称。

1 岁时的顾健人

古往今来，黄埭镇山水毓秀，尊礼重教，筑就了深厚的文化底蕴。繁盛的商贸，带来了人文荟萃的局面。历史上，黄埭出过众多进士和文人；近代，在 1929 年就设立了吴县乡村师范学校。热闹的集镇也带来寺庙的兴盛，尤以始建于三国东吴赤乌四年（241 年）的兴国寺最为鼎盛。而本书的主人公顾健人院士，就出生在这座被馥郁书香所缭绕的美丽

今日黄埭

小镇。

悠久的历史环境和优越的人文地理条件,为顾健人的成长提供了得天独厚的氛围。

# 二、严父慈母的启蒙

顾唯诚的父亲顾连元,曾经在苏州开了一个小小的"水木作"(泥水铺),雇了几个人一起干活。顾连元成家后育有四子一女,顾唯诚是长子。他尚未成年,顾连元就与世长辞了。顾唯诚由于幼年丧父,而抚养他的祖母经济拮据,因此,在1923年毕业于苏州博文中学后就无力升学了,随即在苏州的一家私立医院——树德医院做实习生,师从余生佳学习西医。就是在此期间,顾唯诚认识了正在这个医院学习的实习助产士柳云贞。

一天下午,在医院的走廊里,顾唯诚正低头思考着刚才余生佳老师说的病例,与对面急匆匆走来的一位姑娘撞了个满怀。只听得"哐当"一声,姑娘手中的托盘掉到地上,两人都赶紧弯下腰去拾。不料,两人的头碰在一起,顾唯诚立即说:"对不起,对不起!"

"你……"姑娘刚要责备对方,抬头看到的是一张英俊的脸。四目相视,就在这几秒钟里,一根红丝线已把两人的命运连在一起。

第二次见面,竟然还是在走廊里。他们互相微笑着打招呼,就像老朋友一样。

第三次、第四次……他们开始约会,或去公园,或去听书……逐渐熟悉了对方。对于从小失去家庭温暖的顾唯诚来说,

中国工程院院士传记

顾健人 传

006

一个年轻姑娘给他的爱，是巨大而全面的。他非常珍惜这爱情，也许这是上天给他的恩赐吧！

此后，顾唯诚的命运开始有了转机。

柳云贞出生在一个小康之家。她的父亲柳庚伯曾经在苏州开了一家糕团店，在无锡乡下还有 30 余亩地。只是由于两个儿子的挥霍，此时已经家道中落，但柳家还是接济顾唯诚去上海东南医科大学深造。

1930 年，顾唯诚大学毕业后，即与柳云贞喜结连理，并来到黄埭镇开始了他的行医生涯。一年后，他应余生佳之邀，离开黄埭前往苏州行医，担任了树德医院的医师，先是居住在苏州护龙街（现人民路）1102 号，1945 年迁往东中市久福里 3 号。

顾健人出生后，顾唯诚已有了一点经济实力，就在苏州护龙街创办了仁和医院。1937 年八一三事变后，顾唯诚被聘为吴县红十字会伤病医院副院长，救护抗日受伤官兵。苏州被日军侵占后，他曾到黄埭躲避战祸，后又回到苏州，在观前街华美药房应诊。

顾唯诚曾是一个热血青年。早在 1926 年，他就于大革命高潮中参加了共青团组织，和同学们一起上街贴标语，宣传"打倒军阀统治""联俄联共，扩大工农联盟"等革命道理。1927 年蒋介石发动四一二反革命政变后，顾唯诚与组织失去了联系。此后，他没有参加过任何政治组织。

新中国成立初期，为进一步发展国家的医疗卫生事业，让广大人民得到更优质、更公平的医疗服务，党和政府对医疗卫生制度进行了相应的调整，号召新中国成立前和新中国成立初期自行开业的医生放弃自己的私人诊所，积极投入到公立医院的医疗服务中去。为人民的医疗事业贡献力量一直是顾唯诚的夙愿，他二话不说，当即关闭了自己的诊所，全身心地投入到公立医院的医疗工作中。1951 年，他先是协助新医协会的成员参加抗美援朝医疗队，后又参与筹建苏州市康复医院，收治中国人民志愿军伤病员，被聘为苏州市康复医院医务主任、副院长。1952年，顾唯诚参与筹建苏州市第二人民医院，任副院长，1953年6月任院长，1959年7月起兼任儿科主任。在他的带领下，苏州很多知名的医师也纷纷结束自己的私人诊治生涯，加入到公立医疗服务中来。

1965年，顾唯诚加入中国共产党；同年11月，调任苏州市红十字会副会长兼苏州市爱国卫生运动委员会副主任。

顾唯诚曾被选为苏州市第一、二、三届各界人民代表会议代表和第四届政协委员，1954年后，当选为苏州市第一至六届人民代表大会代表和苏州市人民委员会委员。

顾健人的童年，是在父亲顾唯诚治病救人的耳濡目染中度过的。每天清晨，顾唯诚都会到自己开设的仁和医院去诊治患者，而且总是忙到很晚才回家。顾健人就在家中与母亲柳云贞为伴。每天早晨，幼小的顾健人睁眼后见到的总是母亲，与父亲常常打不上照面。

"妈妈，爸爸去哪儿了？"这天，顾健人醒来后开口就问。

"上班。"柳云贞一边帮他穿衣服，一边回答。

"上班干什么呢？"充满好奇的顾健人歪着小脑袋，两只眼睛看着母亲，天真地问。

"爸爸上班，就是给人看病。"

"每天都有人生病吗？"

"是呀，人都是吃五谷杂粮的，总有什么地方不舒服，不舒服了，就来找你爸爸……"

"找到我爸爸，他们的病就好了，对吗？"顾健人没有等母亲说完，抢着接下去说。

"对，好聪明的孩子！"柳云贞拍拍他的脑袋，"快起来，穿好衣服，去刷牙、洗脸、吃早饭！"

柳云贞曾受过良好的女子启蒙教育，虽然婚后在家操持家务，但她依然非常注重对顾健人的教育和培养。她告诉顾健人，他的父亲每日总是那么辛苦、忙碌，就是为了让更多患者摆脱疾病的折磨，重获健康快乐的生活。柳云贞的话仿佛一颗有魔力的种子，从那时起就深深地在顾健人心里扎下了根，种下了"成为医生，治病救人"的理想。他经常在心里哼道：我有一个理想、一个美好的理想，等我长大了，做个有用的人……顾健人为自己能有这样一位心系人民的好父亲感到骄傲，决心不但要学习父亲严谨的治学态度、高超的医术，更要学习他公而忘私的高尚医德。

有一天，顾健人拉着顾唯诚的手，仰起小脸，认真地问："爸爸，我长大之后，想做一个像您一样的医生。我怎样做才能成为医生呢？"

顾唯诚一愣，但看到顾健人一脸认真，不像是开玩笑的样子，就温和地说："为什么你长大以后想做个医生，而不是工程师、教授、科学家呢？"

"妈妈说，您每天总是那么辛苦，起早贪黑地工作，都是为了救治那些生病的人。我觉得医生很了不起，所以，我长大了也要做一个医生。"

顾唯诚笑了："孩子，你有这样的志向，真了不起！但是，学医的道路是很艰辛的，要付出许多的心血和汗水。你能吃得起这苦吗？"

"嗯！"顾健人昂起头，一脸坚定。

## 三、"唯有读书高"的激励

因为顾健人立下了"将来长大了要做医生"的远大志向，顾唯诚开始对儿子的教育问题起了心。小孩子就像一棵嫩苗，要让他们健壮地成长，就必须经常浇水、施肥……

1936年9月，年仅4岁的顾健人就被顾唯诚送进苏州实验小学，开始了求学生涯。

顾健人来到这个世界上才4年，才4年啊，还是个幼儿！他长得像母亲柳云贞，俊眉俊眼的，很讨人喜欢，可就是身子骨弱，如同一株刚出土的蒜苗儿。

他因为年龄太小，一个人到学校上课心里害怕。第一天上学，柳云贞把顾健人送到学校门口，叮嘱他对老师要有礼貌，与同学要友爱，上课要专心听讲，不要做小动作……

看到顾健人乖乖地连连点头，柳云贞又问了一句："妈妈的话记住了吗？"

"记住了！"顾健人回答。

"快进去吧！"直到顾健人进了校门，柳云贞才转身离去。

望着柳云贞的背影，顾健人呆呆地站在那儿，感到惶恐而孤独，好像被抛弃在荒岛上。他背着小书包，低着脑袋，眼睛不望人，像一只胆小的兔子一样，在喧闹的同学当中穿过，找到了自己的教室。

上课铃响过后，老师威严地走进教室。不知是哪个同学发出口令："起立！"

同学们都齐刷刷地站起来。顾健人年纪小，第一次上课，猛听到"起立"声，心里一紧张，赶紧站起，不小心把书包掉在地上，把同学们吓了一跳。见到顾健人忙不迭地从地上拾书包，大伙儿禁不住都笑了起来。

"同学们好！"老师首先向大家问候。

"老师好！"学生们立即把笑吞进肚里，教室响起齐崭崭的童声。

课堂上严格的纪律、老师严肃的声音，让顾健人感到恐惧、害怕。入学第一节课，他几乎是在慌乱不安中度过的。

明天复明天，日子一天天过去，这种不良情绪一直伴随着顾健人，所以，第一学期的成绩不是很理想。拿到成绩单回家后，他挨了顾唯诚一顿骂。

顾唯诚是一个深受中国传统文化浸润的人，他之所以为顾健人选择入读一所新式学堂而不是传统书塾，是因为在他看来，顾健人只有在这样的学校里，才能学到成为一名西医师必备的东西：科学、西文和体育。顾唯诚清楚地知道，顾健人的理想能不能最终实现，他受的教育将是一大关键。

当时的中国社会处于内忧外患双重夹击的最黑暗的时期，而且，不可避免地波及了苏州这座美丽的小城。特别是 1941 年冬天爆发的太平洋战争，在彻底改变第二次世界大战走向的同时，也给生活在大洋彼岸的每一个普通中国老百姓的日常生活带来不小的影响。外部环境的变迁加速了日军对苏州的控制，经济形势急转直下，货币贬值、物价不稳等接踵而至。顾唯诚也面临经济危机，但他还是始终坚持要创造条件让顾健人接受良好的教育。他认为，学好知识、掌握技术，不仅能够让孩子将来可以过上体面的生活，更是一种救国的可取途径。顾唯诚一直教导自己的独子："努力问学，才是实现理想、救国救民的唯一出路。"

顾唯诚一贯对顾健人严格要求，经常教育他要好好

5 岁时的顾健人

读书，努力学习，掌握一定的专业技术，做个对国家、对社会有用的人。即使在经济最为拮据的时候，顾唯诚还是创造条件，激发顾健人的学习兴趣，使他的学习潜能得到最大发挥。在重视科学技术教育的同时，顾唯诚还特别重视孩子的外语学习，因此，顾健人就读的都是以英语教学的教会学校。

顾唯诚的这些教育理念，为顾健人以后在科学技术领域同国际先进水平接轨，奠定了一定的语言基础。顾健人由于精通英语，在日后的工作中，逐渐成为医学领域的杰出人才。谁都有自己的童年、少年、青年、壮年……年华如流水，却又凝聚着许多记忆，好比在江海中钉下一些桩，不会随水流失。顾健人在回顾自己的成长经历时，多次强调家庭教育，特别是父亲顾唯诚对他教育的重要作用。

在顾唯诚的谆谆教诲下，在"唯有读书高"思想的激励下，顾健人开始发奋读书，知道一寸光阴一寸金，每天回家后，就扎在房间里读书。每当疲倦得要将眼睛闭上时，他就会想起顾唯诚讲的"悬梁刺股"的故事："孙敬，字文宝，好学，晨夕不休。及至眠睡疲寝，以绳系头，悬屋梁。""（苏秦）读书欲睡，引锥自刺其股，血流至足。"尽管顾健人不会如此去做，但他深深理解孙敬、苏秦刻苦读书的精神。他实在困得不行了，就用冷水洗一把脸，把瞌睡虫赶跑后，继续学习，所以，他的学习成绩始终在班里名列前茅，这真是一分耕耘、一分收获。

1939年9月，顾健人为升入高等小学，转学到苏州由美国耶稣会主办的私立乐群小学。该校建立之初，创办人王同愈就提出了"宣礼、尚德、发悟、肃志"8字校训，随后进一步丰富为18个字，即"勤信忠、智仁勇、真善美、庄敬诚、和平义、文明礼"。顾健人一如既往地将优异的成绩保持了下来，丝毫没有因为转学以及战事所致时局动荡而耽误学习。他清楚地知道，自己的"医生梦"能否变成现实，全靠点点滴滴的积累，不敢也不愿意在学习上有一丁点儿的懈怠。也许就是从那时起，"学习"成为顾健人一生的爱好，更成为他保持一辈子的习惯。其间正值太平洋战争爆发，乐群小学被汪伪政权接管，耶稣会委派的校长被赶走。在老校长的鼓动下，已经是6年级学生的顾健人和同学们一起，把学校的玻璃窗砸破，发泄不满情绪。半个多世纪以后，1998年11月25日，适逢苏州市沧浪区教育局举办科技节，顾健人欣然为母校（已并入草桥实验小学）题词："勤攻读，劳身心，苍松只缘根底深；莫畏险，勇攀登，奇境独候心有恒。"

2013年11月6日，在苏州市沧浪区草桥实验小学的红领巾队伍里，有位白发苍苍的老爷爷格外醒目。81岁高龄的顾健人又来到自己接受启蒙教育的小学，寻找儿时的记忆。过去多少年了，顾健人重返故乡，听到用软糯的"苏州闲话"弹唱的评弹，这在清朝乾隆时期已流行于江浙沪地区的曲艺，仿佛回到了母亲的怀抱。山也遥遥，水也迢迢。望着家乡的山、家乡的水、家乡

2013年11月6日，顾健人在江苏省苏州市沧浪区草桥实验小学接受记者采访

的房屋、家乡的竹林……老人的眼睛湿润了。

在校门口，一群可爱的"草桥娃"大声朗读着《一年级入学手册》，琅琅书声勾起这位老院士的回忆。顾健人说，他上次回校是参加母校的百年校庆，一晃7年又过去了。学校发生了很多变化，孩子们更加爱学习、爱体育，这些都应该从娃娃抓起。在小草书社、小草诗社，看到小学生们都能吟诗作对、书画皆通，他忍不住竖起了大拇指："一定要给我一份！让我也看看孩子们的大作。"

草桥实验小学以"名人教育"激励学子而著称。顾健人和文学家、教育家叶圣陶，史学家顾颉刚，画家吴湖帆、颜文樑，中国科学院院士顾翼东等人的事迹，赫然陈列在该校的名人馆内。他们从草桥的校门走出去，不仅是草桥的骄傲，更是苏州的骄傲、国人的骄傲。2011年以来，草桥实验小学正式实施以"名人资源"育学校文化的课题研究。"名人教育"成为草桥实验小学德育的主旋律，挖掘名人资源，引导学生学习名人校友身上的勤奋、刻苦、坚持等优秀品质。该校高举名人文化旗帜，发挥主题课的引领作用，以更活泼、更多样的形式，营造浓厚的名人氛围，让草桥实验小学的学生在校园文化的浸润中受到熏陶，树立起远大的人生理想。

1942年9月，顾健人以优异的成绩考入苏州私立崇范中学（现景范中学），正式宣告中学时代的开始。崇范中学校址原为北宋名相范仲淹创办的义庄旧址。这所学校历史悠久，如果追溯到文正书院的创办（1346年），距今已600余年。在顾健人生活的那个年代，孩子能够念中学已经是一件了不得的事情，顾家周围的街坊邻里都以这个瘦瘦小小的少年为荣。可顾健人并没有自满，他知道，这只是离自己的理想又近了一小步而已。奋斗的路还很长，仍需不懈努力，方能实现"成为一名医生"的心愿。

初中第一学期结束时，顾健人的学习成绩名列全校第三，学校给予他免缴学费的奖励。顾唯诚把这笔钱给他作为奖赏。既然是奖赏，就可以随便怎么用，可以买吃的、买穿的、买玩具。可顾健人喜欢的不是这些，而是书。他闻到书香，见到铅印的字，就会不自觉地兴奋起来。于是，顾健人用这笔钱买了自己喜欢的中国古典小说，他房间里的书逐渐多了起来。

从那时候开始，顾健人由于每次考试都获得很好的成绩，每学期都可以买小说看。因此，在初中期间，看小说就成为顾健人的一大享受。通过对《三国演义》《水浒传》《西游记》《封神榜》《东周列国志》等几十部中国经典小说的认真阅读，他大大加深了对中国历史的了解，也提高了学习中国文化的兴趣。

2008年11月18日，顾健人欣然命笔，纪念范仲淹诞辰1020年，祝贺景范中学成立70周年："文正祠堂范庄前，篦箕路畔涌清泉。天下忧乐为己任，桃李成林怀先贤。"

2013年11月6日，顾健人重返母校苏州景范中学，心情特别激动。他在景范学子的翘首企盼中，来到景范中学金阊新城校区，与年轻校友面对面交流。同学们非常珍惜这次与顾健人院士交流

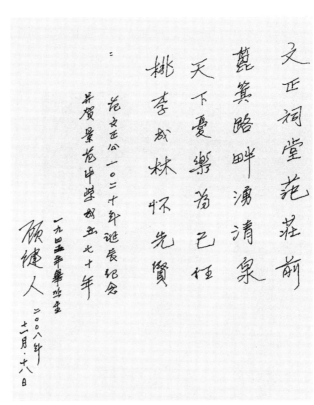

2008年11月18日，顾健人为江苏省苏州市景范中学70周年校庆题词

2013 年 11 月 6 日，顾健人在江苏省苏州市景范中学金阊新城校区，与年轻校友合影

2013 年 11 月，魏霖博士陪同顾健人重返母校——江苏省苏州市景范中学

的机会，台上代表与场下同学纷纷提问，有问顾健人以前在景范中学的读书生活的，也有问顾健人那么多成就中印象最深的是哪一项，还有问顾健人是什么力量使他坚持枯燥的研究生活，等等。

顾健人在观看学生们一天生活视频之后不断地说，现在的孩子真是太幸福了，要好好珍惜。看到景范中学良好的发展势头，顾健人很是欣慰。他充分肯定景范中学把"先忧后乐"即范仲淹的"先天下之忧而忧，后天下之乐而乐"，作为校训的做法，强调景范中学就应该有自己的特色；同时，他也充分肯定学校在景范学子中传承先贤精神并发扬光大的做法，强调这是对先贤范公的最好纪念和敬仰。

在回顾自己当年的求学生涯时，顾健人深情地说，他并不是一开始就很优秀，而是在确立了很明确的人生目标以后，才有了动力并为之奋斗。他勉励景范学子，要好好珍惜现在的学习条件，确立高远的人生目标，尔后奋发有为，争取学有所成。

当景范中学的老师们得知自己学校的院士校友重返母校时，

2013 年 11 月 6 日，顾健人参观母校——江苏省苏州市景范中学

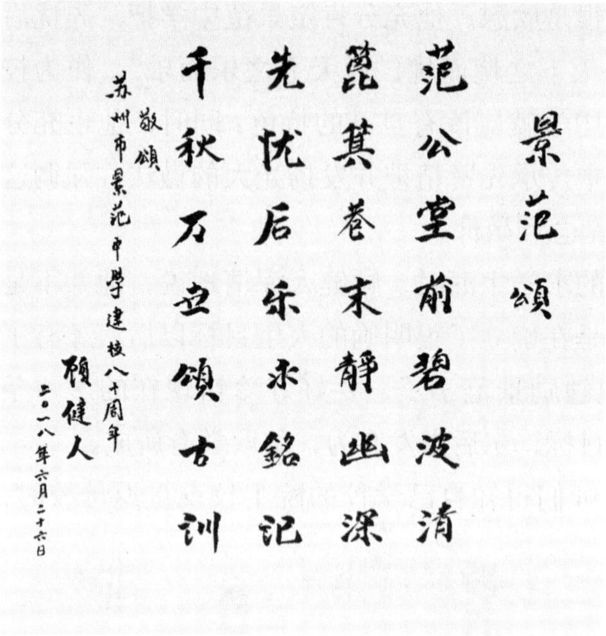
景范颂
范公堂前碧波清
先忧后乐永銘记
千秋万世颂古训
敬颂
苏州市景范中学建校八十周年
顾健人
二〇一八年六月二十六日

2018 年 6 月 26 日，顾健人为江苏省苏州市景范中学 80 周年校庆题词

他们激动的神情、灿烂的笑容也深深地感染了笔者。俗话说：“十年树木，百年树人。”这些老师们可能也没想到，当年他们前辈的努力耕耘，让他们收获了这意外的惊喜；而现在他们努力耕耘，也将在未来收获更多的喜悦和感动，这便是对“勤奋耕耘”最好的奖励。景范中学的领导表示，此次顾健人院士回母校，虽然停留的时间很短，但是，他带来的力量是巨大的。每一位景范学子都能从顾健人院士身上汲取动力，也希望顾健人院士此次母校之行能成为成就景范学子梦想的催化剂。

## 四、有原中学的才子

1945 年，顾健人初中毕业，并以优异成绩考入震旦大学附属苏州有原中学（现苏州市第六中学），开始了他的高中学习生涯。

有原中学因为于 1940 年 5 月在常熟县鹿苑镇滩里天主教会

创办的有原小学基础上，招收了初一一个班而诞生。1941年5月，该校迁至苏州市东北街139号（现132号）；1942年春，隶属于震旦大学作为附属中学；1943年秋，开办高中。有原中学的第一届高中毕业生，87.5%升入大学深造。中央、清华、南开、震旦、交通、大同、复旦等大学，都有有原中学的毕业生。

震旦大学是当时沪上乃至全国著名的高等学校之一，由爱国天主教徒马相伯于1903年创办。创办之初，马相伯的办学宗旨是：把震旦学院建设成为崇尚科学与真理、培养翻译人才的基地。他毅然宣称，该校是研究学术的机构，不是宣扬宗教的地方。这显然与法国耶稣会的办学初衷大相径庭。1904年，在教会的压力下，马相伯被迫辞职。1905年8月，震旦大学在耶稣会的直接掌管下重新开学。历史上，将马相伯主事期间（1903—1904年）的震旦学院称为"第一震旦"，而将1905年后的震旦学院称为"第二震旦"。有原中学作为附属中学，秉承了震旦大学的传统，制定了严格的教学管理制

2013年11月6日，顾健人重返苏州有原中学

度。为考查学生的学习效果和知识掌握程度，从开学到期末，每个星期必有一次考试。如果不及格就有停学的危险，完全把学生用书本和奖学金吸引到书堆里去了。

在走访顾健人的故乡时，笔者在苏州市档案馆发现了一份民国三十六年（1947年）六月出版的有原中学校刊，上面赫然刊载着顾健人在高二时的成绩单：公民课第一，数学第一，英文第一，法文第一，地理第一，历史第一，物理第一，化学第二，总成绩第一。他由于学业优秀，获得了有原中学颁发的多种奖状。

顾健人不仅读书用功、成绩优异，并且不再是"两耳不闻窗外事，一心只读圣贤书"的书呆子，他的课余活动很丰富。他曾经是有原中学学生会的骨干，负责校刊——"联谊"不定期刊的编纂工作。

1947年6月3日下午，有原中学的图书室一改往常安静的气氛，而是人声鼎沸。相识的同学在打招呼，不熟悉的在相互介绍自己，新老朋友聚在一起，好不热闹。顾健人主持召开的全校期刊编辑联谊座谈会即将开始，有14种期刊的代表参加座谈会。顾健人作为全校最大的期刊——"联谊"的代表，在会上首先指出："今天，我们开座谈会，目的是在于联络感情。现在我们本校的联谊刊，对于全校同学的'联谊'可说稍尽绵力，然而尚未达到理想的目的。各位出版刊物固然极好，但是希望大家集中人力，共同把这联谊刊扶植起来。"听了各位期刊代表和教师代表的发言后，顾健人在总结发言中指出："希望通过这次座谈会，各级期刊间，能够进一步的持久联络，更进一步发挥高度合作精神。"①

新中国成立以后，苏州有原中学于1953年改名为苏州市

① 《苏州有原中学联谊不定期刊》复刊第一卷第七期，江苏省苏州市档案馆：I5-1-463-10。

第六中学。在改革开放的年代里，学校全面贯彻党和国家的教育方针，不断加快发展步伐。特别是从 1992 年至今，该校根据中学教育的培养目标，依托苏州吴文化的独特优势，调整、优化学校教育诸要素的关系，把艺术教育融入学校教育的全过程，让每一个学生都享受艺术教育，让每一个学生都得到最大发展。艺术教育成为这所学校的教育优势，形成了"以美立校，以美施教，以美育人"的办学风格，苏州市第六中学的内涵和外延都发生了显著变化，办学水平有了很大提升。这段时间，该校为各类高校输送了一大批高质量的毕业生。苏州市第六中学因办学成绩显著，1999 年，被评定为基本达到国家级示范性普通高中标准的省级重点高中；2004 年，被评定为江苏省四星级普通高中；2009 年，增名为江苏省苏州艺术高级中学。

2010 年 10 月，苏州市第六中学举办 70 周年校庆的时候，顾健人欣然命笔，为母校题词："拳拳赤子心，耕耘七十春。姑苏惊巨变，桃李已成荫。"

2010 年 10 月，顾健人为江苏省苏州市第六中学 70 周年校庆题词

2013 年 11 月 6 日，顾健人返校参观时再次为母校题词："科学的最高追求是达到艺术的境界——祝贺母校在建设艺术为特色的中学已取得的卓越成果。"

对顾健人来讲，在有原中学学习时期，是他进入古典音乐殿堂的一段十分重要的时光。当时在有原中学教物理学的周建枢毕业于同济大学，是一位多才多艺、古典音乐造诣很深的教师。他看到顾健人的物理学成绩很好，钟爱有加，经常进行个别指导。

有一次，周建枢问顾健人："你喜欢音乐吗？"

顾健人回答道："偶尔在收音机中听一些轻音乐，如《蓝色多瑙河》，蛮好听的。"

周建枢说："那你和音乐是有点缘分的。我借几张唱片给你，里面的圆舞曲比约翰·施特劳斯的水平要高多了。"

说着，周建枢拿了两张柴可夫斯基的唱片借给他，一张是《胡桃夹子》，另一张是《天鹅湖》。

顾健人回家一听，立刻被"老柴"的各种舞曲镇住了，原来，世界上还有这样美妙的音乐。此后，他连续向周建枢借音乐唱片，除了俄罗斯的圆舞曲，有西班牙、意大利以及阿拉伯的舞曲，还有中国的音乐，大大提高了对音乐的兴趣。

周建枢看到顾健人"孺子可教"，对他提出了进一步的要求："古典音乐的最高水平是交响乐。"

顾健人谦虚地回答："这东西太深奥，我可能听不懂。"

顾健人带着周建枢给的交响乐唱片回家一听，眼前豁然发亮：乡村的早晨，小溪潺潺的流水声，村民的欢乐聚会，突然而来的暴风骤雨，雨过天晴后牧童的祝福……原来，这就是贝多芬的第六交响曲《田园》。

在周建枢的引领下，顾健人进入了音乐的大门。不久，顾唯诚为他买了一把小提琴。为什么呢？因为有原中学有位老师会拉小提琴，虽然琴艺一般，但在顾健人眼中，他可了不起。就在这位老师的指导下，顾健人把小提琴搁在左肩上，左手拨琴弦，右手拉弓。他拉出第一个音符时，心中太激动了。

学过小提琴的人都知道，学琴非常枯燥、单调，如果没有毅力和信心，一定学不好。刚学会小提琴，能拉一首练习曲时，顾健人与一般的青少年一样，想拉自己认为好听的曲子。于是，一本小提琴练习曲还没有拉完，他就擅自拉起小夜曲，听着自己拉的琴声，觉得这是世界上最美的曲子。

随着高考的临近，学习日益繁忙，功课不断增多，顾健人再也没有多余的时间练琴了，这把曾经受宠的小提琴就被搁置在琴盒里。不过，这把小提琴还是传承有人的。20多年后，顾健人把它给了儿子顾奕。又过了20多年，顾奕又把它给了自己的女儿。

多少年过去了，尽管小提琴没有一直深入地练习下去，欣赏音乐还是成了顾健人生活中的重要组成部分。现在，他已经80多岁高龄了，还孜孜不倦地在古典音乐的殿堂里遨游。作为一个"发烧友"，他家里珍藏着大量古典音乐的碟片，他也经常邀请一些好友一起欣赏。中国工程院院士程京在回忆和他的"忘年交"顾健人的交往时说："2008年，我们在上海参加中德肿瘤峰会。原来，我只是听说顾先生是个音乐'发烧友'。那次，我们开完会吃晚饭的时候，聊到音乐，聊到了德国的乐团、指挥、作曲家。没想到，德国朋友把他们的一个个乐团、指挥的名字报出来以后，顾老师就开始点评了。哪个乐团的特色是什么、差的地方在哪儿，高音啊、低音啊，他都很在行的。德国人听傻了：How could you know that so much？（意为：您怎么知道这么多？）他们作为德国人都没有了解那么多。我当时在边儿上直乐。我真佩服，就说：顾先生，原来只知道您是音乐'发烧友'，没想到您这么专业，能听出音乐之间很细小很细小的差异。顾先生就喜欢品这些差异。"①

除了欣赏古典音乐，顾健人有时也会亮亮歌喉。笔者在采访他时见到一张照片，是他与上海市肿瘤研究所研究员许凯黎唱二重唱。笔者问："你们在唱哪首歌？"

"想不起来了。"

---

① 陈挥主编：《中国医学院士文库——顾健人院士集》，人民军医出版社2014年版，第552页。

"再想一想，是外国歌，还是中国歌？"

"肯定是外国歌。啊，我想起来了，是电影《音乐之声》的插曲《雪绒花》。"

顾健人说着，便用英文唱起来了：

Edelweiss，Edelweiss

Every morning you greet me

Small and white，clean and bright

You look happy to meet me

啊！真是悦耳动听，纯正的男高音。

顾健人与艺术很有缘分，除了音乐之外，他早在初中时就喜欢上了美术。那时的美术老师，是苏州美术专科学校的毕业生，教顾健人他们素描、水彩等，还常常给学生看颜文樑的画。从小打下了童子功，顾健人的绘画有了一定基础。

笔者有幸见到他于 2010 年创作的两幅作品：一幅是铅笔画，

2010 年 3 月，顾健人的画作《这个世界真奇妙呀》

画了一只小老虎；另一幅是钢笔画，画的是一只大老虎。那只小老虎画得很温柔，像一个婴儿那样甜美、娇嫩，充满情趣。正如鲁迅先生写的诗《答客诮》中的两句：“知否兴风狂啸者，回眸时看小於菟。”借猛虎怜爱小老虎的比喻，形象既鲜明又生动，巧妙地揭示出深爱下一代的思想内涵。

顾健人画完后，便问站在一旁欣赏的夫人方利君：“帮我想个标题吧。”

“让我想想。”方利君仔细端详着小老虎，脱口而出，“这个世界真奇妙呀！”

“好呀，好呀！”顾健人立刻伏案写了一行字：“这个世界真奇妙呀！”

那只大老虎则画得炯炯有神，虎视眈眈地望着前方。要知道，顾健人画此虎时，正好是虎年！

在高中阶段，顾健人努力学习，勤奋工作，成绩优秀，但是，报考医学院必须考生物学，而有原中学没有生物课。他就利用高中最后一个寒假，自学了中华书局出版的大学一年级教材《生物学》。在高中毕业的时候，他获得了震旦大学的免试入学资格。这在当时，是极少数学生才能得到的机会。不过，顾健人并没有自我满足。在获得大学保送资格后，他依然先后参加了中央大学医学院、浙江大学医学院、国立上海医学院①（现复旦大学上海医学院）和圣约翰大学医学院（现上海交通大学医学院前身之一）的入学考试。结果是，顾健人报考的所有大学都录取了他。

---

① 国立上海医学院创建于 1927 年，创立时名为国立第四中山大学医学院，是中国人创办的第一所国立大学医学院，颜福庆出任首任院长。1928 年，更名为国立中央大学医学院。1932 年，独立为国立上海医学院，为当时中国唯一的国立医学院。1939 年，因抗战爆发，内迁至云南昆明。1940 年，辗转迁至四川重庆。1946 年，迁回上海。1952 年，更名为上海第一医学院。1985 年，更名为上海医科大学。2000 年，上海医科大学和复旦大学合并办学后，成为新组建的复旦大学医学院。2012 年，改名为复旦大学上海医学院。

特别是当时的国立上海医学院只招 40 名，而报考的有 2000 多人。顾健人不仅被录取，而且名列前茅。

收到那么多录取通知书，让年轻的顾健人既高兴又犹豫。高兴的是，他多年的努力终于得到了认可，多年的梦想也即将得以实现；犹豫的是，这些录取通知书都来自名校，究竟入读哪一所大学，实在难以抉择。在充分征求了父亲顾唯诚的意见后，顾健人最终选择了国立上海医学院。那时，上医已是享誉全国的知名医学院，是所有医学生心中的神圣殿堂。就这样，顾健人以一贯的勤奋和努力圆满结束了自己的青少年时代，怀揣着对医学的热爱和崇敬，踏入大学的校门。

晚年，顾健人回忆起自己儿时的求学经历，曾说："我自幼智商远不如他人，小学念算术，对'鸡兔同笼'中的'1'代表什么，总是不得要领。羡慕别的小同学真聪明，只能怪自己太笨。语文成绩经常是在及格线上下挣扎，对'也、矣、焉'不知怎样用。但是，先天不足可以用后天勤奋来弥补。一遍不行，数遍乃至数十遍总有弄懂的时候。感谢老师们给了我一把自学的钥匙，使我终生受用。学习是马拉松，起跑点不重要，贵在终身坚持学习。"

# 第|二|章

## 品学兼优的
## 医科大学生

# 一、名医大家的熏陶

1948 年 9 月，顾健人来到位于东海之滨的中国第一大都市——上海，成为国立上海医学院医学专业的学生。

国立上海医学院是中国人自己创办的第一所高等医学院校。建校以后，全校师生员工兢兢业业、艰苦奋斗，经过 20 余年的发展，使国立上海医学院成为国内著名的医学院，树立了艰苦朴素、勤奋好学的良好校风。顾健人从学唱黄炎培作词的上海医学院校歌，开始了他的医学生涯：

国立上海医学院校徽

今日复旦大学上海医学院

人生意义何在乎？为人群服务。服务价值何在乎？为人群灭除病苦。

可喜！可喜！病日新兮医亦日进，可惧！可惧！医日新兮病亦日进，噫！其何以完我医家责任？歇浦兮汤汤，古塔兮朝阳，院之旗兮飘扬，院之宇兮辉煌。勖哉诸君！利何有？功何有？其有此亚东几千万人托命之场！

20 世纪 40 年代的上医，先贤大家与精英后辈们共聚一堂，真可谓人才济济。顾健人至今还清楚地记得，1948 年 9 月，他进入国立上海医学院时的那场开学典礼。仪式上，医者大家济济一堂，古朴的礼堂内群星闪耀。前排就座的嘉宾都是赫赫有名的教授，这就足以让人震撼了。在 1956 年的全国一级教授评定中，他们中有 17 位被评为一级教授（1956 年仍在上医的有 16 位；张毅于 1949 年为支援大连医学院的创建，调离上医）。当然，让顾健人震撼的并不只有开学典礼上强大的教授阵容，更有他从高年级学长那儿听来的关于教授们的故事，以及他在学习实践过程中对于教授们高尚医德和高超医术的亲眼见证。这些都给初入上医的顾健人留下极其深刻的印象，上医校训"正谊明道"也铭刻在了他的心中。1993 年，顾健人写下了七律《雨中游石林洞府》，其中有一句："莫笑寒儒欠潇洒，淡泊人生本风流"，道出的正是这等境界。

那时的上医人，虽然物质条件极端困难，但全校师生同心同德，创造出一种难以复制的学院式的学习氛围。当时的上医，著名教授全部亲自为本科生上课。顾健人就是在这样令人羡慕的课堂中如饥似渴地汲取着大师们给予的甘露，名医大家的教诲和启发令他至今仍津津乐道。顾健人说，他如今还记得自己刚进上医时听到的、在校园中流传甚广的沈克非查房的故事。他说，这个故事影响了他的一生。他也是从那时开始，真正理解了作为一名医生应有的负责、敬业和仁爱。

有一次，外科病房收治了一名肋骨骨折、头部挫伤伴昏迷的病人。由于当时正处在战火纷飞的年代，这样的伤在医护人员眼里司空见惯，所以，主治医师并没有对这名病人特别上心。

两天后，沈克非前来查房。查到这名病人时，他突然向主治医师发问："这名病人是先受伤再昏迷，还是先昏迷再受伤？"

主治医师十分不解："沈教授，我并没有特别关注这个问题，这有什么区别吗？"

沈克非非常生气地说："这么重要的问题为什么不问？赶快请神经科会诊！我看，这名病人一定是先昏迷再受伤的。"

果不其然，经过细致的检查，该病人是脑梗发作导致的昏迷和跌伤，幸亏发现及时，不然，后果不堪设想。

主治医师大为不解："沈教授，您是怎么看出来的？"

沈克非耐心地解释道："正常人若是跌倒，一定会有护住头部的本能，因为那是人体中最重要的部位。这个病人肋骨骨折，按理说，跌倒时最主要的受力部位是在胸部，但他居然头部也有挫伤，还昏迷了。这让我开始怀疑他在跌倒的时候是否还有护住头部的本能，如果没有，那只能说明他是先昏迷再跌伤的，一定是有脑部的疾病才会导致这样的情况。"

俗话说，外行看热闹，内行看门道。对外行人来说，对于先昏迷后受伤，还是先受伤后昏迷，怎么也不会想到，当中还有这么多的道理！如果医生对医学业务不精通，没有丰富的临床经验，绝对不会提出这么内行的问题。

尽管只是从学长那里听来的故事，可这依然让刚踏入医学院不久的顾健人深受震撼和感动。从那时起，顾健人就下定决心，一定要做一名好医生、一名负责任的医生。凡是事关医学、事关病人的，他绝对不会有一丝一毫的马虎。

那时，医学院的教材还没有一个统一的标准，医学生除了在课堂上听老师们讲授之外，更多的是要在课后找到老师们指定的原版外文医学书籍进行自学，然后再跟着老师进入临床开展实践。教授们的授课是十分生动且贴合实际的，他们会将自己大量的临床心得融入到书本知识的讲授中，让原本枯燥难懂的教材一下子就变得鲜活起来。顾健人从小就是个踏实勤奋的学生，他清楚地知道，自己从小立志从医，现在终于如愿迈进了医学院的大门，开始在医学的浩瀚海洋中遨游探索。但这并不代表梦想已经实现，自己只有更加勤奋努力，才能真正实现儿时的愿望，成为一名优秀的医生。所以，对于老师们要求完成的功课、要求掌握的内容，他总是一丝不苟地逐一完成，从来不会因为"难"和"烦"而有丝毫的偷工减料。老师和同学们都非常赞赏这个个子不高、脸上总带着腼腆微笑的男生，这也让顾健人对于未来的从医之路更加充满信心和斗志。

功夫不负有心人。在进入医学院的第一学年，顾健人就考了第一名。为此，上医奖给他一支"派克"牌圆珠笔。别看现在圆珠笔很普通，在当时可是件非常珍贵的文具，而且是世界著名品牌"派克"的。孝顺懂事的顾健人将这支"派克"牌圆珠笔送给了自己的母亲柳云贞，表达对母亲的感恩。

在柳云贞面前，顾健人永远是孩子。孩子的心，像透明的水，纯净无邪。顾健人拿到可爱的"派克"牌圆珠笔，左看右看，越看越喜欢。但是，他舍不得用，要送给亲爱的母亲。别看有时柳云贞生气了，让顾健人感到害怕，可母亲的心是水做的，生气时是冰，暖一暖仍旧是水。

回到家，顾健人对柳云贞说："妈妈，我要送您一样好东西，您一定喜欢的。"

"让我看看，我的宝贝儿子送啥东西给我？"柳云贞笑着说。

"妈妈，您先把眼睛闭上。"顾健人像小朋友一样，要求着柳云贞。

"好好好，听你的。"

柳云贞果然把双目闭上。顾健人从口袋里掏出圆珠笔，往她眼前一扬，说："妈妈，您瞧！"

"啊，是圆珠笔，还是'派克'的！"柳云贞接过圆珠笔，又问，"哪来的？"

"发的。"

"发的？"

"啊，不，是学校奖励我的。"

"真的？"

"当然！"

"不错。不过，以后你可不要骄傲！虚心使人进步……"

"骄傲使人落后！"顾健人不等柳云贞把话说完，抢着说。

"这孩子，道理懂的，生活中也必须这样做！"

"是——"顾健人俏皮地回答，把"是"字拖得特别长，惹得柳云贞笑了起来！

以后几年的学习中，顾健人始终名列前茅，这为他今后的研究工作打下了扎实的基础。

# 二、学海无涯苦作舟

医学生的生活是非常辛苦的，对于他们来说，学习并不仅仅是上课或是跟随老师查房那么简单。确切地说，在课堂之外、查房之后，医学生的学习才刚刚开始，而不是结束。他们必须在课外寻找大量的专业书籍阅读，必须为了一本原版外文专业书籍而在上海各大书店来回奔波，必须在图书馆度过他们绝大部分的求学时光……很多人都吃不起这苦，抑或是忍不住这样的"埋首书海"的寂寞，纷纷放弃了。高尔基有句名言："书是人类进步的阶梯。"书是瞭望世界、领略人生的窗口，是开启人类思想的万能钥匙。顾健人深深懂得书的重要性，为了实现自己儿时的梦想，甘于在书山学海中默默耕耘，而这也为他日后成为一代名医大家奠定了坚实的基础。

顾健人始终认为，要想做一名合格的医生，拥有卓越的学习能力十分重要。而他良好学习能力的养成，很大程度上得益于大学期间的母校——国立上海医学院的潜心栽培。他感到，自学能力的养成对于一名医生的成长来说非常关键，因为学习将会贯穿其职业生涯的始终。从这个意义上讲，医学院的学习和继续教育只占很小一部分比例，在绝大多数的学习时间，医生必须依靠自学才能获取知识和技能。自学能力越强，日后发展的空间就越大。所以，大学时期的顾健人十分注重培养自己的自学能力。他往往会在完成了老师布置的学习任务后，根据自己的需要和兴趣为自己安排学习内容，并会制定周详的学习计划，每天严格按照计划进行自学。顾健人是个很有毅力的人，一旦自学计划制定了，就绝不会因为任何理由更改。深夜的灯光总是映照着顾健人那勤奋学习、孜孜不倦的身影，而他也正是从那时起将这个良好的学习习惯保持至今，70多年如一日，绝无更改。

有了丰富的阅读量作为积累，顾健人逐渐发现，他的疑问并没有随着读书量增加而减少，相反，他觉得自己尚不了解的东西越来越多。顾健人没有气馁，他知道，接下来要做的，就是总结问题，并在读书和临床实践的过程中自行找寻答案。当时的他还没有意识到，这其实就是"研究"的最初状态。不过，他在这个过程中获得了无穷的乐趣与满足，也为他以后的研究工作奠定了牢固的基础。

细心的顾健人还发现，医学院的教授们之所以能够把原本晦涩难懂的医学知识讲得让每个学生都印象深刻、回味无穷，是因为他们都具有非常强的"讲故事"能力。这里的"讲故事"并不是简单地将书本上的知识点讲清楚、讲完整，而是结合教师自己多年的临床实践经验，用翔实的病例和绘声绘色的语言来印证书本上的知识。

精彩的小说，必定有精彩的故事，有完整的构思，有耐人寻味的情节，有性格各异的人物形象，有风趣幽默的对话，而这些都来自于生活，但又高于生活，进行艺术加工、文学想象而成。

顾健人渐渐体会到，一种疾病本身其实就是一部非常精彩的小说，它的起因、表现、诊断、处理、预后无一不是这"小说"中跌宕起伏的情节。一位好老师能够把课讲得引人入胜，能让更多学生爱上医学这门严谨而美丽的科学，从而为社会培养出更多优秀的医师，这是一件多么了不起的事情啊！

顾健人从那时起便下定决心，以后如果自己也成为教师，也要用"故事"来引导学生逐步迈进医学的殿堂；在作学术报告时，也要用生动的语言让听众对自己所讲内容了解得更透彻。这也成了日后顾健人的一个习惯，并且保留至今，使听过他的课和讲座的人都受益匪浅。

医学是一门完全建立在临床实践基础之上的科学，如果只注重理论知识的学习而忽视临床操作技能的掌握，是做不了一名好医生的。顾健人在医学院求学期间，就有这样一件事，让他直到今天还记忆犹新。

那是一节解剖课。对于医学院的学生来说，解剖课属于基础课程，讲授的是学生们在进入临床实践阶段前必须牢固掌握的内容；但是，由于它的枯燥和艰深，很少有学生是真正因为喜欢而去学习的。很多学生都觉得只要将书本上的知识背熟，把考试应付过去就可以了，对尸体解剖操作并不是很重视。

在那次解剖课上，老师布置的学习任务是解剖腹股沟。顾健人所在的那组费了好大劲，也没有找到要求的血管和神经，不觉十分气馁。这时，解剖系主任齐登科正好走过他们身边，了解到他们的困难后，戴起手套，干净利落地在离他们切口处不远的地方寥寥数刀，手指一拎，要求的解剖结构顿时如变魔术般出现在他们眼前。这让顾健人感到既佩服又羞愧，佩服的是齐登科扎实的解剖基本功和对人体解剖结构的熟知，羞愧的是自己平时太过于注重书本知识的学习，对实践操作没有给予足够的重视。从那以后，顾健人深深明白了实践操作技能训练在医学学习中的重要地位，他再也不会只注重理论而忽视实践操作了。

"纸上得来终觉浅，绝知此事要躬行"，这句话说来容易，可要真正做到，非得着实下一番苦功不可。当时还是医学院学生的顾健人，正是因为解剖课上发生的这件小事，真正理解了这句话包含的道理，并且将这个"勤于实践"的习惯坚持了下来。这不仅需要强大的毅力，更需要饱含对医学深切的热爱。学医之路在

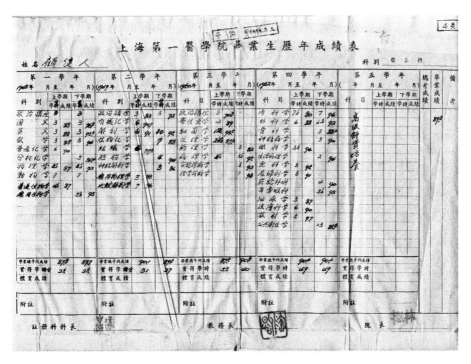

顾健人在上海第一医学院的历年成绩表

普通人眼中无比艰辛，但对于从小就立志从医的顾健人来说，在这条路上留下的每一个踏踏实实的脚印，都让他收获了信心和喜悦，也坚定了"行医济世，造福百姓"的信念与决心。

# 三、思想上的重大转折

在上医求学期间，顾健人实现了人生思想的重大转折。

当时的上医，是一所在中共地下组织影响下，思维活跃、学生运动高涨的学校。由于毗邻交通大学，两校的学生民主运动相互影响、相互支持，所以，上医的气氛十分活跃，成立了各种各样的学生社团，有音乐、文学、绘画、体育等。这些学生组织大部分是由中共地下党领导或受其影响的。那时候，上医的革命气氛很浓，师生团结一致、互相支持。

1946 年 12 月，北平（现北京）发生美军士兵强奸北京大学女学生沈崇事件，引发了全国几十个城市的罢课和示威游行，反美爱国运动掀起高潮。上医的中共地下党支部组织成立了全校的抗议驻华美军暴行联合会（简称"抗暴联"），100 多名学生高举"抗议美军暴行""美军从中国滚出去"的大型横幅上街游行示威，并向美国驻沪总领事馆递交了抗议信，充分表现出上医学生的爱国热情。

1947 年 5 月，在声援中央大学反饥饿、反内战、反迫害的五二〇学生运动中，上医的中共地下党组织和进步学生更是走在斗争前列。这场遍及全国 60 多个大中城市的运动，被毛泽东称为人民解放战争的第二条战线，"是伟大的正义的学生运动和蒋介石反动政府之间的尖锐斗争……学生运动的高涨，不可避免地要促进整个人民运动的高涨"。

在顾健人进入上医后的第一学期，即 1948 年年底至 1949 年年初，中国人民解放军取得了辽沈、淮海、平津三大战役的胜利，南京、上海等长江以南地区都处于解放军大兵压境的紧要关头。中共上医地下党支部根据上级党组织的安排，积极进行迎接上海解放的斗争。党支部将积极分子组织起来，以党员为核心，建立了秘密外围组织枫林社。该社对团结群众迎接解放起到了很好的作用。

在这段时间里，顾健人也和党的地下组织有了接触，了解了共产党领导下解放区的情况。此前，他一直不知道上医的枫林社是共产党的外围组织，等到上海解放后公布地下党组织和成员的时候，才知道这个社团原来是在中共地下党组织领导下开展活动的。参加了一些传播革命思想和革命歌曲的进步社团活动后，顾健人担任过副班长，开始接受革命思想，学习了毛泽东的《新民主主义论》，还学唱了一些革命歌曲，如《山那边哟好地方》《人民的队伍来了》等。

《山那边哟好地方》的词作者叫吴宗锡，是上海圣约翰大学的学生，当时刚加入中国共产党，心中充满了热情，所以，他在歌词里表达了对解放区的向往：

山那边哟好地方，一片稻田黄又黄，大家唱歌来耕地哟，
万担谷子堆满仓。大鲤鱼呀满池塘，织青布做衣裳，
年年不会闹饥荒。
山那边哟好地方，穷人富人都一样，你要吃饭得做工哟，
没人给你当牛羊。老百姓呀管村庄，讲民主爱地方，
大家快活喜洋洋。

70 多年后，顾健人谈起往事，还是记忆犹新："当年，我就是从这些歌声中接触到新的思想，认识到人民为什么受压迫、受痛苦，看清了国民党的腐败，知道中国有个毛泽东。在不远的山

那边，有一个理想的社会。"

1949 年 5 月，顾健人在进入上医学习的第二年，就迎来了上海的解放。上海解放前的一个夜晚，他与几位同学一同站在宿舍窗前向外张望，关注着局势进展。大家既兴奋又稍有不安地看着出现在大街上的解放军，盼望着即将到来的一切是崭新的开端。当年，在国民党严密的信息封锁和恶毒歪曲的宣传下，很多群众对中国共产党的认知还是模糊的。那天夜里，远处的炮声、近处的枪声都特别密集，并且一夜不断。突然，远处传来一阵有节奏的脚步声。顾健人和几个同学走出校门，看见一队五六个士兵正以纵队形式从街上通过。他们肩扛着枪，没有戴钢盔，穿的军装是灰白色的，明显不同于以前见过的国民党军士兵穿的军装。这应该就是刚刚攻入上海市区的解放军了。不久，又听到这样一条新闻：中国人民解放军在解放上海战役中，严格遵守城市政策，不住民房，露宿街头。就在这一刹那，顾健人被共产主义信仰深深感染了，对即将到来

2017 年 10 月 30 日，顾健人为上海医学院 90 周年校庆题词

的新中国充满了希冀。他后来回忆道："从人民解放军进入上海开始，我看到解放军军纪严明，不要老百姓一针一线，和国民党军队有着天壤之别。我体会到解放军的的确确是人民的队伍，正因为如此，他们在解放战争中战无不胜、攻无不克。"

上海的解放开创了国立上海医学院历史的新纪元。在党和人民政府的领导下，学校建立了新的教学、医疗秩序，广大师生员工树立了为人民服务、为建设新中国卫生事业努力工作和学习的思想。

# 四、人生历程的新飞跃

1950年6月，朝鲜战争爆发；10月，应朝鲜党和政府请求，中国人民志愿军跨过鸭绿江赴朝参战，抗美援朝，保家卫国。面对形势的突变，作为一个普通大学生，顾健人对于抗美援朝战争的认识还是比较模糊的。万一美国打过来怎么办？美国科技发达、武器先进，还有原子弹，怎么说它是纸老虎呢？当时，国立上海医学院在全校开展了两个多月的形势教育。通过接受国际主义教育，对美国资本主义社会的本质和敌我力量对比进行分析，与此同时，志愿军大量消灭"联合国军"，把麦克阿瑟的梦想全部粉碎，顾健人逐渐认识到，应该相信自己国家和人民的力量。如果没有中国人民志愿军入朝参战，中国只管自己的事，那么，我们就可能成为第二个朝鲜，第三次世界大战就可能爆发。美帝国主义确实是纸老虎！我们是正义的，胜利一定属于我们！

随着战事激烈程度的增加，大批志愿军伤病员从前线运回东北后方进行医治，需要大量医护人员。1950年12月15日，上海召开医务工作者抗美援朝大会，成立上海市医务工作者抗美援朝委员会，负责组建医疗队。国立上海医学院也发起抗美援朝医疗队签名运动。顾健人认为，作为一个爱国青年，应该响应祖国的号召，奔赴前线。与此同时，学业、家庭、个人安全等等问题也缠绕着他。因此，他的思想斗争很激烈，吃不下饭，睡不着觉。在新民主主义青年团组织的关怀、教育下，顾健人通过学习，观看了宣传爱国主义的《中国人民的胜利》《解放了的中国》等电影，他的思想觉悟有了一定提高。他认识到："国家的命运与个人的前途是分不开的。新中国成立后，中国人民的生活一天比一天美满，自己也享受着这种胜利果实。今天，敌人来侵略我们，自己应该勇敢地担负起历史重任，用实际行动来保卫这来之不易的胜利果实。作为一个青年、一个在新中国成长起来的青年，就像秋天原野上的一棵高高的白杨树。俗话说，大河满了，小河才能有流水啊！要把个人的理想、前途与国家的发展、富强紧密结合在一起。对，一定要说服家人。"他两次回到苏州，说服家里，终于报名参加了抗美援朝医疗队。虽然顾健人他们全班都没有被批准去前线，但对顾健人来说，这是他在新中国成立以后受到的一次最深刻的爱国主义教育，认识到个人利益必须服从祖国利益。他对党、团组织，对新社会的态度，在思想感情上发生了变化。他后来回忆道："从那时开始，我看问题的立场亦开始起了变化。我要求靠近团组织，争取团组织的教育，创造条件，争取入团。"

1951年春，顾健人患了轻度的肺结核，必须回家休养。当时，他心里很难过，一方面担心自己的身体和学业；另一方面，也不舍得离开心爱的集体。但是，班级团组织和同学们都对他关怀备至，使他深受感动。当他离开上海的时候，班上小组的伙伴们一直送他到火车站，使他深深体会到在新社会党、团组织对一个青年的关心和温暖。他暗暗下定决心，一定要安心休养，加强锻炼，争取早日加入中国新民主主义青年团。1951年秋，还在家乡休养的顾健人，在团组织和同学们的支持与鼓励下，正式递交了入团申请书。当他在 12 月病愈回到上医的时候，班级团支部通过了他的入团申请（介绍人许蔚如在 1953 年 9 月，被分配到内蒙古大兴安岭林区伊图里河森工局医院工作），并在 1952 年 5 月，获得上医团委正式批准。当顾健人成为一名光荣的中国新民主主义青年团团员时，一种光荣感、自豪感油然而生。

1952 年暑期，上医团组织在全校开展了为期两个月的"共产主义和共产党"专题学习。学习内容包括：社会主义社会和共产主义社会，党的性质和任务，党员的八大标准等。通过这次学习，顾健人第一次对党有了初步认识。后来，他在自传中详细阐述了自己的学习体会，讲出了自己的心里话，体现了一个知识分子认识党的心路历程：

第一次了解到党的性质和任务。解放前对党毫无认识，甚至还有很多荒谬和错误的看法。以为党都是争权夺利，对革命的看法是"以暴易暴"。在解放初期，自己还带着怀疑的目光来看党。但解放三年来，看到人民政府和党的英明措施，物价一直稳定，人民生活水平日益提高。党所领导的各项社会改革运动如"三反""五反"、思想改造、"镇反"、抗美援朝都是十分及时而且正确。党对青年学生又是那么爱护备至，自己思想感情上起了根本的变化，从第三者立场转变到积极拥护党，投身到党的后备军的组织——团里面来。但是当时自己对党的性质任务仍然是没有认识，我只觉得党很正确伟大，但是为什么伟大和正确？我就没有认识。我还以为一定要工人才能入党，知识分子不能入党，认识十分幼稚。通过这次学习，在我对党的认识上来说是从无到有。我第一次理解到党之所以正确伟大，乃是由于党的性质和党的伟大奋斗目标所决定的。[1]

---

[1] 《顾健人自传》（未刊稿），上海市肿瘤研究所干部人事档案室提供。

与此同时，顾健人也了解了一个共产党员必须达到的八大标准，并对党有了进一步认识，因而也有了今后努力的方向。他明确地向党组织表示，一定会不断努力，创造条件争取入党。此后不久，他担任了团支部组织委员、宣传委员的工作，积极完成组织上交给的任务。

# 五、病理学研究的开端

1953年夏，高等教育部号召一部分临床医疗专业的学生转学基础医学专业。顾健人积极响应组织的召唤，毫无顾虑地报名参加了高级师资培训班。他坚定地表示，愿意接受组织的安排，到最艰苦的工作岗位上去。不久，组织上决定，对顾健人作为病理学的师资进行培养。他欣然接受了，因为病理学这门神秘的学科，可以告诉人们"疾病发生的道理"。1953年8月，他和同班同学姚开泰、余应年、沈恒嘉等人到了广州，在华南医学院[①] 开始了为期一年的病理学高级师资班学习，师从著名病理学家梁伯强、秦光煜，学习病理学知识。

梁伯强，广东梅县人，著名的医学教育家、病理学家，中国科学院首批学部委员（后改称院士）之一，我国病理学奠基人之一。他从多年研究实践中深深地认识到，要建立我国的病理学学

---

① 1953年，进行全国院校调整，岭南大学医学院与中山大学医学院合并，成立华南医学院；随后，广东光华医学院也并入华南医学院。此后，华南医学院相继改名为广州医学院、中山医学院、中山医科大学。2001年10月，原中山大学和中山医科大学合并为新的中山大学，并成立了中山大学中山医学院。

科，必须有我们自己的病理学资料。因此，他非常强调开展尸体解剖研究，并指导助手创立了从尸体中取出完整鼻咽的方法，探讨鼻咽癌的组织类型、生物学特征和组织发生学等问题。在上海同济大学任职期间，梁伯强便千方百计地争取尸体来源；在华南医学院任职期间，他更加努力地开展尸体解剖研究。即使是抗日战争时期在粤北山区乐昌县办学的日子里，梁伯强也不屈不挠，艰苦创业，继续开展尸体解剖。

秦光煜是中国著名的老一辈病理学家，学术造诣极深。他治学严谨，勤于学习，诲人不倦，培养了大批病理学人才。

顾健人来到广州后，在梁伯强、秦光煜的指导下，开始了他的病理学研究生涯。他第一次对尸体进行病理解剖时，按照老师的要求，一步步分

中山医科大学

离脏器，再仔细缝合尸体。持续了7个多小时的解剖在凌晨结束后，顾健人不禁陷入了沉思。他问自己：我学病理是为了什么？怎样才能对得起为医学贡献出遗体的逝者？要敬畏生命、告慰逝者、造福生者，这是崇高的使命！从此，顾健人爱上了病理学。

梁伯强非常重视人才培养。他教导青年教师和学生，要有献身事业的精

梁伯强教授

神，当工作、学习出现困难时，要有不怕困难的决心和不屈不挠的精神——"走路、吃饭都要去想解决困难的办法。"他还说："我的工作计划和科研构思，很多时候是在走路时想出来的。"

梁伯强培养学生，既严格又细致，被他的学生称为"严师慈父"。"严"——进行严格而高强度的训练，制定每周学习和工作计划，严格执行，周末检查，未能按计划完成任务的，毫不留情，勒令"补课"。"慈"——言传身教，细致指导，有针对性地要求学生全面发展。尽管当时梁伯强已经年过半百，还担负着行政领导工作，社会活动也很频繁，但面对学生，他都亲自作尸解示教，认真细致，一丝不苟，不怕辛劳，长达5—6个小时。这种严谨的治学态度，给顾健人留下深刻的印象。几十年过去了，顾健人已经是中国工程院资深院士，但他70多岁时还亲自在实验室做试验，这也许是因为恩师的榜样在他脑海里烙下了深深的印记。

1952年年底到1953年年初，中国的发展面临新的形势和新的问题：抗美援朝战争可望结束，土地改革的任务已在全国范围内基本完成，国民经济恢复工作提前实现预定目标，第一个五年计划即将开始，中国社会生活中也出现了一些新的矛盾。新的形势和新的问题，需要提出新的任务和新的目标。

# 六、加入中国共产党

1953年9月，党中央正式颁布了党在过渡时期的总路线和总任务：要在一个相当长的时期内，逐步实现国家的社会主义工业化，并逐步实现国家对农业、手工业和资本主义工商业的社会主义改造。正在华南医学院学习的顾健人和全院师生一起，进行了认真的学习，对党领导的社会主义建设事业又有了新的认识。他后来在回忆这次学习体会时说："过去虽然学习了什么是社会主义社会，但终觉得社会主义社会还是遥遥无期，但是现在即将成为现实。不但如此，社会主义社会的到来就和我今天的学习、劳动密切相关着。自己今天多学习、多做一些工作都等于把社会主义社会推前一步，因此使我工作、学习上出现了新的动力。我当时是学习师资，想到今后是做人民教师，感觉到自己负有培养人才的重任，觉得无限自豪，因而对自己的专业更加热爱了。"同时，顾健人也深刻认识到，在社会主义建设方面，必须加强党的领导，因此，他下了这样的决心："我不能再等待了，应该加快步伐，迅速提高自己的阶级觉悟，用实际行动，更快地贡献出自己的力量，投身到党的事业中去！"①

由于对党的认识有了进一步提高，顾健人在学习上、工作上，在纠正自己的缺点上，有了新的推动力量。对于社会工作和业务学习，他都比较踏实地完成，学习成绩也名列前茅。在师资班即将结业的时候，顾健人积极主动地向组织上提出，要求到祖国最需要的地方、最艰巨的岗位上去。他写道："当我初来广州学习时，当时我爱人（指方利君，当时尚未结婚——引者注）分配到东北。我曾经想志愿到东北，到沈阳，让组织来考虑。但是最近，经过总路线、总任务学习，经过党课学习，我体会到在总路线中最宝贵的

1954年，顾健人在上海第一医学院学习期间留影

---

① 《顾健人自传》（未刊稿），上海市肿瘤研究所干部人事档案室提供。

是干部，现在党把培养下一代，培养社会主义、共产主义下一代这样一个光荣的任务交给我，我是幸福的。我是毛主席教养出来的大学生，人民苦心地培养了我五年，我在接受分配的问题上，我应该志愿主动到祖国最需要、最艰巨的工作岗位上去。

所以我现在对工作地点的意见是：

我对地区问题没有什么特殊要求，我唯一的愿望是让党派我到社会主义建设中最艰苦、最需要的工作岗位上去！我将以最愉快的心情来接受这一次分配，作为我争取入党的具体行动！研究工作，教学工作，不论分配我做研究生，做助教，我都将一样，愉快地献出我的一生，把我的一切贡献给社会主义、共产主义的建设！"①

1954 年，顾健人提交的工作志愿

1954 年 7 月，在顾健人大学毕业前夕，经王健、崔宝珠介绍，学生党支部通过了他的入党申请。

① 《党员登记表》，上海市肿瘤研究所干部人事档案室提供。

顾健人在入党志愿书中写道:"要求入党不是我个人的问题,党的事业需要千千万万优秀的忠实于党的事业的儿女来壮大党,参加党,为党献出自己。党是光荣的,伟大的。一个党员是光荣的,因为他从入党那天开始,他已经不是属于自己,不是属于出身的阶级,而他已经把一切给了党。他的心为了共产主义事业才跳着,他没有个人私利。阶级利益、共产主义利益、人类解放利益就是他的利益。正因为如此,所以共产党员的称号是光荣的、伟大的。今天我要求入党,决不是为了坐享这个光荣,我应该用自己的实际行动、我的劳动、我的一生,必要时用我的鲜血来为党增添更大的光荣。"

党支部大会讨论新党员入党的决议指出:"顾健人入团以来,在党培养教育下,政治觉悟提高较快,对党和共产主义事业有了比较明确的认识。尤其是在总路线与党课学习之后,在思想觉悟上更加提高决心争取入党,表示愿终身为共产主义事业奋斗到底。经常向党汇报思想情况,以党员标准来检查自己。其主要优缺点是:1.政治可靠,历史清楚。2.思想进步,阶级觉悟较高,对党有一定认识,表现在各种运动中能积极贯彻党的政策,响应党的号召。3.工作一贯积极负责,克服困难想办法。4.对待学习认真钻研,成绩较好,能够大胆展开批评与自我批评。但也存有个人英雄主义及好表现自己的缺点。根据以上情况说明该同志基本上具备了入党条件。支部正式党员全体通过吸收顾健人同志为中共候补党员。"①

1954年8月7日,顾健人被组织上正式分配到上海第一医学院肿瘤医院(现复旦大学附属肿瘤医院)病理科工作。

对母校的热爱,使顾健人常常回忆起在上医的学习生涯,他充满深情地说:"我常常在想,如果我以后能够作出一点什么成就

---

① 《党员登记表》,上海市肿瘤研究所干部人事档案室提供。

的话，那都是大学阶段给我打下的基础。这是因为，大学不仅仅是给我们传授了知识，更重要的是给我们传授了人生观，给我们树立了一个今后奋斗的明确目标。所以，我们会永远怀念自己的母校。”

顾健人把上医精神总结为16个字。前8个字“以身作则，培养新人”，恰如其分地体现了一代代上医人前赴后继的伟大精

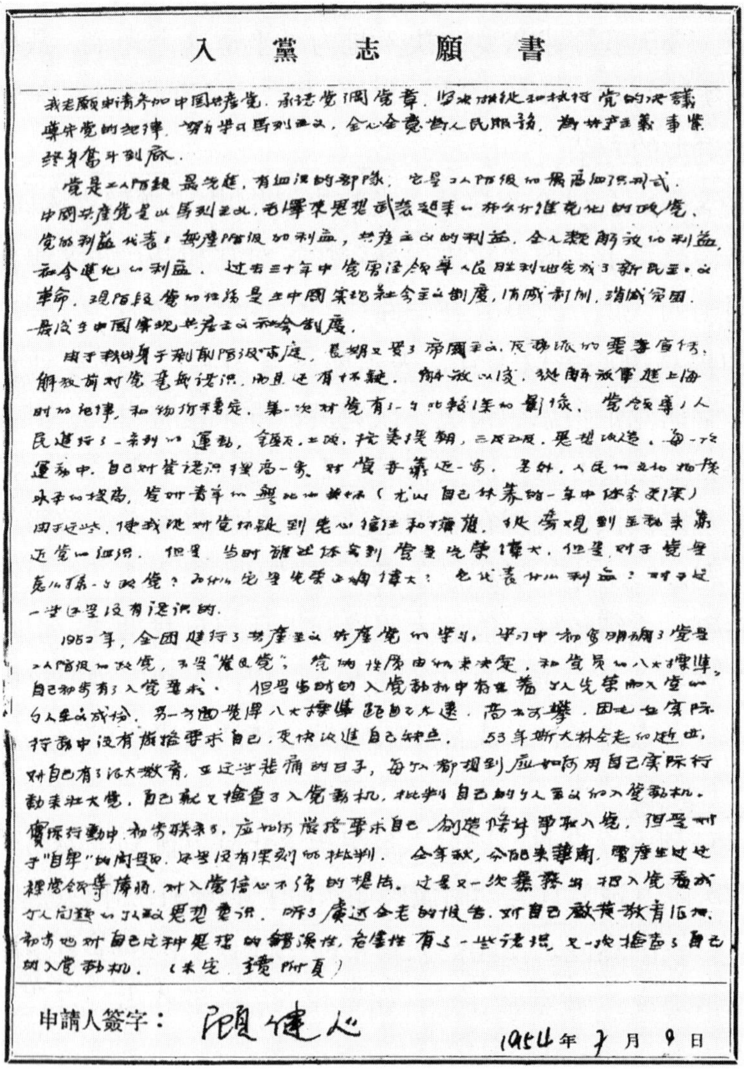

入黨志願書

我志愿申请参加中国共产党，承认党纲党章，坚决拥护和执行党的决议，遵守党的纪律，努力学习马列主义，全心全意为人民服务，为共产主义事业终身奋斗到底。

党是工人阶级最先进、有组织的部队，它是工人阶级的最高组织形式。中国共产党是以马列主义、毛泽东思想武装起来的[illegible]政党。党的利益代表着无产阶级的利益，共产主义的利益，全人类解放的利益和全世界的利益。过去三十年中党曾经领导人民胜利地完成了新民主主义革命。现阶段党的任务是在中国实现社会主义制度，消灭剥削，消灭贫困。最后在中国实现共产主义社会制度。

由于我出身于剥削阶级家庭，长期受了帝国主义、反动派的恶毒宣传，解放前对党毫无认识，而且还有怀疑。解放以后，从解放军进上海时的纪律和物价稳定，第一次对党有了一个比较深的影响。党领导人民进行了一系列的运动：镇反、土改、抗美援朝、三反五反、思想改造。每一次运动中，自己对党认识提高一步，对党接近一步。另外，人民生活和物质水平的提高，党对青年的无比的关怀（尤其自己休养的一年中体会更深），由于这些，使我从对党怀疑到党的信任和拥护，从旁观到主动来接近党的组织。但是当时虽然体会到党是光荣伟大，但是对于党是怎么样一个政党？为什么它是光荣的伟大？它代表什么利益？对于这一些还是没有认识的。

1952年，全国进行了共产主义、共产党的学习，学习中初步明确了党是工人阶级的政党，不是“全民党”；党的性质由什么来决定，和党员的八大标准，自己初步有了入党要求。但是当时的入党动机中有着个人光荣而入党的个人主义成份。另一方面觉得八大标准距自己太远，高不可攀，因此在实际行动中没有严格要求自己，更快改进自己缺点。53年斯大林同志的逝世，对自己有了很大教育，在这些悲痛的日子，每个人都想到应如何用自己实际行动来壮大党，自己就又检查了入党动机，批判自己的个人主义的入党动机。实际行动中初步联系了，应如何严格要求自己创造条件争取入党。但是对于“自卑”的问题，还是没有深刻的批判。今年秋，分配来华南，曾产生过对于[illegible]领导[illegible]，对入党信心不够的想法。这是又一次暴露出把入党看成个人问题的狭隘思想意识。听了[illegible]同志的报告，对自己教育很大，初步也对自己这种思想的错误性、危害性有了一些认识，又一次检查了自己的入党动机。（未完，续附页）

申請人簽字：顾健人　　1954年7月9日

1954年7月9日，顾健人填写的入党志愿书

神。他对母校始终充满感激之情，他说："我一辈子都在向我的老师们学习，还学不像，还学得不够。我很惭愧，我没能超过我的老师。这也是我对于下一代的担忧。老师最大的希望，就是学生能够超过他。我希望不论在哪个系统里，上医后辈们能从上医先贤的事迹中获得动力和启迪，循着他们的脚步，在医学这条伟大的道路上创造新的辉煌！"后 8 个字是："学风严谨，造福黎民。"顾健人一再强调，上医人特有的纯真和质朴，一是表现为上医人在学术面前永远是纯真的，绝不隐晦自己的不足，这是保证学术严谨很重要的一点；二是表现为上医的校园里依然比较"纯粹"，没有过重的商业化气息。他认为，当前的商业化在一定程度上，确实对高校和学术界产生了冲击。上医在这样的大环境中能保持住这份纯真，是十分宝贵和值得珍惜的。

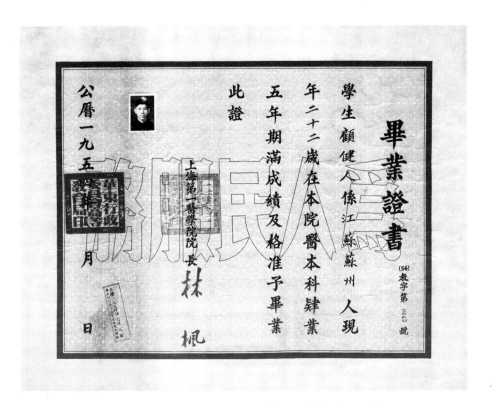

1954 年 8 月，顾健人的上海第一医学院毕业证书

# 第|三|章

# 初涉肿瘤
# 医学领域

# 一、在肿瘤医院从事病理学研究

西医东渐的历史进程，客观上推动了中国近代医疗事业的发展。西医的传入与被接纳、现代医院体系的形成，从理念和制度两个层面打破了中国传统的医疗模式。在上海的诸多医院中，创建于1931年的上海第一医学院肿瘤医院，是国内历史悠久、享有盛誉的肿瘤专科医院。其前身为中比镭锭治疗院，是中国成立最早的肿瘤专科医院。它以自己的医疗特色、优质的医师队伍和精湛的医疗水平，赢得了广大病患的称颂，成为中国肿瘤医学最高水平的代表之一。

1954年4月，22岁的顾健人结束了在广州华南医学院病理学高级师资班的培训，于同年8月被分配到上海第一医学院肿瘤

今天的复旦大学附属肿瘤医院

医院病理科，成为病理科的一名医师，师从著名肿瘤病理专家顾绥岳，开始了他的第一份工作。从此，他的手、眼、脑、心，一切都随着病人转。

1954 年 9 月，在新中国历史上具有伟大历史意义的第一届全国人民代表大会第一次会议召开了。毛泽东在开幕词中指出："这次会议是标志着我国人民从一九四九年建国以来的新胜利和新发展的里程碑，这次会议所制定的宪法将大大地促进我国的社会主义事业……我们的事业是正义的。正义的事业是任何敌人也攻不破的。领导我们事业的核心力量是中国共产党。指导我们思想的理论基础是马克思列宁主义。我们有充分的信心，克服一切艰难困苦，将我国建设成为一个伟大的社会主义共和国。我们正在前进。我们正在做我们的前人从来没有做过的极其光荣伟大的事业。我们的目的一定要达到。我们的目的一定能够达到。"

毛泽东充满信心的讲话，给参加工作不久的顾健人很大鼓舞。作为一个刚刚入党才两个多月的预备党员，他认真学习领会了毛泽东的讲话精神，全身心地投入到肿瘤医院的工作中去。他也给自己作了一个比较客观的总结："优点：1、工作积极负责，热情有朝气；2、肯帮助同志，群众关系好；3、业务上肯钻研；4、政治学习努力，有一定理论水平。缺点：要求过高，有急躁情绪。"他向党组织保证："今后一定要老老实实，脚踏实地来锻炼自己，随时用党员的八大标准和组织上对我的教导来鞭策自己，虚心学习，做一个名副其实的共产党员。"①

顾绥岳是中国著名肿瘤病理专家，也是中国外科病理学的奠基人，历任上海第一医学院教授、病理解剖教研室主任、肿瘤学教研室副主任，上海第一医学院肿瘤医院副院长、病理科主任、病理研究室主任，上海市肿瘤研究所副所长等职，还曾担任卫生

---

① 《干部自传》（1956 年 4 月），上海市肿瘤研究所干部人事档案室提供。

1957年，顾健人（二排左二）与上海第一医学院肿瘤医院同事合影

部医学科学委员会委员、肿瘤专题委员会委员，中华全国病理学会副主任委员，全国肿瘤学会常务委员，上海病理学会主任委员，上海肿瘤学会副主任委员，《肿瘤》杂志主编，《中华病理学杂志》副主编。他是上海市第四、五届政协委员，上海市科研先进工作者，上海市劳动模范。

顾绥岳在1938年毕业于国立上海医学院；1947年到美国哥伦比亚大学医学院，进修外科病理学和肿瘤病理学；1949年回国后，在上海的中比镭锭治疗院创建了国内最早的病理科，并提出了我国肿瘤的病理分类和分型标准。顾健人就是在他的指导下，开始了肿瘤病理学的临床病理诊断和研究。顾健人认为："顾绥岳老师是我进入肿瘤病理学

顾绥岳教授

领域的引路人，他亲自培养了我、造就了我。"

顾绥岳是中国外科病理学的创始人。所谓外科病理学，就是取样＋活检＋结合临床。他把外科病理学发展为一门单独学科，是当时国内在这个专业领域做得最好的，并树立了典范。当年，全上海各大医院，如中山医院、华山医院、第一到第九人民医院，乃至江浙一带、华东地区的肿瘤病理标本，都送到肿瘤医院顾绥岳负责的病理科进行分析。所以，这里的病理样本来源是国内最广的，病理切片标本门类齐全，甚至小到阑尾——阑尾类癌，容易被误诊为简单的阑尾炎，确诊后马上扩大手术，可以及时挽救病人生命。因此，顾绥岳被誉为中国外科病理学领域的第一人。当时，肿瘤医院还设有一个小房间专门用来放置病理切片，每个切片上都附带着顾绥岳的诊断，供有兴趣的医生自由钻研。这个小房间是一个知识宝库，积累了多年来已诊断的切片。那时，年轻的顾健人晚上就住在医院里，花大量时间去看切片。

在顾健人眼中，顾绥岳十分敬业。顾绥岳虽然患有高血压，头疼经常发作，但还是每天埋头看显微镜。看完病理切片，他还要对切片数据进行分析、归类，从大量的切片观察中验证已有判断标准，归纳出新的病理特征与规律，提高病理切片诊断的正确性和诊断水平。学生们经常劝顾绥岳，保重自己的身体，有的事情可以让学生来做。但顾绥岳认为，病理的诊断，是离不开显微镜的，"镜下定乾坤，毫厘定千钧"，一张切片，关系到一个病人的确诊和治疗方案。学生作出的诊断，他一定要逐个进行核对，确保诊断质量。正是在顾绥岳这种严谨学风的感染下，顾健人克服了工作初期粗枝大叶的缺点，逐渐变得专注、细心了。

顾绥岳对病理学的理解非常有特色，因而被赞誉为我国外科病理学、临床病理学的先驱。他特别强调，病理学有一定局限性，要密切结合临床，才能做最后的诊断。他认为：如果从切片上看存在疑问，最好去看一看病人本身，只看切片是当不好病理医生的。虽然每天病理切片的诊断工作量巨大，可如果这个切片来自于肿瘤医院本院，顾绥岳就会带着病理科的医生们去查房，到病床边看看这个病人，与临床医生交流病人的情况。他认为，这才是"活的"病理学。顾绥岳说，你只见物（仅看组织切片）不见人，有时会犯错误的。

顾健人在回忆这段经历时说："这是对我教育最深刻的事。顾绥岳老师非常强调'病理切片的诊断要密切结合临床'。因为有大量的标本从院外送来，他无法一一查看病人，所以，有时他的病理诊断会补上一句话：'基于你给我的有限的组织，观察到的是……单从形态学上看，是……情况，我没有办法去判断这是良性的还是恶性的，请结合临床表现做最后诊断'。有人质疑他这是不负责任，我觉得不是如此。而是因为他非常清楚，病理形态学有其局限性，这是大师的感悟。在他的教导下，作为学生的我们也深刻意识到病理学应用的局限性。他的诊断意见是客观、不武断、实事求是的。每种学科都有其应用范围，也有其局限性。顾绥岳教授作为外科病理学领域的大师，这样的诊断意见体现了他对病人的高度负责的科学精神。"

顾绥岳对当时病理学诊断上最大的难题，专门做了观察和研究，总结了经验，提出了诊断上的解决意见，比如骨肿瘤（种类多）、卵巢肿瘤（虽然小，但亚类多，包含了罕见的肿瘤）、睾丸肿瘤（少见且恶性程度高）、脑瘤（分类复杂）等。特别是在软组织肿瘤（纤维肉瘤、平滑肌肉瘤、横纹肌肉瘤、脂肪肉瘤等等）方面，他有独特的心得。顾健人曾把顾绥岳的经验整理成讲义，用于为研究生授课。

顾绥岳知识面广，不仅了解肿瘤相关知识，对各种组织器官的临床表现也非常熟悉。顾健人还清楚地记得，上海广慈医院口腔颌面外科主任张涤生经常来找顾绥岳。当时，每周三下午，都有一个临床病理学讨论会，一流的临床专家前来参加，他们有时会带着病理切片来讨论，张涤生每次都来。

顾绥岳从 1956 年开始，举办全国性的肿瘤病理学学习班（即上海第一医学院肿瘤病理进修班），培养了大批肿瘤病理学人才。曾任浙江大学医学院院长、浙江大学附属第二医院院长的郑树，就是第一届学员。她学成回到临床后，成为全国著名的肿瘤外科专家。所以，上海第一医学院肿瘤医院病理科在全国有很高声誉，业务范围不仅限于肿瘤医院，而且为大量的会诊切片出具诊断报告，远远超出本院和上海的范围，成为全国性的病理中心，为全国培养肿瘤病理学人才，发展了临床病理学科（外科病理学），提高了病理学的重要性。以后，全国各大医院都成立了专门的病理科，因为病理科不只提出诊断参考，还为病人预后提供意见。

顾绥岳有着对年轻人的培养热情、对新生事物的敏感性，还有着前瞻性的观念和远见。例如，病理本来只是形态学，后来在他的建议下，病理科要开展组织化学、细胞化学研究。就是在病理组织上实现检测生化指标，这就是组织化学；或者是各种细胞，从分散的肿瘤细胞里观察生物化学现象。为了在病理诊断中结合组织化学、细胞化学、生物化学的技术，顾绥岳特意派顾健人去中国科学院学习。顾绥岳舍得花本钱，有战略眼光。正是因为他有如此前瞻性的观念，顾健人才得以有机会接触到组织化学、细胞化学、生物化学技术。

经过在肿瘤医院多年的工作，年轻的顾健人在顾绥岳的言传身教下，逐步掌握了病理学的知识和操作流程等技能，已经能够胜任上级医生交给他的工作。看到自己的知识开始能够为病人的诊断和治疗提供帮助，虽不治病亦救人，顾健人心里洋溢着由衷的自豪。他暗自发誓，要成为像顾绥岳那样优秀的病理学医生。

完成病理科诊断工作的同时，爱钻研的顾健人还开始进行科学研究。

1955 年 3 月，顾健人在学习国外经验的基础上，和上级医生王懿龄一起，开始了阴道涂片的研究。一年内，他们完成了 3600余例诊断，正确率为 97.1%，已经达到国际先进水平（当时，国际上诊断正确率最高者在 96%—97%）。当年，国际上所作涂片染色为巴氏染色或 H-E 染色，二者手续繁复，费时较长。顾健人试用了一般血细胞常规检查采取的瑞特（Wright）染色法，经数百例试用证明，效果良好。优点是：价廉，易于配制，手续简便，时间快，且细胞核染色颇为清晰。

1958 年，他初步应用细胞化学方法，寻找对宫颈癌有诊断价值的美兰—T.T.C 反应，取得一定的实用价值。这项科研成果，被卫生部评审委员会报送到 1962 年在苏联莫斯科召开的第 8 届国际肿瘤会议。

肿瘤医院的领导和病理科的同事，对工作勤勤恳恳、肯学肯干的顾健人也是鼓励有加，推荐他为肿瘤医院先进工作者，并作为优秀人才向上级申报荣誉。

1956 年 5 月，作为团支部书记的顾健人受到上海第一医学院"五四"青年大会的表扬。同年 6 月，顾健人又被评为上海市 1955 年先进卫生工作者。组织上对他的评价是："积极钻研业务，对新事物敏感，研究涂片检验，有显著成绩；热心教学工作，备课充分，讲解有系统而生动，获得听课者一致好评；热爱本职工作，钻研心强，由于有计划抓紧时间，因此业务上进步很快，在一年半内能掌握病理科基本业务，并善于解决疑难诊断问题，获得科内同志的赞许。"[①]

---

① 《上海市先进卫生工作者登记表》（1956 年 3 月 31 日），上海市肿瘤研究所干部人事档案室提供。

1956 年 6 月，顾健人被评为上海市 1955 年先进卫生工作者

1957 年，顾健人被评为肿瘤医院先进工作者。

1958 年，在党支部改选后，他担任了肿瘤医院党支部副书记。

荣誉是对过去成绩的肯定，也是对未来的激励。巨大的荣誉鞭策着顾健人，使他更加埋头本职工作，向老一辈学习，向同事学习，像一块干涸的海绵，渴望吸取更多的新知识。1956 年 4 月，他在撰写自传时，给自己制定了今后努力的方向（个人五年规划）。

政治上：（1）紧紧地依靠组织，在党的教育下加强自己的党性锻炼，将个人利益紧密地与党的利益结合在一起，使自己能坚决、愉快地服从组织上分配的工作，经得起斗争的考验。（2）加强理论学习，在今后 5 年中，要学好历史唯物主义、辩证唯物主义、政治经济学。学习这些理论，不但要在理论上一般能搞懂，而且要能尽量结合自己的思想实际，作为自己思想和行动的指导。(3) 开展批评与自我批评，同自己的非无产阶级思想做斗争，使自己能基本上克服主观、急躁的缺点。要坚持不断检查并克服自满、自卑、个人英雄主义思想的残余，虚心向同志们学习，提高觉悟水平。

业务上：(1) 本门业务上，争取在 5 年内，在科主任及其他同志培养、帮助下，具备独立工作的能力，在两个专题上进行钻研，5 年内争取参加学位考试。日常工作中，要主动完成领导交给的一切常规研究和教学工作。(2) 积极学习苏联的先进经验，并将自己的学习心得随时向其他同志介绍。在俄文学习上，5 年内能阅读俄文政治理论书籍与报刊。5 年内争取学习（自学）第三种外国语（德文），要能依靠字典阅读德文专业书籍。(3) 努力学习祖国的医学遗产，5 年之内要完成中医中药古典书籍的自

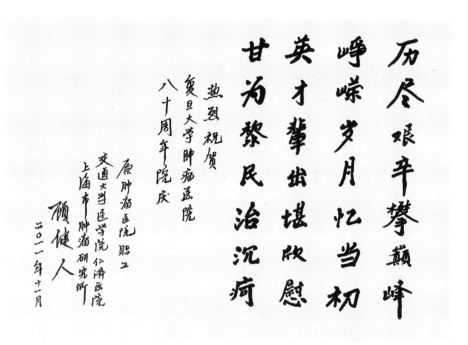

2011 年 11 月，顾健人为复旦大学肿瘤医院 80 周年院庆题词

学工作。1956 年内，要学完《伤寒论》与《本草纲目》。在学习一般理论的基础上，对于中药方面有关肿瘤治疗的，要结合研究工作进行钻研。

原以为会在病理科岗位上干一辈子的顾健人，却在 1958 年受命参加组建上海市肿瘤研究所。组建上海市肿瘤研究所，是当时组织上根据形势发展作出的重要决定，以肿瘤医院病理科人员为主要班底。顾健人随同顾绥岳等人做了大量的工作，并任肿瘤所组织化学组、细胞化学组组长。

在新的工作岗位上，顾健人深深感到自己原有的知识已远远不够，因而积极主动学习有关文献。特别是读了奥地利生物学家埃尔文·查戈夫（Erwin Chargaff）主编的《核酸》，对他的科学研究产生了重大影响，使他从病理学逐渐向肿瘤分子生物学领域转变，从而改变了他一生的学术发展轨迹。

在 5 年的病理诊断工作和学习中，顾健人逐渐认识到，病理虽然可以协助临床诊断，但仅仅依靠形态学是不能解析疾病发病

2020 年 5 月 7 日，顾健人在上海市肿瘤研究所

机理的。只是对于应该依靠什么来确诊肿瘤，当时的顾健人还处于迷惑之中。此时，恰逢埃尔文·查戈夫发布以其姓氏命名的两条法则，即：DNA中的腺嘌呤与胸腺嘧啶的数量几乎完全一样，鸟嘌呤与胞嘧啶的数量也是一样的；不同物种之间的DNA组合是不同的，特别是A、G、T及C之间的相对数量。1953年，美国科学家詹姆斯·沃森和英国生物学家弗朗西斯·克里克发现DNA双螺旋结构，开启了分子生物学时代。分子生物学使生物大分子的研究进入一个新阶段，并使遗传研究深入到分子层次，"生命之谜"被打开，人们清楚地了解到遗传信息的构成和传递的途径。这些都大大鼓舞了顾健人。肿瘤细胞来自正常细胞，却又不同于正常细胞。因此，他大胆假设，肿瘤细胞增殖不息，但仍保持它的恶性行为，肯定是遗传物质（即核酸）出了问题。此后，顾健人就沿着这个思路，从事他的研究工作。

1960年5月，肿瘤医院被评为上海第一医学院的先进工作者和先进集体代表合影，第一排左四为顾健人

1960 年 4 月，上海第一医学院同意顾健人晋升为主治医师。顾绥岳代表肿瘤学教研组，分别就"德"和"才"对他作了评价。顾健人在"德"的方面的主要优点是："政治立场坚定，积极参加各种运动，干劲大，肯钻研，敢想敢做，有较高的政治理论水平，在本科中起了促进作用。"当然，顾绥岳也指出了顾健人的缺点："联系和帮助群众尚嫌不够，对工作的热情高，但有时有喜新厌旧的表现，不够深入细致。"顾健人在"才"的方面的优点是："吸收力强，基础好，掌握了肿瘤病理学的较高理论，并有自己的独特的见解。参与编写肿瘤病理学，水平很高。有较高的教学能力。"

1960 年 4 月，顾健人再次被评为上海市先进卫生工作者。肿瘤医院党支部对他的先进事迹作了如下介绍。

第一，"别人不敢提的我们要敢提，别人做不到的我们要做"。顾健人认识到，制服肿瘤绝不是一个人的主观愿望，而是反映了千百万肿瘤患者从肿瘤和死亡威胁下解放出来的迫切要求。作为一个从事肿瘤研究的工作者，完全有责任这样做。在肿瘤医院全院大会上，他提出了"征服肿瘤"的雄心壮志。

第二，"顽强学习，分秒必争"，"不怕困难，不断革命"。自肿瘤医院建立实验研究以后，顾健人由外科病理诊断室调到组织化学实验室。虽然没有化学、物理基础，但他认识到这是党交给的任务，党要求他占领实验肿瘤学的空白。所以，他决心改行，从头开始，有机化学、生物化学重新学起。顾健人非常热爱自己的工作，工作中干劲十足，计划性较强，能刻苦学习，顽强地钻研业务。几年来，他在学习中，一贯努力刻苦钻研，经常干到深更半夜。在工作中不怕困难，亦是他的优良品质之一。他从来没有被困难吓倒。相反地，却是一个一个地战胜了困难。例如，很多实验药物及仪器设备没有，他就想方设法去找代用品。科研工作中的失败是常见之事，比如在研究美兰—T.T.C 早期诊断的方法时曾遇到无数次失败，可顾健人仍鼓励大家继续研究下去。

第三，"又红又专，积极参加社会活动"。顾健人除了担负研究任务外，还负责进修医生的教学工作。他认真备课，并编写教材，对教学工作的负责、对培养干部的热心，曾多次得到进修医生的赞扬。

# 二、从病理学向生物学转变

对于病理科出身的顾健人来说，当时，他的生物学知识近乎空白。为了证实自己的假设，顾健人决定学习生物学。尽管正值肿瘤所的创建初期，工作千头万绪，27 岁的顾健人，从 1959 年起到中国科学院实验生物研究所，先后师从姚鑫和吕家鸿，进修

2002 年，顾健人（前排左五）参加分子细胞生物学重点实验室学术委员会二届一次会议

细胞化学与核酸生化。

姚鑫是我国著名的实验生物学家和肿瘤生物学家，1980 年当选为中国科学院学部委员，曾担任中国细胞生物学学会的秘书长、副理事长、理事长，上海免疫学会的副理事长、理事长，以及亚太地区细胞生物学学会联合会的主席、副主席等职。姚鑫主要从事实验肝癌等研究，建立了肝癌模型，发现化学物质诱发肝癌的发生率和肝癌组织学类型的性差别与营养因素有关。他与合作者建立了甲胎蛋白分离提纯和免疫检测方法，首先用于普查，为早期发现肝癌作出了贡献，并发现人体肝癌细胞还具有一种新的膜相关胚胎抗原。姚鑫组织和主持了抗人肝癌单克隆抗体的研究，在国际上首次获得了具有较好选择性的抗人肝癌单抗，经用放射性碘标记后，成功地用于临床肝癌患者定位诊断和治疗。他还开展了对小鼠胚胎癌细胞和胚胎干细胞的研究，建立了许多克隆细胞株，并进行体外诱导分化和转基因等研究。

吕家鸿是当时上海最早进行核酸生物化学研究的专家，与北京的研究同步。他主要从事利用同位素研究核酸的工作，为中科院实验生物研究所建立了首个同位素实验室，培养了一批专业人才，为我国开展同位素应用的研究作出了巨大贡献。他是顾健人进入核酸生物化学领域的第一位老师和领路人。

在中科院，顾健人不再是繁忙的病理科医生，不需要看片，不需要查房，而是沉浸在生物学的知识海洋中，成为一名对科学实验怀有憧憬的科技工作者。要说有什么相同点，那就是工作一如既往的繁忙，甚至有过之而无不及。

白天，顾健人在中科院按照吕家鸿的要求做实验，晚上，根据顾绥岳的安排，加班加点处理肿瘤所的工作，常常感叹时间太少。经过在中科院实验生物研究所 4 年的培训，顾健人掌握了细胞化学及核酸生化领域的知识和实验操作技能，为以后独立开展科学研究打下了坚实的基础。

20世纪60年代，顾健人在美籍华裔科学家牛满江所做工作提示下，应用小鼠正常肝来源的RNA处理肝癌细胞，发现它不仅能降低肝癌细胞的致瘤性，并在糖代谢通路方面能使肝癌细胞向正常肝细胞表型分化。他由此想到，细胞的恶性行为也许可以被逆转。1966年4月，顾健人和他的团队合作撰写的论文《正常细胞核酸对癌细胞的生物学作用》，发表于当时国内医学界最高级别的期刊《中华医学杂志》上。这是我国癌细胞分化研究领域最早的基础研究报告，《中华医学杂志》还为这篇文章专门撰写了编者按语，在学术界产生了重要影响。[①] 这项工作虽然说不上是原创，但能说明，当时中国科学家已有能力把遗传物质（核酸）的概念应用于肿瘤研究。

生命科学是一门实验科学，对仪器设备等依赖严重。20世纪60年代，我国开展生命科学研究的仪器设备奇缺，各研究单位甚至都有自己的灯工师傅，吹制实验所需的各种玻璃仪器。肿瘤所

2014年1月，顾健人（左）看望上海市肿瘤研究所原所长孙麦龄

① 顾健人、严根宝、李明烈、薛如珍、许凯黎、许秀兰、徐卉康、陈渊卿、孙淑屏、刘兰珍：《正常细胞核酸对癌细胞的生物学作用》，《中华医学杂志》1966年第52卷第4期，第209—221页。

也不例外，几乎可以用一穷二白来形容。作为组长，顾健人也亲自参与肿瘤所的设备自制工作，比如手工制作水磨石实验台面，这在现在看来是不可想象的事。他还身先士卒，从协作单位肿瘤医院、上海市第六人民医院收集铅砖，为建设肿瘤所的同位素实验室，奋战在实验和建设一线。

1966 年 3 月 25 日，肿瘤医院党总支为了加强领导，以利更好地开展研究工作，决定提名顾健人任上海市肿瘤研究所副所长。该所党总支在呈报理由中指出："顾健人同志政治上积极要求进步，听党的话，坚持走又红又专的道路，因而业务上进步也很快，在研究工作中敢想敢说敢做并已取得了一定成绩。从政治上、业务上看，都可以提升为该所副所长。"同年 5 月 4 日，上海第一医学院党委决定，同意提名顾健人为肿瘤研究所副所长。①但是不久，随着"五一六"通知的发布，"文化大革命"在全国轰轰烈烈地展开，这一任命也就没有下文了。

2014 年，顾健人被聘为复旦大学肿瘤研究所名誉所长

① 《干部任免呈报表》（1966 年 3 月 25 日），上海市肿瘤研究所干部人事档案室提供。

# 三、在跌宕起伏中的坚韧与勤勉

1967—1968 年，正值"文化大革命"期间，对西医的研究受阻，顾健人转而研究中草药的抗癌作用。为了坚持搞科研，首先要解决获取实验材料的难题。听闻浙江上虞一名鼻咽癌患者吃了苏州东山的中草药后病情好转，顾健人就带领两位组员上山采草药。途中在火车站附近听到武斗的枪声，顾健人虽然也承受着巨大的心理压力，但作为带队者，他还是尽力安抚年轻组员。后来，他又多次带人上山采草药。

"文化大革命"的爆发，打乱了肿瘤所正常的科研计划，在"以阶级斗争为纲"的指导下，倡导"不能埋头科研，要抬头看路"，肿瘤所的科研工作基本处于停顿状态之中。而顾健人不愿荒废自己的专业，仍然抓紧时间阅读文献，关注国内外学术界的最新动态。

当年，顾健人住在淮海中路 1610 弄（逸邨）8 号，只有一间房，邻居都是高级知识分子。住房虽然很小，但附近就是上海科技情报研究所，查阅资料很方便，骑自行车一下子就到了。顾健人蛮注重国外科技情报资料搜集的。那时候，上海科技情报所收藏的资料都是影印版，比国外原版在时间上有一点滞后，最快的也要两三个月才能收到。但是，在那个特殊的年代，能够跟踪科技情报就很不容易了。那个时候也没有什么现代化手段，复印机很稀少，顾健人就是用手抄。他做这种工作，应该讲在当时来说，是看不到什么回报的，也没有什么收益。顾健人这样做，一方面是因为对于多年学习的专业，不想让它荒废掉；另一方面，他确实有兴趣。顾健人曾说，如果你纯粹是为了名、为了利，就

顾健人曾经居住在上海市淮海中路 1610 弄（逸邨）

会追求有回报的东西，就会去做有回报的事情，这种没有回报的学问就不愿意去做了；可是，有的时候会阴差阳错，你做的不求回报的事情，说不定以后却帮助了你。

　　顾健人的儿子顾奕至今还记得，顾健人身居斗室，在昏暗的灯光下，年复一年、日复一日，整天阅读的情景。没有团队的合作，没有学生的追随，顾健人独自一人坚持耕耘。但是，顾奕从顾健人眼神中看到的不是悲观和绝望，而是一份淡定和坚毅。这是因为，顾健人心中有崇高的理想，有坚定的信念，就像那流不尽的黄浦江，不管沿途有多少崇

1971 年，顾健人在逸邨家中

山峻岭、峡谷险滩，总是不畏艰难、不怕曲折地滔滔东去，奔向浩瀚的大海，谁也阻挡不住。

"文化大革命"期间，顾健人去江苏启东肝癌高发地区工作了两年。启东是江苏的一个县，与上海的崇明岛一江之隔。该县的肝癌发病率极高，为世界之最。在启东期间，顾健人与其他医疗队员一起，除了送医送药、为贫下中农服务外，还参加了肝癌病因学的调查。

启东肝癌高发，是由它独特病因引起的。一是病毒性乙型肝炎高发；二是由于启东种植的旱玉米，每年5月收割时正值雨季，易于霉变，因此，黄曲霉毒素成为元凶之一；三是当时农民喝的池塘水是死水，水色发绿，其中有大量藻类，藻类毒素也是一种促癌因素。

启东农民在盛夏农忙季节，劳动强度极大，但中午回家所用午餐，只是一大碗玉米粥，上面仅漂着几根咸菜。玉米粥既被霉菌、毒素污染，营养价值又如此之低，那里的农民怎么会不生病呢？尤其在还算是鱼米之乡的江苏，农民的生活水平为什么这样差？顾健人对一起下乡的同事说："中国解放这么多年了，农民的生活还是如此之苦。如果某一天中国的农民会富起来，我无论如何也不会嫉妒他们，因为他们太苦了。"后来，在改革开放的大潮中，作为全国首批沿海对外开放地区之一，启东走上了发展的快车道，连续三届跻身全国农村综合实力百强县市行列，并先后荣获全国科技百强县市、中国明星县市、全国卫生城市等称号。今天的启东不再种植玉米，已改种水稻。它已经富起来了。肝癌的发病率也逐年缓慢地下降。这些变化令顾健人感到十分欣慰。

在顾健人的帮助下，启东肝癌研究所的现场工作取得了很大进展。1973年，他带着实验室的研究成果——诊断肝癌的血清学方法，随上海医疗队赴启东访贫问病，为基层群众服务。因启东肝癌研究所的实验室工作条件和技术设备有限，顾健人决定开放上海市肿瘤研究所的实验室为启东现场工作服务，解决他们设备及技术上的难题。例如，在制备黄曲霉素的项目上，启东的工作人员带着一大桶培养瓶来到上海市肿瘤研究所生化室，利用肿瘤所的设备条件，在肿瘤所科研人员悉心指导下，完成了对黄曲霉素 B 的提取及纯化等一系列工作。当时，在启东肝癌现场发现，启东鸭子的肝癌发病率相当高。为了探索鸭肝癌的病因，上海市肿瘤研究所协助启东完成了大批的鸭乙型肝炎病毒（DHBV-DHBV+）检测。因此，启东的同志对上海市肿瘤研究所充满了感恩之情，称赞"上海市肿瘤研究所是启东肝癌现场完成各项任务的后台"。

顾健人还积极为启东肝癌研究所的现场工作献计献策。有一次，启东肝癌研究所所长朱源荣告诉顾健人，根据流行病学调查，发现启东出生的双胞胎存在同患肝癌现象。为搞清环境因素与遗传因素在肝癌病因中的作用，他们打算收集启东双胞胎的资料。顾健人积极支持并鼓励他们开展这方面的探索，并认为，通过对单卵双胞胎及异卵双胞胎肝癌病例的研究，不仅有利于搞清楚肝癌的环境因素与遗传因素，也有利于肝癌癌基因的分析与比较，这是一个极好的课题。

在改革开放的年代里，顾健人也一直关心着启东肝癌研究所的工作，积极鼓励并支持上海市肿瘤研究所的科研人员与启东肝癌研究所联合申报研究课题。例如，肿瘤所的钱耕荪与启东肝癌研究所联合申报了国家"八五"及"九五"攻关课题，还与美国约翰斯·霍普金斯大学联合申报了美国国家癌症研究所的两个合作课题，在启东肝癌现场开展了长达 20 多年的合作研究，并取得了不少可喜成果，获得了省、市级多项科技成果奖。后来，肿瘤所的李锦军与启东肝癌研究所联合申报了国家"863"课题，屠红也与启东肝癌研究所联合申报了国家重大专项"十一五""十二五""十三五"课题，并建立了经肝炎发展到肝癌的预警模型，充分发挥了启东肝癌现场肝癌生物资源丰富的优势。

顾健人就是在这样艰苦的条件下，为肿瘤所的发展及学科建设倾注了大量心血。他带领大家，壮大了科研队伍，把细胞化学组发展成了生化与分子生物学研究室。在回忆那段经历时，顾健人感慨地说："事实上，我从20世纪60年代开始到1979年赴英国访学前，几乎经常这样阅读，有20多本笔记本。80年代后，由于有了复印机，只需把感兴趣的文章复印即可，但我还把它们分为'粗阅'与'细阅'两类。对后者，在文章复印件的行间空隙处摘出关键内容。可惜，我于60至70年代手录笔记本的大部分在搬家时已被处理掉，只留下几本作为对往日的怀念与纪念。"笔者有幸翻阅了这些在特殊年代留下的珍贵笔记本。其中有一本，扉页上标明"文摘第十五卷 1973.2.4——记于工作进展很困难的阶段"。这是顾健人在上海的时候做的读书笔记。还有一本笔记本的扉页上是这样写的："文摘第十八卷 1973.11—74.3 于启东"。1973年，顾健人在江苏启东参加了医疗队。他回忆说："那时，我白天既当'赤脚医生'，又挨家挨户做甲胎蛋白检测的跑腿工作。晚上，反正是自己的时间，到人民医院图书馆去阅读外文杂志（多数是"*Nature*"或"*Science*"）。似乎每天读一点书，感到一天没有虚度。有一点是肯定的，当时一直在批判我是'洋奴哲学，爬行主义'的'修正主义分子'。但当我在下

顾健人在"文化大革命"期间做的读书笔记

农村接受改造时，还在念念不忘读洋文书，确实是有风险的。然而，我对此已见怪不怪了。所以说，我现在从书架上看到这本笔记本时，心中也有点震撼。我怀疑，若历史再重复一遍，我还敢或还心甘情愿这样做吗？为此，这本笔记本中的记录，比什么都说明问题。可能我儿子顾奕说得对，我是那个时代知识分子群体中的一员。那个时代过去了，我们这一代人也成为过去。今后能不能复制，我不知道，但新的一代中，一定会出现更为优秀的代表人物。"

# 第|四|章

# 国际学术交流与合作

1978年，是一个具有里程碑意义的年份。3月18—31日，中共中央在北京隆重召开了全国科学大会。这是中国科技发展史上的一次盛会。邓小平在这次大会的讲话中明确指出："现代化，关键是科学技术的现代化"，"知识分子是工人阶级自己的一部分"，并重申了"科学技术是生产力"这一马克思主义基本观点，强调了科学技术和科技人才在社会主义现代化进程中的重要作用，从而澄清了长期束缚科学技术发展的重大理论是非问题，打碎了"文化大革命"以来长期禁锢知识分子的桎梏。中国的科教文卫事业迎来了久违的春天。

同年12月召开的党的十一届三中全会，果断地作出把全党工作着重点和全国人民注意力转移到社会主义现代化建设上来的战略决策，揭开了党和国家历史的新篇章，是新中国成立以来我们党历史上具有深远意义的伟大转折。

对顾健人来说，这一年发生的所有变化都是那样意义不凡，让他记忆犹新。尤其是全国科学大会上，那篇由播音员现场朗诵、郭沫若署名的文章《科学的春天》，让顾健人和所有科技、教育、医疗战线上的同道们再度热血沸腾。郭沫若指出："从我一生的经历，我悟出了一条千真万确的真理：只有社会主义才能解放科学，也只有在科学的基础上才能建设社会主义。科学需要社

顾健人摄于1979年

会主义，社会主义更需要科学。"他祝愿中年一代的科学工作者
"奋发图强，革命加拼命，勇攀世界科学高峰"。郭沫若还说："你
们是赶超世界先进水平的中坚，任重而道远。古人尚能'头悬梁，
锥刺股'，孜孜不倦地学习，你们为了共产主义的伟大理想，一
定会更加专心致志，废寝忘食，刻苦攻关。赶超，关键是时间。
时间就是生命，时间就是速度，时间就是力量。趁你们年富力强
的时候，为人民做出更多的贡献吧！"

1978 年 9 月 23 日，上海市卫生局同意顾健人任上海市肿瘤
研究所分子生物学研究室主任。

# 一、赴英国格拉斯哥学习分子生物学

1979 年 6 月，在"我们民族历史上最灿烂的科学的春天到来"
的时候，顾健人经上海市肿瘤研究所所长朱瑞镛（后任上海市卫
生局副局长）推荐，通过了上海市 2000 人左右参加的考试，由
上海市推荐到教育部，被教育部选派出国，并由国际癌症研究机
构（IARC）推荐至英国格拉斯哥 Beatson 癌症研究所分子病理学
研究室，作为访问科学家学习和工作。该研究所是英国医学研究
理事会（MRC）所属全英两个肿瘤研究中心之一，特色是分子生
物学，在英国和国际上享有盛名。在那里，顾健人的第一导师是
该所所长约翰·保罗，他是国际上著名的分子生物学家、欧洲细
胞生物学会主席；第二导师为约翰·保罗的大弟子 Dr. Gilmour，
他在 20 世纪 70 年代初，因与约翰·保罗发表染色质的重组而
著称。

这是顾健人第一次走出国门，来到昔日的"海上王国"。当

1980年，顾健人（右二）在英国学习、工作期间留影

年，英国凭借着强大的海军力量，在全世界占领了许多殖民地，号称"日不落帝国"。尽管它早已雄风不再，可是，资本主义社会的繁荣和发达，还是一度震惊了顾健人。更让他吃惊的，是西方发达的生物学技术。在分子生物学方面，当时中国的总体研究水平，远远落后于国外同行。

那时候，有的人感到绝望，但顾健人没有，这得益于他在那么多年里专业基本上没有放弃，对国外分子生物学领域的发展还是有所了解的。他认为，虽然差距很大，赶上去很困难，国内实验室的硬件设备等条件也不行；但是，要弥补不足，不是完全不可能的，要赶上世界先进水平，也不是天方夜谭。顾健人对此还是有一点信心的。当然，在那个时候有一点信心，已经很不容易了。因此，顾健人还是很执着地努力工作，把损失的时间补回来。在英国的那段时间，对他来说是比较关键的。当时，他承担的工作相当于国内三四个人的工作量，因为要学的东西太多，都要从头补起。

　　由于超负荷工作，疲劳过度，顾健人的视网膜出血了。当年，伙食费比较低，开始的时候，每天只有 20 多英镑，加上对当地的饮食不是很适应，造成营养不良，一下子又增加了这么大的劳动强度，导致顾健人的眼睛出了问题，眼底出血后留下疤痕，左眼视力严重受损，终身未能痊愈，但他仍坚持工作与学习。后来，教育部增加了一些预算，每月伙食费从 20 英镑增加到四五十英镑，生活水平提高了一点，顾健人的身体也慢慢适应了。

　　总的说来，在英国的两年多时间里，顾健人全身心地投入到学习和工作中去，为他以后发展奠定了一个比较好的基础。他开始追踪国际学术前沿的发展，并追求

1979 年，顾健人在英国工作

自己的特点，取得了在学术前沿有自己特色的成果。他深深地认识到，搞科研、做学问，不可能面面俱到地跟人家拼，必须有自己的特色。有的时候，一两年内也出不了什么成果，而一旦成功，就可能是方向上的突破，自己就是最前沿的。这种研究的战略和方法，对他的影响是比较大的。

　　1979 年 10—12 月，顾健人研发了非组蛋白新的捕获抽提方法，并创建了专门研究蛋白质—DNA 专一结合的技术——"后结合"分析技术，后者当时为国际首创。由于方法上的突破，他还发现，非组蛋白（包括 RNA 聚合酶）与基因的结合点并不在基因本身，而在上游 5' 远端和下游 3' 端的旁侧顺序。有关论文于 1980 年 6 月，在全英细胞生物学会上，由顾健人的第二导

师 Dr.Gilmour 宣读，并在 1981 年发表于《国际细胞生物学杂志》（但有关方法学的细节尚未发表）。上述论文发表后，顾健人曾收到论文索取信 300 余封。后来，瑞士科学家发表了果蝇非组蛋白与热休克基因结合的类似结果。

顾健人不仅证明，体外真核基因转录和加工系统可以在体外对血红蛋白基因进行转录；而且证实，该系统可以对 pre-mRNA 进行剪切，形成成熟的 mRNA 片段。这是国际上首次成功地对哺乳动物细胞的 pre-mRNA 进行体外加工，为进一步纯化有关的酶和因子奠定了基础，并为正常细胞和癌细胞在加工方面的比较研究打下了根基。

由于取得了上述初步成果，1981 年下半年，经由导师推荐，顾健人获得国际抗癌联盟的奖学金，作为技术交流，赴美国考察一个月（9 月 14 日—10 月 11 日），在美国国立卫生研究院的实验室、纽约大学生化系、斯隆—凯特琳癌症研究所和新泽西的 Roche 分子生物学研究所，先后作了四次学术报告，获得较高评价，从而美方提出，考虑为上海市肿瘤研究所提供 3 个奖学金名额。顾健人还在离英回国前夕，应剑桥分子生物学研究室 Dr. Laskey 的邀请，在 Dr. Gurdon 的实验室作报告，也获得较高评价。

赴美期间，顾健人主要了解了美国的分子生物学，尤其是与肿瘤有关研究工作的最新进展，其中最突出的进展是对癌基因的研究。那时，刚从对淋巴瘤、白血病的研究中发现，人类某些恶性肿瘤与某些动物的肿瘤一样，是由于特定的内在基因被激活。这些基因称为原癌基因。可能人体细胞中都具有各种肿瘤的原癌基因，但平时不表达或仅轻度表达。它们一旦活化，被激活成癌基因，从而致癌。对癌细胞的系统研究才刚开始。这将对肿瘤防治，包括发病机理、诊断、治疗等，都会有新的历史性影响。

在英国，顾健人学会并掌握了分子遗传学和遗传工程的基本技术，在基因表达、转录、加工等方面积累了一定的感性和理性认识，为以后的工作创造了条件。他的勤学肯干得到了导师和同事的首肯。

中国驻英大使馆对顾健人也给予高度评价，表扬他作为格拉斯哥地区中国留学人员党支部书记，很好地完成了组织交给的任务，更重要的是：学习了外国先进的生命科学研究技术和方法，广泛接触了当地科研领域的专家，展现了新中国科研工作者的风貌，也积累了人脉，为此后开展国际学术交流与合作奠定了基础。

1980 年 10 月，顾健人在英国格拉斯哥寓所卧室

1981 年 11 月 18 日，当顾健人结束在英国的学习和工作，即将回国的时候，他的第一导师约翰·保罗给予以下评价。

顾健人博士自 1979 年 9 月至 1981 年 11 月，在彼得生癌症研究所以访问科学家的身份从事工作。他享有本研究所科学家的全部待遇。在此期间，他对我们的研究作出了非常重要和有意义的贡献。

他工作第一阶段，致力于发展关于假设的调控蛋白和已纯化的基因 DNA 片段的结合分析技术。他显示了 RNA 聚合酶 II 和某些非组蛋白能优先于纯化的血红蛋白基因的 5' 端和 3' 端的旁侧顺序结合。以后，他在大部分逗留期间，参加了小鼠血红蛋白基因的体外转录和初级转录物的剪切研究。他的工作再次涉及应用哺乳动物细胞 RNA 聚合酶 II 和用 DNA 重组技术来分离与培增小鼠的血红蛋白基因。在这项工作中，他有了重要的发现，即小鼠血红蛋白基因的原始转录物能在体外进行加工成为正常的信息核糖核酸分子。这一结果过去从未被发现过。而且，他的工作引导发现了这种加工过程有赖于远端的（遥控的）DNA 顺序的同时转录；即使当这个 DNA 片段与血红蛋白基因本身切割分离后，这种遥控效应仍然能被显示出来。这是迄今为止在体外数次证明了这种遥控效应。这一工作非常重要，顾健人博士短期访问美国期间引起了显著的兴趣。预计这一工作可作为发表至少两篇或更多论文的基础。

顾健人博士在这里工作的主要目的之一，是观察和学习我们常用的某些技术。他已学会了 DNA 重组技术，包括分子克隆化和哺乳动物细胞纯化基因限制性片段的亚克隆化。他获得了丰富经验，比如：应用限制性内切酶作基因的图谱化，制备特异的放射性探针，用于 Southern 和 Northern 核酸转移与分子杂交技术以检测 RNA 及 DNA，这些方法用来分析 DNA 的限制性片段和 RNA 转录物。如上所述，他已取得了有关纯化基因体外转录的丰富经验。在工作过程中，他同时学会了 Maxam 及 Gilbert 的 DNA 顺序的分析技术。

他除了获得这些经验并对其独特工作作出重要贡献之外，还发展了某些他自己的技术。这些发展包括：改进了应用蔗糖梯度离心分离 DNA 片段的技术，并创立了一项新的蛋白质—DNA 结合的"后结合"技术，后者也可以作为一篇论文的基础。

顾健人博士在实验室工作的全过程中，他的工作极端刻苦和自觉。他的表现证明了，他既具有渊博的知识，又深思熟虑。他和实验室的其他成员相处融洽，并对我们的讨论和思路作出了有意义的贡献，从而成为我们队伍中宝贵的一员。所以，我们感到有些遗憾，因为他将回到他自己的国家继续工作。然而，基于他内在的才能、知识、热忱和他已获得的技能，我们预期并希望他将在中国的工作中取得成功。我们希望能保持和加强彼此已经建立起来的科学上的联系。

回国以后，顾健人就把在国外学到的知识和技术，传授给肿瘤所和相关医院的有关科研人员，并组织所在分子生物学研究室的力量，将这些知识和技术运用到肿瘤研究中去。在不到一年的时间内，实验工作就取得显著进展。比如创建了斑点分子杂交法，即应用乙型肝炎病毒的 DNA 为探针，直接测出病人血清中的肝炎病毒 DNA，敏感度达到 $10^4$—$10^5$ 病毒 / 毫升。这一方法，在国外仅美国国立卫生研究院、法国巴斯德研究所等少数单位报道取得成功，在国内尚属首次，可以应用于直接检测肝炎病人的感染性，为肝炎防治提供了一项新的检测方法，同时也可指导肝炎治疗。这项成果在 1985 年获国家科技进步奖二等奖。1982 年年底，顾健人应邀前往瑞士日内瓦，参加肝癌预防和控制会议，与国际上的专家一起进行探讨和交流。

# 二、与美国同行的交流及合作

应该说，顾健人在英国进修的收获是巨大的。回国后，他急于把在国外所学先进的理论概念和技术，用于对原实验室的技术改造，力求把分子生物学的理论和方法更多地结合应用的研究，同时，相应开展关键性的应用基础研究，例如人体肿瘤的癌基因研究。那时，国内在这方面尚属空白，没有任何基础。顾健人多次不辞辛劳，与上级管理部门和领导沟通，终于得到了支持。

根据当时的实际情况，顾健人作出了立足国内、争取适当外援的决定。鉴于他在国外以血红蛋白基因为材料，在基因表达调

2001 年，顾健人（左二）访美时留影

控上做了一些工作，若继续开展这方面的工作，有可能得到一些资助，尤其在内切酶、同位素标记化合物及试剂上可以得到保证，顾健人打算在保证重点癌种（肝癌、胃癌、白血病、鼻咽癌）研究的基础上，以少量人力继续开展与血红蛋白基因有关的工作，达到"以轻养重"的目的。

根据上述指导思想，顾健人对生化研究室的工作做了安排，主要集中在：脂质体包囊化疗药物对肺癌的临床应用研究；特异性分子探针对于肝癌、鼻咽癌、淋巴瘤及其他疾病的诊断和病因学应用研究，包括肝炎带毒及隐性肝炎的检测，肝癌和 HBV 的关系，鼻咽癌、淋巴瘤与 EB 病毒的关系，地中海贫血的基因型分析和鉴别、诊断；人体正常细胞和癌细胞基因的表达调控，包括人体致癌基因研究和血红蛋白基因表达的调节控制。

1985 年 5 月，顾健人再次赴美考察。这次考察虽然只有短短二十几天，但顾健人马不停蹄，访问、考察了多个研究机构和实验室。在美国国家过敏症和传染病研究所，他访问了美国国立卫生研究院肿瘤病毒基因和乙肝病毒基因实验室，了解了申请美国国立卫生研究院基因的最新信息和注意事项。在美国国家癌症研究所，他访问了 6 个实验室，其中，Dr. G. Vande Woude 领导下的 3 个实验室的工作有很多创新，使他在短时间内对癌基因研究、乙肝病毒分子生物学的最新发展情况和一些重要技术有了了解。Dr. G. Vande Woude 和 Dr. Takis Papas 还欣然同意，担任上海市肿瘤研究所即将建立的癌基因实验室的顾问。在 Bethesda 的美国国家癌症研究所实验室，顾健人访问了癌基因实验室、分子病毒学实验室、肿瘤细胞生物学实验室、人体癌变实验室和分子肿瘤学实验室。Dr. Curtis Harris 邀请顾健人在美国国家癌症研究所作了两次学术报告，听众反响强烈。曾经访问过上海的美国国家癌症研究所的 John Minna，向人体癌变实验室的 Dr. Curtis Harris 介绍说："顾健人教授是我在访华期间遇到的最出色的分子生物学家。"Dr. Curtis Harris 立刻决定，一定请顾健人在次日到他那里作报告。顾健人在纽约 Albert-Einstein 医学院肝炎研究中心，

顾健人访问美国国家癌症研究所

访问了 David Shafritz。他当时是美国研究肝癌的三个代表人物之一，一开始，态度很冷淡。当顾健人谈到上海市肿瘤研究所在白细胞中发现 HBV DNA 时，David Shafritz 还表示怀疑，但在看了幻灯片后，立刻通知全室人员，集中到会议室，请顾健人详细介绍工作。顾健人讲完后，David Shafritz 说："我相信，这是非常出色的工作，你是中国最出色的医学科学家之一。"他当即提出，要与中国合作，进行研究鸭肝癌和人肝癌的合作，并提供一个奖学金名额。

两次赴美，顾健人以肿瘤所已有的优秀科研成果为基础，与国外优秀实验室进行学术交流，同一流科学家进行充分的学术交锋，达成了一些合作协议。这些合作协议虽然没有可观的经济资助，但肿瘤所可以用少量的肿瘤材料，换取最新的科研信息、技术，以及美方研究出的基因克隆、细胞株和材料，对加速肿瘤所癌基因的研究工作极为有利。

1986 年 7—10 月，顾健人前往美国国家癌症研究所，进行合

2012 年，顾健人主持中美临床和转化医学国际论坛

作研究和考察。

1986年，美国科学家 Dr. Takis Papas 等人发现了一个新的癌基因——ets2；上海市肿瘤研究所随后发现，它在肝癌中高度表达。基于此，1987年10月，美国国家癌症研究所分子肿瘤学研究室主任 Dr. Takis Papas、美国国家癌症研究所基础研究基金主任 Dr. G. VandeWoude 及人体癌变研究室主任 Dr. Curtis Harris，邀请顾健人再次赴美，以特邀科学顾问的身份，进行为期3个半月的合作研究。

在美期间，顾健人用了两个月的时间，筛选了200多万个噬菌体斑，获得了一个上游区的基因克隆，正好是美方缺少的片段。由此，双方合作，构成了一个完整的基因。美方对顾健人在短短两个月中不仅完成了基因的克隆，而且进行了酶谱分析，表示十分赞赏，对上海市肿瘤研究所和顾健人进行的基因文库工作表示充分信任。

接下来的一个半月里，顾健人重点考察和学习了生物工程及癌基因、抑癌基因、癌的分子流行病学动向与新技术等，了解到可以用 PCR 直接序列分析技术代替传统的 DNA 转染技术，进行对癌的分子流行病学研究。他学习掌握了多级扩增的方法和各种载体的构建、超高分子量 DNA 的分析，以及交替脉冲电场电泳的分析技术。他还了解到，人类基因组 DNA 的连锁基因酶切图谱已经完成，全部序列分析已经在进行中，对研究癌症和遗传病将会有重要价值；对人体肿瘤应用染色体专一的 DNA 探针，可以直接检测

2011年10月，顾健人在上海

1998年6月11日，在美国 General Motor 癌症基金委员会授奖时，顾健人与孙宗棠（左）、巴德年教授在一起

基因的丢失；对抑癌基因的研究，最有希望的方法是用正常的和癌的全长 cDNA 库进行鉴别性杂交分析等。这些技术及动向，给肿瘤所完成国家"七五"计划和"863"计划攻关项目研究带来很大帮助。

1989年3—7月，顾健人又一次赴美国国家癌症研究所进行合作研究。他经过4个月的努力，建立了人肝和原发性肝癌的4个 cDNA 文库，并在国际上首次建成了正常肝和肝癌相互递减的两个鉴别性 cDNA 文库，为发现新的癌基因和抗癌基因奠定了基础。

1994年10月，顾健人在香港参加第20届国际病理会议

此后，1990 年、1993 年、1995 年，顾健人以特邀科学顾问的身份，多次到美国国家癌症研究所开展合作研究 3—6 个月。

1995—1999 年，顾健人应邀担任美国通用汽车公司癌症研究基金会 Sloan，Kettering 及 Motor 奖（国际癌症大奖）的国际评委。这是对中国科学家的特殊荣誉。

2000 年 9 月，顾健人在德国柏林参加世界生物技术大会暨中欧生物技术研讨会

在此前后，顾健人作为国际知名科学家，活跃在世界各国和各地区，进行科研合作与交流，增进了中国同这些国家和地区的友谊。

2000 年 9 月，顾健人在德国柏林参加世界生物技术大会暨中欧生物技术研讨会

2004 年 7 月，顾健人与美国密歇根大学副校长 Ailbereomern 交流

2007 年 8 月，顾健人在印度尼西亚出席雅加达 Moktor Riady 研究所学术委员会会议

# 三、有良知的爱国科学家

1986 年 12 月，顾健人由人事部授予国家级有突出贡献的中青年专家荣誉称号。上海市肿瘤研究所在呈报表中对顾健人参加工作以来作出的主要贡献，作了一个比较详细的总结：

顾健人同志具有扎实的医学基础、广博的知识面、敏捷的思路，善于抓住科学发展动态，开辟新的研究领域，以解决肿瘤基础与应用的问题，从事肿瘤研究 20 多年来，在肿瘤细胞化学、分子生物学、癌基因等方面共发表论文 30 篇（其中，1985 年以后发表的有 7 篇），获得市级以上奖励 8 项（其中，1985 年以后的 1 项）。目前，他所领导的癌基因研究处于全国领先地位。为此，1985 年，国家计委决定拨款，在上海市肿瘤研究所筹建对国内外开放的癌基因实验室。

1958 年，顾健人同志开始应用细胞化学方法，寻找对宫颈癌有诊断价值的美兰—T.T.C 反应，具有一定实用价值。卫生部评审委员会决定送 1962 年第 8 届国际肿瘤会议。

20 世纪 60 年代初，顾健人同志提出了使癌细胞逆转的独特设想，在国内最早开展"正常肝胞质 RNA 对肝癌细胞的生物学作用"研究。这项研究曾获 1978 年上海市重大科技成果奖。

1979 年，顾健人同志以访问学者身份出国工作期间，在英国 Beatson 癌症研究所创建了专为研究蛋白质与 RNA 专一结合的分析技术，为基因研究提供了手段；建立了体外真核细胞基因转录和加工系统；发现了在基因远端有对转录加工的遥控区。他的导师为此写信给我驻英大使馆留学生管理处称赞他的工作成绩，认

1999 年上海市优秀专家迎春晚会上，顾健人受到时任上海市委副书记孟建柱接见。右一为时任上海市委常委、组织部部长罗世谦，左二为上海市第六人民医院教授于仲嘉。

为"这是国际上哺乳动物细胞遗传信息进行体外加工的首次成功",并称"他已为我们的研究项目中的主要方面作出了贡献"。

1981年回国后,顾健人同志在主持全国恶性肿瘤研究"六五"攻关项目"人原发性肝癌及肝癌7402细胞株癌基因的鉴定及其表达"中,首次在国际上确定了人原发性肝癌存在癌基因——N-ras基因。该项工作曾先后获得1985年国家计委、国家科委、国家经委、财政部联合颁发的国家"六五"攻关奖,以及1985年卫生部医药卫生科技成果甲级奖。

顾健人同志负责的课题组,于1984年发现在乙型肝炎病人的外周白细胞中存在HBV DNA,并首先发现白细胞中存在复制型乙肝病毒的DNA。该项发现于1985年获上海市科学技术进步奖三等奖。

在乙型肝炎病毒HBV研究中,他的助手提出设想,顾健人同志负责理论指导和设计,共同完成了简化的直接点样斑点分子

1992年11月,顾健人在作学术报告

杂交法。该方法检测血清中的 HBV DNA，在国际上属首创（国际上，其他实验室晚发了一个月）。它可确定乙型肝炎病毒带毒者的感染性。该项成果已推广，并获得 1985 年国家科学技术进步奖二等奖。

1985 年以来，顾健人同志又进一步深入研究肝癌癌基因，除 N-ras 外，在他领导下又发现癌基因 c-myc 基因的过量表达。这项成果表明，肝癌的发生至少要有两种癌基因的协同作用。此外，他们从 DNA 转染、mRNA 表达、蛋白质表达三个不同水平上，以及 DNA 重排、基因放大等方面，都进一步证明了 N-ras、c-myc 等癌基因在人肝癌中的存在。同时，在癌基因研究与应用的结合方面也开始起步。已组织人工合成肿瘤生长因子 TGFα 的全长度多肽；筛选单克隆抗体；人工合成乙肝病毒 X 基因的多肽片段正在免疫动物；与我所免疫室协作制备出 N-ras 基因产物 p21 蛋白的单克隆抗体，已进入"定位诊断"的实验阶段。

顾健人同志负责的组装质粒表达，已成功获得 Ki-ras、c-myc 癌基因重组表达质粒，证明大肠杆菌中可表达的 Ki-ras 及 c-myc 的蛋白。这两项工作填补了国内空白，并达国际水平（国际上已组装成功，但属专利），将为生产上述癌基因产物及制备相应抗体奠定基础，并具有潜在的应用价值。

鸭肝癌模型的研究，现在已成为美、日、联邦德国、法等国家瞩目的重要对象。顾健人同志负责的亚肝癌癌基因的研究已证明鸭肝癌的转化基因为 Ha-ras 及 raf，它们在癌阶段已被激活。这在国际上属首次报道，为进一步应用鸭模型研究肝癌的癌变过程和阻断创造了条件。

顾健人同志和他的助手（顾负责理论指导）在"直接点样斑点分子杂交法"成果基础上，又在国际上首次建立了"逆向斑点分子杂交法"。该技术可同时检测 HBV DNA 及 DNA 聚合酶，这对确定乙肝病毒带毒者的感染性是最为敏感的确诊方法。它比常规的"二对半"方法更为直接可靠。该项研究已于 1985 年年底通过鉴定，并已取得国内专利登记，1986 年夏在武汉第二届全国发明展览中展出。

前美国总统医学顾问和白宫医学科研办公室主任 Omen 博士来我所参观后，写信给顾健人同志称："你的工作是第一流的，我对于中国政府为什么要在你实验室建立研究中心丝毫不感到奇怪。"

1996 年年初，顾健人给上海市委、市政府领导授课

顾健人是一位有良知的爱国科学家。他在 20 世纪 80 年代到 21 世纪初的 30 多年时间里，曾经数十次出国，参加国际会议，进行科研合作。他在国外期间，都是在考虑工作，很少安排旅游。每次出访，不管国内外形势如何变化，他都准时回国。特别是 1989 年发生政治风波后，有些在国外留学或进修的学者选择留在国外发展。而当时正在美国国家癌症研究所进行合作研究的顾健人，到了 7 月本来计划回国的那一天，按时离开美国回来了，因为他清醒地认识到："所有我的一切，属于党和人民。我愿意把

我的一生献给共产主义事业。"[1] 后来，顾健人在总结这段经历时说："1989 年'六四'事件时，我正在美国。那里不能及时看到国内的报纸，不了解事件的前因后果，接触到的都是国外的歪曲宣传，但我坚信，我们国家需要安定，动乱不利于国家和人民的利益。我相信，我们国家采取制止动乱和暴乱的措施，总是有道理的。我和我的妻子于 7 月 30 日按期回国。回来后，通过学习，了解了这一事件的由来和性质，认识到党和国家采取措施制止动乱及暴乱的必要性。我认识到，这一事件的发生是国际上资本主义势力企图在我国实现和平演变的一个组成部分。一年多来的历史已经证明，我们党不仅有力地制止了动乱，而且顶住了外来的种种压力，坚持社会主义，取得了重大胜利。"他还向党组织明确表示："对社会主义和共产主义理想，我是坚信的。我在国外工作过较长的时间，对资本主义上层社会的尔虞我诈、垄断国家资本、操纵国家政治、对包括华人在内的有色人种歧视、就业不安全及社会秩序混乱等各种社会弊端，有较多的体会。所以，我坚决反对崇洋媚外，反对对西方的一套盲目照搬。中国人应该有中国人的骨气，走自己的道路。"[2]

回忆起顾健人的这段经历，当时也在美国留学的顾奕充满敬意地说："那个时候，中国的经济和美国的经济相比，差距太大了。如果我父亲选择在美国发展，我也理解，但是，我父亲可以说是一个比较典型的中国知识分子。他能够耐得住清贫，就喜欢搞研究，身上也有很强的责任感和使命感。这就是他每次出国都按时回来的原因。特别是在 1989 年政治风波以后，他尽了很大努力，劝说自己的学生回来。"顾奕在美国学习、工作了十几年

---

① 《党员重新登记申请表》（1990 年 11 月 20 日），上海市肿瘤研究所干部人事档案室提供。

② 《中国共产党党员登记表》（1991 年 6 月 20 日），上海市肿瘤研究所干部人事档案室提供。

后，最后也选择回到国内发展。他深有体会地说："有些人会把物质比研究看得重，在这样的情况下，他们选择了物质，没有选择研究的方向和以后研究的前程。这种情况也是可以理解的，人各有志嘛，追求的东西不同。可是，如果你想在自己的事业上，或者对于追求的一些东西，能够达到一定水平的话，还是在中国才能有比较好的发展。"①

2000 年 9 月，顾健人在德国柏林参加世界生物技术大会暨中欧生物技术研讨会

1993 年 7 月 1 日，顾健人被评为上海市教卫系统优秀共产党员。党组织在介绍他的先进事迹时指出："他是一位优秀的科学家，也是一位具有高度政治责任感的好党员。他以良好的学风和治学精神，带教青年科技人员，为他们创造脱颖而出的良好环

① 《采访顾奕笔录》，2013 年 10 月 20 日，未刊稿。

境，是一位热爱人才、甘为人梯的好导师。他坚持四项基本原则，积极发挥共产党员的先锋模范作用，在上海市肿瘤研究所内党内外群众中享有较高的威信。"[1]

1995 年，顾健人又被评为上海市卫生局优秀共产党员。党组织再次给予他很高的评价："顾健人同志具有强烈的事业心、坚强的党性和献身精神，在科学殿堂勤奋耕耘、甘为清贫、乐为人梯，其所做的研究工作在国内外有重要影响和知名度，为肿瘤防治事业作出了贡献。"[2]

---

[1] 《上海市教卫系统优秀共产党员审批呈报表》（1993 年 5 月），上海市肿瘤研究所干部人事档案室提供。
[2] 《优秀共产党员推荐表》（1995 年 6 月 12 日），上海市肿瘤研究所干部人事档案室提供。

# 第|五|章

# 创建国家重点
# 实验室

20 世纪 70 年代末以来，癌基因及原癌基因的相继发现，为从分子水平揭示癌变的本质，探索癌症的长期发现、诊断和防治措施，开辟了一个新的研究领域。

癌基因是在致癌病毒中被发现的，如果把这种基因单独分离出来，再用一定方法将其转移到正常细胞中去，该细胞即会发生癌变。后来，人们又陆续发现，人类和其他生物体内都有潜在致癌能力的原癌基因。这些原癌基因通常是不会引起细胞癌变的，需经过某些激活过程才可能使细胞癌变，这些原癌基因转化或激活成为癌基因。原癌基因在人类漫长的进化过程中，一直被保留下来，说明它们有正常的生理功能。现在知道，它们在胚胎发育、细胞再生和个体发育中是必不可少的。人出生后，原癌基因处于受控制状态，所以很安全，而且是细胞生存的重要基因组成。它们受到环境因素如化学致癌物、射线或病毒侵袭后易被激活，从而产生致癌的蛋白质，使

上海交通大学校长林忠钦与顾健人亲切握手

细胞代谢异常、增殖和分化失调，最终才会导致细胞发生癌变。

进入 80 年代以后，对癌基因的研究在国际上方兴未艾，尚处起步阶段，但发展异常迅速，已从基础理论研究（应用分子生物学、细胞生物学、细胞遗传学、人工基因、多肽合成等技术分离或鉴定出激活的癌基因，并在染色体中作出定位），转向癌基因产物应用与癌症诊断、将癌基因产物的单克隆抗体应用于癌症治疗、癌基因表达的阻断，为癌症提供了临床诊断、治疗、预防等应用研究的发展前景。

# 一、发现并提出肝癌癌基因谱型

1981 年，顾健人结束了在英国为期两年多的研修，回国后便开始埋首探索"癌中之王"原发性肝癌的癌基因与癌变机理，从基因水平寻求征服肝癌的新途径。他承担了国家"六五"攻关项目"人肝癌癌基因的分离、表达以及肝癌癌基因与乙型肝炎病毒对肝癌的关系"研究课题。他和助手们经过数年努力，于 1985 年在国际上首次证明 N-ras 基因为人原发性肝癌的致癌基因之一。在此基础上，他们又相继发现 N-ras、c-myc、c-est2、IGF-II、IGF-II 受体及 CSF-1 受体等 7 种癌基因及相关基因有异常的激活，成为肝癌特征性的癌基因谱。

顾健人根据人体肿瘤多病因、多阶段的特点，提出人肝癌的发生不可能仅由于一两个基因的改变，而是存在一个异常的、激活的癌基因谱。其中有些基因的异常并不是所有肿瘤共同的特点，而某些基因的改变则具有相对的特异性，这些异常的基因群组成了某种肿瘤的癌基因谱。顾健人在实验室的发现，证实了以上的设想。多种癌基因参与某种特定的肿瘤，这是一个新的发现，为进一步研究癌的不同阶段的基因激活与病因的关系、癌的演进，以及今后针对癌基因及其产物，设计和发展以癌基因为靶向的生物治疗，提供了理论依据。这项成果获得国家科技进步奖二等奖、卫生部科技进步奖一等奖。癌的激活或失活的基因谱型，直到数十年后，已进入"基因组"研究的年代，"癌基因谱"的概念仍未过时，并仍对癌的诊断与治疗具有指导意义。

在那一阶段，顾健人带领的团队试图针对肝癌的主要危险因素 HBV 在 DNA 上的整合位点，与基因组的空间位置相联系，但仅在 7/16 例原发性肝癌标本中发现整合的 HBV DNA，而且电泳带类型不一致，说明没有共同的整合位点；同时，未发现整合的 HBV DNA 邻近有已知的癌基因存在；在 6/16 例原发性肝癌标本中发现有复制形式的 HBV DNA，提示 HBV 可能在肝细胞癌变中以顺式（Cis）调节以外的某种方式发挥作用。

2000 年 8 月，顾健人陪同时任上海市副市长左焕琛（左四）考察癌基因及相关基因国家重点实验室

近年来，顾健人回顾了他从英国回来后，1982 至 1990 年这一阶段的肝癌研究工作。他认为，当时由于条件限制，所用的材料，除肝癌细胞株外，原发性肝癌组织的数量很少，因此，对研究结果需要重新反思。N-ras 基因可能仅影响了少数肝癌，不一定具有普遍意义，反而 c-myc 基因的激活对肝癌的影响是肯定的。至今，Ras 家族（包括 H-Ras、K-Ras）在肝癌中是否具有普遍而重要的意义，尚待确定。反之，值得提出的是，在 20 世纪 90 年代初，顾健人团队发现 p53 及染色体 17p13.3 的缺陷存在于启东的肝癌病人（50%）和上海的肝癌病人（15%）中。这项成果发表于"*Carcinogenesis*"，成为广为引证的论文之一，迄今仍有重要意义。

另外，在 20 世纪 80 年代，国际上占优势的"权威"认为一两种基因即可引发癌症。顾健人团队当时指出，仅靠一两种基因的改变不足以形成癌症。一种癌的发生，需要多个基因参与才能引发。所以，他们就提出了"癌基因谱"，这一观点至今仍是正确的。现在，癌症研究的重点之一就是寻找各种癌症的"基因签名"（Gene Signature），即哪几种基因形成的特殊的"谱型"。但迄今为止，与肝癌相关的关键基因的谱型尚有待确定，仍是一个重要研究课题。

# 二、癌基因及相关基因国家重点实验室的筹建

1984 年，为加快我国社会主义现代化建设，国家计划委员会启动了国家重点实验室建设计划。国家重点实验室围绕国家发展战略目标，面向国际竞争，为增强科技储备和原始创新能力，开

展基础研究、应用基础研究（含前沿高技术研究和基础性工作）：或在科学前沿的探索中具有创新思想；或满足国民经济、社会发展及国家安全需求，在重大关键技术创新和系统集成方面成果突出；或积累基本科学数据、资料和信息，并提供共享服务，为国家宏观决策提供科学依据。

国家重点实验室的主要任务是，针对学科发展前沿与国民经济、社会发展及国家安全的重要科技领域和方向，开展创新性研究。它应在科学前沿探索研究中，取得具有国际影响的系统性原创成果；或在解决国家经济社会发展面临的重大科技问题过程中具有创新思想与方法，实现相关重要基础原理的创新、关键技术的突破或集成。

国家计划委员会从发展经济、科技和教育事业，促进科技体制改革，改进基础研究机制和管理模式的国家科技工作战略高度出发，同时，为了提高我国的科研能力和水平，稳步地、更有效地发展我国的基础研究和应用研究，更好地集聚、培养优秀人才，在较高层次上形成精干的、各有特色的科研梯队，在体制上打破部门所有制，避免大型仪器设备和科研经费的重复设置与分散使用，克服科研工作中低水平重复的现象，作出了建立国家重点实验室的重大决策。

在当时的时代背景下，顾健人作为我国癌基因研究奠基人之一、上海市肿瘤研究所生化与分子生物学研究室主任，与他的团队清醒地认识到，尽管上海市肿瘤研究所从事癌基因的研究起步较早，在肝癌癌基因研究领域有了一定进展，但从总体上看，与国外相比，至少落后 3 年（缺乏先进的仪器设备，影响了对癌基因的研究和开发应用）。如果不采取有力措施，我们的研究即使暂时领先，很快也会变成落后，而且，差距将越拉越大。为了推动我国癌基因研究工作的迅速发展，迎接世界各国对攻克癌症发起的挑战，顾健人提出，建立一个对国内开放、与国际协作的国家级癌基因研究中心实验室，集中投资，集中智力、财力和物力，发挥多学科优势，充分利用该中心的技术和信息，加快全国癌基因研究的步伐，缩短与国际的差距，

2005 年 8 月，顾健人在办公室

争取早日有所突破，为癌症防治作出贡献。

1984 年 11 月，上海市肿瘤研究所根据顾健人提出的建立国家癌基因研究中心实验室的设想，向上海市卫生局正式呈报《关于在我所建立癌基因研究中心实验室的请示》（沪肿研 [84] 字 48 号）。上海市卫生局鼎力支持上海市肿瘤研究所的这一举措，并于 11 月 28 日向卫生部呈报了《关于建立上海市肿瘤研究所癌基因研究中心实验室的请示》（沪卫科 [84] 77 号）。顾健人与时任上海市卫生局副局长朱瑞镛、上海市科学技术委员会处长贺平等人多次赴京，向卫生部副部长陈敏章、国家计划委员会副主任房维中、国家科学技术委员会科技局，以及全国肿瘤攻关项目负责人李冰汇报并积极争取。1985 年 7 月，国家计划委员会批准同意在上海市肿瘤研究所建立癌基因研究国家重点实验室，同时下达 1985 年国家重点实验室项目及外汇成交额计划，并同意下拨 140 万美金外汇额度，匹配 400 万元人民币，购买实验仪器，装备上海市肿瘤研究所癌基因研究国家重点实验室。1985 年 8 月，卫生部作出关于同意装备两个国家重点实验室的批复，其中之一就是上海市肿瘤研究所癌基因研究国家重点实验室。

根据癌基因研究国家重点实验室的发展方向和任务，在顾健人的指导及亲自参与下，上海市肿瘤研究所及时制订了购置流式

细胞仪、电子显微镜、高压液相色谱仪、液体闪烁计数仪、多肽合成仪、顺序控制伽马计数仪和分子生物学研究实验室通用设备的订货单，呈报卫生部，由经济贸易部批转中国仪器进出口总公司对外订货。1986 年 5 月，订购的仪器设备陆续到货。1986 年，根据国家计划委员会、财政部《关于划拨一九八六年国家重点实验室第二批经费指标的通知》要求，将国家重点实验室第二批经费 100 万元人民币划拨给上海市肿瘤研究所。上海市卫生局和上海市科学技术委员会同时下拨实验室运行费给上海市肿瘤研究所癌基因研究国家重点实验室，用于维持实验室科研工作的正常运转。癌基因研究国家重点实验室是国家计划委员会和卫生部批准建立的我国第一家依托地方政府的癌基因研究国家重点实验室，也是迄今为止唯一的一家依托地方政府的国家重点实验室。

顾健人非常重视与癌基因研究的先进国家建立稳定的联系和协作关系。癌基因研究国家重点实验室成立以后不久，顾健人领衔的癌基因研究课题就被列入国家"七五"攻关项目。为了解国外癌基因研究发展动态，掌握先进技术，加速实验室的内涵建设，经上海市科学技术委员会同意，顾健人特意聘请了美国国家癌症研究所分子生物学研究室主任 Dr. Takis Papas 和美国国家癌症研究所基础研究基金主任 Dr. G. Vande Woude，为上海市肿瘤研究所癌基因研究国家重点实验室顾问，每年来实验室就研究工作进行交流和技术指导。

为了进一步促进癌基因研究国家重点实验室的发展和骨干人才的培养，1986 年，顾健人再聘两位国际上乙肝病毒与肝癌研究的权威人士——瑞典卡罗林斯卡医学院研究员 G. Klein 博士和纽约爱因斯坦医学院肝病研究中心主任 David Shafritg 博士，作为癌基因研究国家重点实验室的顾问，每年来实验室进行全面指导。

1987 年 10 月 6 日，上海市肿瘤研究所向上海市卫生局提出癌基因研究国家重点实验室更改名称的请示：国家计委批准资助的国家重点实验室，绝大多数以学科或领域命名，而上海市肿瘤研究所癌基因研究国家重点实验室却以某一类基因学命名，存在一定的局限性。1985年以来，癌基因研究的进展极为迅速。癌基因研究必然涉及生长因子及其受体，以及与人类肿瘤密切相关的病毒基因、抗癌基因及其他相关基因的研究。为此，顾健人提出，将癌基因研究国家重点实验室这个名称更改为癌基因及相关基因国家重点实验室。癌基因及相关基因的含义为：（1）原癌基因及癌基因；（2）与癌密切相关的生长因子及其受体的基因；（3）抗癌基因；（4）与人体肿瘤密切相关的病毒基因，如HBV、EBV。

1987年10月13日，卫生部批复：根据国家计划委员会计科（1987）1825号《国家重点实验室建设管理办法》和癌基因研究进展情况，同意癌基因研究国家重点实验室更名为癌基因及相关基因国家重点实验室。顾健人被卫生部任命为癌基因及相关基因国家重点实验室主任。1987年11月，癌基因及相关基因国家重点实验室通过由卫生部组织的专家验收，并于1988年1月面向全国开放。

2011年11月，顾健人（前排左五）出席癌基因及相关基因国家重点实验室学术委员会会议

# 三、癌基因及相关基因国家重点实验室不断取得新成果

1990年，国家计划委员会发文，将对建成验收满3年的国家重点实验室进行定期评估，并委托国家自然科学基金委员会组织评估工作。根据该文件要求，癌基因及相关基因国家重点实验室主任顾健人及时组织有关专家，总结撰写、按时提交了实验室评估申请报告，于11月24日接受由国家自然科学基金委员会组织评估专家进行的评估和检查。评估结果如下："经国家计划委员会对国家重点实验室第二次会议评选，癌基因及相关基因国家重点实验室被评为先进集体，顾健人及王敏敏同志（当时为癌基因及相关基因国家重点实验室办公室负责人——笔者注）被评为国家

1994年12月，顾健人荣获国家重点实验室先进工作者荣誉称号

重点实验室先进工作者"。

1994年12月，在国家计划委员会、财政部、国家科学技术委员会、卫生部等八部委召开的国家重点实验室建设10周年总结表彰大会上，顾健人荣获国家重点实验室先进工作者荣誉称号（金牛奖）。此后，癌基因及相关基因国家重点实验室分别于1996年、2001年、2006年、2011年，接受由国家自然科学基金委员会组织评估专家进行的评估和检查，结果均为良好类国家重点实验室。

2001年3月13日，顾健人（站立者）在癌基因及相关基因国家重点实验室评估会上作工作汇报

现代科学已经成为群体的智慧结晶，居里夫妇单打独斗的时代已经过去了。当研究室主任，好比是交响乐队的指挥兼第一小提琴手。当指挥就要尽可能发挥每一位艺术家的积极性。癌基因及相关基因国家重点实验室创建以后，顾健人做了17年的实验室主任。作为学科发展的引领人，他综观大局，既有战略眼光，又有战术思想，立足前沿，交叉融合，弘扬优势，协作攻关，将科研工作把握在可持续发展的轨道上。顾健人常对他的同事和学生们说："乐队指挥不一定事事比乐手高明。我出的点子，十分之

一被证明是对的，就算不错了。如果出了错点子，实验失败了，我应负全责。有时候真理在年轻人手里；有时候，重要的发现来自偶然。绝不要用自己固定的想法去索取结果"，"一个研究生如果做出的是导师预期的结果，只能算中庸水平；如果做的是出于导师意料之外的结果，这才是尖子"。

20 世纪末 21 世纪初，顾健人率领他的团队，创新性地设计了以细胞生长为基础的高通量 DNA 转染技术平台，以基因功能为切入点，直接在基因组水平筛选出对肿瘤细胞生长有促进或抑制作用的基因。分离出与疾病相关的基因，是人功能基因组学研究的重要组成部分，也是我国基因组研究的战略重点。这种新的基因筛选策略，加快了对有应用价值的早期诊断癌症、基因工程药物、药靶及基因治疗等新基因的发现，为开发具有自主知识产权的生物制品提供了物质基础。顾健人他们为期 5 年，共做了约 15 万个 cDNA 克隆转染筛选，观察癌细胞克隆的形成，看这些指标是促进癌细胞生长还是抑制它们生长。结果发现，有 3806 个基因具有促进或抑制癌细胞生长的作用；其中，已知基因为 2836 个，全长新基因为 372 个，还有 598 个尚未确定性质的新基因序列。在对 2836 个已知基因的分析中，意外发现其中有一群基因，包括环境、营养、氧化还原相关基因，与免疫相关的基因，离子通道及离子、小分子的转运蛋白，神经递质及其他小分子受体等，同样与细胞的生长相关。这些宝贵的、大量的生物信息学数据分析，为顾健人进行的癌症机理研究提供了新的启示。他认为，人体肿瘤的形成与基因缺陷有关，但环境因子，比如化学物质、病毒、其他微生物、营养，以及体内各种因素（包括精神、免疫、激素、代谢或中间产物等内外因素），也十分重要。癌症研究仅仅局限于癌本身以及癌细胞是不够全面的。他将癌症重新定义为"以局部组织细胞异常生长为特征的系统性疾病"。癌症既然是以细胞异常生长为特征的疾病，机体对细胞生长的调节系统就应该是多方位、多层次的。肿瘤的发生可以理解为神经、激素以及免疫监控等已存在缺陷，癌的发生发展可能是机体系统性调控失衡、发生缺陷或错乱的结果。顾健人提出的"肿瘤是系统性疾病"的新观点，引起学术界的广泛关注。

长期以来，癌症被认为是一种局部脏器或组织的病变。如果癌症是一种系统性疾病，那么，怎样来治疗是需要认真思考的问题。顾健人认为，首先应从系统整体观认识肿瘤，进而改变对肿瘤的诊疗模式。癌症治疗必须以不牺牲机体的调控系统功能及其修复为前提。对于早、中期的恶性肿瘤，无论是手术、放疗、局部介入治疗等，去除其病灶应有利于整体调控系统功能的修复。更重要的是，对肿瘤的治疗，除了现有手段，应该加强修复和重建机体对细胞调控的平衡态，包括神经、内分泌、免疫等系统标志的检测及重建平衡的新的疗法，这将是今后研究的重要方向和领域。

# 四、与杨胜利、王红阳的合作

顾健人与杨胜利[①] 相识相交于 1987 年"863"计划期间。当时，顾健人任"863"计划生物和医药技术领域基因工程药物、疫苗

---

① 杨胜利，生物技术专家、中国工程院院士，1962 年毕业于华东化工学院有机化工系，1962 年 9 月到中国科学院上海药物研究所工作，1980—1982 年在美国加州大学从事博士后研究，1992—1996 年担任中国科学院上海生物工程研究中心党委书记、主任，现任中国科学院上海生物工程研究中心研究员、中国科学院生物技术专家委员会主任委员，中国科学院新药专家委员会副主任委员，国家"863"生物技术领域专家委员会委员，上海市科技进步专家咨询委员，上海交通大学、中国科技大学兼职教授，华东理工大学生物工程学院名誉院长等职。

和基因治疗主题专家组组长，组织实施首批项目招标工作。项目指南中有一个专题是生物技术基础研究，课题包括新的表达载体及表达系统、基因调控序列在高效表达中的作用等研究。杨胜利承担了基因工程表达载体及工程细胞株研究这个课题。当时，我国生物技术研究刚起步，与国外相比相距甚远，处于"外国基因，中国组装"的局面，急需研究建立具有我国自主知识产权的新的基因表达载体和调控元件等。杨胜利经过多年努力，突破了这一难题，作出了突出贡献，形成了我国自主研制的基因工程表达系统。

20世纪90年代，顾健人与杨胜利先后当选为中国工程院院士，在学术上切磋交流的机会更多了。也许是职业属性使然，他俩更热衷于讨论的热点话题是国内外科技发展的趋势，共同的语言使他们频频撞出创新的火花。当年，顾健人任癌基因及

2005年8月，顾健人与中国工程院院士杨胜利合影

相关基因国家重点实验室主任，杨胜利任中国科学院上海生物工程研究中心主任。基础研究与开发研究领域的碰撞，使这两位科学家带领各自团队开始了横向的项目课题合作，优势互补。这种强强联合的长期合作保持至今，已达20余年。2005年3月，顾健人和杨胜利在《中华医学杂志》上联名发表文章，明确提出了"要用系统性疾病的观念重新认识癌症"的新观点，在学术界产生重要影响。

2002年，根据科技部对国家重点实验室主任任职年龄的规

定，顾健人主动提出不再担任癌基因及相关基因国家重点实验室主任。在顾健人的极力推荐下，经卫生部批准，杨胜利于 2002 年 10 月出任癌基因及相关基因国家重点实验室主任。2007 年，王红阳[1] 任癌基因及相关基因国家重点实验室主任。2012 年，高维强[2] 任癌基因及相关基因国家重点实验室主任。2019 年，陈国强[3] 任癌基因及相关基因

2013 年 11 月，顾健人与高维强在一起

2014 年，中国科学院院士陈国强看望顾健人

[1] 王红阳，肿瘤学、分子生物学专家，1992 年毕业于德国乌尔姆大学，获博士学位，曾任德国马克斯—普朗克研究所生化所 P.I，现任上海东方肝胆外科研究所副所长，信号转导研究中心主任，东方肝胆外科医院综合治疗二科主任、主任医师，2005 年当选为中国工程院院士。

[2] 高维强，1978 年毕业于南京大学，1983 年通过中美生物化学联合招生项目赴美，获美国哥伦比亚大学神经生物学博士学位。2003—2005 年获选国家自然科学基金"海外杰青"项目，2010 年入选中共中央组织部海外高层次人才特聘专家，现任上海交通大学"王宽诚"冠名讲席教授、生物医学工程学院院长、Med-X 研究院副院长、Med-X-仁济医院干细胞研究中心主任。

[3] 陈国强，医学病理生理学家，1996 年毕业于上海第二医科大学，获医学博士学位，长期从事肿瘤细胞命运决定和肿瘤微环境调控机制研究，现任上海交通大学副校长、上海交通大学医学院院长，2015 年当选为中国科学院院士。

**113**

国家重点实验室主任。

2012年1月13日是顾健人80华诞。王红阳、杨胜利在热情洋溢的贺词中称颂道：

科研生涯如登山，走不尽的路，爬不完的山，刚攀上峰，才知顶峰还在前头。顾健人院士就是这样执着追求，勇于登攀，周而复始，走过半个世纪的心路历程。入行半个世纪，他的研究不断深入，他的创新从不间断。自1964年证明正常细胞核酸可抑制癌细胞的生长并在生化方面发生向正常干细胞逆转开始，到20世纪80年代起寻找肝癌相关的基因与抑癌基因，从发现新基因功能到基因治疗，从研究细胞癌变机理到倡导癌是系统性疾病的理念，勇于登攀，周而复始，走一条条无止境的崎岖之路，培养了一批批医学科学家和科技人才。

每个人都是耕耘人生的园丁。顾健人院士始终站在第一线的辛勤耕耘中，始终是那样兢兢业业、脚踏实地的拓荒者，始终是

2010年7月，顾健人与中国工程院院士杨胜利（左）、王红阳在一起

敢于创新、百折不回的探索者。

　　路漫漫其修远兮，吾将上下而求索。

# 五、人才辈出的科研团队

　　顾健人在领导癌基因及相关基因国家重点实验室期间，把人才培养作为战略任务看待、当作头等大事来抓。他甘为人梯，选贤任能，注重以科研促进学科发展、以科研加快人才培养，强调老、中、青三代科研人员相结合，强调发挥"团队"的作用，形成了稳定的科技队伍与较为合理的梯队结合，并把有真才实学的人才推上重要岗位，使他们成为骨干，创造条件发挥他们的聪明才智，促进年轻科研人员的学术水平不断提高，为学科持续发展

2005 年 8 月，顾健人与学生们在一起

奠定了坚实基础。正是在这样良好的学术发展与人才培养环境下，癌基因及相关基因国家重点实验室不断涌现出优秀的科技人才，这个研究团队日益发展壮大。

张志刚是在 2009 年以人才引进方式来上海市肿瘤研究所工作的，现为癌基因及相关基因国家重点实验室神经递质与肿瘤微环境研究组组长。他在德国从事的研究方向主要是细胞外基质与细胞间的相互作用（侧重于皮肤创面愈合以及皮肤肿瘤的研究），而上海市肿瘤研究所的研究方向基本上以肝癌为主，所以一开始，刚刚涉及这个领域，对他来说是个全新的挑战。顾健人高屋建瓴，从整个研究所的发展方向上综合考虑，并结合张志刚以前的研究背景，希望他能把研究重点放在肝星状细胞上。肝星状细胞是肝脏中一种很有意思的间质细胞，它在肝脏损伤修复、肝纤维化和肝癌的发生发展过程中都发挥着非常重要的作用。

对于顾健人提出的肿瘤是一种系统性疾病的全新观点，张志刚非常赞同。顾健人在讲解两级系统性调控理论时，形象地把肿瘤比作人体内部的"黑社会"，把中枢性调控系统比作人体内部的"中央政府"，把器官组织水平系统性调控比作人体内部的"地方政府"。肿瘤的发生发展，可能是由于人体内部的"中央政府"与人体内部的"地方政府"都没有发挥它们应有的调控职责所产生的后果。他总是用通俗易懂的语言，深入浅出地把先进的科学思想传递给年轻人。

在顾健人的指导下，张志刚认真攻读了顾健人主编的"*Primary liver Cancer*"一书，逐渐理解了顾健人提出的肿瘤的两级系统性调控理论，即：第一级是中枢性的系统性调控（脑—海马—自主神经—垂体等激素器官—免疫器官），第二级是器官组织水平的系统性调控（神经递质—激素及受体—免疫细胞）。神经—激素—免疫构成了两级系统性调控的核心，而神经递质在其中发挥着关键作用。神经递质处于信号转导的上游，它们通过与受体的相互作用，调控细胞内的多种信号传导途径；另外，它们还通过调控内分泌系统以及免疫细胞的功能，在肿瘤发生发展和转移的各个阶段都发挥着重要作用。而且，更有意思的是，神经递质并非神经系统拥有的特殊性分子，有些神经递质分子早在神经系统出现之前就已存在。例如，最简单的真核生物酵母中就已存在乙酰胆碱，表明神经递质除了在神经系统中发挥功能，它们可能还具有其他的生物学功能。很多非神经系统的器官或组织都可以分泌非神经源性神经递质，比如肿瘤细胞。

在顾健人的启发和鼓励之下，张志刚课题组在器官组织水平的系统性调控方面，做了大量非常出色的探索性研究工作，并取得了突出的成果，发表于 *Hepatology*。他们发现，人的肝星状细胞可以分泌儿茶酚类神经递质（包括去甲肾上腺素、肾上腺素和多巴胺等）。肝星状细胞分泌的神经递质，可能在维持肝脏正常功能以及各种病理情况下（例如肝纤维化或肝癌），发挥着十分重要的作用。张志刚组在有关胰腺癌的研究上，也有新的发现。

2011 年，张志刚在德国留学时的导师 Monique Aumailley 教授和 Thomas Krieg 教授（分别为德国科隆大学副校长和医学院院长）夫妇，参加德国马普学会与中国科学院的合作交流，并且隆重受邀访问同济大学（因为 Thomas Krieg 教授的祖父是同济大学创始人之一）。张志刚顺便邀请他们来上海交通大学医学院做学术访问。他们与顾健人进行了长达一小时的交流。他们在回国之前，非常慎重地告诉张志刚，他们这次来中国很大的一个收

2020 年 1 月，张志刚祝贺顾健人 88 岁寿辰，中为顾健人夫人方利君

获，就是见到了顾健人，见到了中国老一辈科研工作者。他们对顾健人的敬佩之情溢于言表，不仅惊讶于顾健人流利的英语，特别令他们钦佩不已的是顾健人已近80岁高龄，还具有如此清晰的思维和快速的反应能力，以及对科学前沿动态的把握。

近几年来，在顾健人的顶层设计和指导下，张志刚课题组得到快速发展，并且申请了多项国家级课题，其中包括国家"十二五"科技重大专项、国家高技术研究发展计划（"863"计划）项目以及国家自然科学基金项目等，还发表了多篇研究论文和申请了多项国家发明专利。

在回忆顾健人无私的、不计任何回报的帮助时，张志刚说："2012年的时候，我陪同顾先生去新加坡进行学术交流。顾先生利用中午休息时间，与新加坡的学生们进行了面对面的交流。顾先生不仅仅和他们探讨科学前沿问题，还与他们谈论人生和理想，建议他们树立正确的科学理想和观念，坚持自己感兴趣的研究方向，不要随波逐流，更不要急功近利。我们从顾先生身上学到的不仅仅是渊博的知识、对科学一丝不苟的精神、兢兢业业的态度，最重要的是，我们还从顾先生身上学到了如何为人、为师。顾先生为人虚怀若谷、平易近人。无论是对待大名鼎鼎的教授，还是对刚入道的学生，顾先生都一样和蔼可亲，丝毫没有架子。顾先生遇到一些自己不熟悉的知识或领域，都非常谦虚地向别人请教。比如，他时常会向一些临床医生请教临床方面的知识以及常用的药物等等。顾先生在生活上也非常的简朴。每天中午，他与上海市肿瘤研究所的所有职工和学生一样，吃10元钱的盒饭，从来不搞特殊化。顾先生的方方面面、点点滴滴，都值得我们认真学习。我们都为自己是顾先生的学生而感到骄傲。"①

---

① 陈挥主编：《中国医学院士文库——顾健人院士集》，人民军医出版社2014年版，第532—534页。

# 六、国家重点实验室向全国敞开协作大门

顾健人作为一个国家重点实验室的主任，他的任务之一是使实验室向全国开放、敞开协作大门。这就要解决"甘当配角"的指导思想问题。在顾健人言传身教的带领下，癌基因及相关基因国家重点实验室与有关兄弟单位进行协同作战。例如，与华西医科大学协作，联合培养博士研究生黄倩，完成了抗癌基因 Rb 的系统研究，建立了 Rb 基因大肠杆菌表达系统，这是继美国李文华实验室后建立的第二个表达系统；此外，还自行设计合成了多肽片段成功制备抗体，在 19 例中国视网膜母细胞中证明全部有表达缺陷。

癌基因及相关基因国家重点实验室还与浙江大学的何南祥教授联合培养博士研究生易健如，由浙大提供标本，通过肝组织 DNA 分子杂交，在国际上首次发现 HBV 阳性母亲的胎儿肝内存在 HBV DNA 的整合。这是国际上首次提出 HBV 在母婴之间存在垂直传播，迄今还有重要价值。同一时期，顾健人研究组在病人 HBV 感染的白细胞中发现存在 HBV DNA 的整合，说明 HBV 不仅感染肝脏，而且作用于全身。这在国际上也属首次发现。

在与众多协作单位的合作项目中，合作时间比较长的是房静远博士。现在已经是教育部"长江学者"特聘教授、国家杰出青年科学基金获得者、"新世纪百千万人才工程"国家级人选，并入选"上海市领军人才"计划、上海市"优秀学科带头人"计划的房静远，曾经在癌基因及相关基因国家重点实验室学习和工作过，当时得到了顾健人的无私帮助和指导。

1994 年年初，房静远在上海第二医科大学攻读博士学位。他的导师江绍基（1994 年 12 月，与顾健人同时当选为首批中国工程院院士），要求他去上海市肿瘤研究所学习分子肿瘤学实验技术。房静远手持江绍基的亲笔信，怀着敬仰的心情前去拜访顾健人，很快被安排到周筱梅课题组学习了 3 个月。这次学习尽管时间不长，但对于初次涉入分子生物学研究领域的房静远来说，无疑是十分重要的。那时，房静远经常听学兄和学姐们对他津津乐道顾健人学术上的成就，心中对顾健人的人格魅力和敬业精神十分钦佩。

十分巧合的是，房静远有幸于 1999 至 2001 年在顾健人曾经工作过的美国 NIH/NCI-Frederick 学习和进修，接触到了不少分子肿瘤学家，更知晓了顾健人曾多次在美国国立卫生研究院

2019 年，房静远前往上海市肿瘤研究所看望顾健人

和美国国家癌症研究所作为高级访问学者努力工作，即便已 60 多岁了，仍亲自动手做实验，深受国际学术界称道。无论是华人科学家还是地道的美国学者，都非常敬佩顾健人的敬业精神和高超的实验技术。顾健人一走进实验室，全身就有使不完的劲儿。他缜密的科研思维和进行学术交流时的侃侃而谈，都为中外学者们所称道。房静远也努力将顾健人作为自己学业和事业上的榜样。

2010 年，上海市肿瘤研究所与仁济医院院所合一以后，房静远对顾健人有了进一步了解和更近距离的接触。他作为上海交通大学医学院教授、博士生导师，以及仁济医院消化学科的负责人，经顾健人亲自提议，加入癌基因及相关基因国家重点实验室，以 PI 身份参加研究工作。自此以后，房静远不断感悟到顾健人的博大胸怀、对后辈学子的拳拳提携之情、学业上的教诲，并屡屡为顾健人在学术上的精益求精和严谨的治学态度所感动。顾健人和癌基因及相关基因国家重点实验室的研究工作，使房静远在肿瘤的整合生物学、环境因素对肿瘤的影响和临床样本库建设等方面的研究有了很多进展。[①]

在癌基因及相关基因国家重点实验室工作过，并直接受到顾健人指导的众多年轻学子中，我国著名肝胆外科专家、中国科学院院士、复旦大学附属中山医院院长樊嘉是比较突出的。

樊嘉在 1992 年考入上海医科大学攻读博士学位。他的导师余业勤是顾健人的挚友，还是邻居，又一起在启东工作过。因此，进入上医大以后，樊嘉对于顾健人刻苦钻研业务的事迹时有耳闻，对于顾健人的名字更是如雷贯耳，一直想当面求教。

直到 1995 年秋，樊嘉完成了博士研究生的学业，这个愿望

① 陈挥主编：《中国医学院士文库——顾健人院士集》，人民军医出版社 2014 年版，第 517—518 页。

最终实现了。樊嘉博士毕业时，著名肿瘤外科专家、中国工程院院士汤钊猷站在国际医学科学发展的前沿，对临床医学博士生提出了新的更高要求，这就是必须掌握基础医学研究的相关知识，力图把他们培养成为临床及科研复合型人才。而当时顾健人领导的癌基因及相关基因国家重点实验室在肿瘤分子生物学研究方面取得的成就，已经蜚声海内外。所以，刚刚拿到临床医学博士学位的樊嘉，被派往顾健人所在的国家重点实验室学习半年。

樊嘉接到这个通知的时候，心情特别激动，他终于可以在学贯中西的老前辈身边学习了。他怀揣着上医大的介绍信，忐忑不安地到上海市肿瘤研究所报到。出乎樊嘉意料的是，竟然是他仰慕已久的顾健人亲自接待了这个初出茅庐的年轻人。顾健人充满慈祥的笑容和亲切的话语，使樊嘉紧张的心情逐渐放松下来。他细心地询问了樊嘉的情况，帮助他选择了课题研究的方向，并安排了直接带教的老师。

在此后半年的时间里，樊嘉与顾健人进行过多次学术交流和探讨。顾健人总是不厌其烦地回答樊嘉的疑问，阐述自己的观点。顾健人严谨的科学思维和工作作风，以及紧密结合临床的科研原则，对樊嘉的影响是深远的。在顾健人的关照下，樊嘉了解了分子生物学实验的全貌。顾健人的实验思路、实验方法让他深受启发。特别是顾健人对实验室的顶层设计、团队建设和流程管理，给他留下了深刻印象。通过这次学习，樊嘉加深了对科学研究的理解，为他以后的发展，奠定了扎实的研究基础。应该说，从一个临床专业的博士，到成为基础与临床相结合的复合型人才，再到发表了200多篇论文（平均影响因子>6）的团队核心，樊嘉在癌基因及相关基因国家重点实验室的经历是重要一环。

后来，顾健人和樊嘉进行了多次合作，坚持临床与研究相结合的原则，发表了多篇联合署名的论文。

　　回忆起 20 多年前的往事，已经是复旦大学附属中山医院院长的樊嘉还是非常激动。他由衷佩服顾健人的敬业精神："顾健人院士几十年如一日，默默奉献，甘于寂寞，即使在身体状况不佳的情况下仍坚持工作；阅读大量文献，思路开阔；对学生的指导严谨、细腻、一丝不苟。"樊嘉认为："顾健人院士敢想敢做，提出很多值得探讨的新颖课题。他对于中、西医常提到的人的神经系统、免疫系统、精神状况与肿瘤的关系，敢于大胆假设，并通过实验验证。顾健人院士身上体现了老一辈科学家的共性，也有其鲜明的个性，从而成为一名优秀的科学家和导师。他对周围人言传身教，他的人格魅力，感动了同事和学生。在科研领域，他严谨的作风，也影响了很多同行。在科研项目

2015 年 3 月 30 日，本书作者陈挥（右）在复旦大学附属中山医院采访樊嘉

评审、重大专项设计等方面，都体现出了他独到的洞察力。"①

　　现任上海市第一人民医院肿瘤中心实验室主任的黄倩教授，是国家杰出青年科学基金获得者、"新世纪百千万人才工程"国家级人选。她也是在癌基因及相关基因国家重点实验室工作过，并直接受到顾健人指导的科学家。

　　1987 年，黄倩在华西医科大学眼科攻读博士学位时，选的研

① 《采访樊嘉笔录》，2015 年 3 月 30 日于复旦大学附属中山医院，未刊稿。

究课题是视网膜母细胞瘤。当时，对视网膜母细胞瘤的研究是非常重要的。这是因为，在所有肿瘤中，遗传学发生相关机制研究中最明确的肿瘤即是它，从视网膜母细胞瘤里发现了第一个抗癌基因——Rb基因，所以，学术界都认为它是研究肿瘤的遗传学影响最理想的模型。

由于考虑到视网膜母细胞瘤的遗传学发生机制是一个重要的肿瘤发生模型，又是一种眼科的肿瘤，黄倩就打算做这方面的研究。当时，她找过一些合作单位，但它们往往要求从华西医科大学眼科拿病例，但所有成果都算它们的。

之前，华西医科大学也有一些研究人员在上海市肿瘤研究所学习过。黄倩从他们那里听说过有关顾健人的故事。于是，她就来到上海，找到了顾健人，表示想来这里进行相关研究。顾健人非常热情地接待了这个来自四川的女博士生，明确表示非常欢迎，而且主动提出，相关的研究成果，第一作者是华西医科大学，第二作者才是上海市肿瘤研究所。就这样，在顾健人的直接指导下，黄倩开始了在上海市肿瘤研究所2年的学习与研究。研究所需经费，基本上都由上海市肿瘤研究所承担。顾健人博大的胸怀、对年轻人的培养热情和积极态度，使黄倩深受感动，从而激发了她极大的工作热情，

2015年4月10日，黄倩看望顾健人

并且取得了很大的成绩。后来，黄倩的两个师弟也在上海市肿瘤研究所完成了他们的博士学位论文。他们对于抑癌基因 Rb 突变与视网膜母细胞瘤发生发展关系的研究成果，获得了四川省科技进步奖一等奖、1996 年卫生部科技进步奖二等奖、1997 年国家科技进步奖三等奖。黄倩回忆当年在上海市肿瘤研究所的学习经历时，充满深情地说："顾老师对我们的帮助非常大。我们与顾老师的合作是卓有成效的，我们华西医大眼科最辉煌的成绩就是在与顾老师合作的这段时间内取得的。华西医大的其他科室也来顾老师这里做过实验，顾老师帮助过我们很多的人，比如传染科、小儿科、分子生物学实验室、肿瘤研究所等等。我对这里很有感情，以前就住在旁边那个小白楼里。当第一次进入'973'计划时，我自认资历不够，顾老师却积极鼓励我申请。后来，我又拿到诸多奖项，都与在顾老师这里得到的培养不无关系。我的整个学术生涯的成长离不开顾老师。"

由于在上海市肿瘤研究所的学习和研究奠定了坚实基础，完成博士学位论文后，黄倩又先后在美国哈佛大学医学院附属麻省眼耳医院、美国杜克大学医学院、美国科罗拉多州立大学健康医学中心等单位做博士后研究或合作研究，研究方向主要为眼部疾病及恶性肿瘤发病机理与基因治疗，研究领域主要涉及恶性肿瘤发病机理、肿瘤新生血管形成和基因治疗，创建了以绿色荧光蛋白为标记的新型肿瘤皮窗模型，并利用该模型观察到肿瘤早期新生血管的形成过程。黄倩作为项目负责人，承担了国家自然科学基金委"杰出青年项目"、国家自然科学基金委"海外青年学者合作研究基金"、国家重点基础研究发展计划"973"项目、科技部"863"项目、上海市科委"优秀学科带头人"项目、"登山计划"和上海市卫生局"百人计划""医学领军人才"等多个项目，获得卫生部科技进步奖二等奖、国家科技进步奖三等奖，并获得1999 年上海市卫生系统第 7 届"银蛇奖"一等奖（导师为顾健人）、

2000 年上海市"十大杰出青年""巾帼建功立业标兵""三八红旗手"、2001 年全国"巾帼建功立业标兵""三八红旗手"、2001 年上海市科技精英等荣誉称号，2004 年入选人事部"新世纪百千万人才工程"国家级培养对象。黄倩已成为所在领域的学科带头人与代表性科学家。

# 第六章

# 参与国家高技术研究发展计划

在 1987 至 2000 年的 10 余年间，顾健人参与了国家高技术研究发展计划（"863"计划）生物和医药技术领域项目的组织实施与管理工作，先后任基因工程药物、疫苗和基因治疗主题专家组组长、生物和医药技术领域专家委员会委员、基因治疗重大项目责任专家。

# 一、为推动和组织"863"计划作出卓越贡献

1986 年 3 月，面对世界高技术蓬勃发展、国际竞争日趋激烈的严峻挑战，邓小平对王大珩、陈芳允、王淦昌、杨嘉墀 4 位中国科学院学部委员提出的"关于跟踪研究外国战略性高技术发展的建议"，作出"这个建议十分重要"，"此事宜速作决断，不可拖延"的批示。在充分论证的基础上，党中央、国务院果断决策，于 1986 年 11 月启动实施国家高技术研究发展计划（简称"863"计划），对生物和医药技术、航天技术、信息技术、激光技术、自动化技术、能源技术和新材料 7 个领域的 15 个主题项目优先发展。

1987 年 2 月，顾健人被聘任为"863"计划生物和医药技术领域第二主题——基因工程药物、疫苗和基因治疗——的专家组

组长，并组织了该主题的专家组。1987 年 6 月，生物和医药技术领域专家委员会发布了"七五"期间的项目指南，要求专家组将主题项目分解为专题和课题，编写主题项目的可行性报告；主持课题评议，把任务落实到确实有优势的单位和个人；并负责审定专题方案和课题的技术路线，检查和督促专题执行情况等。在项目指南中，顾健人及专家组研究设定，该主题包含基因工程疫苗的研制、基因工程多肽药物的研制、导向药物的研究、目标参评生物技术产品分离纯化工程的研究、应用生物技术预防及治疗乙型肝炎的研究、应用生物技术治疗心血管疾病的研究、应用生物技术治疗恶性肿瘤的研究、遗传病基因诊断与基因治疗的研究、生物技术基础的研究 9 个专题，涵盖了 50 多个课题。

从上述主题专家组的职责任务以及领导对专家个人的要求来看，顾健人承担的压力、责任都是前所未有的，但他以最快的速度调整好心态，转换了角色。他遵循献身、公正、创新、求实、协作的"863"精神，按照"择需、择重、择优"的原则，本着"公平、公开、公正"的态度，严格按照规划项目的评议指标，组织专家组成员进行细致分析、深入讨论。

主题下设 9 个专题涉及的学科专业面广，每次会前都需要精

1996 年 7 月，顾健人（前排左三）参加韩国釜山国立大学 50 周年校庆

心准备。让与会者钦佩和惊讶的，是顾健人的渊博知识、足智多谋，他对国际科技动态趋势、我国科技优势、未来生物技术新兴产业发展态势了如指掌。

有一次，顾健人正在国外参加国际学术会议，接到国家科委通知，有重要会议请他参加，并且不能请假。他召之即回，由于航班误点，回到上海已是凌晨1点，凌晨6点又得出发赴京。这种连轴转的状况，在顾健人参加"863"工作后成为常态。

顾健人在专家岗位上坚持原则、互尊互谅、团结一致、兢兢业业、尽心竭力，搞好"863"计划的组织实施，达到了战略目标明确、项目落实到位的效果。1989年4月，国家科委、"863"计划生物和医药技术领域专家委员会开始对第一届项目专家组成立以来的工作进行考核，全面肯定顾健人"在八六三生物和医药技术领域第二主题项目的组织实施，包括立项论证、课题设置、专家评审等方面做了大量工作，且细致有特色，工作中勤勤恳恳，表现了很强的责任感和事业心，能采思广益，吸取多方面意见，组织协调能力、管理能力都较突出，工作很有成就"。

20多年后，与顾健人一起亲历了"863"计划启动和实施的中国工程院院士沈倍奋，对当年的情景还记忆犹新：

1986年，"863"计划开始，成立了专家委和专家组，顾老师是第一批进入专家组的。当时，我们生物和医药技术领域分3个专家组：农业、医药和蛋白质工程。他是第二专家组的组长，组员有中科院上海生化所的敖世州教授、汪垣教授，中科院化学所的刘国诠教授，复旦大学的李育阳教授和中国预防医学科学院病毒学所的阮力研究员等人。专家组有一定任期，几届专家组成员有所变动，但顾老师一直是组长，他参加了"863"生物和医药技术领域的策划、立项、招标、过程管理和验收。

我对顾老师印象最深的是：他的知识面非常广，在医学领域里，对从基础到临床的某些问题，都能说出一些道理，让大家觉得有理。他是我国最早关注到与疾病相关基因的科学家，他的实验室成为我国第一批国家重点实验室之一，名称就是癌基因及相关基因国家重点实验室，他本人长期从事肝癌发生的分子机理及肿瘤基因治疗研究。他曾告诉我们，他们发现染色体 17p13.3 区域存在高频缺失，其中可能有与肿瘤相关的癌基因或抑癌基因。后来，他用了一个"笨"办法，但也是最有效的功能筛选方法，集全实验室之力，应用 DNA 转染的传统技术，对约 15 万个 cDNA 克隆在癌细胞和正常细胞中的促进或抑制作用进行了功能基因筛选，通过大规模功能筛选，发现了与肝癌相关的新基因 372 个。同时发现，肝癌发生中除肝细胞基因改变外，还涉及整体系统性基因改变，因此，他提出了肿瘤是一种系统性疾病的概念。他最早在国内开展肿瘤基因治疗研究，创建了新型非病毒载体系统。当我们与他讨论课题时，他经常会提出新的想法，将他看的一些文献介绍给我们，也常常将自己的新想法提出来与我们讨论。所以那时候，我们这些专家都很喜欢听他讲，和他讨论。有时候，有什么事情不清楚的，也经常去问他。他也很乐意给我们讲，讲着讲着就会衍生出一些新思路，那是我们没有想到的，或者是我们没有意识到的一些事情。因此，我印象最深的就是他的知识面非常广，而且，尽管年龄比我们大，但他的思维还是非常活跃的，紧跟科学前沿。他对待工作严谨、踏实，给我的印象很深，在近 60 岁时还到国外学习新技术。我曾向他请教过很多分子生物学方面的问题和噬菌体操作技术。

还有一个，我的印象也比较深，就是他精力旺盛。那时候，专家组的活动，特别是到了课题招标的时候，开会是从早上开到晚上的。从早上开始，就一直开会；中午吃完饭，稍微休息一会儿以后，下午继续开会；然后，吃晚饭以后还开会，经常会开到晚上 10 点、11 点。顾老师是专家组组长，他要主持会，经常就是拿了一瓶可乐或几块饼干，一边吃一边跟人家讨论这个、讨论那个，或者跟人家争论。顾老师很善于把他这个班子里的人团结起来，让大家发挥自己的专业特长，因此，他领导的这个专家组最团结。其他两个专家组偶尔会因为一些人与人之间的矛盾，就会吵架什么的，就他那个组从来不吵架，而且，团结得很好，工作效率很高。

"863"计划是一个高技术应用开发计划，但是，顾老师比较坚持，还是要搞一些基础研究。所以，我们的课题基本上是分成三个层次：有比较基础一些的；也有往应用方面做的；还有一部分直接跟应用有关系，可以直接转化成应用。在经费分配方面，基础研究的相对少一些，应用基础及应用方面的相对多一些。顾老师一直将这个原则掌握得很好，说明他在设计课题时，考虑得比较周全，纵横等方方面面都能够考虑到。所以最后，我们这个专家组分管的范围里面，出了一些成果，比如说新药证书、临床批文、专利、论文等。[1]

1993 年 2 月 19 日，国家科委在北京召开"863"计划表彰奖励会议，向为推动和组织"863"计划作出卓越贡献的科学家及管理专家颁发荣誉证书，对在"863"计划 1991 年度和 1992 年

2012 年 12 月，顾健人与中国工程院院士沈倍奋（右）、王红阳在一起

---

[1] 陈挥主编：《中国医学院士文库——顾健人院士集》，人民军医出版社 2014 年版，第 543—544 页。

度工作中成绩显著、有重要贡献的优秀集体与优秀工作者进行表彰及奖励。在生物和医药技术、信息技术、自动化技术、能源技术、新材料5个领域中，顾健人领导的基因工程药物、疫苗和基因治疗主题专家组，获得了唯一的优秀集体一等奖，顾健人本人获得"863"计划优秀工作者一等奖。1994年5月，国家科委聘任顾健人为第二届"863"计划生物和医药技术领域专家委员会委员，一直工作到2000年。

2001年2月，顾健人荣获"863"计划先进个人荣誉称号

# 二、彰显战略科学家的才能

"863"计划生物和医药技术领域"七五""八五"项目职能中，明确提出一个原则：实现在20世纪末工农业总产值翻两番的战略目标，是我国科技工作的首要任务和"主战场"。必须坚定不移和毫不犹豫地动员绝大部分科技力量，为实现翻两番这个战略目标服务。但同时，又必须充分重视高技术对我国未来经济和社会发展的影响，为我国高技术的成长做好长远安排。如何处理

好"主战场"与"储备后劲"的关系，是摆在顾健人面前的难点问题之一。当时，我国生物技术领域正如外界评说的那样，处于"外国基因，中国组装"的局面，缺乏拥有我国自主知识产权的核心材料和技术，包括拥有我国知识产权的新基因与新技术。紧迫的任务，是从开发的目标产品（乙肝基因工程疫苗、新型基因工程干扰素、新型基因工程白细胞介素 II 等）、必需的基因表达载体、工程细胞系、调控元件等方面，着手进行突破。因此，顾健人从国家利益和发展需要出发，迅速抓住问题的关键，提出用三分之一的财力和人力搞创新，为三分之二形成产品的"主战场"服务。

如何处理跟踪世界生物领域前沿和"有所为有所不为"的关系，是摆在顾健人面前的第二个难点问题。1985 年，国际上启动了人类基因组计划。它是继"曼哈顿"原子弹计划、"阿波罗"登月计划之后，自然科学史上第三大计划。当时，科学家们预示，在未来 10 至 20 年里，基因组研究将使生命科学迎来新的大发展。我国要否跟踪、如何跟踪，一方面在科技界呼声很高；另一方面，当时的主管领导部门认为时机不成熟，"863"计划中暂不安排。能否有两全其美的途径和方案，来解决这个热点与难点问题？顾健人向有关领导提出了两点建议。一是能否采取"统筹协调、另辟捷径、凝聚力量、做

1998 年，顾健人与中国工程院院士闻玉梅出席上海市肿瘤研究所 40 周年所庆活动

出特色"的办法，先由国家自然科学基金委员会组织牵头，立项跟踪。二是"863"计划在人类基因组研究方面可以不搞大动作，但能否将条件成熟、在人类基因组研究方面领先一步、很有特色和优势的个人（或单位）吸纳进"863"课题，发挥"星星之火，可以燎原"的作用。顾健人认为，随着时间的推移和研究的积累，在几年内，这两股力量必将形成"小舟激驶成巨轮"的局面。1994年4月，具有中国特色的中华民族基因组若干位点基因结构研究项目，由国家自然科学基金委启动。"863"计划中的"小舟"启程了。

顾健人在专家组遇到的第三个难点问题是，如何处理来自疾病防治第一线出现的新情况、新问题。1989年10月，云南省卫生防疫部门在中缅边境检测过程中，发现了数例艾滋病感染者，感染途径来自静脉注射吸毒。时隔不久，又传来消息称，感染者迅速增至146例，艾滋病防治成了迫在眉睫的大问题。顾健人一方面及时跟踪各国动态；另一方面，克服各种阻力，当机立断，屡次向有关领导提出，在"863"计划"八五"计划项目指南中，列入艾滋病毒分子生物学跟踪研究，要求在艾滋病分子生物学研究的某些方面赶上国际20世纪90年代初的水平。艾滋病研究的立项，可谓困难重重。当时，有一种观点认为："我国社会制度优越，艾滋病不可能在我国流行。"顾健人认为，艾滋病既然是一种传染病，并在我国云南发现了病例，说明已经向我们发出了危险警示。艾滋病一旦在全国暴发，将不可收拾。最后，申报列项工作取得成功，同时指定由中国预防医科院病毒学研究所的邵一鸣承担该课题，成为我国第一个艾滋病防治研究的国家项目。1995年，我国的艾滋病感染者达到1567例，呈高速发展态势。当时，顾健人"以备不时之需"的建议，使艾滋病防治抓住了机遇，填补了空白，为我国赢得了开展艾滋病防治研究的宝贵时间。

　　顾健人在"863"计划专家岗位上，面对复杂情况，能迅速抓住问题的关键，并具备提出对策的能力。这"临门一脚"正是顾健人作为战略科学家创新能力的表现，也使我们领略了这位科学家看大局、议大事、善决断的风采。我国著名医学分子生物学家、中国科学院院士强伯勤，对此也是深有体会的。

　　顾健人老师不仅是我国著名的从事肿瘤分子生物学基础研究的前辈，而且是一位国家医药生物技术发展的积极推动者与组织者。1986年，科技部启动了国家高技术研究发展计划（"863"计划），顾老师是当时制定生物和医药技术领域发展规划的主要参加者之一。"863"计划实施期间，他任基因工程药物、疫苗和基因治疗主题的专家组首任组长、生物和医药技术领域专家委员会成员，负责生物和医药技术领域"七五""八五""九五"计划制定、项目和课题组织实施以及过程管理。基于他在"863"计划实施过程中作出的重大贡献，"七五"与"八五"期间，顾老师均被评为国家"863"计划优秀工作者，荣获一等奖，并在"863"计划实施15周年时荣获了"先进个人"称号。

　　我是在"八五"计划开始之后，才参加顾老师牵头的"863"计划生物和医药技术领域第二主题专家组，作为普通成员，在他领导下参与部分工作。在那时，专家组成员要负责主题计划实施的全过程管理。作为组长的顾老师，不仅头脑清晰，把握主题研究方向，而且能全面了解各项目与课题的实际进展，乃

2014年11月，顾健人与中国科学院院士强伯勤合影

至课题执行中的一些技术细节问题，都了如指掌。他对前沿进展的把握、工作中的清晰思路以及敬业精神，最令我钦佩。

"863"计划是以产品为导向的高技术研究发展计划，然而，以DNA体外重组、克隆为核心的现代生物技术在20世纪70年代中期才问世，80年代后期，刚有重组的人胰岛素产品作为第一个基因工程蛋白药物上市，基因组测序与组学研究也才起步。所以，在基因工程药物、疫苗和基因治疗主题计划制定过程中，顾老师坚持提出适度安排基础性课题的必要性，并几度向科技部领导表达自己的意见，直到获得许可。譬如，90年代初期，他支持与组织设立高分辨率染色体显微切割与显微基因克隆研究，这个课题的执行使我国建成了一批染色体特异性DNA文库与染色体区带特异性文库。当时，率先建成的这批文库和单拷贝探针池，曾提供给我国以及美、英、日等国家的科学家使用。还有，为跟踪基因组测序研究，顾老师曾支持设立跳跃、连步克隆以及YAC克隆技术。"863"计划在"八五"期间，虽说名义上没有开展人类基因组DNA序列测定工作，而实质上，安排的这些基础性课题，为国家后来开展人类基因组研究提供了良好的技术基础与人才队伍。顾老师敢于发表自己的意见，善于捕捉合适的时机找人谈话，心平气和地表达自己的意思；尤其是勇于向领导反映意见，用平实的言语表明自己的观点，赢得上级领导认真思考并接受他的正确建议。

对顾健人善于学习、勤于思考的工作态度，强伯勤也是非常赞赏的。他说："顾老师在科学研究工作中善阅文献、勤于思考、把握前沿。在组织实施'863'计划项目上是这样，在自己从事的肝癌基础研究上更是如此。我们共同参加了国家自然科学基金委于1994年启动的基因组研究重大项目，即中华民族基因组若干位点基因结构研究，'十五'期间又承担了科技部组织的功能基因组与生物芯片重大科技专项的课题任务。当时，顾老师是肝癌相关基因的筛选、鉴定和功能研究课题的负责人，他领导创建了以细胞生长为切入点的高通量 DNA 转染的功能基因筛选技术体系，用于直接筛选具有促进或抑制细胞生长功能的基因群。顾老师他们历时 5 年，进行了约 15 万个 cDNA 克隆转染筛选，获得了具有促进或抑制细胞生长表型的 cDNA，并发现了 372 个新基因，为后续开展肝癌诊断、治疗或药靶，提供了一批有应用前景的功能基因。工作成果发表于 2004 年出版的《美国科学院院报》，在国际同行中获得高度评价。依据基因功能高通量分析提供的海量数据信息，顾老师指出，应该以系统整体的观念，开展肿瘤发生发展的基础研究；对于癌症的治疗，则应以不牺牲机体的调控系统功能及其修复为前提。当今，年过八旬的顾老师正以自己提出的'肿瘤是系统性疾病'的新概念，活跃在肝癌基础研究的前沿，继续着'没有终点的科学旅程'!"①

顾健人与中国工程院院士杨胜利（左）以及王一飞教授在一起

① 陈挥主编：《中国医学院士文库——顾健人院士集》，人民军医出版社2014 年版，第 507—508 页。

# 三、主编"863"生物高技术丛书《基因治疗》

在辞别 20 世纪、迈入 21 世纪之际，为了回顾我国生物技术发展历程、展望生物技术发展前景，作为"863"计划生物和医药技术领域专家委员会成员的顾健人，与曹雪涛一起，主编了"863"生物高技术丛书《基因治疗》，供生物学、基础与临床医学、药学等方面的教学、科研人员，以及研究生和临床医生学习、参考。

当时，顾健人邀请了中国人民解放军军事医学科学院、第二军医大学、第四军医大学、中国预防医学科学院、中国医学科学院、北京大学、复旦大学、中国医科大学、上海第二医科大学、上海生物化学研究所等单位，承担我国生物高技术领域基因治疗有关研究项目的科学家们，负责《基因治疗》各章节的撰写。他们长期在基因治疗研究中辛勤耕耘，作出了重要贡献。其中一批青年科学家也参加编写，反映了新世纪的希望。

全书共分 19 章，系统介绍了基因治疗的基本原理、研究方法与临床应用。内容包括：基因治疗的各类病毒载体的构建、特点、制备和应用，基因治疗

顾健人与中国工程院院士曹雪涛合影

的各种应用途径、原理及其效果，特别是深入介绍了肿瘤、遗传性疾病、心血管病、血液病、神经系统疾病，以及 HIV 感染等的基因治疗现状、存在的问题和研究前景。

《基因治疗》这本书保持了各位作者各自的写作风格，既反映出基因治疗研究领域的前沿和进展，又体现了 10 多年间我国科学家的辛劳成果。我国基因治疗研究虽然起步晚，但起点不低，某些研究方面还有特色和创新之处。

顾健人在他撰写的第一章《基因治疗概论》中，首先阐述了基因治疗的含义：

人类疾病，除单基因遗传病外，许多常见疾病，如恶性肿瘤、高血压、糖尿病、冠心病等的发生，都是环境因子，如化学物质、病毒或其他微生物、营养，以及体内的各种因素，包括精神因素、激素、代谢或中间产物等内外因素作用于人体基因的最后结果。至于传染病，是由外源病原体，如病毒、细菌及其他微生物引起的疾病，而这些病原体通过它们的遗传物质及其表达产物作用于人体而致病。同时，这些病原体的遗传物质还可在人体内不断复制。所以，人的疾病的发生，都是人细胞本身的基因改变或由外源病原体的基因及产物与人体相互作用的最后结果。

2014 年，顾健人受聘担任复旦大学肿瘤研究所名誉所长

为此，长期以来，科学家们想象人类能否最终依靠遗传物质，无论是人本身的或外源的，来治疗疾病，包括纠正人自身基因的结构或功能上的错乱，阻止病变的进展，杀灭病变的细胞，或抑制外源病原体遗传物质的复制，从而达到治病目的。这就是基因治疗的含义。

随后，顾健人从基因治疗与基因工程的异同、基因治疗的途径、基因治疗经历的几个历史阶段、基因治疗临床试验的现状、基因治疗中有待解决的关键问题等方面，结合具体病例，从基础理论到临床实践进行了全面论述。

最后，顾健人对 21 世纪基因治疗的发展作了如下展望。

第一，在 21 世纪的前 10 年，将会有少数临床试验方案取得疗效。第一批基因治疗的产品可能上市。

第二，在今后20 年中，随着基因导入系统、表达调控元件以及新的治疗基因的发现，对于恶性肿瘤等疾病，基因治疗将会成为综合治疗的一员，对防止癌症转移、复发，可能会有它重要的地位。

第三，随着电脉冲技术的完善和表达调控系统的突破，基因药物，即基因 DNA 通过肌肉导入而表达并分泌

顾健人一辈子为人民遗福、为世界作贡献

141

其蛋白质产物，将成为基因工程多肽药物的重要竞争者和基因治疗延伸的重要疆域。

第四，随着进入细胞的寡肽被发现，不少非分泌性蛋白，也可以组建融合基因，从而通过基因工程表达，形成新的基因工程多肽药物。届时，基因治疗和基因工程相互竞争的局面将会出现。最后的结果，可能以各种基因的具体情况来判断孰优孰劣。其后果对现有的企业和投资者将会造成很大动荡，但最后的得益者都是临床和病人，这毕竟将令人欣慰。

我国的基因治疗研究，起步虽然较晚，但起点不低。只要扎实苦干、少说空话、多做实事，一定会大有可为，造福于人类。

顾健人深信，我国科学家于 21 世纪一定会在基因治疗领域从事更高水平的工作，为人民遗福，为世界作出贡献。

当前，顾健人为国际上和国内将免疫细胞经过基因改造后，用于治疗肿瘤，感到十分欣慰。对癌症的基因治疗终于出现了曙光。

# 四、年轻科学家的良师益友

顾健人为人忠厚、正派、诚恳、平易近人，从不争名争利。他对年轻人尤为关心，甘当人梯，是很多年轻科学家的良师益友。

中国工程院院士，北京大学常务副校长、医学部主任詹启敏在 2001 年，从美国匹茨堡大学医学院被引进到北京的分子肿瘤学国家重点实验室工作，担任实验室主任。回国后不久，他就专程到上海拜访顾健人，探讨了很多肿瘤研究相关问题。当时，顾健人还是癌基因及相关基因国家重点实验室的主任。回忆这次见面和交流，詹启敏还是记忆犹新："我们年龄差距比较大。顾先生当时和我讲，他也非常需要找一个年富

顾健人与中国工程院院士詹启敏交谈

力强的实验室主任，把担子交给年轻人。他一直在物色，希望我推荐。另外，我们还讨论了在这个领域比较前沿的问题，包括今天的研究热点肿瘤干细胞。当时，大家对肿瘤干细胞几乎还没有什么概念。可见，那个时候，顾先生就已经有这个想法了，认为肿瘤干细胞比较重要。所以说，他的视野是比较超前、比较前沿的。"①

2002 年，詹启敏同顾健人开始合作搞研究，一起用大规模筛选的方法，寻找与肿瘤发生发展相关的基因。当时，顾健人还是国家"973"重点基础研究发展规划人口与健康领域的专家顾问组成员。詹启敏回国后主要研究的课题是肿瘤造成死亡的主要原因，即肿瘤的侵袭和转移问题。他希望得到"973"项目的支持。顾健人非常认同詹启敏对这个问题的研究思路。对于一个刚刚回国的年轻科学家来说，能够得到顾健人的帮助和指导，确实是受益匪浅的。

10 多年后，詹启敏在回忆起当年的情景时，依然充满感恩之情："在'973'项目的申请过程中，我们也多次请教顾健人老师，

---

① 陈挥主编：《中国医学院士文库——顾健人院士集》，人民军医出版社2014 年版，第 548 页。

他也非常支持我们这些年轻人。就是在他的支持下，我们第一次在国家层面设立了肿瘤转移研究项目。这个项目对我来说非常重要。当年，就是这个项目的设立让我下了决心，决定全职回国。那个时候，我还在两边跑，在这边做国家重点实验室主任，在美国也领导一个实验室。'973'的这个项目让我感到，国内对我的工作也很支持。'973'项目组建了一个研究团队，也提供了很好的研究环境和资金，使我决定比较早地全职回国。那时，全国做肿瘤转移研究的还不多。经过10年的发展，我国形成了一支有一定规模、实力比较强大的队伍。顾健人老师在'973'项目里面分管肿瘤，对肿瘤研究有很大的支持作用，所以，这个领域兴起了，整个团队也发展起来了。"①

中国工程院院士程京是从上海铁道学院毕业的，学的是电力机车专业。从国外回来之后，他才逐渐开始接触国内医学、生命科学领域的前辈与同行，并与顾健人成为名副其实的忘年交。每每回忆起顾健人对他回国以后在科研上的引领和帮助，程京始终充满感激之情：

2013年12月，顾健人与中国工程院院士程京合影

中国的第一张microRNA芯片，其他人都不知道的，就是顾先生在他的办公室告诉我的。他说：程京啊，现在microRNA刚刚出来，你们得赶紧做芯片啊！此后，我才开

① 陈挥主编：《中国医学院士文库——顾健人院士集》，人民军医出版社2014年版，第549页。

始在生物芯片北京国家工程研究中心布置作业，开始建这个库，做 microRNA 芯片，一代、二代、三代、四代，这么做出来了。microRNA 芯片做出来以后，确实对全国的 microRNA 研究起到了非常大的推动作用。这个产品出来后，顾先生很支持，上海市肿瘤研究所用了不少，也发了一些好文章。后来，顾先生来北京的时候，抽时间约我一起吃饭。我们聊起 microRNA 研究的进展情况，开始是找差异 microRNA，发个 *Clinical Cancer Research*，然后一个个拿出来做研究、做功能，做到功能阶段，就能发得更好一些，比如 *Hepatology*，*Nature Cell Biology* 等。从 2005 到 2012 年，7 年之后，顾先生又给我打电话说：程京啊，你赶快看，《自然》杂志又发了一篇文章！我每次接他的电话，就像接任务一样。我问：又有什么新的东西？他说，又发了一篇文章，是关于 Circular RNA，就是环状的。他还告诉我，这东西像个航空母舰，就像 sponge 拖带了很多 microRNA。我们查阅了这篇文章之后，又开始做这方面的调研及准备，做相关芯片的工作。

顾先生是一位底蕴深厚的科学家，除了向我们提要求，要做最新的工具，还为我们的发展做了很多工作。当时，国内用我们芯片的并不多，他就联系国外同行。我记得，印度尼西亚有一个国际合作的肿瘤研究项目，请顾先生做顾问。顾先生在我们这边做了 DNA、RNA 芯片以后，觉得不错，好几次给我打电话，为印度尼西亚方面联系做这个芯片的服务工作。做完之后，为他们解决了很大的问题，结果很不错，资金节省了不少，数据也交得很快。[①]

顾健人对年轻人是非常爱护的。2007 年，程京申报中国工程院院士的时候，没有被选上，情绪有一点低落，感觉受了一点小委屈，认为有些不属实的东西把人们误导了。评选结果公布以

---

① 陈挥主编：《中国医学院士文库——顾健人院士集》，人民军医出版社 2014 年版，第 550—551 页。

后，顾健人就给程京打电话。他说：程京啊，没选上，没有关系，你第一次去答辩，相当多的院士了解了你的真实工作，这个比什么都重要。大家了解你要有一个过程，这是对你学术上的考验，也是对你意志上的考验。这是一个难得的机会，要把它当作一次锻炼，千万不要气馁啊！你要调整心绪，好好准备。未来还有两年，千万不要放松、不要自暴自弃，要把工作做好。下次还有机会，向大家汇报你最新的工作进展。

此后，在程京准备第二次申报中国工程院院士时，从递交的文字材料到答辩用的幻灯片，顾健人都看了，并谈了自己的意见，在程京修改以后再看，才说差不多了。程京在申报中国工程院院士的过程中，学到了很多东西。他说："我以前以为，申报院士答辩用的幻灯片，只是讲给专业同行听的。顾先生说，不完全是。实际上，参加评审的有 4 个小组——内科、外科、药物、基础，跨度太大，千差万别。你以为他们是内行，其实，真要深入讲下去，人家不一定完全跟得上你，答辩就会失去应有的效果。当然，答辩要比科普深一些才行，需要把握好适当的度。当一次、两次、三次改完以后，申报材料应该是脱胎换骨了，把自己舍不得的东西都舍掉了。然后，听了顾先生等前辈专家很好的建议，重新调整之后，再看起来，就觉得，深的、浅的、抽象的、直观的、文字的、图片的、图表的都比较到位了。所以，2009 年再次申报中国工程院院士的时候，取得了比较好的效果，得到了专家们的认同，我也顺利当选了。所以，我觉得，老一辈言传身教的影响是比较大的。现在遇到候选人申报院士的时候，我也以顾先生为榜样，非常认真地看人家的幻灯片，指出哪些地方有一些不妥、哪些地方应该怎么调整，同样是一次一次、不厌其烦地帮助对方。"①

① 陈挥主编：《中国医学院士文库——顾健人院士集》，人民军医出版社 2014 年版，第 552 页。

# 第七章

# 漫长、曲折的求索之路

顾健人是我国肝癌分子生物学及基因治疗研究的奠基人之一，是在国际上享有较高知名度的科学家。他长期从事肿瘤主要是肝癌的基础研究，同时也开展有关乙肝病毒（HBV）的研究。他学风严谨，又勇于开拓；紧跟科技潮流，又常能后发先至；从实际医疗需要出发，完成了诸多肿瘤相关研究。1956 年，24 岁的顾健人就被评为上海市先进卫生工作者。在改革开放的年代里，年过半百的顾健人再次焕发了青春，1985 年获"上海市医学十杰"称号，1986 年被人事部授予国家级有突出贡献的中青年专家称号，1992 年获首届"上海市科技功臣"称号，1995 年获全国五一劳动奖章和全国先进工作者称号，1997 年获何梁何利基金

2008 年 12 月，时任上海市卫生局党委书记王龙兴（左一）、上海交通大学医学院党委书记孙大麟（右一）给顾健人和高玉堂研究员（左二）颁发"突出贡献奖"

何梁何利基金

一九九七年度

科學與技術

進步獎

為促進中國科學技術事業的發展，獎勵做出杰出貢獻的科技工作者，特頒發此證書。

医学、药学 獎獲獎人 顾健人

何梁何利基金評選委員會

一九九七年九月五日

何梁何利基金乃由何善衡慈善基金會有限公司、梁銶琚博士、何添博士及偉倫基金有限公司共同捐款在香港成立，主要目的是每年頒授獎金予在國內的杰出中國學者，籍以表揚其在科技、醫學等領域之成就。

1997 年，顾健人获何梁何利基金科学与技术进步奖

科学与技术进步奖和上海市第二届医学荣誉奖，2004 年获中国工程院第 5 届光华工程科技奖……

# 一、肿瘤研究的 3 个阶段

50 多年来，顾健人在癌发生的分子机理、肿瘤病理、肿瘤生物化学、肿瘤分子生物学及肿瘤基因治疗等领域，默默耕耘，忘我工作，取得了很大的成就。他在肿瘤研究领域的工作，经历了

第七章

漫长、曲折的求索之路

3 个阶段。

## 第一阶段：局限于肿瘤来研究肿瘤

这个阶段包括 20 世纪 60 年代早期，顾健人开始研究肝脏 RNA 对肝癌细胞的作用；以及 80 年代初，他从英国回来后至 1998 年为止。

1. 发现并提出肝癌癌基因谱型

1981 年，顾健人回国后，便开始埋首探索"癌中之王"——原发性肝癌的癌基因与癌变机理，从基因水平寻求征服肝癌的新途径。顾健人在这个阶段对肝癌的研究，是从单个基因即癌基因起步的。一直到 20 世纪 80 年代末，针对当时主流认为一两个基因突变或激活即可引发肿瘤的观点，顾健人提出了"多个激活癌基因谱"，认为一定要有一群基因被异常激活才能引起肿瘤。他指出，癌不是一种单一基因改变引起的病变，而是存在癌基因改变的特殊谱型。他当时提出的"癌基因谱"，在 20 年后进一步得到证实。当前，国际上公认，各种癌以及癌的病人个体，均存在癌的基因表达与突变的"谱型"（profiles）。

2. 提出人肝癌发生的两种模式

1988 年，根据实验室研究数据，顾健人提出了人肝癌发生的两种模式。一是子宫腔内或围产期感染乙型肝炎病毒以后，再受化学致癌因子的作用，从婴儿期起，乙肝病毒已在肝脏内存在，在特定条件下形成肝癌，这或许是我国的一种特殊模式。二是早年受化学致癌因子攻击，导致肝细胞损伤，形成"启始"，以后再发生乙肝病毒感染，相当于"促癌作用"。他根据上述观点撰写的论文 *"Molecular aspects of human*

*hepatic carcinogenesis*"，于 1988 年 5 月发表在国际著名杂志
"*Carcinogenesis*"上，在国际肿瘤学术界引起极大关注，对我国
肝癌防治具有重要意义。

3. 证明肝癌患者 17 号染色体 p13.3 存在高频缺失区

20 世纪 90 年代初，p53 基因被肿瘤学术界认为是肿瘤的
主要抑癌基因，其突变率在肝癌中高达 50%。顾健人在与美
国国家癌症研究所的合作中又发现，乙肝病毒 X 基因可以阻断
p53 基因调控的 DNA 修补基因 ERCC3，从而使基因组在环境
致癌因子作用后易于发生修补错误，对化学致癌因子更为易感
而导致癌变。这一研究成果于 1994 年 3 月发表在《美国科学
院院报》上。[①]

同一时间，顾健人领导的癌基因及相关基因国家重点实验
室又发现：无论启东或上海的肝癌患者，在该位点上，染色体
17p13.3 有 1/3 左右具有一个等位基因的缺失，即染色体杂合性
丢失。然而，这两个地区肝癌患者 p53 基因 249 号密码子的突变
频率存在差异，启东地区高达 40%—50%，上海地区肝癌 p53 基
因的突变率仅占 15%。这提示，在染色体 17p13.3 区段内，可能
存在不同于 p53 的新的抑癌基因有待研究和发现。这一研究成
果 "*Aberrations of p53 gene in human hepatocellular carcinoma from
China*"，于 1993 年 2 月发表在 "*Carcinogenesis*"上[②]，受到国内
外同行的关注和广泛引证，是美国《科学》杂志公布的 1993 年

---

① X. W. Wang，K. Forrester，H. Yeh，M. A. Feitelson，J. R. Gu，C. C.
Harris，Hepatitis B virus X protein inhibits p53 sequence-specific DNA binding，
transcriptional activity，and association with transcription factor ERCC3，*Proc.
Natl. Acad. Sci. U.S.A.*，1994 Mar 15；91（6）:2230-2234.

② D. Li，Y. Cao，L. He，N. J. Wang，J. R. Gu，Aberrations of p53 gene in human
hepatocellular carcinoma from China，*Carcinogenesis*，1993 Feb；14（2）:169-173.

度中国作者发表文章被引用频率最高的论文之一（列第四位）。[①]

1999 年，顾健人和他的课题组通过大规模基因扫描，再次证明肝癌在染色体 17p13.3 区段存在高缺失区，还从最小缺失区内分离到 13 个新基因，并证明其中存在对细胞生长具有重要作用的基因。该成果在 2005 年获得了上海市科技进步奖二等奖，新基因 HC56 获得了美国专利授权。

4. 建立 HSV-TK 脑瘤基因治疗及靶向性非病毒基因导入系统

20 世纪 90 年代，顾健人和他的团队开展了肿瘤基因治疗研究。用逆转录病毒载体介导的 HSV TK 基因治疗人恶性胶质瘤，是我国第一个经国家药品监督管理局批准、进入临床的肿瘤治疗方案，经临床 I 期试验证实，比国外同类方案更安全。[②]

1998 年，顾健人及其团队创制了受体靶向性的非病毒载体导入系统，可将治疗基因在小鼠体内导入肝癌后，有效抑制癌的生长。此研究成果于 2002 年 1 月获美国专利授权。[③]

## 第二阶段："从肿瘤看肿瘤"到"跳出癌肿看癌症"

通过长期严谨的、尽心尽力的实验和分析，顾健人的研究视野从局部转到人的全身整体，跳出癌肿局部，来看癌症发生发展

---

① T. Plafker, Environment: National Monitoring Network Does Science-and a Lot More, *Science*, 1955 Nov; 270 (5239)：1151-1152.

② 王伟民、郭忠、蔡如珏、张光霁、许秀兰、朱诚、顾健人：《逆转录病毒载体介导中国单疱病毒 TK 基因转导脑胶质瘤细胞》，《中华神经外科杂志》1997 年第 5 期，第 20—22 页。

③ 韩俊松、田培坤、顾健人：《靶向性非病毒载体介导 p21WAF-1 基因对人肝癌抑制效应的研究》，《中国肿瘤生物治疗杂志》1999 年第 3 期，第 209 页；韩俊松、田培坤、柳湘、姚明、顾健人：《靶向性非病毒载体介导 p21 WAF-1 基因对肝癌细胞的抑制作用》，《中国科学 C 辑：生命科学》2000 年第 30 卷第 5 期，第 523—527 页。

中机体对癌症的调控及
其异常。这是他的科研
思路与方法的一个巨大
转折，正如他在总结自
己的学术生涯时所说：
"这个转折，我事前思
想上毫无准备，而是从
1998 至 2004 年的 6 年
多的实验中所得出的结
果，使我终于醒悟，使
我对国际主流派对癌的
认识、概念及主攻方向，
从怀疑到否定，同时也
是对我前半生（几乎是一生）的工作的主攻方向的自我否定。"

顾健人作学术报告

1. 创建高通量 DNA 转染的功能基因筛选技术体系

1998 年，顾健人制定了一个对全基因组进行功能性研究的
计划，即对于全基因组的 cDNA 通过细胞转染，确定其对细胞生
长与存活的大规模基因功能筛选的研究计划（以下简称"基因功
能筛选"）。在当时，不仅没有人做过这项工作，而且不被人们认
可。那时，全基因组研究还在起步阶段，对于人体基因组中有多
少个基因与肿瘤相关，无法回答。

在 20 世纪 90 年代末期，盛行一时的是，按照美国国立卫生
研究院的 C. Vanter 的"表达序列标签"（Expressed Sequence Tag,
EST），即把某一种组织，制备 cDNA 文库，然后逐一测序，可以
获得该组织（如某种癌组织）全部表达的基因序列。然而，问题
是：EST 可以告诉人们，某一种癌组织中有多少个基因是表达的，
但 EST 回答不了这些表达的基因中，哪些基因与癌变、癌的生长

有关。这是因为，癌细胞表达的基因中，有相当一部分是反映癌的来源的器官（或组织）的基因。

以肝癌为例，它表达的基因中，相当一部分是反映"肝"而非"肝癌"所必须存在的基因。顾健人团队的基因功能筛选计划，是应用正常肝、肝癌、胚胎组织等近 10 个由癌基因及相关基因国家重点实验室自己组建的 cDNA 文库，从约 15 万个 cDNA 克隆转染筛选中，挑选出重复次数少，甚至是单一拷贝的 cDNA 克隆。将这些 cDNA 克隆，逐个转染进正常细胞（NIH/3T3）和肝癌细胞（SMMC7721），观察它们中间哪些基因可以使正常细胞或癌细胞的克隆，形成有促进（比对照组高 50%）或抑制（比对照组低 50%）的 cDNA 克隆，即基因。然后，对这些与癌和正常细胞的存活及生长有关的基因进行测序，确定它们属于什么基因。

2006 年至 2010 年，顾健人当选中国工程院主席团成员

顾健人和他的团队进行了 29910 个 cDNA 克隆对肝癌细胞的转染、22926 个 cDNA 克隆对正常细胞的转染。最后的结果为：发现 3806 个基因与癌细胞的生长相关。其中，2836 个基因属于已知基因，372 个基因属于未知新基因，另有 598 个基因无法判定其属性。除对 372 个新基因全部申请专利外，对 2836 个已知基因作了详细分析，其结果使顾健人十分震惊。原来想象，这些与细胞生长或生存相关的基因，应该是癌基因、抑癌基因、细胞周期、细胞凋亡、细胞 DNA 修补等细胞生长必需的基因群，也包括癌的微环境中一些细胞表面糖基化蛋白、粘连蛋白、血管新生的基因群。但从未想到过的是：除了出现免疫、激素、代谢、离子通道以外，还有一批神经递质受体的基因群出现在数据库中。顾健人当时把这些与机体整体相关的基因群，命名为"系统性调控基因"。这明确提示，肿瘤不是孤立于机体的一种组织，而是组成机体的一部分；并提示，机体系统性调控（神经、激素、免疫、代谢等）异常与肿瘤生长密切相关。

顾健人对这一阶段的工作作了认真总结，撰写了 *"Large-scale cDNA transfection screening for genes*

2006 年 3 月，顾健人出席沪港国际肝病会议

*related to cancer development and progression*"一文，很快就在《美国科学院院报》上发表了。①《美国科学院院报》的责任主编、美国科学院院士 Peter K. Vogt 及其他评委，对顾健人所做研究给予高度评价："这是一种观念上的创新"，"开辟了一个新的前景"，"这是一项里程碑式的工作，它将促进和开拓新的领域"。

这种功能基因组学研究的新策略与创新性技术平台，及其获得的结果，均为国内外首次报道。该项研究成果已获 49 个国家专利和 1 个国际专利。其中具有肝癌治疗或药靶应用前景的基因，对防治肿瘤及研究癌的发生发展具有重要的科学价值和应用前景。同时，发现神经递质、免疫、激素、离子通道等对癌细胞的生长有调控作用，这提示对癌的生长存在系统调控。上述高通量基因筛选技术平台迄今未见国外有同类报道，因而，顾健人的研

2007 年 4 月，顾健人与时任上海市教委主任沈晓明合影

究成果"高通量基因功能筛选和验证系统的建立及应用"在 2004 年获得上海市科技进步奖一等奖。

2. 提出肿瘤是系统性疾病的新概念

一个多世纪以来的传统观念认为，癌是一种局部组织

---

① D. Wan, Y. Gong, W. Qin, P. Zhang, J. Li, L. Wei, X. Zhou, H. Li, X. Qiu, F. Zhong, L. He, J. Yu, G. Yao, H. Jiang, L. Qian, Y. Yu, H. Shu, X. Chen, H. Xu, M. Guo, Z. Pan, Y. Chen, C. Ge, S. Yang, J. Gu, Large-scale cDNA transfection screening for genes related to cancer development and progression，*Proc. Natl. Acad. Sci. U.S.A.*, 2004 Nov 2；101（44）:15724-15729.

细胞异常生长的疾病。虽然在 20 世纪已有证据提示，免疫、激素与肿瘤的发生发展相关，但从总体上说，癌仍被视为局部性病变，尤其在临床上，癌的治疗基本上是针对癌细胞的局部治疗。

2004 年，也就是研究成果在《美国科学院院报》上发表的那一年，顾健人对过去的工作进行了反思，甚至可以说，在研究方向上作出了自我否定。他认为："癌症的定义，过去都遵循鲁道夫·维尔霍夫在 19 世纪 90 年代的定义：癌是一种组织异常的生长。这个定义，部分还是正确的，反映了癌组织从形态、生物学行为到分子生物学包括基因组在内的异常改变。但是，这个定义没有说明这种'细胞异常生长'发生的基础和存在的原因。过去，都集中在局部细胞本身的癌变、转移的机制，忽视宿主即人体调控系统的作用及其在癌发生过程中的调控异常，忽视了癌症是一种全身性疾病。这是因为，致癌物质广泛存在，细胞突变也是一种自然现象，但每年的癌发生率仅占千分之二至千分之三左右，远低于心脑血管疾病和代谢疾病，关键是癌的死亡率高。所以，忽视了一个事实，即使致癌因素（化学、生物性）广泛存在，并存在细胞突变自然发生的几率，正是由于机体存在强大的排毒、减毒或去毒、DNA 修 复 以及对突变细胞进行清除的强大系统性防御系统，才使癌'不易发生'。正因如此，只有在机体的系统性调控的防

2009 年 8 月，顾健人与时任上海市肿瘤研究所所长王维林（左一），以及上海市第一人民医院院长刘国华（右一）、院党委常务副书记陈敏生（左二）合影

御机制受损，甚至严重受损时，癌才会发生并发展。"

基于以上认识，顾健人与中国工程院院士杨胜利合作撰写了《要用系统性疾病的观念重新认识癌症》一文，于2005年3月在《中华医学杂志》上发表，正式提出"癌是一种系统性疾病"的概念[①]，将癌的定义修改为："癌是一种以局部器官或组织细胞的异常生长为特征的、具有整体系统性调控异常的全身性疾病。"这个概念提出：在机体系统性调控失常的状态下，才会发生肿瘤。肿瘤发生后，将进一步破坏调控机制，形成一个恶性循环。"肿瘤是系统性疾病"的观点，引起学术界的广泛关注。

以上设想提出后，一直到2012年，顾健人经过多年的实验与研究，又把上述"系统性调控"，具体化为"多层次系统性调控"的理论体系。这个多层次调控系统理论的提出，是基于他2005至2012年的工作。

（1）精神行为与癌生长的关系。增强环境"Enhanced Environment（EE）"中，小鼠的肿瘤生长受到抑制。很久以来，流行病学研究早有大量数据证明，在精神压力下（Stress），可以促进人身体肿瘤发病率的增高。动物实验证明，也是如此。EE则是，将小鼠以群体形式（至少8至10只），放在一个配备了各种玩具的环境中，让它们快乐地生活。2010年，美国报道了EE条件下，小鼠可抑制3种肿瘤的生长。上海市肿瘤研究所屠红和甘愉的团队重复了这个实验，证明EE确实可以抑制各种移植性肿瘤生长，并抑制或减轻APC缺陷小鼠肠息肉病的发生。这提示，中枢系统存在一个肿瘤生长调控系统，其机制不明。近两年来，甘愉证明，这可能涉及中枢系统对免疫系统的调控，说明系统性调控中存在位于顶层的关键系统。

---

① 顾健人、杨胜利：《要用系统性疾病的观念重新认识癌症》，《中华医学杂志》2005年第85卷第8期，第505—507页。

（2）肝脏存在非神经来源的神经递质——乙酰胆碱和正肾上腺素。顾健人所在癌基因及相关基因国家重点实验室的赵莹珺等人发现，肝细胞可以合成乙酰胆碱（Ach）。[①] 张志刚则发现，肝星状细胞不仅可以合成乙酰胆碱，还可以合成正肾上腺素（NE 或 NA）。这是首次证明，肝脏不仅是一个代谢、解毒和免疫器官，而且是一个可以合成神经递质的器官。这种非神经来源的神经递质的合成及功能，可追溯至单细胞生物，如酵母（可以合成乙酰胆碱）。因此，从演化的过程来看，至少某些神经递质，是先出现神经递质，后出现神经系统。

人体全身组织，大多数均可以合成少量的神经递质（非神经来源），因而，神经递质的功能存在两重性：一是保留了原始的即单细胞生物时期的功能，即细胞生长和抗御凋亡的功能；二是呈现了神经系统出现后的功能，即可以调控一切存在相应神经递质受体的细胞的功能，比如激素受体及免疫细胞等，形成局部的调控系统。在正常情况下，由于中枢—器官两级调控系统的协调与平衡，形成了对肿瘤以至其他慢性病的防卫系统。只有在中枢调控系统及局部调控系统调控失常情况下，才会发生肿瘤。

2005 年 11 月，顾健人与时任上海市肿瘤研究所所长王维林在办公室

① Y. Zhao, X. Wang, T. Wang, X. Hu, X. Hui, M. Yan, Q. Gao, T. Chen, J. Li, M. Yao, D. Wan, J. Gu, J. Fan, X. He, Acetylcholinesterase, a key prognostic predictor for hepatocellular carcinoma, suppresses cell growth and induces chemosensitization, *Hepatology*, 2011 Feb；53（2）:493-503.

对于整个机体神经—激素—免疫的调控，虽然早就有人提出，但对将该系统分为中枢与局部器官两个层次，尤其是对器官水平的调控，尚无人提及。事实上，全身组织除了肝、胰、肺、消化道、泌尿系统等已知脏器，还包括皮肤、脂肪这样的组织，都属于"器官"。脂肪组织可以分泌激素（例如2013年报道的可促进胰岛素分泌的β-trophin），就是一个例子。免疫系统中，NK细胞及巨噬细胞分布于全身脏器，肝脏还有Kupffer细胞，消化道黏膜下以至皮肤组织存在免疫细胞群，其功能均有待进一步研究。

肿瘤是一种系统性调控异常的全身性疾病，这是顾健人提出的具有创新意义的概念，其新意在于：

第一，指出系统性调控失常，是肿瘤发生的重要内因。只有系统性调控异常，致癌物才能发挥致癌作用，癌变的起始细胞不被清除。

第二，强调系统性调控异常伴随肿瘤发生发展的全过程，肿瘤形成后使机体调控进一步恶化，形成恶性循环。

1998年11月9日，顾健人（前排右三）出席庆祝上海市肿瘤所建所40周年大会

第三，首次将机体系统性调控分解为中枢性和外周器官与组织两个层面，提出了神经、神经递质—免疫—激素等在器官（组织）水平的调控、互动及异常，与肿瘤发生发展的关系。

第四，将肿瘤微环境列为肿瘤发生后第三层次独立的调控系统，认为它与机体（中枢—器官）的调控系统相对抗。

以上观点，形成了一个相对完整的概念，对于解释肿瘤的发生发展以及肿瘤防治有很强的现实意义。

最近几年来，顾健人的年轻同事们，在器官水平，比如肝脏与肝脏非神经来源的神经递质如 Ach 和 NE 的研究方面，作了重要的成绩。例如，他们发现，在肝脏中，由于 Ach 的降解酶，乙酰胆碱酯酶下调，使 Ach 增高；肝癌中 NE 的降解酶同样下调，使 NE 增高。这两种神经递质在肝癌中的增高，促进了癌细胞的生长和浸润、转移了并抑制了癌细胞的凋亡。

## 第三阶段：癌症与其他慢性病的关系——跳出癌症看癌症

第二阶段的工作，顾健人仅进行了近 10 年，应该说，还在起步阶段，但他又开始思考一个新的问题：如果癌症是一种全身性疾病，它和其他慢性疾病有什么关联，以及各种慢性疾病间有什么关联？这也是自 2010 年后，顾健人与流行病学专家和上海仁济医院不少临床专家交流的结果。他认识到，代谢综合征与糖尿病，可以促进至少 5 种以上恶性肿瘤有正向关联（可能前列腺癌例外）；某些神经退行性病变与肿瘤的发生呈负相关；某些自身免疫性疾病与肿瘤呈负相关；患心血管疾病、服用 β 阻滞剂的人群，与肿瘤的发生也呈负相关。上述慢性疾病之间，也有某种正向或负向的关联性。这提示了人体的机体调控系统和基因组的变异以及复杂的环境因素（包括体内菌群在内）相互作用的结果。

2014 年 1 月，顾健人与时任上海市人大常委会副主任、上海交通大学党委书记姜斯宪在一起

这些工作尽管只有糖尿病与癌的相关性研究在流行病学方面已经启动，其他的尚有待研究，但顾健人在这方面的认识是符合客观规律的，因为这才是真正名副其实的系统生物学，或者说是系统医学。它不仅将打开我们认识疾病的大门，而且，防控疾病不再是按病论病，而是全方位地对人进行个体分析，从而，对各种疾病进行整体防控。

## 二、肿瘤以外的探索——关于乙肝病毒

除肿瘤外，顾健人对乙肝病毒（HBV）的研究，也有较大建树。他在这个方面的工作和取得的成果，都经受了时间的考验，在国际上也是处于前列的。

## 1. 关于乙肝病毒 HBV DNA 的检测

20 世纪 80 年代初，顾健人就率领他的实验室同人，将血清点在硝酸纤维素薄膜上，用 $^{32}P$ 标记的 HBV 做探针，进行分子杂交，直接测定 HBV DNA，灵敏度可达 pg 水平。1983 年 1 月，顾健人等人撰写的《斑点杂交试验直接检测血清中乙型肝炎病毒 DNA》，在《中华传染病杂志》上发表。[①]1985 年，"血清直接点样斑点分子杂交法对 HBV 的检测"获得国家科技进步奖二等奖。顾健人在这方面的工作应该说是与国外同步进行的，但论文发表时，迟于国外（法国和美国）同行。HBeAb（抗 e 抗体）当时被认为是感染乙肝病毒者已康复的标志。顾健人等人的发现则是：HBeAb 阳性、HBV DNA 阴性，属于康复；若 HBeAb 阳性、HBV DNA 阳性，仍属危险阶段。在鉴定该项成果时，因为顾健人提出在 HBeAb 阳性的同时，还出现了 HBV DNA 阳性的病例，受到同行专家的质疑。直到几年后，国外同行也证明了这样的病例，顾健人团队才被"平反"。

1985 年，顾健人荣获国家科学技术进步奖二等奖

---

① 陈渊卿、顾健人、蒋惠秋、周筱梅、马积庆、蒋伟伦、亚善明、姜嘉：《斑点杂交试验直接检测血清中乙型肝炎病毒 DNA》，《中华传染病杂志》1983年第 2 卷第 1 期。

## 2.关于乙肝病毒的母婴垂直传播

1985 年，浙江大学医学院传染科何南祥教授派他的博士研究生易健如，到顾健人所在癌基因研究国家重点实验室完成撰写博士学位论文的工作。顾健人让易健如收集母亲为 HBV DNA 阳性的流产胎儿，从胎肝中分析 HBV DNA。20 多个病例中，在 7 例胎肝的 Southern Blot 杂交里，发现有 HBV DNA 的整合。这证明，部分 HBV DNA 阳性的母亲，可以通过垂直传播，使胎儿发生子宫内感染，并形成 HBV DNA 在肝细胞中的整合。因为病例数太少，无法得到确切的比例数，但乙肝病毒母婴垂直传播确实存在。之后，在儿科临床随访中也发现，新生儿乙肝标志阳性者，可以发生肝功能异常。根据这项研究撰写的论文《从乙型肝炎病毒表面抗原阳性母亲流产的胎儿查出乙型肝炎病毒标志》，发表在《病毒学报》1985 年第 2 期上。[①] 凭借这篇文章，以浙江医科大学作为第一单位，获得教育部科技进步奖二等奖。虽然奖项的级别不高，但发现乙肝病毒可以通过母婴垂直传播的意义，远远超过这个奖项。

## 3.关于乙肝病毒可以感染人的白细胞，并有 HBV DNA 整合

1985 年，顾健人首次发现了乙肝病人外周白细胞中 HBV DNA 的存在，说明乙肝病毒在感染靶器官的同时，还存在于白细胞中。顾健人就这个专题撰写的论文 *"State of hepatitis B virus DNA in leucocytes of hepatitis B patients"*，发表在 *"Journal of Medical*

① 易健如、王季午、何南祥、张秀芝、吕新法、陈智、金建华、顾健人、陈渊卿、蒋惠秋、谢志玮：《从乙型肝炎病毒表面抗原阳性母亲流产的胎儿查出乙型肝炎病毒标志》，《病毒学报》1985 年第 2 期，第 100–105 页。

*Virology*" 1985 年第 1 期上。① 迄今为止，这项研究成果仍有意义，说明乙肝病毒感染是全身的，免疫细胞是机体同病毒进行对抗与反应的重要系统。乙肝病毒感染，虽然重点靶器官是肝，但仍是一种全身性疾病。

2007 年 4 月，顾健人在香港

## 4. 关于乙肝病毒对胰腺的感染

在 20 世纪 80 年代后期，在上海市传染病医院工作的巫善明，给了顾健人一批暴发性重症肝炎死亡病例的尸体解剖标本。当时，顾健人所在实验室的陈渊卿与蒋惠秋两人做了 HBV DNA 分析，发现除了肝以外，在胆囊、胰腺、睾丸等组织中也有 HBV DNA 的整合。由于当初忙于其他工作，该成果一直没有机会发表。直到 2011 年，因为癌基因及相关基因国家重点实验室开始进行对胰腺癌的研究，屠红的团队与仁济医院孙勇伟主任合作，对部分乙肝病毒标志阳性的胰腺癌手术标本，进行 HBV DNA 各种基因的分析，发现部分胰腺胆管细胞癌及其癌旁的胰腺组织中，确实存在与 HBV DNA 相关的基因表达。他们撰写的论文 "*Identification and impact of hepatitis B virus DNA and antigens in pancreatic cancer tissues and adjacent non-cancerous tissues*"，发表在 "*Cancer Letters*"

---

① J.R. Gu，Y.C. Chen，H.Q. Jiang，Y.L. Zhang，S.M. Wu，W.L. Jiang，J. Jian，State of hepatitis B virus DNA in leucocytes of hepatitis B patients，*J. Med. Virol.*，1985, 17(1):73-81.

1998 年 1 月 11 日，顾健人（前排左二）出席首届吴孟超肝胆外科医学奖颁奖仪式

2013 年第 2 期上。[①] 虽然看来是一个"不起眼儿"的工作，却是首次提供了部分胰腺癌中存在乙肝病毒感染的分子病理学证据。

# 三、探索科学真理的甘与苦

探索是做前人没有做过的事，走前人没有走过的路，追求新的目标。这与在前人基础上，循着前人的路径有所发现，完全不一样。回首顾健人的科研生涯，他在 1998 年前从事的肿瘤研究工作，均属于后一类，相对风险较小。1998 年后，他从事的大规

① Y. Jin，H. Gao，H. Chen，J. Wang，M. Chen，G. Li，L. Wang，J. Gu，H. Tu，Identification and impact of hepatitis B virus DNA and antigens in pancreatic cancer tissues and adjacent non-cancerous tissues，*Cancer Letters*，2013 Jul 28；335（2）：447-454.

模基因功能筛选工作属于前人未做过的工作，风险很大。回忆起这段时间的工作，一贯低调的顾健人很谦虚地说："这事能够最后做成，我要感谢杨胜利、强伯勤、沈倍奋三位院士，以及复旦大学李育阳教授、中科院龚毅教授等人的大力支持。上海市肿瘤研究所内，我要感谢万大方、覃文新、李锦军、魏霖、周筱梅、张萍萍、蒋惠秋等我的同事和战友们的无私奉献。在外界各种压力下，如果没有他们的全力支持，要完成历时6年多的工作，度过没有一篇文章发表的困境，是无法想象的。探索最大的痛苦和压力是孤独，但是，当2004年在《美国科学院院报》的文章发表后，得到国外的认可，更重要的是，对我个人是一次理念的重大转折，使我乐在其中。"

然而，乐的时间是短暂的。在《美国科学院院报》的文章发表后，顾健人进入一生以来最深刻的反思时期，由此催生了"肿瘤是一种系统性调控异常的全身性疾病"的概念和假设。随之而来的，是重组必要的研究团队，进行中枢及器官水平调控的研究，这比大规模功能筛选研究更为艰巨。因为时代与外部环境的

1998年3月，顾健人（前排左七）出席第二届中—芬分子生物学学术研讨会

变化，急功近利成为评估体系的核心。做探索工作，可能若干年都发不了一篇高 SCI 的论文，PI 和团队都无法生存。提出一个新概念，并被人们认可，需要时间的考验，正如顾健人所说："这种孤独是很痛苦的事。"他认为："在世界范围内，迄今为止，只有荷兰 Jan van der Greef 教授和最近韩国首尔大学 Kyu-Won Kim 教授的认可，我认为是真诚的，使我得到了一些安慰。在上海市肿瘤研究所内，2004 年以后的 10 年中，系统性调控的理论与其证据的进一步研究，之所以有了一些新进展，我要衷心感谢屠红与甘愉，以及张志刚等同人领导的团队的努力。他们在精神上和他们具体的艰苦努力给予我的支持，我将永远记在心中。尽管我年事已高，能否最后看到这个'科学梦'实现还成问题，但这并不重要，人的一生若能留下一些点滴的痕迹，就算是没有虚度了。"

顾健人对科学研究的执着和追求，感染了许多后辈学者。长

2012 年 10 月，顾健人与中国科学院院士吴孟超（左二）、中国工程院院士王红阳（左一）、香港大学教授吴吕爱莲合影

期同他合作共事的中国工程院院士王红阳对顾健人"为学者，一生攀登"的人生，作出了恰如其分的评价："'学究'这两个字在我看来是高山仰止的。'究'者，可做'钻研'，可为'探求'，可解'终极'。这些不畏艰险、勇于探索的精神，正是老一辈学者、专家们视若生命，而现在很多年轻人又非常缺乏的。顾健人院士正是体现着这种特质的著名学者。"①

---

① 陈挥主编：《中国医学院士文库——顾健人院士集》，人民军医出版社2014年版，第545页。

# 第|八|章

# 一代宗师，
# 桃李满园

顾健人不仅是一位著名的科学家，也是一名成功的教育家。他是上海交通大学和复旦大学的双聘教授。在从事教学、科研工作的 60 多年生涯中，顾健人先后担负病理生理学、肿瘤学等医学专业基础课的教学工作，共培养博士 42 名、硕士 23 名。他传道授业，呕心沥血，言传身教，为国家造就了一大批高级的医学研究俊才，可谓桃李芬芳。

顾健人还坚持每年给复旦大学上海医学院的研究生讲授肿瘤分子生物学。他对于给学生上课非常重视，每次上课之前，都认真备课，每年总要增加一些有关肿瘤研究领域的最新进展。顾健人在讲课时充满激情，生动地将肿瘤学最前沿的有关知识倾其所有，传授给青年学子。由于他讲课生动有趣、引人入胜，所以，顾健人每次上课都座无虚席。

作为博士生导师，顾健人始终以自己良好的学风和严谨的治学精神为人师表。他的学识丰富渊博，逻辑思维周密，治学态度严谨。无论是基础理论课，还是临床病例讨论分析，他讲的课、他的精辟分析，都给学生们留下了深刻印象。更重要的是，

2010 年 2 月，顾健人在南通大学作报告

他的为人造就了一大批学生。他甘为人梯，无私奉献，想方设法为青年一代创造良好的学习、科研环境。他努力为后辈搭舞台、创平台，在讲台上为他们茁壮成长开拓空间，甘愿做陪衬、当配角，以自己的影响力为中青年科研工作者保驾护航。如今，顾健人的弟

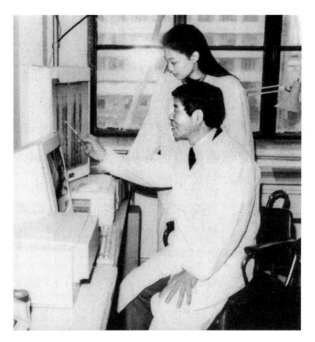

顾健人指导学生做实验

子们遍布海内外，绝大多数已成为所在领域的中坚力量。他们都以自己的老师为榜样，学习他的做人道理，对科学研究精益求精，共同为医学事业的发展作出贡献。以下仅举几个例子。

# 一、徐丛剑：把实验室的成果运用到临床上去

　　徐丛剑是在1994年9月考入上海医科大学攻读博士学位的。入学后，徐丛剑就选修了顾健人主讲的基础医学研究课程——肿瘤分子生物学。已经年逾七旬的顾健人每次上课，都是连续站着讲解，循循善诱，一丝不苟。在徐丛剑听过的课程里，顾健人是

给他留下特别深刻印象的讲课老师之一。第一次上课结束前，顾健人的话，徐丛剑至今记忆犹新、历历在目："今天，我对分子生物相关知识做了一个大致上的扫描性质的讲解。我有这样一个感觉：我只是把大家带到像图书馆一样的一摞子大抽屉面前，每一个小抽屉上面的标签是什么，我都告诉你们了。我不可能把抽屉里所有的东西都告诉你们，没那个时间，也没那个必要。你也不可能把所有抽屉里的东西都了解。分子生物学是一门很庞大的学科，但是，只要你知道哪个抽屉里有哪些东西，就足够了。当你将来思考问题，需要找到具体东西时，你知道上哪个抽屉找就可以了。"

此后，每次顾健人上课，徐丛剑都特别认真，课后还经常向顾健人求教。到期末考试的时候，徐丛剑居然考了99分。回忆起那次考试，他谦虚地说："其实，我这人的记忆力不是很好，并没有记得那么多。但从顾老师的考试和阅卷方式可以看出，他只是希望学生能够深刻理解教学的内容，并运用到实践中去，而不是要求学生死记硬背，把什么东西都记得牢牢的。这就是一个教育理念的问题，所以，我一直对顾老师印象非常好。"顾健人也记得有这么一件事，后来，他说："我那次只给一个学生99分，我很少给这么高的分数。"

徐丛剑在准备博士学位论文课题时，对肿瘤自杀基因的治疗问题很感兴趣。这正是顾健人在研究的 HSV-TK 基因，即单纯疱疹病毒胸腺嘧啶核苷激酶基因的基因治疗。徐丛剑查阅了大量文献资料，发现当时报道将 TK 基因治疗用于卵巢癌的只有不到10篇文章；而且，这些文章都是综述性的，只是提到在治疗卵巢癌时可以这么去做。出于对这个问题的兴趣，徐丛剑特意跑到图书馆借了一本《基因治疗》来看。

1994年12月，徐丛剑经过一段时间的学习和考虑之后，正式向自己的博士指导老师张惜阴提出，希望做 TK 基因的基因治疗这个课题。张惜阴是顾健人在上医求学时高几级的学长，但顾健人一直坚持称张惜阴是他的老师。当时，徐丛剑并没有拿到 TK 基因，这些研究方法也还很难建立，但他发现国内研究 TK 基因的著名学者就是顾健人。

当初，美国学者对脑肿瘤用 TK 基因做 I 期临床治疗，国内研究基因治疗的积极性也是

1998 年 12 月，顾健人荣获上海医科大学优秀研究生导师称号

比较高的。顾健人在研究 TK 基因这个项目上，已经投入了大量精力。科学的发展，总是一步一步、循序渐进的。尽管那一阶段对基因治疗的研究可能有点过热，顾健人的头脑却是很清醒的。他一方面认识到，基因治疗可能是未来的一种肿瘤治疗方法，这也是当时学术界普遍认同的；另一方面，他也认识到，基因治疗的发展完全有可能产生一些基因操作方面的技术和方法，可以作为以后基因研究的工具。因此，顾健人一直对基因转导的方法、载体等一些转移技术的发展特别重视。张惜阴对徐丛剑说，顾老师人很好的，你去找他，跟他谈谈。

在张惜阴的建议下，徐丛剑真是初生牛犊不怕虎，以一个普通的一年级博士生身份，前往上海市肿瘤研究所，直接去找刚刚当选中国工程院院士的顾健人，向这位德高望重的专家求教。

由于当时国家 "863" 计划刚刚起步，顾健人作为 "863" 计划的主题专家组组长之一特别忙，那天正好要去开会。

癌基因及相关基因国家重点实验室的秘书王敏敏接待了徐丛剑："顾老师最近特别特别忙，每天睡觉都很少，今天很快要去开会了。你明天再来吧，我会给你安排时间和顾老师见面的。不过，时间尽量控制在 10 分钟之内，最好能用最简洁的方式跟顾老师汇报你的想法。"

尽管没能马上和顾健人见上面，但徐丛剑还是很兴奋，回到宿舍后整整想了一天，怎么样在 10 分钟时间内，把自己的设想清晰地向顾健人汇报呢？他仔细地画了一张图，把自己的想法尽量都反映在上面。

第二天上午，徐丛剑再次前往上海市肿瘤研究所，在王敏敏的引见下，来到顾健人的办公室。他呈上自己画的图，按计划用 10 分钟时间，向顾健人阐述了自己的想法。

顾健人看着徐丛剑画的图，认真听了他的汇报之后，若有所思地对他说："我本来是想在消化道肿瘤的治疗方面做一些研究，现在听起来，在卵巢肿瘤的治疗方面也可以这么做。你的设想也很有道理，你继续讲。"

面对顾健人的肯定，徐丛剑特别兴奋。他又讲了 10 分钟，进一步细化了自己的设想，再朝顾健人看看。

顾健人再次表扬了他："蛮好。你查了不少资料，继续讲。"就这样，徐丛剑第一次向顾健人汇报，就讲了 40 分钟。

听完徐丛剑的汇报，顾健人很爽快地表示，愿意接受他加盟癌基因及相关基因国家重点实验室做课题："张惜阴老师是我的老师。我对你要做的事情很感兴趣。我们也很欢迎不是我们实验室的学生，来我们这个国家重点实验室做研究。国家重点实验室本来就是需要开放的。而且，你对这个课题查了那么多资料，谈的东西，我也觉得很好，很赞同你的想法。"

徐丛剑来肿瘤所的时候，没有带学校或者医院的介绍信。为了慎重行事，顾健人要求徐丛剑请他的导师张惜阴打个电话，以确认徐丛剑是在导师指导下做这个课题的。但是，当时没能联系到张惜阴。徐丛剑就请自己在上海市妇产科医院任副院长的师兄给顾健人打了电话，说明了情况。就这样，徐丛剑开始了他在上海市肿瘤研究所的研究工作。

20多年后，徐丛剑满怀感恩的心情，回忆起当年的感受："以前，我总觉得顾老师虽然个子不高，却是一位令人敬畏的老先生，但通过那次交流，我觉得他非常和蔼可亲。对我这么一个一年级的博士生来说，他真的是很随和的。"

时间过得很快，徐丛剑在上海市肿瘤研究所的国家重点实验室完成了他的课题实验。他完成课题，快要离开实验室的时候，再次去向顾健人汇报。这次，王敏敏没有限制他们见面的时间。

顾健人看到徐丛剑特别高兴，关心地询问他："小徐，你的科研工作进展得怎么样？有什么困难需要我帮助吗？"

"顾老师放心，我的实验进展顺利，一定按时完成博士学位论文。"然后，徐丛剑认真地把一年多来在实验室的工作和取得的成果，逐一向顾健人娓娓道来。

顾健人听了也很开心："很好，继续努力，争取把论文做成优秀的博士学位论文，也争取把实验室的成果运用到临床上去。"

"我一定努力，绝不辜负您的期望！"

随后，徐丛剑提出一个关于肿瘤细胞的想法向顾健人求教："顾老师，我最近在思考这样一个问题，就是'肿瘤细胞是怎么来的'。"

"好啊，年轻人就是应该多动脑子，多问几个为什么。你有什么新的想法？说给我听听。"

顾健人的鼓励，使徐丛剑很受鼓舞。他大胆地把自己还不是很成熟的观点向顾健人作了汇报。徐丛剑认为："肿瘤细胞可能是体内一些细胞在遇到一些不利它们生存的环境的时候，自身进化了，变得更强壮、更强大。它们既要适应这个环境，让自己活下来；又要突破一些不良的环境，让自己能够更好、更强、更长时间地活下来。以至于最后，它们的力量强大到一定程度，自己受不了，机体也控制不住它们了。"

顾健人听得非常认真，不断地频频点头，表示赞同。徐丛剑还向顾健人谈了关于细胞和缺氧的关系等一系列观点。

徐丛剑认为："如果细胞一遇到缺氧就很快死亡了，那么，它就没办法变成癌细胞。如果存在慢性缺氧的耐受，它就有可能成为一个癌细胞。比如，在体内，成熟的神经细胞和脑细胞是不参与肿瘤的。脑子里的肿瘤要么是胶质瘤，要么是神经母细胞瘤。就是说，未成熟的神经细胞，是可以产生肿瘤的，它对缺氧也有一定的耐受性；胶质细胞即基质细胞，对缺氧也有一定的耐受性。而对于神经细胞，缺氧几秒钟就是致死性的，它就没有机会去变化、适应或进化。"

对徐丛剑的这些想法，顾健人很感兴趣："我们对肿瘤的认识就需要做这样的拓展，你毕业以后还可以做进一步研究。如果遇

1999年，顾健人（前排左三）与中国工程院院士李载平（前排右三）、闻玉梅（前排右二）以及第二军医大学教授曹雪涛（前排右一）等人，在研究生答辩会上

到问题，可以来找我，我们一起来探讨、来研究。"

顾健人的鼓励，对于徐丛剑以后的发展起了很大作用。

不久以后，徐丛剑的博士学位论文要答辩了，他决定请顾健人做自己的博士学位论文答辩委员会主席。顾健人治学严谨的特点是名声在外的。徐丛剑在宿舍里跟其他同学聊起要请顾健人做自己的答辩主席，一个同学就劝他说："你别这样。顾老师是很严厉的，如果你的答辩邀请他的话，嘿嘿，小兄弟啊，你不找麻烦，麻烦是不会找你的。顾健人老师确实是位著名专家。第一，他懂行，对你做的东西完全了解；第二，他非常严格，到时候如果弄得你下不来台，你怎么毕业啊？"

徐丛剑把同学的话告诉了他的导师张惜阴，张惜阴就问他："那你认为，搞基因治疗这一行的，谁是最权威的行家？"

徐丛剑毫不犹豫地说："当然是顾老师。"

"既然如此，你在上海，又那么方便，你为什么不请他呢？"

徐丛剑只能说出自己的顾虑："我怕顾老师到时候提的问题让我下不来台。"

"顾老师绝对不会刻意为难你。你又没得罪他，他为什么要为难你呢？顾老师是位严谨的科学家，严格是严格，但是讲原则。他为难你干什么？你不要怕。有什么就说什么，没关系。"张惜阴的话顿时打消了徐丛剑的顾虑。

后来，徐丛剑的博士学位论文答辩在顾健人主持下，顺利通过了。那篇论文在 2000 年被评为上海市优秀博士学位论文，这也是复旦大学附属妇产科医院的第一篇上海市优秀博士学位论文。当时，顾健人在答辩总结里提到了该论文的三点贡献：第一，做了一个模型——卵巢癌的网膜转移模型，对于这类癌症的研究是有贡献的；第二，对如何提高基因转染效率，做了几方面的尝试；第三，跟其他论文的提法不一样。当初，因为"凋亡"的概念比较吃香，其他论文认为，TK 基因导致的是肿瘤细胞的凋

顾健人与徐丛剑合影

亡。徐丛剑这篇论文却认为，虽然凋亡比例增加了，但细胞主要的死亡方式还是坏死。顾健人强调，这是很科学、很实际的一种说法。搞科研的人就应该这样，实事求是地表述自己的实验结果。

答辩结束后，徐丛剑打出租车送顾健人回去。他深情地对顾健人说："顾老师，我从您那儿毕业了。以后，也许我们还有学生要去您那儿学习，借您的宝地去做实验。"顾健人爽快地回答："好啊，欢迎啊！但是，我们要讲清楚，要来，就得是你这样，既能动手又能动脑的人。"对于有思想的人，特别是积极思考问题的人，顾健人是很看重的。

徐丛剑毕业后不久，申请了一个国家自然科学基金青年项目，需要专家写推荐信。他又找到顾健人。顾健人非常认真地在申请书上亲笔写了推荐意见，并亲笔签名。后来，徐丛剑如愿拿到了这个国家自然科学基金青年项目。那个项目的大部分工作，也都是在上海市肿瘤研究所的国家重点实验室做的。

顾健人和徐丛剑的交往可以说是一种忘年交。此后，徐丛剑经常在过年过节的时候拜访顾健人。徐丛剑认为，顾健人的思路非常敏捷，对于知识的兼容性是非常强的，对徐丛剑在科研等方面思考问题的方式有很大触动。徐丛剑还认为，顾健人等科研大家，往往有一些特别的思维方式。正是这些思维方式，让他们一步步走向成功。

现在，徐丛剑已经是全国政协委员、复旦大学附属妇产科医院院长、"百千万人才工程"国家级人选、上海市领军人才、上海市优秀学科带头人，并享受国务院政府特殊津贴，还获得过教育部科技进步奖二等奖、教育部技术发明奖二等奖、上海市五一劳动奖章。

2012年，顾健人过80岁生日时，徐丛剑代表他的学生们发了言。回忆自己近20年间的成长经历，徐丛剑始终充满感激之情。他说："我这两次获奖，都跟我在顾老师的实验室研究HSV-TK（单纯疱疹病毒胸腺嘧啶核苷激酶基因）有关。在肿瘤所做实验的这段经历，增强了我搞科研的信心，也拓展了我做科研工作的兴趣，对我来说非常重要。即使现在做医院管理工作，我也觉得，顾老师的思维方式对我影响很大。顾老师的思维是发散型的，经常从不同角度考虑问题。比如，关注肿瘤不局限于肿瘤细

2013年9月27日，顾健人（第二排左三）参加上海市卫生系统第14届银蛇奖颁奖典礼

胞，管理上也不局限于自认为主要的事。实际上，很多时候，正是自认为次要的事起着决定性作用。我觉得，顾老师这样的大家给我们的帮助不是单单局限在学术层面上，他的人格魅力也深刻影响了我们。"①

## 二、覃文新：在科学道路上不断攀登

覃文新，医学科学博士、研究员、博士生导师，现任上海市肿瘤研究所副所长、癌基因及相关基因国家重点实验室研究组组长。他在 1985 年毕业于武汉大学生物系生物化学专业，获理学学士学位；1994 年在苏州医学院获医学硕士学位；1998 年在上海医科大学获医学科学博士学位；2007 至 2008 年，在美国系统生物学研究所从事访问研究。

目前，覃文新主持国家"973"课题 1 项、国家自然科学基金课题 3 项。研究成果，以通讯作者身份发表在"*Lancet Oncology*"（柳叶刀-肿瘤学）、"*Gastroenterology*"（胃肠病学）、"*Journal of Hepatology*"（肝脏学杂志）、"*Cancer Research*"（癌症研究）、"*Oncogene*"（癌基因）等国际学术期刊上，还出版了学术译著《肿瘤微环境》，参编了英文著作"*Primary Liver Cancer: challenges and perspectives*"。他作为第一完成人，获美国专利 2 项、中国专利 3 项，入选上海市领军人才和上海市优秀学科带头人计划（A类），享受国务院政府特殊津贴。

覃文新是一个湖南小伙子，于苏州医学院完成硕士阶段学习

---

① 《采访徐丛剑笔录》，2015 年 4 月 14 日，未刊稿。

后，在 1995 年来到上海市肿瘤研究所攻读博士学位。

对第一次见到导师顾健人的情景，虽然已过去了 20 多个年头，覃文新仍历历在目，仿佛就在昨天："记得当时，顾先生刚从美国国家癌症研究所合作研究归来，在简单询问我的个人情况后，就兴致勃勃地谈起他在美国国立卫生研究院的 Curtis C. Harris 教授实验室的合作研究工作，以及由美国科学家 Francis S. Collins 领导的人类基因组计划（Human Genome Project，HGP），John Craig Venter 倡导的基于 EST（Expressed Sequence Tag）的表达序列标签测序计划。这些都是当时生命科学最前沿的领域和研究方向。尽管我听得不是很明白，但顾先生对科学前沿的敏锐洞察力以及对科学研究的热情给我留下了深刻印象，并深深地感染了我。在接下来跟随顾先生的 3 年博士研究生学习期间，以及后来博士毕业后留下来工作 20 多年的日子里，我有机会经常聆听顾先生的教诲。从做学问到做人等诸多方面，顾先生对我的悉心引导和无尽关怀，伴我一路成长，激励我在科学道路上不断攀登。"

覃文新考取顾健人的博士生之际，正值国际人类基因组计划实施的初期阶段。在导师顾健人的引领下，他确定了攻读博士学位的研究课题——"肝癌中染色体 17p13.3 杂合性丢失最小共同范围的确定及缺失区内 cDNA 克隆的分离"。

在博士课题研究中，覃文新第一次接触到基因组测序、人工染色体、大片段 DNA 脉冲场

2009 年，顾健人与覃文新在一起

电泳和 cDNA 分离等人类基因组研究的新技术、新方法。他以位于肝癌染色体 17p13.3 缺失区内的酵母人工染色体 YAC441D8 为探针，筛选并获得了 16 个候选阳性 cDNA 克隆，为完成肝癌染色体 17p13.3 缺失区内表达序列的分离鉴定奠定了基础。

20 世纪 90 年代，正处在"出国热"的高潮期。在国内著名大学和研究机构读完研究生的年轻人大多选择去国外发展，覃文新当时也有出国的计划和打算。由于他考取的博士研究生是定向培养的，毕业后需回原单位工作，因此，他原计划是回到原工作单位后立即出国。顾健人考虑到覃文新承担的国家高技术研究发展计划功能基因组及生物芯片研究的需要，特地亲笔给他原工作单位的主要领导写了一封信，将覃文新及他的家人以人才引进方式从外地调入上海。

覃文新博士毕业留在上海市肿瘤研究所工作后，在顾健人的指导下，从事新基因的发现和基因功能的研究工作，具体负责人类全长新基因的克隆和鉴定工作，建立了全长新基因扩增的 RACE（Rapid Amplification of cDNA Ends）方法和 SMART-RACE（Switch Mechanism At the 5'end of RNA Transcript- Rapid Amplification of cDNA Ends）技术。有关新基因的全长工作与细胞生长为基础的高通量基因功能筛选和验证系统工作的论文，发表在《美国科学院院报》上。其中几个由覃文新课题组命名并登录于 GenBank 的重要全长新基因，对其功能至今仍在深入研究中，比如 LASS2、ANGPTL4、BNIPL 等。在人类基因组计划的全长新基因克隆和鉴定过程中，覃文新课题组与国内其他几个从事全长新基因克隆的实验室一道，克隆和鉴定了人类全长新基因的 1% 左右（约 400 个人类全长新基因），并申报和拥有了相应新基因的专利，为人类基因组计划的完成和后续功能基因组研究作出了应有的贡献。

当时，这在国际上尚无先例，因为当初的基因功能研究仅限于基因是否表达，即所谓的 EST（Expressed Sequence Tag），但并不知道这些表达的基因中，哪些基因与癌的生长有直接关系。覃文新课题组进行的大规模基因功能研究，是以细胞生长为基础的大规模基因功能筛选工作，采用肝癌细胞 SMMC7721 以及小鼠成纤维母细胞 NIH3T3 为对象，从人胎盘、胎儿组织和肝组织这 3 个 cDNA 文库的 15 万个 cDNA 克隆中，以"负性选择"挑出相对低丰度的 cDNA，逐个对上述两种细胞进行大规模 cDNA 克隆转染。其中，29910 个 cDNA 克隆转染了 SMMC7721 细胞，22926 个 cDNA 克隆转染了 NIH3T3 细胞。然后，仅挑选出对上述细胞生长有促进或抑制作用的 cDNA 克隆，即以空质粒转染为对照，按克隆或细胞灶形成的比率，较对照组 ≥ +50% 及 ≤ -50% 作为促进或抑制细胞生长的指标，共发现 3806 个基因（8251 个克隆）具有促进或抑制细胞生长的作用。之后，进行测序、生物信息学分析，最后确定其属性。其中，已知基因为 2836 个（6958 个克隆），全长新基因为 372 个（384 个克隆），598 个基因为尚未确定性质的新基因序列（895 个克隆）。384 个全长新 cDNA 克隆已在国际权威数据库 GenBank 登录。

通过对 2836 个已知基因进行文献检索和生物信息学分析，将其归纳为四大类：（1）细胞本身与生长、生存机制相关的基因（包括细胞周期、细胞凋亡、信号通路、mRNA 与蛋白表达及加工等基因群）；（2）微环境相关基因（包括细胞表面膜蛋白、糖基化酶、细胞粘附因子、基质等）；（3）机体（宿主）对细胞生长系统性调控的基因群；（4）其他基因。其中第 3 类，由覃文新课题组首先命名为机体（宿主）对细胞生长系统性调控的基因群，包括免疫（细胞因子 / 趋化因子及其受体）、激素及其受体、代谢与氧化还原、离子通道（$Ca^{2+}$，$Cl^-$，$K^+$ 等），以及离子与小分子转运蛋白和神经递质受体。这些系统性调控基因，除免疫、激素外，神经递质受体和离子通道及小分子转运相关基因，与细胞生长尤其是与癌相关，尚属国际上首次报道。为此，该项工作成果得以在《美国科学院院报》上迅速发表。

顾健人一辈子从事肿瘤科学研究，对肿瘤发生发展的复杂性早已有清醒的认识。基于上述以细胞生长为基础的高通量基因功能筛选工作，对于机体（宿主）对细胞生长系统性调控基因群的创新性发现，10多年前，顾健人就完整提出了癌症是系统性疾病的概念。遵循顾健人的这一理念，2002年，科技部启动国家重点基础研究发展计划（"973"计划）的肿瘤课题——恶性肿瘤侵袭和转移的机理及分子阻遏时，覃文新负责第四课题——肿瘤转移微环境的变化及其与转移器官的相互作用方面的研究。这是国内最早从系统生物学与肿瘤微环境的角度，对肿瘤和肿瘤转移进行研究。该课题的设立，对国内肿瘤研究具有方向性引导作用，引导人们从宿主整体、组织器官到细胞及分子，多层面看待和研究肿瘤问题。

在顾健人上述理念启发下，覃文新带领课题组从肿瘤细胞糖酵解导致的肿瘤酸性微环境角度，对肿瘤的发生发展及转移复发开展研究，发现了质子泵形成的肿瘤酸性微环境促进肿瘤转移和耐药的新机制，为肿瘤复发转移和肿瘤耐药研究提供了新思路，相应研究结果被肿瘤微环境国际学术专著"*The Tumor Microenvironment*"引用。鉴于此，覃文新引进了该书的中文版权，组织国内活跃在肿瘤研究特别是肿瘤微环境研究领域的科研人员和青年学者，将其译成中文在国内出版。这是国内第一本系统介绍和全面论述肿瘤微环境的学术译著。该书中文版的出版，有助于国内读者了解和掌握肿瘤微环境领域的基本内容、最新进展，对国内相关领域从事教学、科研和临床工作的教师、科研人员、临床医生及青年学生，具有重要的指导与参考作用。顾健人特为该书的中文版作序，予以支持和鼓励。

科学研究应服务于社会，肿瘤研究应造福于癌症患者。在注重肿瘤基础研究的同时，顾健人特别强调，肿瘤研究应与临床结合，研究成果应在肿瘤预防、早期诊断、个性化治疗中应用，以降低恶性肿瘤的发生率和病死率，造福于广大癌症患者。在顾健人的倡导下，覃文新负责的课题组在肿瘤微环境分泌蛋白与肿瘤标志物及肿瘤早期诊断研究领域，于 2003 年首次发现并证明分泌蛋白 DKK1（Dickkopf-1）在人类多种肿瘤包括肝癌中呈现特异高表达，并在人类多种肿瘤细胞的培养上清和肝癌患者血清中检测到其有较高浓度，可以作为肿瘤血清蛋白标志物，用于肺癌、肝癌、乳腺癌、宫颈癌等恶性肿瘤的血清诊断。上述创新发现已获得中国发明专利和美国专利授权，随后，其研究结果得到了国内外实验室的广泛验证。在此基础上，覃文新课题组于 2008 年设计并开展了将肿瘤血清蛋白标志物 DKK1 用于肝细胞癌血清诊断的大规模临床多中心 II 期试验研究。该临床试验由我国重要的肝癌临床中心和研究基地——复旦大学附属中山医院、第二军医大学东方肝胆外科医院、苏州大学附属第一医院和上海交通大学医学院附属仁济医院上海市肿瘤研究所 4 家单位共同完成，研究结果于 2012 年通过"快速通道"在《柳叶刀-肿瘤学》上发表。这是我国科学家首次在国际一流的临床肿瘤学和肿瘤转化医学杂志上，发表具有原始创新和自主知识产权的肿瘤血清蛋白标志物 II 期试验研究论文。研究结果显示，DKK1 蛋白作为肿瘤血清蛋白标志物，对肝细胞癌总体诊断的敏感性可达 69.1%，特异性为 90.6%。特别是对早期肝细胞癌（BCLC 0+A）和小肝癌（单个小于 2 厘米）的诊断，敏感性分别可达 70.9% 和 58.5%，特异性分别为 90.5% 和 84.7%。同时，DKK1 蛋白能够弥补甲胎蛋白（AFP）对肝细胞癌诊断能力的不足，对甲胎蛋白阴性（低于 20 纳克/毫升）肝细胞癌的诊断，敏感性为 70.4%，特异性为 90%；并可从甲胎蛋白阳性（高于 20 纳克/毫升）的慢性乙型肝炎及肝硬化等高危患者中鉴别诊断肝细胞癌，鉴别诊断敏感性达 69.1%，特异性为 84.7%；DKK1 蛋白与甲胎蛋白联合应用，可将肝细胞癌的总体诊断率提高至 88%。此外，手术后患者血中的 DKK1 蛋白浓度迅速下降，血清 DKK1 蛋白亦可作为肝癌疗效监测和预后判断指标。

　　世界卫生组织（WHO）在 2008 年的统计资料显示：全球每年肝癌新发病例约 75 万人、死亡约 70 万人。肝细胞癌是肝癌的主要类型，约占肝癌的 80% 以上。全球每年半数以上的肝细胞癌新发和死亡病例发生在中国，是危害我国人民生命健康的重大疾病。由于诊断方法的局限性，大多数肝细胞癌患者就诊时已属中晚期，失去了最佳治疗时机。因此，发现新的肝细胞癌诊断标志物特别是血清诊断标志物，及时有效地早查、早诊、早发现，是提高患者生存率、降低死亡率的关键之一。目前，临床常规诊断和筛查中广泛使用的肿瘤血清标志物基本上为血清蛋白标志物，主要原因在于肿瘤血清蛋白标志物除具有非侵袭性特点外，还具

2005 年 11 月 24 日，顾健人与李锦军、李宗海、徐宇虹、万大方、朱景德、覃文新（左起），在上海市肿瘤研究所合影

有所需血清样本量少（通常少于 100 微升）、无须对血样进行抽提纯化等前期处理、检测方法简单易推广、可自动化快速批量检测、重现性高、费用低等优点。DKK1 蛋白就属于肿瘤新的血清蛋白标志物，具有广阔的临床应用前景。现已初步研制出具有自主知识产权的血清 DKK1 蛋白检测系统，进一步的后续临床试验在有关单位通力协作下正在进行中，以期尽早在临床应用，造福广大癌症患者。

覃文新的个人成长和学术经历，体现了顾健人对学生以及青年学子的殷切关怀和无私帮助。覃文新充满深情地说："顾先生现在虽然年事已高，但仍然坚持阅读最新科技文献，对科学前沿有敏锐把握，思维活跃。因此，我们仍经常向顾先生请教，一起讨论和探讨肿瘤研究的前沿问题。顾先生对科学研究的热情，以及活到老、学到老的终身学习精神，将激励我们开拓创新，勇攀科学高峰，为肿瘤防治事业贡献力量。"[1]

# 三、李宗海：梦想着有朝一日能攻克肿瘤

李宗海是顾健人的 2002 级博士研究生，1997 年毕业于湖南医科大学并获医学学士学位，2000 年获得中南大学医学硕士学位，2005 年获得复旦大学医学博士学位，现任上海交通大学医学院附属仁济医院上海市肿瘤研究所癌基因及相关基因国家重点实验室研究组组长、研究员、博士生导师，国际药物创

---

① 陈挥主编：《中国医学院士文库——顾健人院士集》，人民军医出版社2014 年版，第 522 页。

新联盟执行理事，中国转化医学联盟常务理事，中国医药教育协会肺部肿瘤专业委员会常委，上海免疫学会理事、肿瘤免疫专业委员会副主委。他承担国家新药创制科技重大专项、传染病重大专项、国家"973"课题、国家自然科学基金等10余项课题，已发表论文70余篇，其中以通讯作者身份在"*Cancer Research*""*Clinical Cancer Research*""*Biomaterials*"等杂志发表SCI论文30余篇。李宗海申报发明专利40余项，获得中国、美国、欧盟、日本授权的发明专利14项，已完成科研成果转化多项。他还获得上海市优秀学科带头人、教育部新世纪优秀人才、第7届上海青年科技英才、上海卫生系统优秀学科带头人、上海市青年科技启明星等称号。李宗海长期致力于研制高效、安全的抗肿瘤生物药物，开发肿瘤新治疗靶标，研发并主持了全球第一个针对肝癌的CAR-T细胞治疗临床试验，还研制了国际上第一个能区分肿瘤EGFR和正常EGFR的CAR-T细胞，并进入脑胶质瘤临床试验。

李宗海一直梦想着有朝一日能攻克肿瘤，所以在读完医学本科后，就在其母校攻读硕士研究生。硕士毕业后，他到广西一家制药企业任职，心中一直希望能从事肿瘤新药的研发工作。当时，基因治疗研究还非常热。李宗海也觉得，基因治疗可能是一个攻克肿瘤的研究方向。他读的第一本关于基因治疗的书，正是顾健人主编的"863"生物高技术丛书《基因治疗》。顾健人在这本写得深入浅出的图书前面，还配了一首与同行共勉的诗："百草园中，嫩蕊初放；不畏风雨，不惧寒霜；华夏儿女，吾与自强；试看来日，满庭飘香。"顾健人的这本书，特别是这首诗，给了李宗海很大的启发和遐想："要是能在顾老师门下继续学习，那应该有可能实现我的抗癌梦想。"所以，他在2002年报考了顾健人的博士研究生。

回忆起和恩师顾健人第一次见面的情景，李宗海还是记忆犹新："在博士研究生入学复试的时候，顾老师就坐在对面，非常慈祥。在回答专业问题时，我略显紧张。顾老师微笑着叫我放松一些，让我心里很温暖，也让我感受到了一个学者的儒雅和一个长者的风范。"很幸运，李宗海被录取了，也开启了他追随顾健人10多年的科研之路。

李宗海入学后，顾健人和他第一次讨论的学术问题就是表皮生长因子受体靶向基因治疗系统。这是一个系统工程，需要找配体、找基因包装材料。当时，李宗海提出利用 EGFR 二聚体的晶体结构，来衍化出相应的配体多肽。顾健人非常赞许，十分支持这种探索性研究，给了他很大的鼓舞。

李宗海用 Phage Display 方法进行多肽筛选，历经多次失败，但顾健人总是给予鼓励。这对于年轻的博士生来说，是很可贵的帮助。李宗海后来回忆道："顾老师平常非常忙，但是，每当我有问题向他请教，他总是放下手中的工作，来和我探讨科学问题，往往一谈就是一个多小时。我真的觉得非常幸运，能有这样一位导师！此外，顾老师给了我非常大的研究自由度，所以，我除了进行非病毒载体研究外，还开展了以噬菌体作为基因载体的研究。当时，我一个人大概陆续做了五六个课题，大多数都以失败告终，但顾老师更多的是给予包容和鼓励。"

顾健人非常注重实验的细节。李宗海在做表达绿色荧光蛋白的融合蛋白实验时，蛋白纯化柱的绿色荧光融合蛋白是绿油油的，顾健人就特意叮嘱他一定要注意无菌操作。顾健人是病理学专家，学生们经常会因为一些免疫组织化学的问题去向他请教。他总是很认真地阅读每张切片，然后告诉他们如何读片、如何看组织结构。每当有学术交流的机会，顾健人都想办法让学生们去感受、体会、学习。李宗海清楚地记得，在 2004 年，上海市科委组织了关于基因治疗的研讨会，顾健人被邀请去，就基因治疗研究的发展提出自己的看法和建议。顾健人让当时对基因治疗还懵懵懂懂的李宗海也参加了这次会议，还给了李宗海发言的机会，让他在学习的过程中更快地成长。

2005 年，在顾健人的悉心指导下，李宗海顺利完成了博士学业。毕业后，他没有随大流儿出国深造，而是毅然留下来，在顾健人身边继续从事基因治疗研究。虽然当时生活很艰苦、收入很微薄，但正是顾健人的执着精神，让李宗海选择留在国内发展。顾健人也非常关心学生的生活，关心学生的住房问题，并且想办法给他们提供生活上的帮助。

顾健人在教学上也给予李宗海很大的帮助和指导。顾健人每次讲课，总是非常认真地备课，一般都会提前几天就把 PPT 做好。上课时，他都是充满激情、抑扬顿挫。他的比喻深入浅出。比方说，他把肿瘤干细胞比喻为本·拉登，把肿瘤细胞比喻成犯人，把免疫细胞比作警察，非常形象和生动。李宗海每次听他讲课，总感到非常振奋、茅塞顿开。台上一分钟，台下十年功。李宗海在顾健人身边耳濡目染，并在顾健人亲自指导下，讲课水平也有了较大幅度提高。前几年，顾健人对李宗海做的 PPT 提了不少意见。比如，有一次，李宗海做了一个关于靶向性基因治疗载体的 PPT，他把好的载体描绘成"具有高的传导效率、好的靶向性、强的安全性"。顾健人看后明确提出，语言应该尽

2020 年，李宗海（右）、刘永忠看望顾健人

量简洁，建议他改成"传导效率高、靶向性好、安全性强"。

顾健人言传身教，生活永远非常简朴，给学生们留下了深刻的印象。他每天中午也和学生们一样，吃单位统一预订的盒饭，从来没有抱怨。在这个物欲横流的社会，顾健人对物质毫无欲望。李宗海记得："2010年，我们把表皮生长因子受体靶向多肽专利转让给广州朗圣药业有限公司。顾老师是第一发明人，本应是专利转让费最主要的获得者。结果，他老人家一分钱也不要，坚决推辞。顾老师说，他的收入比我们高，这笔钱应该给我们这些在一线的科研工作者。在利益面前，他永远想的是我们。"

李宗海在当科研项目负责人的前两年，因为顾健人对他们给予各种各样的支持，对很多工作都有贡献，所以，总是把他作为共同的通讯作者。但是，到了2007年，顾健人主动提出，不要再把他作为论文的通讯作者。比如，2012年发表的一篇关于将乙酰胆碱酯酶基因用于治疗肝癌的文章，选题是顾健人提出来的，他却坚持不在论文上署名。

回忆起顾健人对自己的帮助，李宗海深情地说："可以说，没有顾老师，就没有我的今天。在当今略显浮躁的中国，我想，正是顾老师给了我一片科研的乐土。顾老师一直主张，好的科研，就应该有好的科学问题、好的临床医学转化，不要随大流儿，要做到特立独行。迄今，已近90高龄的他，仍风雨无阻，每天坚持来上班，每天都不断地探索、不断地创新。他的一言一行在不断地激励着我，让我在追逐攻克肿瘤梦想的道路上不断前进。高山仰止，景行行止；虽不能至，心向往之。我想，正是有了顾老师这样的导师，有了他的言传身教，我才能不停地在科研道路上前行，并坚定不移地坚持自己攻克肿瘤的梦想。"[1]

---

① 陈挥主编：《中国医学院士文库——顾健人院士集》，人民军医出版社2014年版，第524—525页。

# 四、屠红：在顾健人引领下深入肿瘤研究领域

屠红是顾健人的女弟子，1994年考入上海医科大学研究生院攻读硕士学位，聆听过顾健人讲授的肿瘤分子生物学；1997年赴美国南加州大学医学院成为微生物学与免疫学专业联合培养生，1999年获博士学位；1999至2001年，在法国巴斯德研究所INSERM U370完成博士后研究工作；2002年1月回国，先后任上海市肿瘤研究所副研究员、研究员、博士生导师；2008年起，受聘为癌基因及相关基因国家重点实验室课题组组长；2005至2009年，兼任美国路易斯安那州立大学PBRC研究所Research Instructor。

屠红主要从事肝癌的分子病因学研究，以及肿瘤的早期诊断和干预工作，近年来还研究神经精神因素对肿瘤的系统调控作用。她先后承担国家自然科学基金、上海市科委重大项目、国家重大科技专项等科研任务，曾获国家教委科技进步奖一等奖、上海中西医结合科学技术三等奖、中法科技协会生物技术奖，发表论文90余篇，其中SCI收录45篇，参编中、英文论著5部，获发明专利授权4项。

对于屠红来说，顾健人作为在学术界享有极高声誉的著名肿瘤学家，一直以来都是她人生道路上一座遥不可及的丰碑。屠红自2008年被聘为癌基因及相关基因国家重点实验室课题组组长以后，就开始受到顾健人的直接指导。他们对共同感兴趣的科学问题，保持着密切的沟通和交流。屠红深深体会到，跟顾健人在一起学习和工作的经历，是她人生中最为宝贵的一笔财富。

屠红初次认识顾健人，与徐丛剑一样，是在她硕士研究生一年级的时候，选修了顾健人主讲的肿瘤分子生物学。虽然这只是一门选修课，也只有一个学分，却在研究生圈内掀起了一阵不小的波澜。在上医大最大的一个阶梯教室，肿瘤分子生物学刚开课就座无虚席，到了最后几堂课，竟然连台阶上都坐满了人。听顾

2007 年，顾健人与屠红合影

健人的课，完全不必担心有没有肿瘤专业背景。再难理解的知识点，他都可以当作一则引人入胜的故事来讲。顾健人在课堂上，除了讲解基础知识和国内外研究进展外，还会介绍他所在实验室开展的工作和取得过的成果。令屠红感到惊讶的是，顾健人不但对每个课题的总体设计思路清晰，而且对每个实验的细节都了如指掌，具体到核酸酶切的反应体积和酶用量，都能交代得一清二楚。这让人不得不信服，他是一位始终工作在第一线的科学家。每堂课结束前，顾健人总会抽出几分钟时间，感谢完成这些项目的研究生，并介绍他们毕业后的去向和工作，让听课的学生心中充满温暖与希望。时隔 20 多年，屠红回想当年顾健人上课的情景，仍然觉得这是她在学生阶段上过的最好的一门课。她充满深情地说："顾先生传授给我们的，不仅仅是肿瘤分子生物学的专业

知识，更重要的是对科学研究的热爱和兴趣。像我这样因为受这门课启发，由此从其他专业走向肿瘤研究领域的学生，可能还不止一个吧。"

顾健人对自己要求十分严格，对年轻人却十分慈爱，对实验失败充满理解和宽容。他始终鼓励年轻人去探索有难度的研究项目。成功了，他在背后默默地为年轻人鼓掌，分享他们的喜悦；失败了，他挺身而出，共同承担责任，并帮助他们寻找原因。屠红认为，与顾健人一起工作时，科研是一种乐趣、一种精神上的享受，而不是患得患失的焦虑和恐惧。

2012年，屠红领衔的课题组开始研究乙肝病毒（HBV）与胰腺癌相关性的时候，她对研究结果并没有把握。当时，有关胰腺癌患者乙肝病毒血清标志物阳性率高于正常对照人员的结果已有数篇报道，但在胰腺癌组织中尚未找到乙肝病毒感染的证据。顾健人在20多年前对重症乙肝患者进行尸检时，曾经发现胰腺、肾脏等肝外组织中均有HBV DNA的杂交信号。因此，他支持屠红从胰腺癌组织标本入手，寻找HBV DNA和相关病毒蛋白存在的证据。经过一系列的研究，屠红课题组终于发现与证明并报道了乙肝病毒对胰腺组织的慢性感染，可能是导致慢性胰腺炎和胰腺癌发生的病因之一。接着，顾健人又鼓励屠红继续向更为艰难的机制研究挑战。他们利用高通量测序技术，探索HBV DNA在胰腺癌细胞染色体上的整合及整合规律。虽然实验过程可谓步步惊心，但在顾健人的支持和帮助下，技术难题一个一个地被破解，离预期目标已经越来越近了。在整个项目研究过程中，屠红真真切切地领略到顾健人勇于探索、不惧怕失败的大师风范。

在科研方面，屠红最敬仰顾健人的品质，是他的独立性和超前意识。

顾健人从不跟风，所持学术观点，都源自他对实验结果细致入微的分析和思考。他发表的学术论文，几乎每一篇都有独到的思想和观点，从而赢得了国内外同行的普遍尊敬和赞誉。他提出的用系统性疾病观念重新认识癌症的新观点，是基于实验室长达5年的大规模细胞转染实验的研究结果。他发现，在对细胞有增殖或抑制作用的基因中，很大一部分并不是传统意义上的癌基因或抑癌基因，而是宿主对细胞进行系统性调控的相关基因群，包括免疫因子、神经递质以及相应的受体等。为此，他提出，癌症是一种以局部组织细胞异常生长为特征的系统性疾病。在脏器局部，神经递质尤其是非神经来源的神经递质及其受体系统，很可能与激素系统、免疫系统互为调控，在特定的微环境中，决定着肿瘤的发生发展和结局。

为了验证顾健人的这一观点，癌基因及相关基因国家重点实验室的几个课题小组，开展了一系列有关神经递质与肿瘤关系的研究工作，先后发现：肝脏中存在着睫状神经营养因子（CNTF）自分泌和旁分泌系统，能促进肝癌细胞的增殖和葡萄糖的摄入；在正常细胞和肝癌细胞中，也存在着乙酰胆碱（Ach）的合成和乙酰胆碱受体的表达。在 70% 的肝癌患者中，乙酰胆碱降解酶

2009 年 5 月，顾健人（前排右三）参加博士研究生毕业论文答辩会

AchE 下调，使乙酰胆碱在局部的浓度增高，导致肝癌细胞的增殖和抗凋亡，造成这些患者的预后较差。乙酰胆碱受体的激动剂尼古丁在小剂量情况下，可促进免疫树突状细胞（DC）及 T 细胞对癌症的杀伤作用，但大剂量时抑制 DC 活化和 T 细胞杀伤。肝脏星形细胞合成分泌的肾上腺素和去甲肾上腺素，也被发现参与了肝癌细胞的侵袭和转移。这些结果，逐步证实了器官中神经递质—激素—免疫网络的存在和作用。同时，顾健人还假设，这些"地方政府"的工作还必须接受上级中枢神经系统的支配和调控。癌症的出现，不单单是"地方政府"出了差错，机体的系统性调控包括"中央政府"必定也存在缺陷。功能健全的神经免疫系统，应该能抵抗局部出现的异常情况。

2010 年，美国 M.J.During 研究小组首次报道，在丰富的饲养环境中长大的、精神愉快的小鼠，对外周肿瘤的发生发展具有显著的抑制作用。这种抑制作用的信号可通过下丘脑—垂体—肾上腺轴，由中枢传递至外周，最后经由免疫和内分泌因子直接作用于肿瘤细胞。屠红课题组对"快活小鼠"开展了一系列实验，证实丰富的生存环境对恶性黑色素瘤、肺癌、结肠癌、胰腺癌等各种

战略科学家顾健人

皮下移植瘤均有广谱的抑制作用，对 $APC^{min/+}$ 小鼠肠腺瘤的发生也有抑制作用。同时，"快乐"对化疗药品还具有增效减毒的作用。丰富的生存环境下，小鼠的免疫细胞在数量和活性上均显著增强，有效地起到了杀伤肿瘤细胞的作用。精神因素与肿瘤的关系，已从早期的流行病学描述性研究，进入分析性的实验研究阶段。在当下对肿瘤的临床治疗已趋于瓶颈、难以突破的时候，顾健人倡导的这种跳出肿瘤治肿瘤的整体观，必将得到越来越多同行的支持和认同。

作为战略科学家，顾健人站得高、看得远。任何时候，他都能大胆提出新颖的、具有前瞻意义的观点和思路。在屠红眼里，顾健人首先是一位关注人类疾病普遍规律的哲人，然后才是一位研究肿瘤的顶尖专业人才。

顾健人一向反对把肿瘤研究局限为"肿瘤细胞"的研究。肿瘤的发生发展，不仅在横向上与其他细胞、组织、系统有着密切的联系，在纵向上还与胚胎细胞的发育存在着许多相似之处，许多被认为是肿瘤标志物的蛋白和非编码 RNA，其实在胚胎发育过程中都扮演过重要角色。胚胎学领域的研究进展，能为肿瘤的诊断和治疗提供宝贵线索。为此，当大多数实验室从癌和癌旁蛋白差异比较入手，筛选新的肿瘤标志物和治疗靶点的时候，顾健人却在早期胚胎组织中寻找肿瘤发生发展的相关分子。此外，他还认为，胚胎发育时起源相同的器官，在日后肿瘤发生过程中可能也存在着相似的机理。比如，肝、胆、胰脏在胚胎时期的发育，是内胚层前肠细胞的连续动态演变过程，受许多相似的信号调控。肝癌研究领域的成果，可以为胆胰肿瘤的研究提供借鉴。

除了胚胎学，顾健人在病理、生化、解剖等学科方面，也都有着很深的造诣。屠红课题组研究胰腺癌的病因学的时候，顾健人亲手画了胰腺壶腹部胰管和胆总管的 6 种排布示意图，提醒外科医生一定要留意观察、统计：临床上是否存在着某种型别的胰管解剖结构，容易发生胰液或胆汁反流，造成胰腺的慢性炎症和损伤，继而发展为胰腺癌。顾健人对内分泌系统在肿瘤发生发展过程中的作用也非常重视。除了长期关注性激素对肿瘤的差别作用，他还比较早地注意到，脂肪这一新界定的内分泌器官，对肿瘤可能有影响。脂肪细胞分泌瘦素（Leptin）、脂联素（Adiponectin）、抵抗素（resistin）、肿瘤坏死因子-$\alpha$（TNF-$\alpha$）、白介素—6（IL-6）等一系列脂肪细胞因子（adipokine），对它们与 II 型糖尿病等代谢性疾病的关系已有深入研究，但它们在肿瘤发生发展过程中的作用尚未被充分认识。

在顾健人的启发和鼓励下，屠红课题组着重对瘦素在胰腺癌发生中的作用进行了研究，结果发现，在胰腺癌细胞株中，普遍存在着瘦素受体的表达，受到外源性瘦素刺激后，通过 STAT3 信号系统的活化，使金属基质蛋白酶 MMP13 的表达和分泌增加，促进了肿瘤细胞的迁移和侵袭。由于肥胖患者体内的瘦素水平比正常人显著增高，他们罹患胰腺癌的风险也较大。屠红深有体会地说："正是在顾先生的不断推动下，我们的研究领域才得以不停地拓展。虽然每日里都要学许多新的知识，但没有这些知识的铺垫，我们对肿瘤的认识就不可能精深。"

跟顾健人接触多了，屠红逐渐感到，他还是一个富有人格魅力的人。她说："顾先生很少直接告诉学生应该怎样做事、做人，但他的言谈举止，对身边人的影响很深。顾先生淡泊名利，生活节俭，唯有对学问的追求孜孜不倦。他每天坚持上班，工作时间像钟摆一样恒定。记得有一次，他家的电梯出了故障，他竟然一连两天，每次步行上下 16 层楼来单位上班。这对一位近 90 高龄的老人来说，是何等可贵的执着啊！他通常每天要阅读大量的文献资料，与时俱进，敏以求之。遇上好的文章，他会一遍一遍地精读，并在上面密密麻麻地写满批注，然后把心得体会在第一时间与我们分享。每次开会，大到重要的国际学术会议，小到课题组的组会，甚至一对一的工作汇报，他都会带一个笔记本，从头到底、专心致志地做笔记，不停地学习，不停地思索，然后提出非常中肯、到位的问题，或发表自己的观点和评论。学生做实验中的原始数据，尤其是大通量基因组学和蛋白质组学的实验结果，他都要亲自过目，凭他的学识和经验，帮助我们在一堆杂乱无章的'瓦砾'中，找到真正能够发光的'金子'。他勤勉严谨的治学态度，有如春风化雨，润物无声，在不知不觉中，形成了肿瘤所重点实验室良好的科研文化氛围。在顾先生身边工作，是一个绝佳的学习机会，也是一个快速锻炼成长的机会。在他的指导下，我从一名刚出站的博士后渐渐成长为一名博士生导师。我为能够长期受到顾先生这样一位大师的引领而感到幸运，在此也为顾先生送上深深的祝福：祝生命之树常青，学术精神永存！"[1]

# 五、刘永忠：为自己是顾健人的学生而感到骄傲

刘永忠是顾健人的 2000 级博士研究生，2003 年获复旦大学博士学位，2003 至 2008 年，先后在美国 Roswell Park 肿瘤研究所和美国国立卫生研究院进行博士后研究，2008 年，以人才引进方式来到上海交通大学，在上海市肿瘤研究所、癌基因及相关

---

[1]  陈挥主编：《中国医学院士文库——顾健人院士集》，人民军医出版社 2014 年版，第 528—530 页。

2003年5月，顾健人（后排右二）参加博士研究生刘永忠（后排右一）、何祥火（后排左一）毕业论文答辩会

基因国家重点实验室工作，现为癌基因及相关基因国家重点实验室研究员、肿瘤免疫调节研究组组长，上海交通大学医学院博士生导师。他主持国家自然科学基金和上海市人才发展计划项目各一项，参加国家重大专项一项，在"*Nature Immunology*""*Nature Medicine*""*Transplantation*"等杂志发表多篇研究论文。

2000年年初，在开往上海列车拥挤的过道里，刘永忠和几个报考复旦大学医学院的考生议论着即将面对的挑战。与大家呈现的那份"壮士出征"般豪迈的表情相比，刘永忠不是那么自信，因为他报考的导师是国内肿瘤生物学界鼎鼎大名的顾健人，竞争的压力非常大。当初，刘永忠之所以要报考顾健人的博士生，是源于他内心渴望到一个好的实验室去攻读博士学位、接受训练。初试还算顺利，过了关；在面试的时候，他第一次见到顾健人。那天的情景，刘永忠至今依旧历历在目："记得复试的内容除了考题外，还有两篇英文的文章，在很短的时间内需要理解、回答。顾老师坐在一排老师的最右边，他很和蔼、亲切，听着别的老师提问，耐心地听我回答问题，偶尔有针对性地提问。"

几天后，刘永忠得知自己被上海市肿瘤研究所录取了，那种喜悦之情无法言表。

在3年的学习过程中，顾健人对他一直非常关心。顾健人尽管非常忙，但是，每次讨论课题，他都认真地记下刘永忠的工作进展。让刘永忠一直到现在还记在心里的一次谈话，是在他的课题最不顺利的时候。那次，顾健人参加了刘永忠课题的讨论后，真挚地鼓励他，帮助他树立信心："任何事情都不会那么简单和顺利，你现在最重要的是要自信！要好好努力！"直到今天，每当遇到挫折和困难，这句话都会激发刘永忠进取的斗志。

博士毕业以后，刘永忠在美国做博士后，研究的课题属于他不太熟悉、竞争又非常大的领域。每当遇到困难，顾健人对他的鼓励就激励着他，让他坚持不懈。刘永忠的论文被顶级杂志《自然免疫学》杂志接受后，他在第一时间告诉了顾健人。顾健人听到这个喜讯，也特别高兴。刘永忠对顾健人始终充满感激之情："如果说这些年里我还有些科研上的收获，回想起来，是和顾老师当初的鼓励分不开的！所有的这一切，是顾老师让我知道：自信是一切成功的基础。"

2008年，刘永忠决定回国。他没有联系任何其他单位，就回到了当初培养他的上海市肿瘤研究所，因为这里有让他非常尊敬的老师和非常好的研究平台。到了真正组建一个团队、开展科研工作的时候，刘永忠才知道其中的艰辛，也让他深深感叹顾健人当初创建癌基因研究国家重点实验室是多么的不容易。

由于实验室空间的问题，刘永忠的研究组被安排在上海交通大学闵行校区。这个校区远离市区，没法共享肿瘤所"大本营"的共用平台。当时，刘永忠他们又是第一个真正在闵行校区"安营扎寨"的研究组，缺人手，缺关键的设施配套，有些困难确实让刘永忠感到力不从心！顾健人听到他在动物房等方面的困难后，也非常着急并积极协调。在顾健人的帮助下，刘永忠的研究组终于能养起动物、开展实验了。

刘永忠的研究组建立初期，每当遇到困难，顾健人总是安慰他，给了他很大的包容和支持。他们取得一点点小的进步和成长，顾健人就会给予他们非常大的肯定和鼓励。刘永忠在顾健人身边工作的这几年里，经常得到他无私的帮助。已过耄耋之年的顾健人，还很关心刘永忠研究组的研究方向，会定期和他们交流最新的研究进展，有时候，会转发一些重要的文献供他们参考。每每回忆起这些情景，刘永忠总是充满对顾健人的崇敬："我觉得，顾老师永葆这份科研热情和活力，真的是源于他对科学的挚爱和无限的热情！我觉得，顾老师是在无私地帮助我、支持我！跳出具体的科学问题，顾老师的言传身教，实际上给予我们的是一种精神上的熏陶和力量，能让我们静下心来思考：在当下和未来，我们内心对事业的追求是否还能保住那份单纯和热爱？通过这些点点滴滴，顾老师让我们知道，敬业才会有自己的事业。"

"每个人的事业征途，都需要靠自己的双脚去丈量；但当回首自己走过的路程，我们每个人都会发现，在自己留下的那一行脚印后面，又有多少帮我们前行的力量。这些力量支撑着我们翻山越岭，不畏险阻，始终向前！在这条从事科研工作的路上，我非常幸运地遇到了我的老师顾健人院士。传道授业解惑，良师尤甚。其实，良师最本质的定义是给予他人以爱和无私的辛勤园丁。"这是刘永忠的心里话，也可以说是顾健人所有学生的心里话。他们从顾健人身上学到的不仅仅是渊博的知识，对科学一丝

2006 年 8 月，顾健人与三位印度尼西亚博士研究生合影

不苟的精神、兢兢业业的态度；最重要的是，他们还从顾健人身上学到了如何为人、为师。他们都为自己是顾健人的学生而感到骄傲。①

---

① 陈挥主编：《中国医学院士文库——顾健人院士集》，人民军医出版社 2014 年版，第 526—527 页。

# 第|九|章

# 相濡以沫，
# 医德双馨

成功的事业与和睦的家庭，共同勾画出顾健人完整的人生图景。他的夫人方利君教授，不仅是伴他一生的亲密爱人，更是他事业成功道路上最有力的支持者。他们怀揣着共同的理想，用自己的双手与智慧，一同为人类的健康事业默默奉献。儿子顾奕是他们爱情的结晶，更是他们生命和精神的延续。他在自己的工作岗位上辛勤耕耘，为建设中国特色社会主义贡献自己的力量。

# 一、邂逅一生的伴侣

当年，国立上海医学院的学习生活紧张而忙碌，但是，在不经意间，也会有一些温馨而美好的小事发生。比如说，浪漫的校园爱情故事，也会在这里上演。不过，令人意外的是，作为一位严谨科学家的顾健人，他的爱情故事却带有一些戏剧性，以至于他在向我们娓娓道来之时，嘴角始终挂着一抹微笑。

上大学的时候，因为过于发奋读书，顾健人不慎得了一场重病。医院一检查，发现竟然是肺结核！这让一向沉着冷静的顾健人不由得紧张起来。要知道，以当时的医疗水平，肺结核可是非常严重的传染病，治不好可能持续终身，甚至会丧命。好在情况不算危急，经过休学疗养和医生精心治疗，顾健人终于康复了。这个阶段，上医批给他一年的病假，让顾健人回苏州家中养病。

让一个病人独自回家，肯定是不行的。顾健人的同班同学方利君作为学习小组长，代表全组同学护送顾健人到上海火车站。方利君是班里的学生干部，平时对待同学非常热心，学习也不错。她觉得，自己身为学生干部，自然有义务为需要帮助的同学服务。

在送顾健人回家的前夜，方利君到顾健人的宿舍去看他，与他进行了一次，也是第一次长谈。

"我爸爸是一位医生。看到他治好那么多老乡，我心里真为他高兴。有一天，我对爸爸说，我也要像你一样，将来长大当医生！"顾健人认真地告诉方利君自己的理想，小时候的事仿佛是昨天发生似的。

1956年6月，顾健人、方利君合影

方利君与顾健人相谈甚欢，她不仅由此得知顾健人从小就立志从医，更被他的多才多艺所折服。的确，顾健人并不是一个只会读书的"书呆子"，他还爱好音乐、绘画和诗词。这次交谈原本只是鼓励顾健人好好休养身体，谁想到，逐步转变成了关于生活、理想和未来的讨论。而顾健人和方利君，也因为这个机缘巧合，开始相知相爱，进而成为彼此生命中的伴侣，也成为相互事业上的帮手、精神上的依靠。

即使到了晚年，顾健人和方利君依然注重生活情趣。顾健人酷爱绘画，曾画了一只毛茸茸的小老虎趴在树干上，只探出一个小脑袋，大眼睛里满是对这个未知世界的好奇。这幅画的画风生

1956年，方利君的婚纱照

动活泼，充满了盎然的童趣。方利君便为之命名为"这个世界真奇妙呀"，表达了两位老人对生活的美好向往。

顾健人还会以诗歌来抒情言志，寄托情感。1979年冬天，顾健人远赴英国进修，在格拉斯哥给远隔重洋的妻子写下了一首《赠利君》，情真意切，令人动容：

一九七九年冬，攻读于英国格拉斯哥，冬日夜长，风雨如晦，工作繁重而生活清苦，亲人远隔关山，书诗一首聊寄思念：

> 风雨如晦长夜多，
>
> 孤身子影篱异都。
>
> 乡关云断何所是，
>
> 倩影何时入梦中。

除了绘画和诗词，顾健人还特别钟爱交响乐。念中学时的一个偶然机会，使他与交响乐结下不解之缘，并将其作为一生的爱好。在顾健人家，专门有一个柜子是留给交响乐唱片的。无论是老式的黑胶唱片，还是新式的激光唱片，顾健人都一一收集。有国外著名交响乐团来沪演出，顾健人经常前去聆听欣赏。他觉得，音乐会赐予他科研灵感，能让他在艰苦的科研工作之余放松身心，更能带给他无穷的精神力量。方利君十分支持他的这项爱好，但凡有一同出国参加学术研讨的机会，她也会和顾健人在异国街头的唱片行一起寻找心仪已久的绝版唱片。

相知、相爱、相守，这份校园爱情经历了近 70 年的风风雨雨历久弥坚。顾健人与方利君在事业上相互支持，在生活中相互照顾。他们成就了一桩美满姻缘，携手缔造了一段世间佳话。

顾健人和方利君现住在一套古色古香而又温馨十足的小屋里。当我们第一次前往采访时，面貌和蔼、精神矍铄的顾健人亲自前来开门。他边热情地招呼我们，边朝里间喊道："你快出来，采访的人来啦！"方利君应声而出，她一点儿也不显老。刚一坐下，她就给我们展示珍藏的一张张照片，有黑白亦有彩色。讲到曾经的青春岁月，她会开心地笑；讲到同学聚会，她又满是感慨；讲到同期的朋友逝世，她则眼眶泛红。直至讲到最后一张照片，她的脸上有一种难以言说的幸福，那浓稠的甜蜜感在炎热的天气里将心的燥热悉数按下。照片上，红颜犹存的方

2006 年，顾健人与方利君在杭州

利君端坐在沙发上，儒雅的顾健人坐在身旁。两人背靠窗户，看着镜头，眉眼里都是遮掩不住的笑意。

"那是我在老伴儿八十华诞时的合影。"话语里的幸福感羡煞多少人！人们不是说，八十人生才开始吗？方利君说，前面的人生经历艰苦亦好，伤心亦好，成绩斐然亦好，评价甚高亦好，现在，她的晚年很幸福，这就足够了。

顾健人在方利君八十华诞时的合影

# 二、从"上中"到"上医"的高才生

1930 年，方利君出生在一个知识分子家庭。回首望去，她走上学医的道路，成为医生、教授，做临床，搞科研，一切都显得这般顺理成章。

方利君的父亲方子川喜好文学，1926 年毕业于复旦大学新闻系，获文学学士学位。他在民立中学教过书，在国立上海医学院做过院办主任，后来一直在上海信谊药厂工作。在方利君看来，父亲方子川不仅优秀，而且伟大。他们的家庭，虽说不是很富裕，却还能保持温饱。母亲邵云卿是一个家庭主妇，毫无经济来源，方子川就成了支撑整个家的唯一经济支柱。7个孩子的衣食住行需要请保姆帮忙，上重点中学的费用也很昂贵。为了交齐学费，方子川一狠心，将家里的红木家具卖掉了。即便如此，在那个重男轻女的时代，方子川同样支持女儿读书。方利君至今仍记得方子川的话："只要你愿意，我累死累活也要供你读书。"这恩重如山的父爱，温暖着小利君的心灵。她当时就下定决心，一定要念好书。今后一定要自强自立，赚钱为父亲分挑家庭负担。整个家，4个女孩里，只有方利君一人读到大学毕业。

1945年9月，方利君初中毕业后，考入沪新中学（即上海中学，1942年1月—1945年10月用此校名）念高中。上海中学是历史悠久的著名中学，为江南四大名中之一（民国时期，江苏省立的苏州中学、上海中学、扬州中学和浙江省立的杭州高级中学，以教学卓著，并称为"江南四大名中"，又称"江浙四大名中"），素以管理严谨、名师荟萃、教育高质、英才辈出而享誉海内外。

当时，上海中学对学生实行严格的训练，要求宿舍像部队一般，必须整整齐齐、干干净净。清晨，响亮的军号声震撼着校园，一声比一声高，一声比一声紧，把睡梦中的学生惊醒。女生宿舍里，方利君正在做美梦，听到军号声，立刻像弹簧一样，从床上蹦起，和同学们一起紧张地洗脸、刷牙，然后奔到操场上，与大伙儿一同一二三四地做早操。这种艰苦而严格的集体生活，使方利君养成了吃苦耐劳的秉性。国民党统治区的经济、政治、教育危机日益严重，青年学生遭受着无穷的灾难。在进步同学的影响下，方利君也走上街头，参加反饥饿、反内战、反迫害大游行，还学会了《游击队之歌》《黄河大合唱》等进步歌曲。①

3年高中生活很快就过去了。高考填志愿时，看着在药厂工作的父亲，还有做药剂师的姐姐、当护士的妹妹，生活在医学氛围里的方利君，毫不迟疑地选择报考国立上海医学院。

然而，从跨进大学校园的那一刻，方利君面对的就是成堆成堆厚重的英文版专业书。高年级的师兄师姐们开玩笑说："上医啊，第一年就要晚上点蜡烛、开夜车。第二年要睡病床，第三年就要买棺材啦！"这句话，着实吓到了一年级的学生们，也包括年轻的方利君，但这又如何呢？努力又肯学、肯干、肯吃苦的方利君，从此便与医学结下了不解之缘。

师资力量雄厚的上医，让方利君感到无比幸运。直到现在，她在谈及上医有那么多一级教授时仍不忘感叹，他们是多么令人敬仰，而她自己又是多么幸运。

二年级时有一堂解剖课，面对实验台上尸体的手臂，早已满头大汗的方利君仍然无法把手臂上的正中神经挑出来。这时，衣着犹如工人的解剖学教授齐登科走过来，接过方利君手上的解剖刀，对着手臂，三划两划，就把神经完整地挑了出来，站在旁边的方利君看得目瞪口呆，感叹齐老师基本技能的炉火纯青。

组胚学教研室主任王有琪组织了一次考试，在桌子上摆着60台显微镜，要求学生们一个接一个，按顺序在每台显微镜上看一分钟，答出是什么组织。考解剖学时，王永豪老师有道题目是：一个人的手腕被完全切断了，这当中有什么东西、是怎么排列的？说错一个都不行。作为考生的方利君在惊奇之余，更多的是感叹老师们灵活多变的教学、考试方式，也更加重视学习基本概念与基本理论。

老师们灵活、实用的教学方式，给方利君留下了深刻的印

---

① 《干部自传》，1956年4月，复旦大学附属儿科医院档案室提供。

象。此后，无论是作为教师，还是作为医生和科研工作者，方利君始终秉持的"三基三严"精神，就沿袭于此。"三基"，即基本理论、基本概念、基本技能；"三严"，即严格、严谨、严密。在方利君看来，与医学打交道的人掌握的是病人的性命，因而，"三基三严"是必须牢记一辈子的。

上海解放后，党和政府领导上海人民，通过清匪肃特反盗、清除流氓恶霸势力，维护了社会治安；通过打击投机活动的"银圆之战"和稳定市场物价的"米棉之战"，安定了人民生活。共产党全心全意依靠工人阶级，充分发挥知识分子作用，团结爱国工商业者，为上海社会秩序的稳定和道德风尚的改善、为新生人民政权的巩固和新秩序的建立，做了大量卓有成效的工作。这一切，使方利君受到很大震动。她在自传中写道："在共产党和人民政府领导下，许多不能意料到的好事情都清楚地呈现在我们的眼前。取缔奸商、稳定物价、粉碎封锁、渡过灾荒、兴修水利等一系列的措施，证实了人民政府是为人民做事的，共产党是说什么就做什么、言行一致的。除了对解放军的好感外，我对党和人民政府也产生了敬仰。"

1950年掀起的抗美援朝运动对方利君触动很大，使她第一次看到了共产党员的优秀品质。当时，上医开展抗美援朝医疗队签名运动。方利君所在班级的全体党员、团员都很快签了名，表示了决心。他们这种舍己为人的态度和崇高的国际主义精神，深深感动了方利君。在他们的影响下，方利君也签了名。事后，虽然他们都没有去成朝鲜前线，但对方利君来说，这是一次考验，也是一次教育。

1952年春天开始的"三反""五反"和思想改造运动，使方利君的思想有了很大转折。通过大会报告、小组讨论、典型事例教育等一系列活动，她认识了真理，辨别了是非，也真正认识到：世界上只有阶级友爱才是最伟大的，工人阶级是全人类的先锋队，跟共产党走是自己的光明大道。同年 8 月，方利君加入了中国新民主主义青年团。

# 三、优秀的儿科医生

1953 年 9 月，方利君大学毕业后，愉快地服从国家统一分配，来到辽宁沈阳，在东北纺织工业管理局工程公司所属工地医务所做医师；1954 年 1 月，被调往工程公司呼兰亚麻厂工地工作；同年 4 月，又被调往工程公司阿城工地工作。

在工地医务所，就算是冬闲时，方利君也从没停下工作，她自己动手刻蜡纸、印讲义，将掌握的知识一点一点地传授给工地医务所的护士们，培养当地护士，使她们的医护水平得到很大提高。她也因工作勤奋出色，获得连升三级的奖励。

1955 年 1 月，方利君在组织的照顾下被调回上海第一医学院。在东北地区工作的一年多时间里，方利君深深感到内科工作的重要和应用范围的广泛，所以，她很想到内科工作。但是，她回到上海第一医学院报到时，人事处处长却对她说："儿科缺人，你去儿科吧。"于是，方利君接受组织上的安排，成为儿科医院的住院医师。

刚到儿科工作时，方利君由于对儿科存在一定的不正确看法，比如死亡率高、病情变化大、床位周转率快、治疗操作难、耗费时间多等，又遇到一些以前已经疏远或者忘记的东西，难免心中会产生畏惧、紧张和自卑情绪。总怕自己的业务水平跟不上，会耽误患儿。经过一段时间的临床实践，方利君初步掌握了儿科的一些操作技术，并且不断熟悉起来，原来已经疏远的东西也逐渐重新回到记忆当中。同时，她也认识到，儿科的病例很复杂，也很广泛，需要医生去研究解决。更重要的是，方利君对患儿产生了感情，认识到为祖国下一代的健康而努力是艰巨的，但也是光荣的、有意义的。每当一个垂危的小患者从死亡边缘被救回来时，方利君也和大家一样分享着欢乐，庆贺大伙儿共同的劳动成果。她在一份总结中写道："一年多来，我逐渐地端正了自己的思想，并抛弃了将来有机会想转内科的想法，初步树立了热爱自己专业的思想，并要求不断提高自己的业务水平，丰富自己的理论知识来更好地为病人解除痛苦。"当时正和方利君处于热恋中的顾健人，对她也有很大的影响。后来，方利君在写自传时回忆道：顾健人"对自己的进步有一定推动鼓励作用。尤其在情绪波动或看问题不够清楚时，能给适当的分析和批判"。①

1959—1962 年、1974—1978 年，方利君被两次调至华山医院担任医疗、教学、科研工作。

经历从学生到老师的身份转换，方利君对"三基三严"并未丢弃。课堂上，为了让自己的学生更好地理解教学内容，更扎实地掌握基本概念、基本理论，方利君强调互动而不是自顾自讲，强调启发式教学而不是生搬硬套。轮回见习时，她对题型也采取灵活多变的形式。有一次，方利君出了一道题目，让学生

1964 年，顾健人、方利君夫妇合影

---

① 《干部自传》，1956 年 4 月，复旦大学附属儿科医院档案室提供。

根据见习时测得的婴儿数据及发育情况和体重、胸围、牙齿，以及能否爬或行走的活动能力等情况，评估婴儿有多大月龄。学生们都赞叹，这道题出得好活。除了强调学生要掌握"三基"，方利君对于学生的要求是绝对严格的。即使是上大课，她的眼神也能犀利地扫到教室最后一排，并通过提问方式，把开小差或走神儿的学生拉回来。对于考核，方利君板着脸说："不合格的宁可留级！"正是由于对教学的严谨态度和对学生的严格要求，方利君所在儿科教研组连续多次在上医获得教学先进集体的奖励。

20世纪70年代初，儿科医院成立肾脏病专科病房，1972年开设肾脏专科门诊，并在1976年正式成立肾脏专业组。方利君也成为其中的成员。"三基三严"的精神，同样被她带入医师的培养工作当中。她认为，作为一名合格的医师，不仅要精通本专业的知识，还要拥有其他的基本知识。急诊呼叫的铃声一响，医生就得马上奔到急诊室。而一个病人可能患有窒息、抽搐、外伤等，医生得马上处理，若此时说不会治，就是临阵脱逃。为此，方利君于1985年参与制定了住院医师培养计划，向每位医师提出了每年的要求。譬如，第一年，在各科都要轮转；第二年，要会看心电图和骨髓片；最后，要会看一点X线片。

当然，仅仅达到住院医师培养计划的要求是不够的。"想病人所想"，方利君同样一再重复强调：一名合格的医师除了要上得了讲台、下得了病房，还要进得了实验室，为临床服务，向临

1970年，顾健人、方利君夫妇合影

床提供信息。

　　针对医师理论与实践脱节的情况，方利君认为，临床医生要能到实验室，实验室的医生再轮到临床，只有这样，才能急病人所急、想病人所想。而实验室的经验是当时方利君欠缺的，所以，她在59岁的时候，借顾健人去美国做访问学者的契机，带着自己感兴趣的课题，自费一同前往，为的是能够借用美国先进的实验室设备，进行细菌的分子生物学研究和噬菌体功能检测。最终，方利君将成果带回了国内，带回了儿科医院，并将论文发表于《中华传染病杂志》。

　　20世纪60年代，在金汉珍领导下，为了获得有关婴儿腹泻病因的第一手资料，方利君和曹莲华前往农村、市郊，探访各个幼儿园，去一线寻找发病源头。由于缺乏科研经费、路途艰辛，她们只能自备干粮，忍饥挨饿。但是，凭借着那份执着科研的精神、吃苦耐劳的秉性，方利君她们终于累积了好几千病例。她们总结发现，秋季腹泻多数为轮状病毒、春季腹泻多数为致病性大肠埃希菌（EPEC），并写成《2岁以下婴儿致病性大肠埃希菌$O_{128}B_{12}$和$O_{111}B_4$带菌情况》一文，被卫生部选送国家科委，作为科学技术研究报告发表，这在当时的小儿消化系统疾病研究中实属领先。

　　20世纪80年代，国内医学界掀起一场讨论：乙肝病毒到底跟生育有无关系？肾炎究竟是不是与乙肝病毒相关？针对这些问题，方利君和她的几个研究生，开始了这方面的研究。由于当时上海市儿科医学研究所没有相关的分子生物研究条件，方利君就到上海市肿瘤研究所癌基因及相关基因国家重点实验室学习，跟着时任病理教研室主任郭慕依学习肾脏病理，俯首于书堆，将相关的病理资料翻了个遍，又跟着华山医院肾内科主治医生刘富英学习肾穿刺活检，以及相关知识，并结合自己的临床经验，最终发表了《乙肝病毒相关性肾炎的系统研究》一文，获得国家、卫

1989 年，顾健人、方利君夫妇在加拿大合影

生部及上海市科技进步奖。

1979 年 1 月，方利君被评为上海第一医学院先进工作者。她所在的内科党支部对她的工作作了如下介绍："方利君医师是年近半百的高年资主治医师，对待工作认真负责，身教重于言教。在华山医院带教时，敢于抓工农兵学员的质量，能大胆地指出教学工作中存在的问题，对同学严格要求，自己处处身体力行树榜样，得到师生们的好评。在日常医疗工作中，对病儿关心，仔细地处理病情，处处考虑病情需要和减轻病家经济负担。对青年医生耐心辅导，包括理论指导、病史修改，甚至于手把手地教操作，而且心直口快地指出青年医生的缺点，帮助改进，使大家心服口服，在业务上也有所提高。积极投入当前祖国四个现代化的建设，关心病房工作，干劲足，能帮助病房干部动脑筋出点子，帮助改进病房工作。平时也关心护理工作。对细小琐碎的杂事也

注意到，及时指出如小病儿的清洁卫生、教养等都能主动地关心和协助搞好。最近病房医护要求学习外语成风，她每天认真备课，每天不厌其烦地带着大家念生词。只要大家提问，她总是热情地回答。大家都觉得方医师虽然年资高，但没有架子，肯帮助人，是我们的学习榜样。"①

1981 年 10 月，方利君晋升副教授。儿科医院党总支的意见是："方利君同志热爱祖国，拥护党的领导。从事儿科专业几十年，对医疗工作认真负责，关心爱护病人。重视带教下级医生和同学的工作，关心同学思想，在教学工作中取得良好成绩。1977年曾受到上医表扬。能关心周围事务，担任内科副主任工作以来，积极和护理部同志一起，共同做好医护工作，受到病房护士长的好评。"②

2013 年，顾健人、方利君夫妇合影

① 《上海第一医学院先进工作者登记表》，1979 年 1 月，复旦大学附属儿科医院档案室提供。
② 《确定与提升教授、副教授职务名称呈报表》，1981 年 10 月，复旦大学附属儿科医院档案室提供。

1986 年，方利君晋升为儿科医院的主任医师，但她有时也要轮值门诊。出门诊是工作量很大又很辛苦的工作，每天早上一睁眼，就仿佛看到一大堆病人涌进医院，将自己淹没其中。即便如此，方利君仍旧严格要求，每天早上，对每个岗位都会去查看，确保人员到齐；即使是晚上，也做到随叫随到。

无论是作为教授、医师还是科研工作者，方利君的成绩无疑都是斐然傲人的，然而，当被问及这三个角色，她最喜欢哪一个，她笑了。其实，无所谓"最"字，"最后我感到比较欣慰的是，病人家属、学生对我的认可"。2010 年 6 月 17 日，方利君收到远在广东省鹤山市 1955 届学生韦其双热情洋溢的来信，这是她最高兴的事情。信中说：

尊敬的方利君老师：

月前接到秦伯益院士的电话告知，他因有活动到上海时，碰到方老师，问起有无韦其双此人。学生才疏学浅，五六十年前有缘进入上医校园，短暂的师生情谊，竟蒙老师还能记得学生贱名，不胜意外之余，很受感动。

我由于术后五个月，体力尚未恢复，故很遗憾地未能参加 55 届老同学的聚会和参观世博会了。但我生性乐观，心情天天快乐。最后，祝尊敬的方老师健康长寿，天天快乐，家庭幸福。

方利君收到此信，反复阅读并回味 55 年前在一起的时光。平时到医院上班时，只要有人远远跑来，亲切地呼一声"哎！方医生啊"，她就会心内欣喜；或当小病人的家属轻声说："我认识她，她是一位很好的医生"，她也会心里温泉流淌。方利君充满深情地说："我辛苦了一辈子嘛，他们没有忘掉我，喜欢着我，这就是给我最大的安慰。"

# 四、儿子眼中的父亲

顾奕是顾健人、方利君夫妇唯一的儿子。他从小是在苏州爷爷、奶奶家里长大的。小时候，他对父母的印象是："他们基本上就是以工作为主，非常敬业。逢年过节到苏州来个几趟，主要是来看看爷爷、奶奶，来去都是匆匆忙忙的。我也不懂他们是干什么的。我父亲给我最大的影响是，他这么多年来一直坚持自己的事业，兢兢业业地干。特别是在'文化大革命'的时候，很多人都放弃了事业，包括他自己也被下放去参加劳动。而且，当时搞研究都是作为'资产阶级学术'要被批判的。但他还是坚持搞科研，从来没有放弃过。"

正是在顾健人言传身教的影响下，顾奕从小就非常用功地读书。1977年恢复高考后，他就考入了上海交通大学，1982年1月毕业。在长期的职业生涯中，顾奕给自己所属77级、78级大学生的定位是："无论身居海外还是国内，相信绝大多数77级、78级同学都对祖国的发展十分关注。祖国的发展，时刻牵动着我们的心；祖国的荣辱，和我们息息相关。只是，我们报答的方式有所不同。30余年过去，弹指一挥间。这是空前绝后、承

1959年，顾健人、方利君夫妇与儿子顾奕合影

1972年，方利君与顾奕在无锡

前启后的一代。空前，是因为历史从未那么特殊；绝后，是因为往事已不再重复；承前，是因为继承了前所未有的重任；启后，是见证于今天人民共和国人才辈出、兴旺蓬勃！这是幸运的一代，因为我们见证了一个古老民族走向复兴之路，还有已初具辉煌的雄起中的强国。在人民共和国的华彩篇章上，有我们写下的一页。"

对于父亲顾健人给他的教育和影响，顾奕充满了感激之情：

我父亲在家人的眼里，和他的同事和学生眼里基本相近——一个兴趣广泛、对学术专业有着无穷追求的倔老头。他这一辈人，可能属于"后无来者"了，即使学术成绩上有超过他们的，但在为人处世、思想模式上和他们相近的，恐怕不会再有了。

我的祖父在新中国成立前是苏州的开业医师，新中国成立后成了苏州市第二人民医院的院长。祖父对我父亲的培养和要求，可用"唯有读书高"来形容。于是，我父亲从中学、大学一路考上去，直到中科院培养他完成相当于研究生的5年培养，最后到国外做访问学者为止，学海无涯苦作舟，学术无尽两鬓白。直到今天，我父亲提起当年考国立上海第一医学院的"高考"经历，还似乎历历在目：考了第几名，谁是考在他前面的，当时做错了什么题目，如果那几题做对了的话，该是第几名……在我们看来，都是些历史陈迹，而且是无关大局、无关结果的事情，我父亲却兴趣不减，似乎有机会，他会重新去考一次似的。从中可以看出，他这个人刻板、较真儿、一丝不苟的习惯。

由于"文化大革命"的原因，我们这一代人基本没有受过完整的中小学教育。但是，在那个动乱的年代，对文化教育基础匮乏的清醒认识，却从初中起，就牢牢地印入我的记忆中。原因之一，是"文化大革命"期间，我父亲有一次带我去新华书店，买了两本"文化大革命"前出版的初中代数习题集。不知是什么原因，那些书没有被当时的"革命教材"完全扫地出门。拿回家后，我从学校的教科书和这些习题集的比较中看出，"文化大革命"时期教材的内容和难度远远低于以前的水平。如果拿以前的内容来要求，99%的学生都是不合格的。这个忧患意识，伴随着我整整走完了整个中学、青少年时期。而指出这个差距的，却是我父亲不经意间为我买的两本课外习题集。这种对形势的正确认识，使我后来靠自学考上了大学。

2005 年，顾健人的全家福

当时，学校的课程设置很简单，教学水平更无从谈起。于是，我学起了广播英语，虽然是"哑巴英语"，但总算没有把光阴完全浪费。而且，播音员的发音颇为标准，比一般的中学老师强多了。可是，有一个问题，进度常常赶不上，作业又没有答案，不知效果如何。我就把作业抄写在从练习簿撕下的单页上，做完一批，寄给正在干校下放劳动的父亲，待他有空回复后，再把厚厚的一叠答案和评论寄回给我。苏州和上海虽然相隔不过百公里，当年乘火车来回却得大半天，电话联络更是不可能，所以，寄信是唯一的通信方式。结果，上海广播英语节目是我的英语老师，而我的父亲当了我入门英语的课外辅导。除此以外，我基本没有上过正规的英语课（考入大学后，我免修英语，只上选修课，不上主课）。

我父亲对我影响最大的，并不是他辅导过我具体学习，而是他对科技事业孜孜不倦的追求精神。在那个年代，这种追求与名利、地位是基本不挂钩的，甚至会带来麻烦，可他从来没有放弃过，这是令我印象深刻的。当时，我们家在淮海中路的上医宿舍楼底层，只有一间房，既是卧室，又是书房兼会客室。因为在底楼，白天的光线也相当暗淡。但就是在那样的条件下，我父亲依然年复一年、日复一日，整天阅读从高安路上海科技情报所借来的国外杂志上的论文和报道，手抄摘录的硬皮笔记本上，用那样现在看来是低效的方式，追踪着国外的学术动态。多少年后，回顾我父亲的身影，他就是那个用手抄摘文章、自己乐在其中的人。当时做科研，是一无条件、二无氛围。是什么样的理想和诉求，使我父亲那代人这样做呢？可能是，他们只有通过这种追求，才能找到生命和所受文化教育的价值；也可能是，除了做学问，其他的，他们本来就做不来。

可是，耕耘的收获有时是意想不到的。改革开放一开始，我父亲就作为第一批公派访问学者到英国去了。他在"文化大革命"

2006 年，顾健人的全家福

那些年的勤奋，至少给了他两样收获：对国外的科技发展并非毫
无所知，至少在理解上并不十分困难；用英语和国外交流也无障
碍。这对他日后学成回国、建立实验室裨益颇大。

20 世纪 70 年代末，教育部发给我国第一批访问学者、留学
生的内部宣传资料上，有那么一段话："不要为国外的经济、科技
先进水平而感到自我菲薄。我国是个大国，落后是暂时的，只要
方向对头，很快就会上去。"对我父亲而言，他这辈子，就是为
我国科技事业能"上去"而努力的。在那个百废待兴、人才匮乏
的年代，他和他的同辈们学成回国，在国内建立了学术基地，培
养了一大批后来者，在正确的时间作了正确的决定。后来，我们
到美国、加拿大去，遇到定居国外的我父亲以前的同事、学生、
熟人、亲戚。客观地说，他们的事业和发展都远远不如我父亲。
这是因为，我父亲不但作出了贡献，取得了成就，而且，他的成
就就是国家成就的一分子，他的发展也是国家科技发展的一分

子。涓涓细流，终究会融入大海，有什么比这更有生命的价值和意义呢？我们全家人——我母亲、我、我妻子、我女儿，都为我父亲而感到骄傲。

我父亲兴趣广泛，"文化大革命"时闲来无事，就练钢笔书法，有时抄录毛主席和老帅的诗词。对于西方古典音乐，他更是情有独钟，以收集不同版本、不同演奏家的经典作品为爱好。为了追求一点点别人听来没什么大不了的音响改善效果，他把家里的音响设备换了又换。他在国外做访问学者期间，对流行电影也颇有兴趣，常常感叹，20 世纪 80 年代是好莱坞的创作高峰，以后，电影就每况愈下了。还有流行的原版英文小说，我父亲也搜集了不少。

我父亲对下一代的关怀还体现在生活上。我女儿出生时，我还在美国，在假期不够回家陪妻子。那时候，我父亲为了家里这个第三代，可谓费尽了力气，从联系医院、医生，到安排护理，与我母亲、岳母一起操办。我女儿在襁褓中的天真憨容，也是由我父亲用相机记录的。后来，随着我女儿渐渐长大，我父亲对她

2006 年，顾健人的全家福

的宠爱日益有加，从生活、健康到学习，每周都要过问几次，和她进行无拘无束的对话。我母亲开玩笑说，别人都不能违背老头儿的意志，唯有孙女，爬到他头上都没关系。

随着岁月流逝，我父亲这代人已经步入暮年，但耄耋之年，仍壮心不已。我祝愿父亲，思其所思，行其所愿，享受快乐的晚年，继续为我国科技事业出谋划策，随其心愿吧。①

2013年，顾健人、方利君与儿子、儿媳在一起

---

① 《采访顾奕笔录》，2013年10月20日，未刊稿。

# 结　语

顾健人的成就，正如中国工程院院士王红阳所说，是"学者、智者、师者的追求"。王红阳作为学生辈，充满激情和真诚地用心写下了自己的感悟。

## 一、为学者，一生攀登

"学究"这两个字在我看来是高山仰止的。"究"者，可做"钻研"，可为"探求"，可解"终极"。这些不畏艰险、勇于探索的精神，正是老一辈学者、专家们视若生命，而现在很多年轻人又非常缺乏的。顾健人院士正是体现着这种特质的著名学者。

众所周知，顾院士是我国肿瘤研究的"泰斗"，为中国和国际医学科学研究领域作出了卓越的贡献。然而，宝剑锋从磨砺出，梅花香自苦寒来。顾院士铸就辉煌的道路充满艰辛，饱含酸、甜、苦、辣，历经我国社会和经济条件最艰苦的时期，不过，任何困难都没有令他对科学研究工作有丝毫的懈怠。多年以来，顾院士扎根基层、立足前沿、面向应用，一直奋斗在肿瘤研究的主战场。自1954年参加工作开始，顾院士先后从事肿瘤病理学、生物化学、分子生物学等研究工作，关注的重点从肿瘤形态和病理，到正常细胞核酸对癌细胞的生物学作用；从核酸研究，到寻找癌基因和抑癌基因；从研究已知的基因，到发现与克隆新基因；从研究个别基因的功能，到利用系统生物学理念来研究机体的系统性基因调控与肿瘤的关系。正如人们对客观事物的认识历经曲折前进的过程一样，在这一系列研究重点转变的同时，顾院士对肿瘤内在规律的理解，经历了由表及里、由现象到本质、由局部到系统、不断深入和完善的过程。如果把肿瘤比作危害人类健康和生命的狡猾"对手"，顾院士就像一位智勇双全的斗士，不管自己处于什么样的境地，始终在与之进行忘我的搏斗。如今虽已经年逾80，顾院士在科研道路上追求真理的步伐却从未停止，正如他自己所说："科研生涯如登山，走不尽的路，爬不完的山。刚攀上峰，才知顶峰还在前头。周而复始，已50余载"。这样的精神，正是一位优秀科研工作者应该具备的优良品质。

## 二、为智者，宁静致远

古人云："夫君子之行，静以修身，俭以养德。非淡泊无以明志，非宁静无以致远"。我以为，古人的训诫于顾院士而言，不单单是座右铭的文字，而且已经转化为他的行为准则。在我国经济社会快速发展的环境下，急功近利、学术浮躁等风气有所抬头。然而，顾院士始终坚持自己的原则，维护学术的纯洁与庄严，刚直不阿，堪称学术界的典范，正所谓"上善若水，水善利万物而不争"。1987年，顾院士应邀参与国家"863"高技术规划生物和医药技术领域项目的组织实施和管理，先后任药物疫苗和基因治疗主题专家组组长、生物和医药技术领域专家委员会委员以及基因治疗重大项目责任专家。在此期间，他提出专家组成员可以牵头承担课题任务，并且必须为项目研究多作贡献，但经费支持在一般情况下不能是最高的。这样的规则一方面调动了专家组的积极性，另一方面也限制了少数人对影响力的不当运用。名利面前，顾院士不为个人利益患得患失。在部分专家建议为他所在的团队评奖时，顾院士说："客观而言，这个小组的工作不是目前最好的，大家不必对我有特别的照顾"，随后毅然行使了否决权，并亲自做单位领导的工作。在顾院士身体力行和以身作则带领下，国家"863"计划建立了良好的布局和规划，通过相关课题的顺利实施，我国快速建立了具有自主知识产权的蛋白表达系统，研发了国产乙肝疫苗、干扰素和白介素等一系列的生物工程产品。在科研创新快速发展的同时，培养了一批年富力强的院士和中青年科技人才，为我国生物与医药领域的学科建设和产业发展奠定了良好基础。顾院士的为人处世之道，对我们这一代科技工作者产生了潜移默化的影响，我为能够有幸与他有共同工作的经历而庆幸和自豪。

1998年，顾健人与王红阳合影

## 三、为师者，育人楷模

从1982年他亲自带第一批研究生算起，顾院士现在已然桃李满天下。他的学生曾这么形容顾院士："他个子不高，精神矍铄，言语平实，自然地闪现出学者的敏锐与风范。"我觉得很贴切。虽然不是他的研究生，但由于共同的研究兴趣和工作关系，我有幸时常受到顾院士的指导和帮助。他那种学者的儒雅和长者的风范令人感到亲切与温暖，他对学术探究的孜孜不倦和睿智的追求让人钦佩不已。静夜长思，回顾我所经历的研究道路，顾院士以博大的胸怀包容我们的挫折和失败，以诲人不倦的细致指点帮助我们攻克难关。他还亲自为我们不少人修改论文和项目申请书。作为老师，他常常津津乐道学生的创意，也会为学生取得的些许进步高兴地热泪涔涔；作为伯乐，他独具慧眼，乐于举荐青年人才，为他们的脱颖而出而由衷欣慰。辛勤的园丁，燃烧自己、照亮别人的红烛，是对顾院士为人师、做伯乐最生动的比喻。

为师者，传道授业解惑也。顾院士是我国肿瘤研究的领军人物，他对该领域的研究动态和趋势有深刻的分析与准确的把握。不过，面对学生，顾院士总是虚怀若谷、平易近人、倾囊相授。无论是研究生答辩，还是学术研讨会，他都会做详细的记录，提出耐人深思的质疑，与演讲者讨论，并审慎提出切实可行的建议。在每次讨论中，顾院士展现出的渊博的学识、敏锐的学术洞察力、严密的逻辑思维和谦逊的大师风范令人敬佩。顾院士非常鼓励学生提出新的问题、探索新的领域、勇于实践和创新。正是在他这样一位大师的引领和激励下，才能早在20世纪80年代就有了由他创立的我国第一个研究肿瘤的国家重点实验室，指导我国肝癌的基础研究不断深入，提出用系统生物学的理论拓展肿瘤研究视野，为医学和健康事业发展奋勇拼搏。

王红阳还向顾健人表达了许多学生的心声："顾老师，您举手投足之间透出的'学究'气质是弥足珍贵的精神，值得青年学者体会和秉承；您呕心沥血构筑的科学研究体系是丰富的宝藏，等待年青一代发掘和开启；您甘为人梯的无私奉献精神是后辈的楷模，值得我们学习和效仿。"[1]

---

① 陈辉主编：《中国医学院士文库——顾健人院士集》，人民军医出版社2014年版，第545—546页。

回顾半个多世纪的科学历程，顾健人欣慰地说："我似乎又回到了起点，但那是更高的起点，是螺旋形上升。"从顾健人不同寻常的经历中，我们无法想象他经历过的艰难和辛酸。说到成果，顾健人不愿多提，但成绩不容忽视，他的成果可以证明中国肿瘤研究的实力。谈及那些属于他的荣誉，顾健人显得格外淡泊。他一直认为，自己很平淡，一生建树不多，并没有什么辉煌的经历，但他和他的同事们有为科学事业甘于寂寞的勇气。也许正是这份淡泊，修养成了他那坚定的毅力和踏实的干劲，也为他从事的科研事业打下了坚实的基础。从他的言语里流露出来的谦和与踏实，总让我们内心有一种无以言说的崇敬与叹服。他对待科研踏踏实实的态度、对待工作认真负责的精神，以及对待生活淡泊从容的心境，让我们看到了他一路走来，身后留下的一个个沉重的脚印。顾健人说："如果我的健康条件许可，若能在肿瘤研究中再添上一砖一瓦，再解决一个关键问题，来到地球一次，就算不虚此行了。人生苦短，生命有限。我寄希望于我的青年同事们。参照海明威一句话的原意：一代人即将过去，但太阳永远从这里升起。"

每个人都是耕耘自己人生的园丁。耕耘在自己的一片天地里，不但要有顾健人那样兢兢业业、脚踏实地的拓荒者，更需要像他那样敢于创新、百折不回的探奇者。"路漫漫其修远兮，吾将上下而求索"，便是顾健人的内心写照。"但问耕耘，不问收获"，也许这句话用在顾健人身上，是最合适不过了。无论是在学习还是在工作中，勤奋与刻苦都是指引我们走向成功不可缺少的重要因素。一个人如果能够真正静下心来，排除外界干扰，专心致志于某一件事，向着心中的目标一步一步地前进，他是一定会获得丰收的。

# 顾健人院士大事年表

**1932 年**

1 月 13 日，出生于江苏省吴县黄埭镇。父亲顾唯诚，母亲柳云贞。

**1936 年**

9 月，就读于苏州实验小学。

**1939 年**

9 月，为升入高等小学，转学至私立乐群小学学习。

**1942 年**

9 月，考入苏州私立崇范中学学习。

**1945 年**

9 月，考入震旦大学附属苏州有原中学学习。

**1947 年**

6 月 3 日，在有原中学图书室主持全校期刊编辑联谊座谈会。

**1948 年**

9 月，考入国立上海医学院医学专业学习。

## 1952 年

5 月，获得上海第一医学院团委正式批准，成为中国新民主主义青年团团员。

## 1953 年

8 月，在华南医学院开始为期一年的病理学高级师资培训班学习，师从著名病理学家梁伯强、秦光煜，学习病理学知识。

## 1954 年

4 月，结束在华南医学院病理学高级师资班的培训。

7 月，经王健、崔宝珠介绍，成为中国共产党预备党员。

8 月，被分配到上海第一医学院肿瘤医院病理科，师从著名肿瘤病理专家顾绥岳。

## 1955 年

3 月，在学习国外经验基础上，与上级医生王懿龄一起，开始了阴道涂片研究。一年内完成 3600 余例诊断，正确率为 97.1%，达到国际先进水平。

## 1956 年

5 月，受到上海第一医学院"五四"青年大会表扬。

6 月，被评为上海市 1955 年先进卫生工作者。

7 月，与方利君结婚。

## 1957 年

被评为上海第一医学院肿瘤医院先进工作者。

## 1958 年

3 月 29 日，在党支部改选中，担任上海第一医学院肿瘤医院党支部副书记（至 1962 年 10 月 24 日）。

是年，受命参加组建上海市肿瘤研究所，任组织化学组、细胞化学组组长。

## 1959 年

到中国科学院实验生物研究所进修，师从姚鑫教授，学习细胞化学。

## 1960 年

4 月，晋升为主治医师。

4 月，再次被评为上海市先进卫生工作者。

5 月，被评为上海第一医学院先进工作者。

10 月，晋升为讲师。

## 1962 年

1 月，到中国科学院实验生物研究所进修，师从吕家鸿教授，学习核酸生化。

## 1966 年

3 月 25 日，由上海第一医学院肿瘤医院党总支提名，任上海市肿瘤研究所副所长，但由于"文化大革命"爆发，该任命未执行。

4 月，与团队合作撰写的论文《正常细胞核酸对癌细胞的生物学作用》发表于当时国内医学界最高级别的期刊《中华医学杂志》上。该杂志专门为此文写了编者按语。

**1967—1968 年**

研究中草药的抗癌作用。

**1978 年**

9 月 23 日，经上海市卫生局批准，任上海市肿瘤研究所分子生物学研究室主任。

是年，被评为上海市卫生局系统先进工作者。

**1979 年**

6 月，通过了上海市 2000 人左右参加的考试，成为上海市推荐到教育部的 40 人之一，由教育部选派出国，并由国际癌症研究机构（IARC）推荐至英国格拉斯哥 Beatson 癌症研究所分子病理学研究室，作为访问科学家学习和工作。第一导师是该所所长约翰·保罗，第二导师为约翰·保罗的大弟子 Dr. Gilmour。

10—12 月，研发了非组蛋白新的捕获抽提方法，并创建了专门研究蛋白质—DNA 专一结合的技术——"后结合"分析技术，后者为国际上首创。相关论文于 1980 年 6 月，在全英细胞生物学会上，由第二导师宣读，并在 1981 年发表于《国际细胞生物学杂志》。

是年，在上海市肿瘤研究所晋升为副研究员。

**1981 年**

9 月 14 日—10 月 11 日，获得国际抗癌联盟的奖学金，作为技术交流，赴美国考察。在美国考察了国立卫生研究院的实验室、纽约大学生化系、斯隆—凯特琳癌症研究所和新泽西的 Roche 分子生物学研究所，并先后作了 4 次学术报告。

11 月，应剑桥分子生物学研究室 Dr. Laskey 邀请，在 Dr. Gurdon 的实验室作报告，获得较高评价。

11月18日，结束在英国的学习和工作。第一导师约翰·保罗给予很高评价。

是年，回国后便开始承担国家"六五"攻关项目"人肝癌癌基因的分离、表达以及肝癌癌基因与乙型肝炎病毒对肝癌的关系"研究课题。

## 1984年

11月，上海市肿瘤研究所根据顾健人提出的建立国家癌基因研究中心实验室的设想，向上海市卫生局正式呈报《关于在我所建立癌基因研究中心实验室的请示》。上海市卫生局鼎力支持上海市肿瘤研究所的这一举措，并于11月28日向卫生部呈报了《关于建立上海市肿瘤研究所癌基因研究中心实验室的请示》。

是年，在国际上首次证明N-ras基因为人原发性肝癌的转化基因，获国家科委、国家计委、财政部联合颁发的国家"六五"攻关奖。

是年，被评为上海市卫生局先进工作者。

## 1985年

5月，赴美国考察。

6月，前往联邦德国，参加海德堡癌症研究学术会议。

7月，国家计划委员会批准同意在上海市肿瘤研究所建立癌基因研究国家重点实验室，同时下达1985年国家重点实验室项目及外汇成交额计划，并同意下拨140万美金外汇额度，匹配400万元人民币（其中200万元由上海市政府提供），购买实验仪器，装备上海市肿瘤研究所癌基因研究国家重点实验室。

8月，卫生部作出关于同意装备两个国家重点实验室的批复，其中之一为上海市肿瘤研究所癌基因研究国家重点实验室。

是年，在国际上首次证明N-ras基因为人原发性肝癌的致癌基因之一，并在此基础上，又相继发现 N-ras、c-myc、c-est2、IGF-II、IGF-II 受体及 CSF-1 受体等 7 种癌基因及相关基因有异常的激活，成为肝癌特征性的癌基因谱。

是年，作为第二负责人完成的项目"血清直接点样斑点分子杂交法对 HBV 的检测"荣获国家科学技术进步奖二等奖。

是年，由上海市政府授予"上海市医学十杰"称号。

## 1986 年

7—10 月，前往美国国家癌症研究所进行合作研究和考察。

12 月，被人事部授予国家级有突出贡献的中青年专家荣誉称号。

是年，开始主持国家"七五"攻关课题——人肝癌活化的癌基因谱及肝癌病因癌变的关系。

## 1987 年

2 月，被国家科委聘任为国家高技术研究发展计划（"863"计划）生物和医药技术领域基因工程药物疫苗和基因治疗主题专家组组长。

3 月，"逆向斑点分子杂交：一种同时测定 DNA 及 HBV DNA 聚合酶新技术"获上海市科学技术进步奖三等奖。

3 月 29 日—4 月 3 日，赴美国夏威夷，参加肝细胞肝癌的发病机理和预防国际讨论会。

7 月，作为第一负责人完成的项目"人原发性肝癌及肝癌7402 细胞株癌基因的鉴定及其表达"获国家科学技术进步奖二等奖。

8 月，在上海市肿瘤研究所晋升为研究员。

10 月 6 日，上海市肿瘤研究所向上海市卫生局提出癌基因研究国家重点实验室更改名称的请示：将癌基因研究国家重点实验室更改为癌基因及相关基因国家重点实验室。

10 月 13 日，卫生部批复，同意癌基因研究国家重点实验室更名为癌基因及相关基因国家重点实验室。顾健人被卫生部任命为癌基因及相关基因国家重点实验室主任。

10 月 23 日至 1988 年 2 月 14 日，以特邀科学顾问身份，前往美国国家癌症研究所进行为期 3 个半月的合作研究。

11 月，癌基因及相关基因国家重点实验室通过由卫生部组织的专家验收，1988 年 1 月面向全国开放。

是年，主持国家高技术研究发展计划（"863"计划）发展项目"通过癌基因表达及其产物等研究探索治疗肝癌新途径"。

是年，被聘为华西医科大学分子生物学名誉教授。

## 1989 年

3—7 月，赴美国国家癌症研究所进行合作研究，建立了人肝和原发性肝癌的 4 个 cDNA 文库，并在国际上首次建成正常肝和肝癌相互递减的两个鉴别性 cDNA 文库，为发现新的癌基因和抗癌基因奠定了基础。

4 月，国家科委、"863"计划生物和医药技术领域专家委员会开始对第一届项目专家组成立以来的工作进行考核，全面肯定了顾健人在"863"计划生物和医药技术领域第二主题项目的组织实施工作。

是年，任上海市肿瘤研究所学术委员会主任（至 1995 年）。

## 1990 年

4 月 28 日，获国家计委、国家教委、中国科学院、卫生部颁授的国家重点实验室先进工作者荣誉称号。

4 月，被评为上海市卫生局 1989 年度先进工作者。

8 月 12—25 日，应国际抗癌联盟邀请，赴联邦德国汉堡参加第15届国际癌症大会，并作大会特邀报告《中国癌症研究的最新进展》。

11月24日，所在癌基因及相关基因国家重点实验室接受由国家自然科学基金委员会组织评估专家进行的评估检查。

11月30日至1991年5月30日，以特邀科学顾问身份，前往美国国家癌症研究所进行为期半年的合作研究。

12月，由上海医科大学（现复旦大学上海医学院）聘为博士生导师。

### 1991年

是年，主持国家高技术研究发展计划（"863"计划）发展项目"针对癌基因及相关基因探索治疗肝癌新途径"。

是年，获"全国卫生系统模范个人"荣誉称号。

### 1992年

1月，由卫生部、人事部授予"全国卫生系统模范工作者"荣誉称号。

8月，由上海市政府授予"上海市科技功臣"荣誉称号。

是年，被英国剑桥国际传记中心录入"国际有突出成就的名人录"。

### 1993年

1—7月，以特邀科学顾问身份，前往美国国家癌症研究所进行为期半年的合作研究。

2月19日，在国家科委召开的"863"计划表彰奖励会议上，获"863"计划优秀工作者一等奖。领导的信息药物、疫苗和基因治疗主题专家组，获得唯一的优秀集体一等奖。

5月，获全国优秀卫生工作者称号和五一劳动奖章。

7月1日，获得享受上海市首批基础性科技人员特殊津贴。

7月1日，被评为上海市教卫系统优秀共产党员。

7月，由上海市政府聘任为上海市科技进步专家咨询委员会委员，任期2年。

## 1994年

5月，被国家科委聘任为第二届"863"计划生物和医药技术领域专家委员会委员，一直工作到2000年。

10月10—17日，赴香港参加第20届国际病理会议，并作学术报告《中国肝癌的分子标记》。

12月，当选中国工程院院士。

12月，在国家计划委员会、财政部、国家科学技术委员会、卫生部等八部委召开的国家重点实验室建设10周年总结表彰大会上，获国家重点实验室先进工作者荣誉称号（"金牛奖"）。

## 1995年

3月28日—7月28日，以特邀科学顾问身份，前往美国国家癌症研究所进行合作研究。

4月，"视网膜母细胞瘤的分子遗传学研究及其应用"获四川省政府颁发的科学技术进步奖一等奖。

是年，应邀担任美国General Motor癌症基金委员会Sloan, Kettering及Motor奖（国际癌症大奖）的国际评委。

是年，《IGF—II及受体，CSF—I R癌基因产物在肝癌及癌旁组织表达》（作为第一完成人）获中国人民解放军总后勤部科技进步奖二等奖。

是年，被评为上海市卫生局优秀共产党员。

## 1996 年

1 月 3 日，将脑瘤基因治疗特殊临床申请材料报送卫生部药品评审中心。

1 月 27 日，在北京药品检定所举行的药审会上作汇报。

3 月 13—15 日，接受国家计委、国家科委委托国家自然科学基金委综合计划局、生命科学部对癌基因及相关基因国家重点实验室的统一评估。

3 月，参加中国工程院院士高技术科普系列报告团，在上海作题为《医药生物高技术与产业》的报告。

4 月，被科技部授予"863"计划重大贡献的先进工作者，荣获一等奖。

5 月 1—5 日，赴美国纽约，以美国 General Motor 癌症基金委员会评委身份，参加评奖活动。

5 月 15 日，赴北京，向国家计委、国家科委对癌基因及相关基因国家重点实验室的统一评估进行的复评作汇报。

6 月 3—7 日，参加在北京召开的中国工程院第三次院士大会，并作关于基因治疗的学术报告。

6 月 18—22 日，赴美国华盛顿，以美国 General Motor 癌症基金委员会评委身份，参加授奖活动。

7 月 3—6 日，应釜山大学基因工程研究所邀请，赴韩国釜山参加国际分子生物学讨论会，并作学术报告。

7 月，"视网膜母细胞瘤的分子遗传学研究及其应用"（作为第二完成人）获卫生部科技进步奖二等奖。

7 月，"人胚及胎儿组织 cDNA 文库构建及其应用"（作为第一完成人）获卫生部科技进步奖二等奖。

9 月 27 日，应苏州市政府邀请，在苏州市作题为《医药生物高技术与产业》的科普报告。

10 月 10 日，上海东方电视台《科技英才》栏目播放题为《他在破译人体的密码——记顾健人》的专题片。

10 月 14 日，应上海市政府邀请，为市政府领导和干部作关于医药生物高技术与产业、基因治疗的科普报告。

10 月，承担的国家攀登计划项目"心血管病和恶性肿瘤发病机理的分子生物学研究"，在北京由国家科委基础研究高技术司主持，进行结题验收。专家综合评议为 A。

11 月，收到药审批件，同意特殊申请的小量临床研究(6 例)。

12 月 2 日，上海《文汇报》在头版报道了脑瘤基因治疗批准进行临床试验的新闻和照片。

### 1997 年

1 月，被聘任为卫生部医学分子病毒学重点实验室学术委员会主任委员，任期 3 年。

3 月 26 日，被聘为上海东方电视台科技节目科学顾问。

3 月 31 日，"乙型肝炎病毒相关性肾炎的病理、免疫病理、分子病理研究"（作为第四完成人）获国家教委科技进步奖二等奖。

4 月，被聘任为中国科学院上海细胞生物学研究所分子细胞生物学开放实验室学术委员会副主任委员，任期 3 年。

4 月 17—23 日，赴台湾进行学术交流。4 月 20 日，在台湾地区 7 个生物医学学会的联合生物学年会上，作题为《肝癌相关基因研究》的特邀报告。4 月 21 日，作题为《恶性肿瘤基因治疗》的学术报告。

4 月 30 日—5 月 4 日，赴美国纽约，以美国 General Motor 癌症基金委员会海外评委身份，参加评奖活动。

6 月 1 日—7 月 16 日，赴美国华盛顿，与美国国家癌症研究所开展合作研究，其间参加美国 General Motor 癌症基金委员会授奖大会。

6月，承担的国家自然科学基金重大项目"中华民族基因组中若干位点基因结构的研究——中国人基因组若干位点致病基因或疾病相关基因的研究"在上海第二医科大学结题验收。

7月4日，获上海市第二届医学荣誉奖。

7月5—12日，赴加拿大多伦多，参加第7届美洲华人生物科学学会年会，应邀作学术报告 "Search for genes related to human hepatocellular carcinoma"。

9月5日，被授予何梁何利基金科学与技术进步奖。

9月15日，被国家科委聘任为"863"计划"九五"重大项目"恶性肿瘤等疾病的基因治疗"责任专家。

10月15日，被国家自然科学基金委员会聘任为第二届国家杰出青年科学基金评审委员会委员。

10月21日，向上海市卫生局局长刘俊作关于人类基因组研究工作的汇报。

10月23—27日，赴香港参加香港大学医学院110周年院庆暨学术报告会，并作题为《人肝癌相关基因研究》的学术报告。

是年，"我国乙型肝炎病毒持续性感染的机理与对策"（作为第三完成人）获国家自然科学奖三等奖。

是年，"视网膜母细胞瘤的遗传学研究"（作为第二完成人）获国家科技进步奖三等奖。

是年，参加编写的《现代胃肠病学》获卫生部科技进步奖一等奖。

1998年

1月10日，获首届吴孟超肝胆外科医学一等奖。

3月4日，任上海人类基因组研究中心专家委员会副主任委员。

4月1—8日，赴香港科技大学讲学，作题为《基因治疗的一种新型受体介导基因导入系统》的学术报告。

4月22—28日，赴美国纽约，以美国General Motor癌症基金委员会海外评委身份，参加评奖活动。

6月4日，当选中国工程院医药卫生工程学部常务委员。

6月7—24日，赴美国华盛顿，参加美国General Motor癌症基金委员会授奖大会，会后访问美国国家癌症研究所和旧金山CHIRON公司。

8月31日—9月4日，赴意大利米兰，参加肝炎病毒和人类肝脏疾病学术研讨会，并作题为《人肝癌相关基因研究》的学术报告。

9月10日，任上海市肿瘤研究所名誉所长。

12月11日，获上海医科大学优秀研究生导师称号。


1999年

1月28日，主持在上海召开的中国工程院2000年生命科学与临床医学国际会议肿瘤专题筹备委员会会议，商议会议的指导思想、主题、特邀报告人选等问题。

2月5日，参加中共上海市委组织部、宣传部、统战部和上海市人事局在上海大剧院联合举办的上海市优秀专家迎春晚会，受到上海市委副书记孟建柱接见。

3月，赴香港大学讲学。

3月15—17日，在韩国釜山大学与上海市肿瘤研究所联合举办的所际分子生物学讨论会上，作关于肿瘤基因治疗的学术报告。

4月21—25日，赴美国纽约，以美国General Motor癌症基金委员会海外评委身份，参加评奖活动。

4月29日，获上海市卫生系统第7届银蛇奖特别荣誉奖。

5月16日，上海市科委重大项目"肝癌相关基因的功能筛选、分离及结构功能研究"通过专家验收。

5月23日—6月2日，赴法国尼斯，参加法国国际工程与技术科学院第13届学术会议。

6月8—11日，赴美国纽约，以美国General Motor癌症基金委员会海外评委身份，参加授奖活动。

12月1—4日，应美国癌症协会邀请，赴泰国曼谷参加首届全球肿瘤研究机构最高首脑会议。

是年，"疏水性肺表面活性物质蛋白质及基因工程表达"（作为第四完成人）获卫生部医药卫生科技进步奖三等奖。

2000年

1月24—29日，赴香港大学医学院讲学并进行合作研究。

4月19—21日，赴北京参加中国工程院主办、中国工程院医药卫生工程学部承办的生命科学和临床医学国际学术会议，并任大会组委会委员兼恶性肿瘤分会议主席。

5月，赴美国参加基因治疗协会会议。

6月21日，访问启东肝癌研究所，就"十五"时期合作事宜进行商谈，签署合作协议，并作题为《人类基因组多态性的研究及其生物学意义》的学术报告。

7月7日，"大肠杆菌胞嘧啶脱氧酶基因及含该基因的新实体"（作为第一发明人），获发明专利证书，专利号为ZL96 1 16598.7，专利权人为上海市肿瘤研究所。

7月17日，与万大方访问广西肿瘤研究所，就"十五"期间合作事宜进行商谈，签署合作协议，并应邀作题为《人类基因组多态性的研究及其生物学意义》的学术报告。

8月8—15日，赴美国旧金山硅谷Abmaxis公司商谈合作事宜。

8月25日，向前来考察癌基因及相关基因国家重点实验室的上海市副市长左焕琛汇报科研工作。

9月6—11日，代表中国工程院赴德国柏林，参加世界生物技术大会暨中欧生物技术研讨会，并作题为《肿瘤基因治疗》的学术报告。

10月20日，向前来参观癌基因及相关基因国家重点实验室的科技部副部长程津培汇报科研工作。

10月24—26日，赴北京参加由香山科学会议和上海东方科技论坛联合召开的、以基因治疗研究与开发的战略为主题的香山科学会议第149次学术讨论会，任会议执行主席，并作题为《我国基因治疗研究"十五"发展战略与对策的建议》的报告。

11月3日，被浙江大学聘任为浙江大学医学院兼职教授。

是年，再次当选中国工程院医药卫生工程学部常务委员。

## 2001年

1月5—13日，赴香港科技大学参加肿瘤分子遗传基础年会，并作题为"*A Novel Oligopeptide Based EGF Receptor Targeting Polyplex and Antitumor Effect of Combined Gene Transfer of p21WAF-1 and GM-CSF*"的大会报告。

1月27日，"中国株单纯疱疹病毒胸苷激酶基因及其应用"（作为第一发明人）被授予专利权，期限为20年，专利号为ZL 96 1 16 231.7。

2月，与曹雪涛合作主编《"863"生物高技术丛书——基因治疗》。

2月，被科技部聘任为国家重点基础研究发展规划（"973"计划）第二届专家顾问组成员，任期3年。

2月，获"863"计划先进个人荣誉称号。

3月12—14日，接受国家自然科学基金委员会组织的专家评估组对癌基因及相关基因国家重点实验室1996—2000年工作进行的全面现场评估，并于3月13日作工作汇报。3月14日，专家组宣布的评估意见指出："癌基因及相关基因国家重点实验室的研究方向是发现与细胞生长和肿瘤发生相关的新基因群，探索肝癌癌变的分子机理，进行肿瘤基因治疗的研究。研究方向明确，重点突出，属于国际前沿，既是高新技术的生长点，又对国内常见肿瘤的防治具有重要意义和应用前景。"

3月24日，获"863"计划优秀个人突出贡献奖。

3月24—26日，赴美国新奥尔良，参加美国肿瘤研究协会第92届年会，并参观访问若干肿瘤研究中心。

5月2日，"受体介导的靶向性肿瘤基因治疗的新型基因转移系统"（作为第一发明人）被授予专利权，期限为20年，专利号为ZL 97 1 91515.6。

5月18日，赴北京向国家自然科学基金委员会组织的专家评估组对癌基因及相关基因国家重点实验室的统一评估进行的复评作汇报。9月，接到科技部通知，该实验室被评为良好类实验室。

2002年

6月25日，任上海交通大学医学院顾问委员会委员。

6月，在中国工程院第六次院士大会上当选为中国工程院主席团成员，任期4年。

8月26日，任第8届国家药典委员会委员。

10月12日，被山东大学聘任为名誉教授。

12月，任上海交通大学医学院教授。

12月，被聘为上海医学科技奖奖励委员会顾问，聘期4年。

是年，根据科技部对国家重点实验室主任任职年龄的规定，主动提出不再担任癌基因及相关基因国家重点实验室主任。

2003年

4月10日，任上海市肿瘤研究所癌基因及相关基因国家重点实验室学术委员会主任（任期3年）。

2004 年

2月14—15日，赴香港参加港沪国际肝癌会议。

5月，获中国工程院第5届光华工程科技奖。

2005 年

1月21日，被国家人类基因组南方研究中心聘为专家委员会副主任，任期4年。

4月8日，被北京大学临床肿瘤学院聘为客座教授。

6月7—12日，赴美国西雅图，参加首届太平洋健康峰会。

7月5日，被上海交通大学聘为职务聘任学术评议组（数、理、化、环境、农、生、医、药）成员。

7月25日，被中国科学院大连化物所聘为学术委员会委员。

8月15日，被中国人民解放军总医院老年心血管病研究所聘为《中华老年多器官疾病杂志》第2届编委。

8月，被国家科学技术奖励工作办公室聘为国家科学技术奖评审专家。

10月14日，被科技部聘为2005年度国家科学技术奖评审专家。

10月25日，被中国临床肿瘤学会聘为第3届指导委员会委员，任期2年。

10月，被中国生物工程学会聘为第4届理事会顾问。

11月9日，被上海生物芯片有限公司聘为生物芯片上海国家工程研究中心专家委员会委员。

11月，作为第一完成人参加的项目"染色体17p13.3区段肝癌等恶性肿瘤相关基因群的分离与功能研究"，获上海市科技进步奖一等奖。

11月，"高通量组织芯片的研发与产业化"获上海市科技进步奖二等奖。

12月6日，被聘为《国际遗传学》杂志第8届编委会顾问。

12月31日，被新疆医科大学聘为名誉教授。

2006年

1月3日，被上海交通大学聘为Bio-X中心学术委员会委员。

2月15日，被肿瘤的细胞与基因治疗国际学会聘为执行委员会成员，任期3年。

3月21日，被人民卫生出版社聘为专家咨询委员会委员（2006—2008年）。

6月19—24日，赴美国西雅图，参加第2届太平洋健康峰会。

6月，被中国工程院聘为主席团成员（2006—2010年）。

6月，作为第二完成人参加的"提高卵巢恶性肿瘤自杀基因治疗疗效的研究"获上海市医学科技奖三等奖。

8月17—23日，赴印度尼西亚筹建雅加达Moktor Riady研究所，并任学术委员会主任。

10月9日，被中药标准化教育部重点实验室聘为第一届学术委员会顾问，任期2年。

10月13—16日，赴日本千叶大学，出席癌症的细胞与基因治疗国际学会日本会议，并作题为《肿瘤细胞与基因治疗的新概念》的报告。

12月8日，被中国活体肝脏移植研究所、南京医科大学第一附属医院肝脏外科研究所聘为首席学术顾问。

12月12日，被聘为《生物化学与生物物理学报》编委。

12月，作为第二完成人参加的"提高卵巢恶性肿瘤自杀基因治疗疗效的研究"获中华医学科技奖三等奖。

## 2007 年

1 月，作为第二完成人参加的"提高卵巢恶性肿瘤自杀基因治疗疗效的研究"获教育部科学技术进步奖二等奖。

6 月，作为第二完成人参加的"ANGPTL4 基因具有抑制肿瘤细胞生长和促进血管新生双重功能"获上海市医学科技奖三等奖。

7 月 3 日，被聘为上海市医学伦理专家委员会顾问，聘期 5 年。

8 月 23—30 日，赴印度尼西亚出席雅加达 Moktor Riady 研究所学术委员会会议。

10 月 22 日，加入国际肿瘤生物标志物协会。

11 月 15 日，被科技部、国家发展和改革委员会、财政部聘为《国家中长期科学和技术发展规划纲要（2006—2020 年)》艾滋病和病毒性肝炎等重大传染病防治重大专项实施方案论证委员会成员。

## 2008 年

1 月，作为第三完成人参加的"一个新基因的两种剪接体在人肺癌细胞中不同功能的研究"获上海市科学技术成果奖。

2 月 14 日，被聘为 *Cancer Letters* 杂志编委。

2 月 19—24 日，赴美国夏威夷，参加癌生物标志物国际联盟大会。

3 月 14 日，当选上海医科大学校友会第 3 届理事会名誉理事，任期 5 年。

4 月 24 日，被《中国癌症研究》英文杂志聘为资深编委。

5 月 12 日，被中南大学聘为医学遗传学国家重点实验室第 6 届学术委员会委员。

5 月 31 日，被中国医药生物技术协会聘为第 4 届理事会顾问，任期5年。

6月10日，被卫生部糖复合物重点实验室聘为学术委员会委员，任期5年。

8月5日，被《上海交通大学学报（医学版）》聘为第7届编辑委员会顾问编委。

8月26日，被上海医学科技奖奖励委员会聘为第2届顾问。

9月25日，当选上海医药临床研究中心首届理事会理事，并被聘为上海医药临床研究中心专家咨询委员会成员，任期3年。

## 2009年

1月，"改善卵巢肿瘤疫苗安全性及有效性的研究"获教育部技术发明奖二等奖。

1月15—22日，赴印度尼西亚出席雅加达 Moktor Riady 研究所学术委员会会议。

2月24日，被聘为复旦大学肿瘤研究所名誉所长，任期3年。

6月20日，被苏州圣诺生物医药技术有限公司聘为科学顾问委员会科学顾问。

6月，被复旦大学医学分子病毒学教育部/卫生部重点实验室聘为学术委员会委员，任期3年。

9月3—6日，赴意大利米兰，出席国际肝癌联合会第3届年会，并作题为《肝细胞肝癌发生发展中的系统调控》的报告。

9月，被聘为《组织工程与重建外科杂志》顾问委员会委员。

10月18日，被聘为中国临床肿瘤学会（中国抗癌协会临床肿瘤学）第4届指导委员会委员，任期4年。

10月21日，被聘为上海市第一人民医院/上海市肿瘤研究所肿瘤联合研究中心首席顾问。

## 2010 年

1 月，被聘为《中国肿瘤生物治疗杂志》第 3 届编辑委员会顾问委员，任期 3 年。

1 月，被聘为第 2 届中国人类遗传资源管理专家组成员，任期 3 年。

2 月 22—25 日，赴印度尼西亚出席雅加达 Moktor Riady 研究所学术委员会会议。

5 月 26 日—6 月 1 日，赴荷兰阿姆斯特丹，出席预防与个性医学中荷中心开幕典礼及学术会议，并作题为《肿瘤发生发展中的系统性调控异常》的报告。

5 月，被中国医药生物技术协会组织生物样本库分会聘为第 1 届委员会顾问组成员。

11 月 24 日，被聘为山东省放射肿瘤学重点实验室首届学术委员会委员。


## 2011 年

1 月 1 日，被聘为上海市胰腺疾病重点实验室学术委员会主任，任期 1 年。

4 月，获上海交通大学杰出校友卓越成就奖。

7 月，被聘为上海吴孟超医学科技基金会医学青年基金奖提名专家委员会委员，聘期 3 年。

8 月 26 日，被授予香港生物科技协会荣誉会士称号。

9 月 1—4 日，赴香港出席国际肝癌协会第 5 届年会开幕典礼并主持大会。

10 月 19 日，被聘为上海交通大学医学院附属仁济医院与美国 MedImmune 医药研发公司顾问。

12 月 6—11 日，赴荷兰出席预防与个性医学中荷中心年会学术委员会会议。

12月30日，被聘为《实用肿瘤杂志》第9届荣誉编委，聘期4年。

2012年

4月，主编的英文版专著"*Primary Liver Cancer, Challenges and Perspectives*"（《原发性肝癌：挑战与展望》），获国家科学技术著作出版基金资助，由Springer及浙江大学出版社出版。

7月26日，被聘为上海市妇科肿瘤重点实验室第1届学术委员会名誉主任。

8月31日，任中国工程院、中国医学科学院、美国国立卫生研究院临床研究中心共同主办的中美临床和转化医学国际论坛组委会成员。

9月13日，被第三军医大学聘为军队高层次科技创新人才工程培养对象带教导师，聘期4年。

10月22日，被上海交通大学医学院聘为上海市肿瘤微环境与炎症重点实验室第1届学术委员会委员。

10月，被第二军医大学聘为肝炎与肝癌防治研究协同创新中心学术委员会委员，任期4年。

11月13—16日，应邀前往美国杜克大学新加坡分校作学术交流。

12月11日，被聘为癌基因及相关基因国家重点实验室第5届学术委员会委员，任期5年。

12月17日，当选上海市对外文化交流协会第4届理事会理事。

12月26日，被聘为上海市头颈肿瘤诊治和转化医学中心顾问。

2013 年

1 月 23 日，被续聘为中国人类遗传资源管理专家组成员，聘期 1 年。

1 月 24 日，《非编码小 RNA 在肝癌中的作用及其分子机理研究》（作为第七完成人）获教育部自然科学奖二等奖。

2 月 22—24 日，出席第 9 届国际络病学大会，并作题为《从系统整体观认识肿瘤——肿瘤治疗新思维》的学术报告。

3 月 1 日，出席仁济医院胶质瘤病房成立典礼，并作题为《恶性肿瘤治疗的科学困境》的学术报告。

10 月 10 日，被聘为中国临床肿瘤学会第 5 届指导委员会委员，任期 2 年。

11 月 6 日，前往江苏省苏州市，参观苏州市沧浪区草桥实验小学、苏州市景范中学和苏州市第 6 中学。

12 月 14 日，出席第 2 届浦江妇科肿瘤学国际论坛，并作题为《癌生物学研究面临的概念性挑战》的学术报告。

12 月 26 日，参加国家工程研究中心项目验收会。

12 月 27 日，参加上海东方肝胆外科医院教育部重点实验室年会，任组长。

12 月 28 日，参加上海芯超生物科技有限公司成立 10 周年会议。

是年，主编的 "*Primary Liver Cancer，Challenges and Perspectives*"（《原发性肝癌：挑战与展望》），获国家新闻出版广电总局颁发的第 3 届中国出版政府奖图书奖提名奖。

2014 年

4 月 14 日，被聘为复旦大学肿瘤研究所名誉所长。

6 月 9 日，为上海市闵行区卫生局古美社区卫生服务中心作题为《癌症防孔的挑战与前景——4P 医学与两个"三"》的学术报告。

9月25—26日，出席医学前沿论坛暨第5届中国分子诊断技术大会，并作题为《癌症的防控与分子检测》的学术报告。

10月24日，出席第3届浦江妇科肿瘤学国际论坛，并作题为《肿瘤分子检测面临的机遇与挑战》的学术报告。

11月26日，"重大疾病生物样本库标准化建设及应用"（第三单位第七名）获上海市科学技术奖三等奖。

12月，被上海交通大学聘任为《上海交通大学学报（医学版）》第8届编委会顾问编委。

2015年

3月12日，在复旦大学上海医学院为研究生讲授肿瘤生物学的挑战和前景。

6月15日，在复旦大学上海医学院参加医学分子病毒学重点实验室学术委员会会议。

9月17日，被聘为上海交通大学讲席教授。

10月23日，出席第2届上海国际肝癌门静脉癌栓高峰论坛并作题为《系统性调控与恶性肿瘤生物学行为的关系》的学术报告。

11月18日，出席精准医学与肿瘤暨《肿瘤》专家研讨会并作题为《肿瘤精准医学》的学术报告。

12月12日，出席第4届浦江妇科肿瘤学国际论坛并作题为《癌症精准医学》的学术报告。

2016年

1月26日，被聘为国家肝癌科学中心顾问委员会专家，任期5年。

2月26日，参加第12届络病学大会。

7月30日，参加生物芯片国家中心15周年芯片高峰论坛。

8月26日，参加东方肝胆外科医院建院20周年暨吴孟超从业60周年大会。

9月22日，参加国际临床和转化医学论坛，主持消化肿瘤防控分论坛，并担任主席。

11月12日，参加中国胰腺肿瘤大会。

12月5日，参加上海市妇科肿瘤重点实验室学术委员会会议。

## 2017年

3月28日，担任科济生物医药（上海）有限公司高级顾问。

8月26日，参加第3届胰腺肿瘤大会并作题为《胰腺癌的精准医学》的报告。

## 2018年

10月27日，出席上海市肿瘤研究所60周年暨肿瘤高峰论坛。

12月，被聘为上海市欧美同学会（上海市留学人员联合会）上海交通大学医学院分会名誉会长。

## 2019年

3月，担任上海市妇科肿瘤重点实验室第3届学术委员会名誉主任委员。

6月1日，被聘为上海吴孟超医学科技基金会吴孟超医学青年基金奖提名专家委员会委员，聘期1年。

8月5日，参加癌基因及相关基因国家重点实验室学术委员会全体会议，并被聘为该实验室第6届学术委员会特聘委员，聘期5年。

12月6日，参加仁济医院建院175周年庆祝活动。

2020 年

7月1日，被聘为上海吴孟超医学科技基金会吴孟超医学青年基金奖提名专家委员会委员，聘期1年。

9月23日，参加癌基因及相关基因国家重点实验室学术委员会会议。

# 顾健人院士主要论著目录

顾绥岳、顾健人:《滑膜瘤与滑膜肉瘤》,《天津医药杂志肿瘤学附刊》1963 年第 1 期。

顾绥岳、顾健人:《目前我国肿瘤基础理论研究的概况》,《中华病理学杂志》1965 年第 9 卷第 2 期。

顾健人、严根宝、李明烈、薛如珍、许凯黎、许秀兰、徐卉康、陈渊卿、孙淑屏、刘兰珍:《正常细胞核酸对癌细胞的生物学作用》,《中华医学杂志》1966 年第 52 卷第 4 期。

顾健人:《细胞基因表达的调控和癌变》,《肿瘤》1982 年第 3 期。

顾健人:《真核细胞基因表达的调控》,《生命的化学》1982 年第 3 期。

陈渊卿、顾健人、蒋惠秋、周筱梅、马积庆、蒋伟伦、巫善明、姜嘉:《斑点杂交试验直接检测血清中乙型肝炎病毒 DNA》,《中华传染病杂志》1983 年第 2 卷第 1 期。

顾健人:《人原发性肝癌、7402 细胞株及髓细胞白血病 K562 细胞株 DNA 的转化基因的共同属性——N-ras 基因》,《肿瘤》1984 年第 5 期。

顾健人、陈渊卿、蒋惠秋、张予廉、巫善明、蒋伟伦、姜嘉:《乙型肝炎患者外周白细胞中 HBV DNA 的存在》,《中华传染病杂志》1984 年第 2 卷第 4 期。

顾健人、胡利富:《人类癌基因》,《生物化学杂志》1985 年第 3 期。

顾健人、胡利富、万大方、田培坤、郭婵、黄乐泓:《人原发性肝癌转化基因——N-ras 的研究》，《肿瘤》1985 年第 2 期。

万大方、李宏年、潘志美、王翔、顾健人：《人原发性肝癌和肝癌细胞株的 N-ras 癌基因的产物 p21》，《生物化学杂志》1985 年第 Z1 期。

顾健人：《癌基因的概念研究进展及前景》，《遗传工程》1986 年第 1 期。

顾健人、陈渊卿、胡利富、万大方：《原发性肝癌中癌基因及 HBV DNA 状态的研究》，《肿瘤》1986 年第 4 期。

胡利富、顾健人：《癌基因及其激活机理研究》，《自然》杂志 1986 年第 8 期。

万大方、李秀珍、李宏年、陈渊卿、顾健人、顾彬昌：《肝癌组织中异常乙肝病毒核心抗原》，《肿瘤》1987 年第 5 期。

顾健人、陈莹、徐来、陈渊卿、钱耕荪、瞿永华、郁云皎、蒋惠秋：《从启东鸭肝癌中分离和克隆出人乙肝病毒样的 DNA 序列》，《肿瘤》1988 年第 5 期。

顾健人、陈渊卿、蒋惠秋、徐国威、刘超亭、洪伟娜、周筱梅：《人原发性肝癌的癌基因谱》，《肿瘤》1988 年第 6 期。

J. R. Gu, Molecular aspects of human hepatic carcinogenesis, *Carcinogenesis*, 1988 May; 9（5）：697–703.

陈剑经、胡利富、陈小君、姚进、陈系古、蒋金荃、高宏光、李晓琳、徐雪芳、顾健人：《EB 病毒基因片段的生物学活性——Ⅰ、基因片段转染、细胞转化与裸鼠成瘤的研究》，《癌症》1989 年第 1 期。

胡利富、陈小君、姚进、陈剑经、蒋金荃、李晓琳、徐雪芳、张素胤、顾健人：《EB 病毒基因片段的生物学活性——Ⅱ．转染后的复制和表达研究》，《癌症》1989 年第 5 期。

黄倩、顾健人、徐来、贾立斌、张萍萍、万大方、李宏年、马安卿、曲淑敏、罗成仁、方谦逊：《Rb 基因表达质粒的构建》，

《遗传与疾病》1990年第4期。

吕宝忠、陈捷、秦德霖、顾健人：《ras基因产物p21的分子进化和癌变机理探讨》，《遗传学报》1990年第4期。

李岱宗、顾健人：《人原发性肝癌的分子生物学研究》，《肿瘤》1991年第3期。

顾健人、蒋惠秋、贺丽萍、李岱宗、周筱梅、戴卫列、钱莲芳、陈渊卿、Schweinfest C.、Papas T.：《人原发性肝癌中的转甲状腺素蛋白（Transthyretin）基因》，《中国科学（B辑化学生命科学地学)》1991年第4期。

李岱宗、曹宇清、贺丽萍、严根宝、顾健人：《人原发性肝癌P53基因缺失和突变》，《肿瘤》1991年第5期。

顾健人、闻玉梅、Z. Xu、J. L. Melnick，Viral hepatitis B and primary hepatic cancer，*Viral Hepatitis in China: Problems and Control Strategies*，19，Karger Publisher，1991。

戴卫列、陈莹、李莉、蒋惠秋、顾健人：《启东鸭肝癌中人HBV突变体（pDKHBV）的DNA序列》，《中国科学（B辑化学生命科学地学)》1992年第1期。

蒋惠秋、顾健人：《启东地区鸭群及鸭肝癌中人HBV变异体DNA存在的频率》，《肿瘤》1992年第5期。

方利君、郭怡清、张月娥、张秀荣、顾健人、蒋惠秋：《小儿乙肝病毒相关性肾炎肾组织中病毒DNA存在状态的进一步研究》，《肾脏病与透析肾移植杂志》1993年第1期。

D. Li，Y. Cao，L. He，N. J. Wang，J. R. Gu，Aberrations of p53 gene in human hepatocellular carcinoma from China，*Carcinogenesis*，1993 Feb；14（2）：169–173.

陈思红、周筱梅、李岱宗、钱莲芳、顾健人：《人肝癌组织IGF-Ⅱ cDNA变异体的克隆和顺序分析》，《科学通报》1994年第7期。

顾健人：《恶性肿瘤的基因治疗》，《中国肿瘤生物治疗杂志》1994 年第 1 期。

顾健人、李宗海：第三篇《肿瘤药理学》第 14 章《恶性肿瘤的基因治疗》，《当代药理学》，北京医科大学、中国协和医科大学联合出版社 1994 年版。

胡应、沈福民、李岱宗、顾健人：《原发性肝癌中 YNZ22 串联重复序列的杂合性丢失现象》，《中华医学遗传学杂志》1994 年第 5 期。

X. W. Wang，K. Forrester，H. Yeh，M. A. Feitelson，J. R. Gu，C. C. Harris，Hepatitis B virus X protein inhibits p53 sequence-specific DNA binding，transcriptional activity，and association with transcription factor ERCC3，*Proc. Natl. Acad. Sci. U.S.A.*，1994 Mar 15；91（6）：2230–2234.

曹雪涛、章卫平、王建莉、黄欣、于益芝、顾健人：《IL-2 基因修饰的肝细胞脾内移植增强肝脏免疫功能的实验研究》，《中国肿瘤生物治疗杂志》1995 年第 4 期。

顾健人：《恶性肿瘤基因治疗》，《中国肿瘤生物治疗杂志》1995 年第 4 期。

顾健人：《我国基因诊断与治疗的前景及有关问题》，《中华医学杂志》1995 年第 9 期。

顾健人：《抑癌基因的研究进展》，《中国肿瘤》1995 年第 2 期。

顾健人：《抑癌基因及人原发性肝癌中抑癌基因研究进展（Ⅰ）》，《肿瘤》1995 年第 2 期。

顾健人：《抑癌基因及人原发性肝癌中抑癌基因研究进展（Ⅱ）》，《肿瘤》1995 年第 3 期。

章卫平、曹雪涛、黄欣、王建莉、陶群、顾健人：《Neo 基因标记的肝细胞经脾移植后体内表达的实验研究》，《中国肿瘤生物治疗杂志》1995 年第 4 期。

曹雪涛、章卫平、王建莉、黄欣、于益芝、顾健人：《白细胞介素 2 基因修饰的鼠肝细胞脾内移植对肝脏免疫功能的影响》，《中华医学杂志》1996 年第 9 期。

程焱、徐国威、张娟、江德华、顾健人：《人脑源神经营养因子基因 cDNA 的克隆》，《中华医学遗传学杂志》1996 年第 2 期。

顾健人：《论肿瘤生物治疗研究中的若干问题》，《中华医学杂志》1996 年第 9 期。

徐丛剑、许秀兰、张惜阴、郭忠、丰有吉、金志军、曹斌融、顾健人：《逆转录病毒介导 I 型单纯疱疹病毒胸腺嘧啶核苷激酶基因转导卵巢癌细胞的研究》，《中华妇产科杂志》1996 年第 11 期。

徐砺新、王凡、刘彦仿、万大方、顾健人：《应用 PCR 方法直接从噬菌体原液中扩增目的基因片段》，《细胞与分子免疫学杂志》1996 年第 4 期。

周浩文、万大方、顾健人：《克隆新基因（cDNA）的几种常用方法》，《生物工程进展》1997 年第 2 期。

顾健人：《基因治疗的昨天、今天与明天》，《中国肿瘤生物治疗杂志》1997 年第 3 期。

林松、吴建中、王忠诚、厉俊华、罗麟、顾健人：《人类野生型 p53 基因对 9L 胶质肉瘤的抑制作用》，《中华神经外科杂志》1997 年第 4 期。

李宝安、万大方、刘彦仿、顾健人：《肝癌内高表达新基因的部分 cDNA 克隆》，《中华医学杂志》1997 年第 10 期。

覃文新、万大方、顾健人：《人基因组中表达序列的分离》，《自然》杂志 1998 年第 6 期。

赵新泰、万大方、蒋惠秋、顾健人：《11 株肝癌细胞系染色体 17p13.3 和 p53 基因状况的研究》，《肿瘤》1998 年第 4 期。

顾健人：《新型基因转移系统在人肝癌基因治疗中的应用》，

《中国肿瘤生物治疗杂志》1999年第3期。

柳湘、田培坤、顾健人:《新型基因转移系统介导p21基因抑制人脑胶质瘤的体外实验研究》,《中国肿瘤生物治疗杂志》1999年第3期。

徐丛剑、张惜阴、许秀兰、金志军、丰有吉、姚明、顾峻、曹斌融、顾健人:《卵巢癌药物敏感基因治疗实验研究——(Ⅰ)体外实验》,《肿瘤》1999年第3期。

徐丛剑、张惜阴、许秀兰、金志军、丰有吉、姚明、顾峻、曹斌融、顾健人:《卵巢癌药物敏感基因治疗实验研究——(Ⅱ)体内实验》,《肿瘤》1999年第6期。

J. M. Li, J. S. Han, Y. Huang, P. K. Tain, S. M. Qu, M. Yao, H. Q. Jiang, D. F. Wan, J. C. Luo, C. X. Gu, J. R. Gu, A novel gene delivery system targeting cells expressing VEGF receptors, *Cell Res.*, 1999 Mar; 9 (1): 11–25.

郭鸣雷、赵新泰、万大方、顾健人:《染色体17p13.3肿瘤杂合性缺失区域内外显子的分离》,《肿瘤》2000年第20卷第4期。

韩俊松、田培坤、李钧敏、姚明、顾健人:《血管内皮生长因子受体介导的靶向性非病毒载体的改进与体内导入实验》,《中华医学杂志》2000年第80卷第5期。

柳湘、韩俊松、田培坤、顾健人:《新型基因转移系统介导p21基因治疗人脑胶质瘤的体外研究》,《中国肿瘤生物治疗杂志》2000年第7卷第1期。

赵新泰、万大方、蒋惠秋、何英华、覃文新、P. Watkins、顾健人:《肝癌染色体17p13.3区的杂合性缺失分析及缺失区连续克隆群的构建》,《中华肿瘤杂志》2000年第23卷第5期。

G. Wang, C. H. Huang, Y. Zhao, L. Cai, Y. Wang, S. J. Xiu, Z. W. Jiang, S. Yang, T. Zhao, W. Huang, J. R. Gu, Genetic aberration in primary hepatocellular carcinoma: correlation between p53 gene mutation and loss-of-heterozygosity on chromosome 16q21-q23 and 9p21-p23, *Cell Res.*, 2000 Dec；10（4）：311–323.

曹雪涛、顾健人、刘德培、卢圣栋、吴旻：《我国基因治疗的研究前景与战略重点》,《中华医学杂志》2001 年第 81 卷第 12 期。

何祥火、覃文新、万大方、顾健人：《癌肿基因组解剖计划》,《生命的化学》2001 年第 21 卷第 3 期。

胡建、覃文新、万大方、顾健人：《端粒及端粒酶研究的最新进展》,《生命科学》2001 年第 13 卷第 3 期。

李锦军、葛超、朱洪新、万大方、顾健人：《高通量肿瘤血管新生研究技术平台的建立》,《肿瘤》2001 年第 21 卷第 6 期。

顾健人、曹雪涛：《基因治疗》,科学出版社 2001 年版。

T. K. Lee，J. S. Han，S. T. Fan，Z. D. Liang，P. K. Tian，J. R. Gu，I. O. Ng，Gene delivery using a receptor-mediated gene transfer system targeted to hepatocellular carcinoma cells，*Int. J. Cancer*，2001 Aug 1；93（3）：393–400.

W. X. Qin，F. Wan，F. Y. Sun，P. P. Zhang，L. W. Han，Y. Huang，H. Q. Jiang，X. T. Zhao，M. He，Y. Ye，W. M. Cong，M. C. Wu，L. S. Zhang，N. W. Yang，J. R. Gu，Cloning and characterization of a novel gene（C17orf25）from the deletion region on chromosome 17p13.3 in hepatocellular carcinoma，*Cell Res.*，2001 Sep；11（3）：209–216.

X. Zhao，J. Li，Y. He，F. Lan，L. Fu，J. Guo，R. Zhao，Y. Ye，M. He，W. Chong，J. Chen，L. Zhang，N. Yang，B. Xu，M. Wu，D. Wan，J. Gu，A novel growth suppressor gene on chromosome 17p13.3 with a high frequency of mutation in human hepatocellular carcinoma，*Cancer Res.*，2001 Oct 15；61（20）：7383–7387.

X. R. Xu，J. Huang，Z. G. Xu，B. Z. Qian，Z. D. Zhu，Q. Yan，T. Cai，X. Zhang，H. S. Xiao，J. Qu，F. Liu，Q. H. Huang，Z. H. Cheng，N. G. Li，J. J. Du，W. Hu，K. T. Shen，G. Lu，G. Fu，M.

Zhong, S. H. Xu, W. Y. Gu, W. Huang, X. T. Zhao, G. X. Hu, J. R. Gu, Z. Chen, Z. G. Han, Insight into hepatocellular carcinogenesis at transcriptome level by comparing gene expression profiles of hepatocellular carcinoma with those of corresponding noncancerous liver, *Proc. Natl. Acad. Sci. U.S.A.*, 2001 Dec 18；98（26）：15089–15094.

X. Liu, P. Tian, Y. Yu, M. Yao, X. Cao, J. Gu, Enhanced antitumor effect of EGF R–targeted p21WAF-1 and GM-CSF gene transfer in the established murine hepatoma by peritumoral injection, *Cancer Gene Ther.*, 2002 Jan；9（1）：100–108.

朱洪新、李锦军、覃文新、杨艳华、何祥火、万大方、顾健人：《新基因 ANGPTL4 的克隆及其在血管新生中的功能研究》，《中华医学杂志》2002 年第 82 卷第 2 期。

X. He, Y. Di, J. Li, Y. Xie, Y. Tang, F. Zhang, L. Wei, Y. Zhang, W. Qin, K. Huo, Y. Li, D. Wan, J. Gu, Molecular cloning and characterization of CT120, a novel membrane-associated gene involved in amino acid transport and glutathione metabolism, *Biochemical and Biophysical Research Communications*, 2002 Sep 27；297（3）：528–536.

J. Xu, J. D. Zhu, M. Ni, F. Wan, J. R. Gu, The ATF/CREB site is the key element for transcription of the human RNA methyltransferase like 1（RNMTL1）gene, a newly discovered 17p13.3 gene, *Cell Res.*, 2002 Sep；12（3-4）：177–197.

J. Y. Guo, J. Xu, Q. Mao, L. L. Fu, J. R. Gu, J. D. Zhu, The promoter analysis of the human C17orf25 gene, a novel chromosome 17p13.3 gene, *Cell Res.*, 2002 Dec；12（5-6）：339–352.

L. Shen, J. Hu, H. Lu, M. Wu, W. Qin, D. Wan, Y. Y. Li, J. Gu, The apoptosis-associated protein BNIPL interacts with two cell proliferation-related proteins, MIF and GFER, *FEBS Letters*, 2003 Apr 10；540（1-3）：86–90.

X. Zhao, M. He, D. Wan, Y. Ye, Y. He, L. Han, M. Guo, Y. Huang, W. Qin, M. W. Wang, W. Chong, J. Chen, L. Zhang, N. Yang, B. Xu, M. Wu, L. Zuo, J. Gu, The minimum LOH region defined on chromosome 17p13.3 in human hepatocellular carcinoma with gene content analysis, *Cancer Letters*, 2003 Feb 20；190（2）：221–232.

W. Qin, J. Hu, M. Guo, J. Xu, J. Li, G. Yao, X. Zhou, H. Jiang, P. Zhang, L. Shen, D. Wan, J. Gu, BNIPL-2, a novel homologue of BNIP-2, interacts with Bcl-2 and Cdc42GAP in apoptosis, *Biochemical and Biophysical Research Communications*, 2003 Aug 22；308（2）：379–385.

Y. Liu, J. Li, F. Zhang, W. Qin, G. Yao, X. He, P. Xue, C. Ge, D. Wan, J. Gu, Molecular cloning and characterization of the human ASB-8 gene encoding a novel member of ankyrin repeat and SOCS box containing protein family, *Biochemical and Biophysical Research Communications*, 2003 Jan 24；300（4）：972–979.

Y. H. Xie, X. H. He, Y. T. Tang, J. J. Li, Z. M. Pan, W. X. Qin, D. F. Wan, J. R. Gu, Cloning and characterization of human IC53-2, a novel CDK5 activator binding protein, *Cell Res.*, 2003 Apr；13（2）：83–91.

X. Liu, P. K. Tian, D. W. Ju, M. H. Zhang, M. Yao, X. T. Cao, J. R. Gu, Systemic genetic transfer of p21WAF-1 and GM-CSF utilizing of a novel oligopeptide-based EGF receptor targeting polyplex, *Cancer Gene Ther.*, 2003 Jul；10（7）：529–539.

X. Wu, R. Zhao, Z. Li, M. Yao, H. Wang, J. Han, S. Qu, X. Chen, L. Qian, Y. Sun, Y. Xu, J. Gu, A novel small peptide as a targeting ligand for receptor tyrosine kinase Tie2, *Biochemical and Biophysical Research Communications*, 2004 Mar 19; 315 (4): 1004–1010.

C. J. Wen, B. Xue, W. X. Qin, M. Yu, M. Y. Zhang, D. H. Zhao, X. Gao, J. R. Gu, C. J. Li, hNRAGE, a human neurotrophin receptor interacting MAGE homologue, regulates p53 transcriptional activity and inhibits cell proliferation, *FEBS Lett.*, 2004 Apr 23; 564 (1-2): 171–176.

J. Zhang, J. Yu, J. Gu, B. M. Gao, Y. J. Zhao, P. Wang, H. Y. Zhang, J. D. Zhu, A novel protein-DNA interaction involved with the CpG dinucleotide at -30 upstream is linked to the DNA methylation mediated transcription silencing of the MAGE-A1 gene, *Cell Res.*, 2004 Aug; 14 (4): 283–294.

D. Wan, Y. Gong, W. Qin, P. Zhang, J. Li, L. Wei, X. Zhou, H. Li, X. Qiu, F. Zhong, L. He, J. Yu, G. Yao, H. Jiang, L. Qian, Y. Yu, H. Shu, X. Chen, H. Xu, M. Guo, Z. Pan, Y. Chen, C. Ge, S. Yang, J. Gu, Large-scale cDNA transfection screening for genes related to cancer development and progression, *Proc. Natl. Acad. Sci. U. S. A.*, 2004 Nov 2; 101 (44): 15724–15729.

X. H. He, J. J. Li, Y. H. Xie, Y. T. Tang, G. F. Yao, W. X. Qin, D. F. Wan, J. R. Gu, Altered gene expression profiles of NIH3T3 cells regulated by human lung cancer associated gene CT120, *Cell Res.*, 2004 Dec; 14 (6): 487–496.

顾健人、杨胜利:《要用系统性疾病的观念重新认识癌症》,《中华医学杂志》2005 年第 85 卷第 8 期。

X. Lu, W. Qin, J. Li, N. Tan, D. Pan, H. Zhang, L. Xie, G. Yao, H. Shu, M. Yao, D. Wan, J. Gu, S. Yang, The Growth and Metastasis of Human Hepatocellular Carcinoma Xenografts Are

Inhibited by Small Interfering RNA Targeting to the Subunit ATP6L of Proton Pump, *Cancer Res.*, 2005 Aug 1；65（15）：6843–6849.

W. Jiang, C. J. Xu, Z. M. Shao, W. J. Zhou, B. Ye, P. K. Tian, J. D. Zhu, J. R. Gu, Enhanced efficiency and specificity of ovarian cancer gene therapy in rats with a novel nonviral gene delivery system （GE7） via intraovarian artery perfusion approach, *Cancer Gene Ther.*, 2005 Oct；12（10）：810–817.

D. Pan, L. Wei, M. Yao, D. Wan, J. Gu, Down-regulation of CT120A by RNA interference suppresses lung cancer cells growth and sensitizes to ultraviolet-induced apoptosis, *Cancer Letters*, 2006 Apr 8；235（1）：26–33.

P. Zhang, D. W. Chan, Y. Zhu, J. J. Li, I. O. L. Ng, D. Wan, J. Gu, Identification of Carboxypeptidase of Glutamate Like-B as a Candidate Suppressor in Cell Growth and Metastasis in Human Hepatocellular Carcinoma, *Clin. Cancer Res.*, 2006 Nov 15；12(22)：6617–6625.

S. Yin, J. Li, C. Hu, X. Chen, M. Yao, M. Yan, G. Jiang, C. Ge, H. Xie, D. Wan, S. Yang, S. Zheng, J. Gu, CD133 positive hepatocellular carcinoma cells possess high capacity for tumorigenicity, *International Journal of Cancer*, 2007 Apr 1；120（7）：1444–1450.

L. Zhu, C. Hu, J. Li, P. Xue, X. He, C. Ge, W. Qin, G. Yao, J. Gu, Real-time imaging nuclear translocation of Akt1 in HCC cells, *Biochemical and Biophysical Research Communications*, 2007 May 18；356（4）：1038–1043.

F. G. Gao, D. F. Wan, J. R. Gu, Ex vivo nicotine stimulation augments the efficacy of therapeutic bone marrow-derived dendritic cell vaccination, *Clin. Cancer Res.*, 2007 Jun 15；13(12):3706–3712.

G. Han, M. Ye, H. Zhou, X. Jiang, S. Feng, X. Jiang, R. Tian, D. Wan, H. Zou, J. Gu, Large-scale phosphoproteome analysis of human liver tissue by enrichment and fractionation of phosphopeptides with strong anion exchange chromatography, *Proteomics*, 2008 Apr ; 8（7）: 1346–1361.

X. Hu, Y. Zhao, X. He, J. Li, T. Wang, W. Zhou, D. Wan, H. Wang, J. Gu, Ciliary neurotrophic factor receptor α subunit-modulated multiple downstream signaling pathways in hepatic cancer cell lines and their biological implications, *Hepatology*, 2008 Apr ; 47（4）: 1298–1308.

W. Li, L. Xie, X. He, J. Li, K. Tu, L. Wei, J. Wu, Y. Guo, X. Ma, P. Zhang, Z. Pan, X. Hu, Y. Zhao, H. Xie, G. Jiang, T. Chen, J. Wang, S. Zheng, J. Cheng, D. Wan, S. Yang, Y. Li, J. Gu, Diagnostic and prognostic implications of microRNAs in human hepatocellular carcinoma, *International Journal of Cancer*, 2008 Oct 1 ; 123（7）: 1616–1622.

C. Hu, H. Li, J. Li, Z. Zhu, S. Yin, X. Hao, M. Yao, S. Zheng, J. Gu, Analysis of ABCG2 expression and side population identifies intrinsic drug efflux in the HCC cell line MHCC-97L and its modulation by Akt signaling, *Carcinogenesis*, 2008 Dec ; 29（12）: 2289–2297.

B. Yu, X. Yang, Y. Xu, G. Yao, H. Shu, B. Lin, L. Hood, H. Wang, S. Yang, J. Gu, J. Fan, W. Qin, Elevated expression of DKK1 is associated with cytoplasmic/nuclear β -catenin accumulation and poor prognosis in hepatocellular carcinomas, *Journal of Hepatology*, 2009 May ; 50（5）: 948–957.

H. You, J. Jin, H. Shu, B. Yu, A. D. Milito, F. Lozupone, Y. Deng, N. Tang, G. Yao, S. Fais, J. Gu, W. Qin, Small interfering

RNA targeting the subunit ATP6L of proton pump V-ATPase overcomes chemoresistance of breast cancer cells, *Cancer Letters*, 2009 Jul 18；280（1）：110–119.

H. Wang, H. Jiang, M. Zhou, Z. Xu, S. Liu, B. Shi, X. Yao, M. Yao, J. Gu, Z. Li, Epidermal growth factor receptor vIII enhances tumorigenicity and resistance to 5-fluorouracil in human hepatocellular carcinoma, *Cancer Letters*, 2009 Jun 28；279（1）：30–38.

J. Ding, S. Huang, S. Wu, Y. Zhao, L. Liang, M. Yan, C. Ge, J. Yao, T. Chen, D. Wan, H. Wang, J. Gu, M. Yao, J. Li, H. Tu, X. He, Gain of miR-151 on chromosome 8q24.3 facilitates tumour cell migration and spreading through downregulating RhoGDIA, *Nature Cell Biology*, 2010 Apr；12（4）：390–399.

J. Yao, L. Liang, S. Huang, J. Ding, N. Tan, Y. Zhao, M. Yan, C. Ge, Z. Zhang, T. Chen, D. Wan, M. Yao, J. Li, J. Gu, X. He, MicroRNA-30d promotes tumor invasion and metastasis by targeting Galphai2 in hepatocellular carcinoma, *Hepatology*, 2010 Mar；51（3）：846–856.

X. Yao, H. Jiang, C. Zhang, H. Wang, L. Yang, Y. Yu, J. Yu, B. Shi, Z. Shen, H. Gao, Z. Chen, S. Tian, S. Lu, Z. Li, J. Gu, Dickkopf-1 autoantibody is a novel serological biomarker for non-small cell lung cancer, *Biomarkers*, 2010 Mar；15（2）：128–134.

S. Huang, S. Wu, J. Ding, J. Lin, L. Wei, J. Gu, X. He, MicroRNA-181a modulates gene expression of zinc finger family members by directly targeting their coding regions, *Nucleic Acids Res.*, 2010 Nov；38（20）：7211–7218.

D. Jia, L. Wei, W. Guo, R. Zha, M. Bao, Z. Chen, Y. Zhao, C. Ge, F. Zhao, T. Chen, M. Yao, J. Li, H. Wang, J. Gu, X. He, Genome-wide copy number analyses identified novel cancer genes in hepatocellular carcinoma, *Hepatology*, 2011 Oct；54（4）：1227–1236.

H. Li, C. Ge, F. Zhao, M. Yan, C. Hu, D. Jia, H. Tian, M. Zhu, T. Chen, G. Jiang, H. Xie, Y. Cui, J. Gu, H. Tu, X. He, M. Yao, Y. Liu, J. Li, Hypoxia-inducible factor 1 alpha–activated angiopoietin-like protein 4 contributes to tumor metastasis via vascular cell adhesion molecule-1/integrin β 1 signaling in human hepatocellular carcinoma, *Hepatology*, 2011 Sep 2；54（3）：910–919.

Y. Zhao, X. Wang, T. Wang, X. Hu, X. Hui, M. Yan, Q. Gao, T. Chen, J. Li, M. Yao, D. Wan, J. Gu, J. Fan, X. He, Acetylcholinesterase, a key prognostic predictor for hepatocellular carcinoma, suppresses cell growth and induces chemosensitization, *Hepatology*, 2011 Feb；53（2）：493–503.

X. Bai, Y. Zhu, Y. Jin, X. Guo, G. Qian, T. Chen, J. Zhang, J. Wang, J. D. Groopman, J. Gu, H. Tu, Temporal acquisition of sequential mutations in the enhancer II and basal core promoter of HBV in individuals at high risk for hepatocellular carcinoma, *Carcinogenesis*, 2011 Jan；32（1）：63–68.

F. G. Gao, H. T. Li, Z. J. Li, J. R. Gu, Nicotine stimulated dendritic cells could achieve anti-tumor effects in mouse lung and liver cancer, *J. Clin. Immunol.*, 2011 Feb；31（1）：80–88.

H. Jiang, H. Wang, Z. Tan, S. Hu, H. Wang, B. Shi, L. Yang, P. Li, J. Gu, H. Wang, Z. Li, Growth Suppression of Human Hepatocellular Carcinoma Xenografts by a Monoclonal Antibody CH12 Directed to Epidermal Growth Factor Receptor Variant III, *J. Biol. Chem.*, 2011 Feb 18；286（7）：5913–5920.

H. Wang, M. Zhou, B. Shi, Q. Zhang, H. Jiang, Y. Sun, J. Liu, K. Zhou, M. Yao, J. Gu, S. Yang, Y. Mao, Z. Li, Identification of an Exon 4-Deletion Variant of Epidermal Growth Factor Receptor with Increased Metastasis-Promoting Capacity, *Neoplasia*, 2011 May; 13 (5): 461–471.

Q. Shen, J. Fan, X. R. Yang, Y. Tan, W. Zhao, Y. Xu, N. Wang, Y. Niu, Z. Wu, J. Zhou, S. J. Qiu, Y.-H. Shi, B. Yu, N. Tang, W. Chu, M. Wang, J. Wu, Z. Zhang, S. Yang, J. Gu, H. Wang, W. Qin, Serum DKK1 as a protein biomarker for the diagnosis of hepatocellular carcinoma: a large-scale, multicentre study, *The Lancet Oncology*, 2012 Aug; 13 (8): 817–826.

J. Gu, *Primary Liver Cancer: Challenges and Perspectives*, Springer, 2012.

Y. Jin, H. Gao, H. Chen, J. Wang, M. Chen, G. Li, L. Wang, J. Gu, H. Tu, Identification and impact of hepatitis B virus DNA and antigens in pancreatic cancer tissues and adjacent non-cancerous tissues, *Cancer Letters*, 2013 Jul 28; 335 (2): 447–454.

M. Zhou, H. Wang, K. Zhou, X. Luo, X. Pan, B. Shi, H. Jiang, J. Zhang, K. Li, H. M. Wang, H. Gao, S. Lu, M. Yao, Y. Mao, H. Y. Wang, S. Yang, J. Gu, C. Li, Z. Li, A Novel EGFR Isoform Confers Increased Invasiveness to Cancer Cells, *Cancer Res.*, 2013 Dec 1; 73 (23): 7056–7067.

D. Jia, Y. Jing, Z. Zhang, L. Liu, J. Ding, F. Zhao, C. Ge, Q. Wang, T. Chen, M. Yao, J. Li, J. Gu, X. He, Amplification of MPZL1/PZR promotes tumor cell migration through Src-mediated phosphorylation of cortactin in hepatocellular carcinoma, *Cell. Res.*, 2014 Feb; 24 (2): 204–217.

J. Li, X.M. Yang, Y.H. Wang, M.X. Feng, X.J. Liu, Y.L. Zhang, S. Huang, Z. Wu , F. Xue, W.X. Qin, J.R. Gu, Q. Xia, Z.G. Zhang, Monoamine oxidase A suppresses Hepatocellular Carcinoma metastasis by inhibiting the adrenergic system and its transactivation of EGFR signaling, *Journal of Hepatology*, 2014 Jun；60（6）：1225–1234.

Y. Fu，M.X. Feng，J. Yu，M.Z. Ma，X.J. Liu，J. Li，X.M. Yang，Y.H. Wang，Y.L. Zhang，J.P. Ao，F. Xue，W. Qin，J. Gu，Q. Xia ，Z.G. Zhang，DNA methylation-mediated silencing of matricellular protein dermatopontin promotes hepatocellular carcinoma metastasis by $\alpha 3 \beta 1$ integrin-Rho GTPase signaling, *Oncotarget* ，2014 Aug 30；5（16）：6701–6715.

Y. Wu，Y. Gan，F. Gao，Z. Zhao，Y. Jin，Y. Zhu，Z. Sun，H. Wu，T. Chen，J. Wang，Y. Sun，C. Fan，Y. Xiang，G. Qian，J.D. Groopman，J. Gu，H. Tu，Novel natural mutations in the hepatitis B virus reverse transcriptase domain associated with hepatocellular carcinoma, *PLoSONE* ，2014 May 1；9（5）：e94864.

M.X. Feng，M.Z. Ma，Y. Fu，J. Li，T. Wang，F. Xue，J.J. Zhang，W.X. Qin，J.R. Gu，Z.G. Zhang，Q. Xia，Elevated autocrine EDIL3 protects hepatocellular carcinoma from anoikis through RGD-mediated integrin activation, *Molecular Cancer*, 2014 Oct 1；13:226.

Y. Li，Q. Zheng，C. Bao，S. Li，W. Guo，J. Zhao，D. Chen，J. Gu，X. He，S. Huang，Circular RNA is enriched and stable in exosomes: a promising biomarker for cancer diagnosis, *Cell Res.*，2015 Aug；25（6）：981–984.

W. Guo，Z. Qiu，Z. Wang，Q. Wang，N. Tan，T. Chen，Z. Chen，S. Huang，J. Gu，J. Li，M. Yao，Y. Zhao，X. He，MiR-199a-5p Is Negatively Associated With Malignancies and Regulates Glycolysis and Lactate Production by Targeting Hexokinase 2 in Liver Cancer, *Hepatology*，2015 Oct；62（4）：1132–1144.

H. Nie, J. Li, X.M. Yang, Q.Z. Cao, M.X. Feng, F. Xue, L. Wei, W. Qin, J. Gu, Q. Xia, Z.G. Zhang, Mineralocorticoid receptor suppresses cancer progression and the Warburg effect by modulating the miR-338-3p-PKLR axis in hepatocellular carcinoma, *Hepatology*, 2015 Oct; 62（4）: 1145–1159.

Y. Fan, Y.Gan, Y. Shen, X. Cai, Y. Song, F. Zhao, M. Yao, J. Gu, H. Tu, Leptin signaling enhances cell invasion and promotes the metastasis of human pancreatic cancer via increasing MMP-13 production, *Oncotarget*, 2015 Jun 30; 6（18）: 16120–16134.

W. Xu, Y. Bi, J. Zhang, J. Kong, H. Jiang, M. Tian, K. Li, B. Wang, C. Chen, F. Song, X. Pan, B. Shi, X. Kong, J. Gu, X. Cai, Z. Li, Synergistic antitumor efficacy against the EGFRvIII+HER2+ breast cancers by combining trastuzumab with anti-EGFRvIII antibody CH12, *Oncotarget*, 2015 Nov 17; 6（36）: 38840–38853.

G. Li, Y. Gan, Y. Fan, Y. Wu, H. Lin, Y. Song, X. Cai, X. Yu, W. Pan, M. Yao, J. Gu, H. Tu, Enriched Environment Inhibits Mouse Pancreatic Cancer Growth and Down-regulates the Expression of Mitochondria-related Genes in Cancer Cells, *Scientific Reports*, 2015 Jan 19; 5:7856.

Q. Luo, C. Wang, G. Jin, D. Gu, N. Wang, J. Song, H. Jin, F. Hu, Y. Zhang, T. Ge, X. Huo, W. Chu, H. Shu, J. Fang, M. Yao, J. Gu, W. Cong, W. Qin, LIFR functions as a metastasis suppressor in hepatocellular carcinoma by negatively regulating phosphoinositide 3-kinase/AKT pathway, *Carcinogenesis*, 2015 Oct; 36（10）: 1201–1212.

Q. Zheng, C. Bao, W. Guo, S. Li, J. Chen, B. Chen, Y. Luo, D. Lyu, Y. Li, G. Shi, L. Liang, J. Gu, X. He, S. Huang,

Circular RNA profiling reveals an abundant circHIPK3 that regulates cell growth by sponging multiple miRNAs, *Nature Communications*, 2016 Apr 6；7:11215.

X. Liang, B. Shi, K. Wang, M. Fan, D. Jiao, J. Ao, N. Song, C. Wang, J. Gu, Z. Li, Development of self-assembling peptide nanovesicle with bilayers for enhanced EGFR-targeted drug and gene delivery, *Biomaterials*, 2016 Mar；82:194–207.

B. Wang, J. Zhang, F. Song, M. Tian, B. Shi, H. Jiang, W. Xu, H. Wang, M. Zhou, X. Pan, J. Gu, S. Yang, L. Jiang, Z. Li, EGFR regulates iron homeostasis to promote cancer growth through redistribution of transferrin receptor 1, *Cancer Letters*, 2016 Oct 28；381（2）:331–340.

Y. Guo, A. Huang, C. Hu, Y. Zhou, X. Zhang, D.M. Czajkowsky, J. Li, S. Cheng, R. Shen, J. Gu, B. Liu, Z. Shao, Complex clonal mosaicism within microdissected intestinal metaplastic glands without concurrent gastric cancer, *Journal of Medical Genetics*, 2016 Sep；53（9）:643–646.

S.H. Jiang, Y. Wang, J.Y. Yang, J. Li, M.X. Feng, Y.H. Wang, X.M. Yang, P. He, G.A. Tian, X.X. Zhang, Q. Li, X.Y. Cao, Y.M. Huo, M.W. Yang, X.L. Fu, J. Li, D.J. Liu, M. Dai, S.Y. Wen, J.R. Gu, J. Hong, R. Hua, Z.G. Zhang, Y.W. Sun, Overexpressed EDIL3 predicts poor prognosis and promotes anchorage-independent tumor growth in human pancreatic cancer, *Oncotarget*, 2016 Jan 26;7（4）: 4226–4240.

W. Xu, Y. Bi, J. Kong, J. Zhang, B. Wang, K. Li, M. Tian, X. Pan, B. Shi, J. Gu, H. Jiang, X. Kong, Z. Li, Combination of CH12 with Rapamycin Synergistically Inhibits the Growth of EGFRvIII+PTEN- Glioblastoma in Vivo, *Oncotarget*, 2016 Apr 26；

7（17）：24752–24765.

Y. Wu, Y. Gan, H. Yuan, Q. Wang, Y. Fan, G. Li, J. Zhang, M. Yao, J. Gu, H. Tu, Enriched environment housing enhances the sensitivity of mouse pancreatic cancer to chemotherapeutic agents, *Biochemical and Biophysical Research Communications*, 2016 Apr 29；473（2）：593–599.

S.H. Jiang, J. Li, F.Y. Dong, J.Y. Yang, D.J. Liu, X.M. Yang, Y.H. Wang, M.W. Yang, X.L. Fu, X.X. Zhang, Q. Li, X.F. Pang, Y.M. Huo, J. Li, J.F. Zhang, H.Y. Lee, S.J. Lee, W.X. Qin, J.R. Gu, Y.W. Sun, Z.G. Zhang, Increased Serotonin Signaling Contributes to the Warburg Effect in Pancreatic Tumor Cells under Metabolic Stress and Promotes Growth of Pancreatic Tumors in Mice, *Gastroenterology*, 2017 Jul；153（1）：277–291.

H. Jin, C. Wang, G. Jin, H. Ruan, D. Gu, L. Wei, H. Wang, N. Wang, E. Arunachalam, Y. Zhang, X. Deng, C. Yang, Y. Xiong, H. Feng, M. Yao, J. Fang, J. Gu, W. Cong, W. Qin, Regulator of Calcineurin 1 Gene Isoform 4, Down-regulated in Hepatocellular Carcinoma, Prevents Proliferation, Migration, and Invasive Activity of Cancer Cells and Metastasis of Orthotopic Tumors by Inhibiting Nuclear Translocation of NFAT1, *Gastroenterology*, 2017 Sep；153（3）：799–811.

Y. Song, Y. Gan, Q. Wang, Z. Meng, G. Li, Y. Shen, Y. Wu, P. Li, M. Yao, J. Gu, H. Tu, Enriching the Housing Environment for Mice Enhances Their NK Cell Antitumor Immunity via Sympathetic Nerve-Dependent Regulation of NKG2D and CCR5, *Cancer Research*, 2017 Apr 1；77（7）：1611–1622.

C. Chen, K. Liu, Y. Xu, P. Zhang, Y. Suo, Y. Lu, W. Zhang, L. Su, Q. Gu, H. Wang, J. Gu, Z. Li, X. Xu, Anti-angiogenesis through noninvasive to minimally invasive intraocular delivery of the peptide CC12 identified by in vivo-directed evolution, *Biomaterials*, 2017 Jan；112:218–233.

X. Wu, B. Shi, J. Zhang , Z. Shi, S. Di, M. Fan, H. Gao, H. Wang, J. Gu, H. Jiang, Z. Li, A fusion receptor as a safety switch, detection and purification biomarker for adoptive transferred T cells, *Molecular Therapy*, 2017 Oct 4；25（10）: 2270–2279.

S. Jiang, L. Zhu, J. Yang, L. Hu, J. Gu, X. Xing, Y. Sun, Z. Zhang, Integrated expression profiling of potassium channels identifys KCNN4 as a prognostic biomarker of pancreatic cancer, *Biochemical and Biophysical Research Communications*, 2017 Dec 9; 494（1-2）: 113–119.

W. Xu, F. Song, B. Wang, K. Li, M. Tian, M. Yu, X. Pan, B. Shi, J. Liu, J. Gu, Z. Li, H. Jiang, The Effect of and Mechanism Underlying Autophagy in Hepatocellular Carcinoma Induced by CH12, a Monoclonal Antibody Directed Against Epidermal Growth Factor Receptor Variant III, *Cell Physiol Biochem.*, 2018；46（1）: 226–237.

C. Fan, M. Li, Y. Gan, T. Chen, Y. Sun, J. Lu, J. Wang, Y. Jin, J. Lu, G. Qian, J. Gu, J. Chen, H. Tu, A simple AGED score for risk classification of primary liver cancer: development and validation with long-term prospective HBsAg-positive cohorts in Qidong, China, *Gut*, 2019 May；68（5）: 948–949.

S.H. Jiang, L.L. Zhu, M. Zhang, R.K. Li, Q. Yang, J.Y. Yan, C. Zhang, J.Y. Yang, F.Y. Dong, M. Dai, L.P. Hu, J. Li, Q. Li, Y.H. Wang, X.M. Yang, Y.L. Zhang, H.Z. Nie, L. Zhu, X.L.Zhang, G.A. Tian, X.X. Zhang, X.Y. Cao, L.Y. Tao, S. Huang, Y.S. Jiang, R. Hua, K. Q. Luo, J.R. Gu, Y.W. Sun, S. Hou, Z.G. Zhang,

GABRP regulates chemokine signalling, macrophage recruitment and tumour progression in pancreatic cancer through tuning KCNN4-mediated $Ca^{2+}$ signalling in a GABA-independent manner, *Gut*, 2019 Nov；68（11）：1994–2006.

Z. Meng, T. Liu, Y. Song, Q. Wang, D. Xu, J. Jiang, M. Li, J. Qiao, X. Luo, J. Gu, H. Tu, Y. Gan, Exposure to an enriched environment promotes the terminal maturation and proliferation of natural killer cells in mice, *Brain Behavior and Immunity*, 2019 Mar；77:150–160.

Q. Li, C.C. Zhu, B. Ni, Z.Z. Zhang, S.H. Jiang, L.P. Hu, X. Wang, X.X. Zhang, P.Q. Huang, Q. Yang, J. Li, J.R. Gu, J. Xu, K.Q. Luo, G. Zhao, Z.G. Zhang, Lysyl oxidase promotes liver metastasis of gastric cancer via facilitating the reciprocal interactions between tumor cells and cancer associated fibroblasts, *EBioMedicine*, 2019 Nov；49:157–171.